地势坤，君子以厚德载物。

地中海世界一万五千年

★ [法]阿兰·布隆迪 著 ★
周恒涛 译

LE MONDE
MÉDITERRANÉEN
1 5 0 0 0
ANS
D'HISTOIRE

—

Alain Blondy

四川文艺出版社

序言
Introduction

历史就是一长篇赞颂人类的武功歌，一遍又一遍地在不同的舞台上呈现。因此，要用文字记录、转述它是一件极其困难的事情。在文字上人类加入了自己的主观意愿，创造了一些参照物、重要日期、事件和仪式来强化先与后、善与恶、过去与未来这样的二元观念，即一切能促进人类历史前进的因素。

出于教学的便利，历史常常被切割为若干个相互独立的年代，使人们不可能用一种全景的眼光来看待整部人类历史。自从历史成了一门科学，历史学家们就希望通过横向研究一个特定的场景（地理、社会、种族……）来将一个主题展开，呈现它所有的特点。就地中海这个主题而言，费尔南·布劳岱尔（Fernand Braudel）这位崇尚人文科学独特性的历史学家，是第一个试图借助其他社会科学来阐述历史事件方方面面的人。作为撰写长篇历史的先驱者之一，《菲利普二世时代的地中海和地中海世界》是他创作的里程碑。

我们试图通过超越年代和意识的方法，也就是通过对地中海世界“漫长历史背景下”的理解，来避免过于具有历史“持久性和连续性”[1]1；相反，那些侵蚀国家、蚕食边界、消灭平民并将人们短期置于无依无靠境地的一拨拨事件才是我们关注的重点，夏多布里昂（Chateaubriand）将这种混乱中精神上的无助形容为“像云、像船、像影子一样”（Sicut nubes, quasi naves, velut umbra）。我们只希望聚焦在地中海地区，来理解而非学习它所扮演的角色以及它在近东、欧洲、北非历史事件中的重要性。事实上，人们大部分的悲观情绪都不是在理性条件下被表达出来的，而是常常与宗教或思想上的极端行为、对创伤或耻辱的记忆，甚至有时与几个世纪以后人们淡薄的历史意识有关。此外，历史知识也是了解当前世界最好的工具。

从史前时期开始，地中海世界就是文明的汇聚之地，各类文化的大熔炉。在新石器时代，地中海是世界上几大农耕和畜牧业中心之一，由这里传播出的定居文化从根本上改变了人类的思想。在地中海这片近似内海的地区周边，掌握航海技能变得尤为重要，无论是出于贸易还是出于劫掠的目的。

这片海域一次又一次见证了作为哲学、法律和政治基础的古代思想的兴起，随后出现了三种启示宗教（犹太教、基督教和伊斯兰教），而这三种宗教也迅速成了权力的助推器。

一个帝国或经济体的影响扩散到地中海沿岸，随后减退、消失并被另一个所取代，各种影响如芭蕾舞剧般循环而至，从东到西，从西到东，随后从北到南，而如今又从南至北。

地中海在很长一段时间内都扮演着西方经济呼吸机的作用，虽然后期发现的其他海洋让地中海的地位有所下降，但它的重要性却没有降低。对它来说，国家的扩张和工业革命的影响显得更为重要——作为海洋，地中海的重要性肯定被强化了，但大部分沿岸国家政治和经济上的滞后只留给

1 本书中出现的 [1] 一类角标均为尾注标号。——编者注

它们两种选择：被强大的势力吸收，或者被殖民。

最后一点，在长久的历史进程中，对所产生成果的分配是如此不平等，这片海域不再是隔离希腊－罗马人和蛮族、基督徒和伊斯兰信徒的分界线，而是一个富人和穷人之间的分水岭。前者在此自由驰骋尽享阳光和海洋，后者冒着生命危险游走在秩序之外，只为拾取别人的残羹冷炙。

我们想专注于海洋周边的区域，通过那些时而使疆土分裂，时而又为了政治和宗教的利益使其相并的纷争来对地中海世界的历史做一个连续的研究："黑眼睛孩子们游玩在这片池塘，讲述着三个大洲千百年来的故事，有先知、上帝和救世主。"[2]但正由于"边界线是占有和领土扩张的产物"[3]，地中海世界从来就没有被完整地界定过。历史给这片区域留下了一个完整的、足够深厚且富有生气的文化基础。

目录
Contents

第一章

De la mer en général

et de la Méditerranée en particulier

从普通的海洋
到特殊的地中海

说到人类对海洋以及靠海而生世界（港口、海岸、水手、渔民）的认识，首先应思考人类与四周海洋世界的关系，不过命名才真正体现了人类对事物最原始的理性认知。有史之初创造的词汇真实地反映了人类对周边事物的印象。

追溯到新石器时代，在乌格里特[1]以及其他闪语族生活区流传的神话中，曾是混沌之神的海神雅姆[1]（Yam）[2]被狂暴的大海塑造成了海洋之神。渐渐地，Yam在古希腊语、希伯来语和腓尼基语中就成了海洋的代名词。这个由动词rugir的词根演变而来的名词不仅可以指包括湖、海在内的所有水体[2]，还有西向和西方的意思。无论是对于定居民族还是游牧民族，波澜起伏且在狂风骤雨拍打下发出阵阵嘶吼的海水都是一种怀有敌意的物质、一类不可逾越的自然现象、一切旅行的终点，在《圣经》中，只有神才能阻挡它[3]。

希腊人描写大海时会用到三个词："pelagos""pontos"和"thalassa"，前两个是地理词语，意思是平原、广阔的陆地，也就是说，起初它们不仅仅用于描述液体；第三个词则强调了海水咸味的特点（áλas, alas, sel）。在拉丁语中，描述海洋时不仅用到了"pelagus"和"pontus"这两个希腊语衍生词，还有mar。这第三个词的起源已无从考证，虽然梵文、希腊语、亚美

1 今拉塔基亚附近的乌加里特。（本书中脚注如无特殊说明均为作者原注）

2 在古代闪语宗教中，造物主将他的王国托付给雅姆（Yam或Yammu），风暴之神（El. Mais Baal）拒绝臣服，将雅姆击败并成为众神之首。

尼亚语中没有它的痕迹，但是在盖耳语[1]、哥特语和斯拉夫语[2]中我们却找到了线索，不幸的是，这个词究竟起源于哪门语言现已无从知晓。在阿拉伯语中，baḥr 可以指海洋，也可以指如湖或潟湖这样大面积的水域。

以不同方式统治地中海的各个文明赋予了海洋双重认知特点：平静和广大。在大多数语言中，海洋都用来比喻数量巨大[3]。

很早以前，人们就怀着对海洋的恐惧和好奇，成功地（几成概率？）穿越大海来到新的岛屿或大陆。如何解释这种集体迁徙的行为呢？人类是否想要继续对远方进行无尽的探索，开疆拓土抵达未知的新世界？是否有一种形而上的动力驱使人们去寻找一个新的世界？无论出于哪种原因，人们都将岛屿归为想象中的事物。那些若隐若现，集海洋和陆地特点为一身的岛屿对陆地上的人们产生着吸引力。有些人亲眼见过漂浮在海上的岛屿，有些人则为解释岛屿的某些特点而创造了一些神话。许多关于岛上可怕的半人半鱼生物的传说长久以来讲述着岛屿和海洋世界的恐怖，让陆上居民心生畏惧。

而这一切在人类掌握了航海技术以后得到了改变。神秘莫测的海洋不再是隔离海岛和陆地的鸿沟，而成了连接各大洲的纽带。直至今日，虽然人类的居住区仍大都远离海岸，但我们还是看到了贸易站点、港口、殖民城市、克隆城邦的出现，它们促进了贸易文化的兴起，为文明的发展开拓了道路。在过去几百年中，海洋都是人类陆地活动的延伸，港口则作为贸易的衔接口，迎接往来的车辆和船舶。从那时候开始，作为创造财富和改变命运的手段，神秘而未知的海洋也成了财富源泉和远行的代名词：远方变成了一种选择。海洋和冒险之间的联系就此建立。随着国家的形成、社会的开化，海洋变成了一片几乎不受法律约束的自由地。况且，对于那些

1　写作 mor（are-mori，生活在海边的人，衍生出 Armorique）。

2　哥特语和斯拉夫语两种文字中写作 marei 和 morje。

3　例如：“人山人海”“知识的海洋”等。

将自由简单等同于无序的人来说，海洋成了他们弱肉强食的世界，海盗因此而兴起。在几个世纪里，海盗们通过掠夺和贸易获取财富。“Fortune”这个单词——“财富”和“运气”的释义从未像当时那样被体现得如此淋漓尽致。当海盗和恶劣天气的风险共存时，水手们只能祈求一位能够提供保护、慈母般的神灵：马耳他人的地母神、希腊人的航海守护神阿芙洛狄蒂、基督徒们的守护圣母或港口圣母。

在中世纪，出现了可以应对任何危险的海洋保险。正如公元 11 世纪前的《罗德岛汇编》、1060 年的《特拉尼法》、1253 年的《威尼斯法》或 14 世纪初的《佛罗伦萨法》中呈现的那样，该保险起初只是同行的相关人员组成的风险分担团体，后来在 15 世纪才渐渐形成合同的样式，已知最早的法令是 1435 年的《巴塞罗那法》。对于频繁往来其上的人来说，海洋不仅代表着商业和军事竞争，还代表了困境中的团结，这种精神一直庇佑着海员的世界，而置身其外的诸如海盗、匪徒之类的恶人则被妖魔化。

在历史的长河中，地中海也被大家赋予了各种不同的名字。埃及人后来将它称为 Uadjur（W3ḏ-wr），意为“广袤的绿色”，这是一个主要用于指代尼罗河，但有时候又指代红海的词语。这种模糊的描述在《圣经》中也存在，地中海在书中被称为“腓力斯人的海洋”（《出埃及记》 23, 31），“至高无上的海洋”或“简单的大海”“东方之海”（《申命记》9, 24，《约珥书》 2, 20）。以下命名展现了地中海的地理位置特征：希腊语中的陆中之海 Mesogeios Thalassa （Μεσόγειος Θάλασσα）；土耳其语中的南部之海（Akdeniz[1]）。阿拉伯人将上述两个名称合而为一，创造了“中央白海”（al-bahr al-abyad al-muttawasit）这个词。但最终，还是它位于大陆中央的位置特点在命名中占了上风：拉丁语中的 mare internum 和罗马人在征服了所有海岸后使用的 mare nostrum 仅用于指大陆中央的海洋，即地

1　Akdeniz 字面意思是白色海洋，白色象征南方，黑色象征北方，于是土耳其以北的海被称为黑海（Karadeniz）。

中海。

但是，地中海绝不仅仅是一个海洋的世界。由于形成过程复杂，面积为 250 万平方公里的地中海由两块特征各异的区域组成，即东部盆地和西部盆地。

东西部盆地由西西里群岛及其隶属岛屿（潘泰莱里亚岛、利诺萨岛、戈佐岛、马耳他、西西里）隔开。涵盖北非、西班牙、法国和意大利的海岸的西部盆地（85 万平方公里）的特征比较一致。事实上，西部盆地被岛脊分为了若干个小盆地：科西嘉岛、撒丁岛和意大利沿岸围成的第勒尼安盆地，被科西嘉岛西部、巴利亚利群岛、法国和加泰罗尼亚海岸环绕的普罗旺斯盆地，撒丁岛西部、巴利亚利群岛、阿尔及利亚和突尼斯北岸中央的阿尔及利亚盆地，以及贝提卡山脉和摩洛哥海岸之间的阿尔沃兰海[1]。西部盆地与大西洋之间的航运仅由狭窄的直布罗陀海峡承担，这一事实更体现了地中海封闭的特征。

东部盆地更大（165 万平方公里），组成板块也更多。被的黎波里、突尼斯海岸和马耳他群岛包围的苏尔特湾（包括叙利亚沿岸的大苏尔特湾和小苏尔特湾或加贝斯湾），在意大利海岸和达尔马提亚海岸之间的狭长地带延伸的亚得里亚海盆地，塔兰托湾、伊庇鲁斯海岸和伯罗奔尼撒海岸包围的伊奥尼亚盆地，被克里特西部、希腊东海岸和小亚细亚的伊奥尼亚沿岸地区环绕的爱琴海盆地以及昔兰尼加、埃及、黎凡特、土耳其南部和塞浦路斯海岸之间的一大片海域构成了地中海最初的历史核心。东部盆地自史前时期，即当地所有宗教故事中都有记录的那场对人类造成毁灭性打击的洪水开始，才与其他两个海盆（马尔马拉海盆地和黑海盆地）相通[2]。

1　它的名字源于一个小岛——艾波朗（al-burân），1540 年西班牙人击败奥斯曼海盗阿尔·波拉尼（Al Borani）后占领该岛。

2　《圣经》中的诺亚，苏美尔文化中的吉尔伽美什（Gilgamesh），希腊文化中的杜卡利翁（Deucalion），三处都提到过这件事。

无论是在海洋还是在陆地上，这些差异都不局限在地理范畴。人类自定居在地中海周边起就开始建立一些被自然屏障（河流、山川）保护的区域，如此便形成了希腊语中“ethnos”（集体领地）和拉丁语中的“pagus”（国家）这样的词语。小片的独立领地逐渐被大片的所吸纳，而大片的领地则合并成帝国。这种现象在地中海地区也屡见不鲜。发明伊始，航海术仅用于周边地区的互通；在突破了近海航行的“瓶颈”以后，人们便扬帆到达了各自所在地的次级海盆。航海技术为东、西两大海盆的交流做出了贡献。在航海术作为一种政治和经济传播手段出现以后，腓尼基人、希腊人和后来的罗马人便开始在整片地中海上纵横。结果，地中海便成了一个海洋实体，而沿岸地区变成了一个政治实体。

第二章

Les premières migrations humaines en Méditerranée

第一批移民

前 16 千纪	发现旧石器时代晚期地中海地区人类掌握航海术的证据。
前 10 千纪	前陶新石器时代，人类开始移民至塞浦路斯岛。
前 12—前 9 千纪	新石器时代行为在东部盆地缓慢扩散。
前 7—前 6 千纪	新石器时代行为在西部盆地加速扩散。
前 5—前 3 千纪	马耳他巨石文明。
前 3 千纪	掌握青铜器的冶炼。
前 2 千纪	东部盆地（克里特、基克拉泽斯）的航行日益频繁。
前 17 世纪—前 1450	洪水造成了米诺斯文明的毁灭。
前 16—前 12 世纪	在希腊内陆出现了迈锡尼文明，埃及人和赫梯人（Hittites）在地中海进行贸易。
前 12 世纪	这些“海上居民”唱响了青铜文明的挽歌。

不久之前，我们还认为人类航海的历史是从新石器时代开始。然而1960年年末弗兰克西洞穴（Σπήλαιον Φράγχθη）[1]的发现却证实了过去30000年来此地一直有人居住的事实，完全颠覆了我们以前的认知。“几乎可以肯定，在旧石器时代末期[2]，弗兰克西的居民对海洋的探索已经不仅仅停留在捕鱼的层面了。在米洛斯岛[3]（Milos）第六层（前6千纪）发现的黑曜石[4]说明在旧石器时代此地居民就能够出海航行了。”[1]在史前考古学家凯瑟琳·珮勒（Catherine Perlès）看来，这项发现非常重要，因为它将先前普遍认可的地中海航海活动的起始年代又提前了一些。但她还是提醒大家不要草率地混淆了货物或技术的流通、个人的迁徙和可能发生的文化影响[2]这几个概念。在她看来，在地中海地区内陆发现的黑曜石是采用另外一种技术开采的，因此可以得出这样的结论：史前时期，在这片广大的区域内，绝对没有一个互动网络。但她却推断，当时应该有一些“掌握航海技术、沿海岸线随后由陆路输送其产品”[3]的特殊商人。就这样，在地中海历史的最初期出现了两类借助海洋谋利的人：一类是居住在陆地上并靠海产品为生的渔民，另一类是靠着自己的航海技术在海上来回的

1　位于阿尔戈利斯湾（Argolic Gulf 37° 25' 24" N; 23° 07' 56" E）的绮拉德港（Kiladha Bay），在埃皮达鲁斯（Epidaurus）以南15公里处。

2　旧石器时代晚期欧洲人类身体结构已趋于现代化的时期（智人），能够掌握一些工具并在一定程度上以艺术形式进行表达，对应的年代是公元前45000年到公元前15000或10000年。据估计，欧洲智人不仅群居，而且还与尼安德特人有交集，而后者在这里的定居时间要早得多（旧石器时代中期，公元前300000年之后）。

3　距离阿尔戈利斯湾150多公里。

4　火山喷发形成的玻璃质岩石，它刃口锋利，材质坚硬，很早就被用于制作箭头或切割工具。

海员[4]。

从新石器时代开始，跨海的移民流动似乎变得非常频繁了。经过了活动相对局限的采集和狩猎为主的旧石器时代以后[5]，产生了定居并主要从事农业和畜牧业的部落，而部落内部的斗争有时候会导致不可避免的人群分化。从那时候起，人类航海的目的就不再局限于经商，而是利用这一技术携带上他们的生活必需品（主要是谷物和牲畜），移民并定居他乡。家畜（山羊、绵羊）的出现也间接证明了史前人类在地中海范围内的迁徙过程。由于此类动物不太可能通过游泳穿越茫茫大海，我们可以认为当时人类掌握的航海技术不仅能够实现自身的航行，而且还可以运载动物。

自公元前9000年起在塞浦路斯[1]就产生过这样的迹象。正如让－丹尼·维涅（Jean-Denis Vigne）和托马·库奇（Thomas Cucchi）所说，当时“尽管几十片黑曜石和几百克谷物种子很难被人力用游泳的方式带到海洋彼岸，但也无需复杂的运输工具，一叶独木舟足矣。那时还没有能力海运大型哺乳动物”[6]。这两位学者还确切地指出，当时的运载能力，无论大小，都不足以解释大陆植物适应海岛环境这一事实；另外，运输频率也是一个不可忽视的因素，因为运送动物的数量必须能够保证其生存和繁衍。从新石器时代开始，地中海就成了一片移民和殖民的区域。

尽管如此，让·吉莱纳（Jean Guilaine）指出，地中海的新石器化过程在时间和空间上都不是均衡的[7]。在他看来，新石器化经过了很长一段时间在近东地区形成（前13000—前8000），初期的扩张速度非常缓慢（前9000—前7000），从美索不达米亚发展到安纳托利亚（Anatolia）、叙利亚－巴勒斯坦、塞浦路斯，然后穿越博斯普鲁斯海峡来到希腊本土（色萨利）最终抵达克里特岛，整个1500公里的距离可能花费了近2000年；随后迎来了快速发展期（前7000末期—前6000初期），影响区域包括亚得里亚海、

1 位于阿埃托克雷诺斯（Aetokremnos）半岛的阿克罗蒂里（Akrotiri）。

西西里以及后来的利古里亚（Liguria）、伊比利亚沿岸（3000 公里）和北非海岸。在新石器时代化的过程中，农业和畜牧业得到了推广，文化（陶瓷艺术、饮食习惯）和祭祀（以生育女神和她的公牛儿子[8]为原型的宗教模式的传播）习俗也随之产生。事实上，漫长的新石器时代孕育了地中海地区最初的共同文化。

最初，海洋航行的目的只是让人类和他们的牲畜从陆地的海岸驶向岛屿，虽然航海的人数不多，但他们似乎有着明显的特征。

马耳他岛上的事件很能说明问题。公元前 5000 至前 3000 年，也就是新石器时代蔓延至地中海西部盆地的时期，一群来自西西里岛的移民在马耳他群岛定居，并在 1500 多年的时间内建造了 30 多座巨石神庙。相对于欧洲和地中海巨石文化，马耳他巨石文化产生更早且自成一体，那个即使在全盛时期人数也不到两千的群落诠释了当地独一无二的宗教需求。岛上的宗教信仰不止一种：主要的神明是一位臀部肥大、常伴随着一条蛇和她女儿的母神，她的启示被认为能够治愈疾病和畸形[1]。在这些神秘的庇护所内，人们似乎只崇拜女性神明并庆祝与海神卡吕普索（Calypso）有关的神话故事，关于这一点我们可以大做文章，但可以肯定的是，马耳他的宗教中心已大大超越了群岛的范围，参与者大多是由海员组成的“朝圣者”，当年船只上和部分神庙墙壁上的装饰可以证明这一点[2]。

虽然这个独一无二的祭拜方式在历史时期被众多宗教所继承，但它并未对冶金术产生影响。黄金冶炼远比此类祭祀活动久远，在此我们暂且不提，但最初冶炼出的铜只是给石制物品作金属配件。铜矿的提炼和交易随

1　所有还愿时所捐赠之物品都在瓦莱塔（Valletta）的考古博物馆中展出。

2　公元前 4 千纪末至前 3 千纪初，在马耳他似乎发生了一场很重要的宗教革命：大臀女神的雕像被毁坏，取而代之的是象征男性的圣石和一块象征女性耻骨的三角形石块。在此之前，一直保持神秘感的神庙开始对公众开放，造成了“朝圣活动”的减少，公元前 2500 年左右这两座岛完全被遗弃了。

着青铜器制造技术的掌握而变得越来越重要，事实上，青铜器冶炼自公元前3000年起才开始发展。

在那个年代，最好的铜矿位于塞浦路斯，这座岛也自然成了铜矿“工业”开采中心，采集的铜矿被冶炼成牛皮形状的铜锭。考古学的发现能够让我们对塞浦路斯矿石贸易的范围有一个准确的了解：从东部的地中海东岸、克里特岛的米诺斯、爱琴海诸岛、希腊到西部[9]的撒丁岛，地中海的主要铜矿熔炼厂都散布在爱琴海域。

从石器时代向金属时代的过渡给地中海地区带来了严重的动荡。自公元前2000年中期，海上贸易日渐频繁，尤其是东部盆地在当时已经成了爱琴海、近东、埃及和意大利之间的一个巨大的交易区。

爱琴海地区（主要是克里特岛）最先受到影响。受安纳托利亚文化的影响，前希腊时期居住在这座大岛上的居民开始使用铜器和青铜器，东部盆地也成了小亚细亚、基克拉泽斯群岛（Cyclades）和克里特岛之间重要的交换中心。地中海地区的物理属性对航海能力有限的远洋者来说非常重要。“在希腊群岛……在地平线上不断涌现出新的岛屿。它们光秃秃的脊背沿着天际延绵，礁石嶙峋的海滩切入海水。没有混淆。在明确的光线下一切都可以作为参照物。”[10]总之，经济的活力带动了社会和文化的蓬勃发展，克里特岛因此而受益，迅速组建了能够承担其工业和手工业所需原材料（塞浦路斯或埃及的铜、基克拉泽斯群岛的银和黑曜石，从西班牙、高卢或布列塔尼运送到西西里或亚得里亚地区的锡）进口任务的海军。

这一点在该岛的政治方面也有所体现。当塞浦路斯的铜矿成了主要的进口产品之后，东北部的马利亚（Malia）成了一座真正的经济大城市，威胁到了克诺索斯（Knossos）政治中心的地位。在铜工业普及以后，来自亚得里亚地区的进口产品夺取了小亚细亚产品的市场份额，导致经济的中心逐渐向岛的中心迁移，克诺索斯和斐斯托斯（Phaistos）成了主要的中转站。

维持对驻扎在小亚细亚新势力[1]的领导并维持对爱琴海地区的控制需要强大的力量，因此克里特人都追随在那些居住在重要农业、商业和工业区（克诺索斯、马利亚、斐斯托斯的宫殿）领主和地方长官身后，这些地方领导者的土地都是被准确划定的。由国王、工人和奴隶构成的严谨的社会组织被一整套官僚系统管理着，由此而创造的线形文字使商品的运输管理变得更有效率。文化的井喷也随着这种强大而多元化的政治而到来。从克诺索斯延伸到各地的海洋商路，让米诺斯文化得以在整个爱琴海地区传播：我们可以毫不夸张地将这种现象称为米诺斯制海权（thalassocratie），因为如果克里特的控海能力能够保证它繁荣的商业纽带作用，那么在军事上支配爱琴海域也不在话下。

公元前2000年的克里特却是一个建立在其海洋霸权而不是陆地霸权基础上的政治实体。

米诺斯在海洋上的绝对优势一直持续到公元前17世纪初期。统治该岛长达五百余年的米诺斯治世（pax minoica）在公元前1700年因为一场突如其来的自然灾害结束了，猜测可能是一场波及小亚细亚的大地震。在三座大宫殿被摧毁后不久，十几座新的宫殿和豪宅又拔地而起，在接下来的两个世纪中，中央权力机关的力量逐渐被削弱，地方君主或领主则趁势强化自身。在约公元前1620年或公元前1600年时，这些后来建造的宫殿楼阁也在桑托林火山的爆发中受到严重的损毁。在约公元前1520年或公元前1500年的那场更具毁灭性的灾难发生以后，大部分的宫殿都被人们抛弃。公元前1450年前后，所有的宫殿都已不复存在，米诺斯文化也走上了衰败的不归路。

造成衰败的原因有很多（人们预测有领主之间的内战、人民起义、外敌入侵等），但如果克里特没有被一些新的经济因素削弱的话，恐怕米诺斯文明的消失也不会如此迅速和彻底。对青铜制品的大量需求导致铜矿石

1　小亚细亚遭受了印欧人（赫梯人、卢维人、帕拉人）的入侵。

和锡矿石的消耗大幅增加。而矿石供应的减少造成了这些金属价格的上涨。对于那些缺乏矿产资源的强大经济体来说，购买金属还需额外支付海运费：爱琴海地区，尤其是克里特岛最先受到影响。在克里特岛宫殿和宅邸发现的大量铜锭只是存货，有的甚至是当地上层阶级[11]的私人储藏，并不能证明当时岛上有大量的工业活动。

随着米诺斯势力的衰退，在伯罗奔尼撒半岛出现了一股新的经济和政治力量——亚该亚人。亚该亚人属于印欧人种，他们于公元前20世纪至前15世纪期间离开巴尔干，首先到达伊庇鲁斯（Epirus）地区，然后经过伯罗奔尼撒半岛的色萨利（Thessalie）、维奥蒂亚（Beotia）和阿提卡（Attika），最终征服了后来名为伊奥尼亚[1]（Ionia）的小亚细亚地区。当米诺斯人倚仗其航海术控制爱琴海主要岛屿的时候，亚该亚人通过他们军事和经济上的绝对优势占领了爱琴海的海岸线以及腹地。他们的扩张一方面得益于克里特霸权的倾颓[2]，另一方面也依靠他们先进的武器[3]。而一种独一无二的文化也在这群人中孕育而生。城堡宫殿作为这种文化的标志性建筑，不仅是权力的中心，同时也可作为当地丰富农产品的仓库和交易中心。这些被限定的政治实体起初也与外界，尤其是克里特统治下的世界保持着联系；但不多久亚该亚文化就显现出它与众不同的一面，而作为奢侈品的克里特产品并未遭到摈弃[12]。在公元前1600年的青铜时代末期，即地震摧毁克里特的那段时期，伯罗奔尼撒半岛（迈锡尼、梯林斯、皮洛斯等）上的宫殿群规模达到了顶峰。公元前1400—前1200年，新的迈锡尼文明在希腊本土和克里特岛上发展，但至少在公元前15世纪，米诺斯文化的特点还没有被抹去。

迈锡尼人似乎在公元前14世纪至前12世纪重新掌控了爱琴海、叙利亚、巴勒斯坦和埃及沿岸以及地中海中部之间的贸易。虽然他们实际控制

1 《荷马史诗》中特洛伊战争描绘的就是这场征服。

2 体现在忒修斯（Theseus）杀害弥诺陶洛斯（Minotaure）的神话中。

3 除了匕首，他们还拥有剑，他们制造武器只用青铜而不用黄铜。

的地区不过是爱琴海沿岸（欧洲、亚洲或岛屿），但入侵的范围已经扩展到意大利南部、西西里岛、撒丁岛甚至伊比利亚半岛。在当时的希腊人眼里，海员成为一种介于人和半神、游弋在现世和来生之间的特殊群体。古希腊七贤之一的阿那卡西斯[1]曾嘲笑希腊人在陆地上的谨慎并惊讶于他们驾驶简易船只在海上可能遭遇的风险：我们应该怎样定义海员们？他们是活着还是已经死亡？虽然这常常会被误认为是柏拉图或亚里士多德的思想。除了在宫殿中统治国家的国王以外，尤利西斯这个人物成了海洋新的探索者。荷马口中的他统治着那片人口众多[13]（νῆσοι πολλαὶ ναιετάουσι）的群岛（由四个岛组成，今伊奥尼亚群岛），以展现尤利西斯除经济能力以外的政治能力。据吟游诗人的诗篇记载，他拥有几千头牲畜，种植小麦并酿酒，享受着美丽的树林，并凭着一腔热血踏上旅程，因为光靠采集资源不足以维持伊萨卡国王的奢华生活，航海贸易可以为他带来巨大财富。奥德赛的地图也可以揭示出当时人们掌握的海域范围：希腊、叙利亚湾、杰尔巴岛、马耳他、西西里岛、撒丁岛、巴利阿里群岛、西班牙和特洛伊。

已发现的公元前 8 世纪商船残骸[2]上的铜锭事实上已经可以确认希腊在迈锡尼文明时期和近东地区有贸易往来。在那艘长十多米、满载货物的乌鲁布伦（Ulu Burun）巨型沉船上，也找到了来自黎凡特、塞浦路斯、克里特、希腊本土和埃及的各类货物[3]。公元前 14 世纪至前 13 世纪，东地中海的政治格局发生了很大的变化。此前陆地上最强大的政治势力通过不断攻城略地已经到达了地中海沿岸。从公元前 15 世纪起埃及新王朝开始实施扩

1　公元 6 世纪哲学家，他不是希腊人，而是一位黑海之滨的斯基泰王国王子和一位希腊人结合所生。

2　1960 年发现于菲尼凯（Finike）和安塔利亚（Antalya）之间的戈里多尼亚岬（Cape Gelidonya）；1982 年发现于卡什（Kaş）附近的乌鲁布伦岬（Cape Ulu Burun）。

3　一些考古学家猜测这可能是一艘皇家货船。依据船上石板的记载，这艘船装载有非洲的鸵鸟蛋、波罗的海的琥珀、波斯山区的锡矿石、塞浦路斯的铜块、蓝绿色的珍珠、叙利亚的象牙首饰和迦南的陶器。

张政策，该政策在整个第十八王朝执政期间得以延续，为古埃及赢得了巨大的声誉。在扩展其南部疆域至苏丹之后，古埃及将米坦尼（Mitanni）西南[1]黎凡特地区整条海岸线（迦南）都收入囊中，该国海洋商船队从那时候起就可以从比布鲁斯（Byblos）、苏尔（Tyr）和赛达（Sidon）出发，经商获利。公元前 14 世纪，赫梯王国这个在安纳托利亚中部建立的新的大陆势力，在苏庇路里乌玛一世（在位时间：前 1350—前 1322）的领导下，占领了米坦尼西部（阿拉拉赫港、阿勒颇和卡尔凯美什城），黎凡特海洋北部（乌加里特港和卡迭石城）和安纳托利亚的大部分地区（南岸除吕基亚、位于伊兹密尔的以弗所靠爱琴海的部分）[2]。上面提到的领土扩张即便在政治上未对爱琴海地区产生影响，但它对贸易的增长却是至关重要。虽然诸如公元前 8 世纪末迈锡尼人向塞浦路斯移民这样的政治和文化的因素不可忽视，但和先前的米诺斯时代相似，迈锡尼人航海活动也主要是商业性质而不是扩张性质。

公元前 8 世纪，东地中海地区形势不稳定，这场迁徙活动似乎在全球背景下也是相当重要的。有些人[14]认为一些气候原因可能造成了降雨量减少和农作物产量大幅下降，食物的短缺导致人口的迁徙，青铜时代就此结束；另一些人则猜测是一些社会和政治混乱在公元前 12 世纪终结了迈锡尼文化。无论是哪种原因，从那时候开始地中海便提前进入了“中世纪”[3]，该时期的特点是人们在敌人的驱赶下，迁徙并聚集在一些乡村居住点，这些据点常建在高耸的岩丘上，四周环绕着防御工事，生活在里面的人勉强可以自给自足。

1 幼发拉底河与底格里斯河之间。

2 在美索不达米亚，米坦尼的倒塌让巴比伦和赫梯王国之间的缓冲势力亚述受益。

3 这段时期是希腊的黑暗时代（Dark Ages），即公元前 12 世纪至前 8 世纪。

Part 3

Les Peuples de la Mer

海　民

在青铜时代末期（约公元前 1200 年），作为原材料和手工制品贸易枢纽的爱琴海和安纳托利亚西部经历了巨大的动乱，其原因可能与气候有关（长期的干旱和洪水交替）。天气原因造成的大面积农业危机让地中海东部那些强大的文明逐渐衰落甚至陷入混乱。虽然这些远古文明消失的真正原因仍是未解之谜，但如今我们已认识到这些灾难造成的地缘政治后果。的确，当时有些人群别无选择，只能背井离乡去寻找新的土地和生活来源，对于那些擅长航海和战争技巧（机动步兵、反战车骑兵、短剑和匕首的远程武器[1]）的人来说，劫掠总是充满诱惑。在远离城市的地方，一部分从事海盗和经商的水手变成了探险家。青铜时代末期，由于局势混乱，在地中海东部这个文化大熔炉里出现了我们称为“海洋民族”的群体。

在埃及第十九和第二十王朝[1]，也就是在麦伦普塔（Mernepta，前 1213—前 1203 年在位）和拉美西斯三世（Rameses Ⅲ，前 1186—前 1154 年在位）执政时期，那些被称为“海上外邦人”[2]或“海洋岛民”的群体，两次袭击了尼罗河三角洲，但都以失败告终。此外，在乌加里特[3]最后一任国王统治时期的文献也有相关记录：这些海洋民族袭击并最终占领了这座城市，他们甚至还劫掠、摧毁了黎凡特地区的其他港口城市。

在此之前，地中海的局势持续恶化已有很长时间。公元前 14 世纪海运的突飞猛进也让一些人蠢蠢欲动。虽然在航海活动之初海盗就已经存在，

1　分别是公元前 1296—前 1186 和公元前 1186—前 1069。

2　有时是北方居民。

3　乌加里特曾是赫梯帝国与埃及势力范围交界处的重要港口城市。它曾是乌加里特王国的首都，其最后一任国王是公元前 13 世纪末前 12 世纪初在位的阿穆拉匹（Hammurabi）。

但地中海区域巨大的贸易量也造成了该区域有组织的海盗活动的发展。很快，各国就懂得了如何利用这些海盗来削弱敌国的实力。早在公元前14世纪，法老阿蒙霍特普四世－阿肯那顿[1]（Amenhotep Ⅵ－Akhenaton）就指责塞浦路斯国王暗中勾结吕基亚沿岸被称为卢卡[2]（Lukka）的海盗，袭击埃及其统治的黎凡特地区海岸航行的商船。公元前13世纪，拉美西斯二世[3]就不得不采取措施应对海上的侵略者施尔登（Shardane）人。成功击溃这帮海盗以后[4]，埃及将他们收编成雇佣军，在卡迭石[5]对抗赫梯人的战役中所向披靡。

在公元前13世纪末前12世纪初，情况发生了改变。海洋民族开始不断袭击埃及和赫梯王国。这群掌握了航海技术的人已不再是各自为战的海盗，而是组成了一个联盟，他们沿着地中海东岸航行，且能够上岸完成突袭。在公元前1208年麦伦普塔统治埃及的时期，利比亚人联合从海洋民族中招募的大量雇佣兵[6]再次袭击了尼罗河三角洲。卡纳克（Karnak）神庙的文献中也提到了卢卡人、施尔登人、谢克莱什人（Shekelesh）、埃克维什人（Ekwesh）和特雷什人（Turesh）。小亚细亚地区也未能幸免。乌加里特的石板上记录了一位显贵被“生活在船上”的谢克莱什人绑架的事件。于是作为陆地民族的赫梯人开始登上战船，反击吕基亚的卢卡和他们临时的同盟军阿拉西亚（Alashiya）王国（塞浦路斯）。赫梯人和埃及人的联合行动在公元前

---

1 他在位时间是公元前1350—前1330年左右。

2 虽然赫梯人在小亚细亚取得了非凡的成就，但一直未能征服卢卡人，而卢卡人的领地（吕基亚）也从未承认赫梯人的宗主权。

3 公元前1279—前1213年在位。

4 其在位的第五年（前1274年）。

5 赫梯国王苏庇路里乌玛一世（Suppiluliuma I）对米坦尼的征服以及他对叙利亚的影响损害了赫梯王国与埃及的关系。卡迭石战役（前1274年）虽然名义上是领土之争，但真正的导火索是两个帝国都想在该地区建立自己的霸权。虽然赫梯人表面上占有优势，但埃及人也通过顽强抵抗展现了自己的势力，站在拉美西斯二世的角度他完全可以将卡迭石战役看作是一场胜利，双方都没能将对方击败。

6 估计占利比亚军队的三分之一。

13 世纪末成功阻止了海洋民族的侵略行径，但二十年后，他们卷土重来，而且侵略规模更胜从前。起初，这些海民只是些为了自身利益而劫掠的海盗团伙，但后来利比亚发生的事件证明他们能够更进一步，组成强大的武装力量。这一次，他们在各自的岛上成立了联盟[1]，首先向小亚细亚和黎凡特发起进攻。这直接导致了赫梯王国一蹶不振，塞浦路斯岛被占领，黎凡特的海岸被完全摧毁[2]。约公元前 1180 年，联盟建立了单一阵营，开始进攻埃及这个当时盛产小麦的国度。谢克莱什的盟友有培勒舍特人（Peleset）、阐卡尔人（Tjeker）、达奴人（Denyen）和维舍什人（Weshesh）。但不是所有人都在自己捕猎者本能的驱使下进行劫掠，因为部分海民（尤其是培勒舍特人）常常和他们的家庭一起行动，这种行为确实展现出想要定居和归属一个新国家的意愿。在地中海面临第一次入侵之际，古埃及人非常清楚自己受到的威胁[3]，不得不进行双线作战。一方面，主力陆军在抵达近东之前就不再前行，在叙利亚边境加强防御并实施焦土政策。另一方面，部队采取埋伏战术在尼罗河三角洲歼灭敌军，随后便加入到这种自己不太熟悉的战斗模式中。在海战中，战车或者骑兵都派不上用场，法老就下令将所有的商船改装成战船。约公元前 1177 年，两军在三角洲的航道内对峙，埃及人的小船封锁了航道出口，埃及陆军和船只将入侵者的部队团团围住，用铁钩阻止船的移动后将其击沉；舰船上的弓箭手则射杀来犯之敌。

拉美西斯三世取得了战争的胜利[4]，而所有爱琴海和地中海东部沿岸国

1 参见哈布城堡的铭文。

2 面对威胁，赫梯或塞浦路斯君主请求臣国派遣军队和舰船支援，这让那些小国国王在面对侵略者时显得手足无措而且无力抵抗。这也是为什么乌加里特的阿穆拉匹国王宣称自己无法对付七艘敌军舰船。

3 拉美西斯三世做了大量的动员，10% 的男性都被招入军队。侵略者很快就占领了卡尔凯美什（Karkemish）、阿尔萨瓦（Arzawa）、克里特、阿姆鲁（Amourou）地区（今黎巴嫩），随后进军占领了埃及王国所有的缓冲国，让埃及暴露在海民面前。

4 事实上只有海民的入侵被阻止，但此次也是他们尝到的第一次败仗。

家的实力都受到了不同程度的削弱。受到重创的赫梯人得到了安纳托利亚和美索不达米亚人民的宽恕。一些希腊人移民到了塞浦路斯并成了当地主要的民族。

但那些居住在迦南地区沿海城市，被希腊人称为“Φοινικικό”[1]的腓尼基人却受益匪浅。在摆脱了赫梯人或埃及人的控制之后，他们利用这段自治期着力发展贸易关系，定居塞浦路斯，开始探索地中海西部海岸并随后在那儿建立殖民地。但是迦南地区并未获得腓尼基人那样巨大的发展。埃及人和海民之间那场并未导致决定性后果的战役促使拉美西斯三世将海民迁至迦南地区那些名义上属于埃及的省份。这项英明的决定既让海民们远离尼罗河谷，也维持了政权对他们的统治。就这样培勒舍特人[2]（《圣经》中的非利士人[3]）在这个地区建立了五座附属城市：加沙、亚实基伦、迦特、以革伦和阿什杜德。他们与希伯来人起过冲突并统治了后者一段时间[2]，将他们的名字赋予此地，由此迦南国就被称作巴勒斯坦。不过，他们中的一部分人似乎并未停止海盗行径：公元前1100年的一则埃及故事[4]讲述了卡纳克阿蒙神庙高官的不幸遭遇，一位负责去比布鲁斯为上帝的圣船采购雪松木的官员不得不在该地停留一段时间，因为海盗们（阐卡尔人、谢克莱什人？）威胁要抢劫他的货物并杀害他本人。

虽然海民在东地中海历史上写上了浓墨重彩的一笔，但他们并不是造成接下来一段时期局势动荡的元凶。事实上，如果不是那些地中海沿岸势力经历着严重的内部危机，这些海盗的劫掠是不可能成功的。几十年间，海盗的侵扰疏远了君主和诸侯之间的联系（赫梯人和叙利亚城市；埃及人和黎凡特城市），弱化了政权（埃及、美索不达米亚、埃及统治下的黎凡

1 腓尼基在希腊语中的意思是深红、紫红。希腊人如此称呼他们的水手和商人，可能是由于他们的肤色，也可能是由于当时最有名的物产——紫癜。

2 在《圣经》中（I 撒母耳记 8—12），正是由于非利士人施加的压力才导致希伯来部落合并，他们建立王国制度取代了士师制度。大卫和歌利亚之间的对抗象征着这场冲突。

特地区），甚至让一些国家（赫梯王国、迈锡尼、特洛伊[1]、迦南国、乌加里特王国[2]）完全消失了。

除了非利士人，其他海洋民族似乎都没有长期定居下来。但可以公认的是，有几个族群移居到了东部，谢克莱什人可能是西西里岛上西库尔人的祖先，施尔登人则可能是撒丁岛上萨丁人的祖先。

公元前 12 世纪是地中海历史的一个转折点。青铜时代各政权的内部危机和海民的大规模迁移之间的辩证关系导致了一部分文明的消失，而这些文明都是借助青铜技术来实现政治、经济和军事上的统治。希腊、多瑙河地区和西地中海盆地也深受影响。事实上，“约公元前 1200 年，海洋民族的迁移数量已大幅减少，对西地中海地区金属的供应让人们实现了用铁制造武器和工具”[5]。但铁的广泛应用也只是一个循序渐进的过程，因为“无论是铁还是最初形态的钢，硬度都不如青铜。在铜、锡和旧铜器还在供应的情况下，没有理由抛弃铜制品”[6]。

1 没有任何权威的考古发现能够证实《荷马史诗》中讲述的特洛伊是被迈锡尼军队摧毁的，有一种假设是海民摧毁了这座富有的城市。当年这座拥有 4000—5000 人口的城市矗立在海边，控制着海峡；城中的主要建筑是青铜时代被重建的强大堡垒，堡垒周围环绕很深的沟渠阻止战车的前进。

2 根据乌加里特的石板上的记录，侵略者来到城门前，但他们只在日食发生时才进攻，这种做法让城中居民惶恐不安。

第四章

Les débuts d'une colonisation de la Méditerranée:

de l'âge de fer aux Phéniciens

地中海殖民开始：从铁器时代到腓尼基时代

自公元前 1200 年起	铁器使用的普及。
前 12 世纪至前 9 世纪	腓尼基，尤其是推罗文明的影响。
前 9 世纪	推罗殖民西部盆地并建立迦太基，希腊走出“黑暗时代”。
前 8 世纪	希腊城邦的建立，最初在黑海地区，随后扩散至西地中海。
前 6 世纪	前 8 世纪以后，腓尼基开始衰弱，并先后臣服于亚述和巴比伦。自此，迦太基成为统治西部盆地唯一的势力（布匿文化）。
前 5 世纪至前 4 世纪	希腊和迦太基在西西里和意大利南部起冲突。
前 4 世纪	希腊本土部队从西部撤回来抵御波斯人的威胁，并请求马其顿人的帮助。
前 339—前 338	希腊人试图摆脱马其顿的影响。
前 335	亚历山大大帝征服了希腊城邦并建立了包括地中海东部盆地、近东和中东在内的大帝国（前 334—前 326）。
前 323	亚历山大大帝去世。

1. 铁

“在公元前 2 千纪下半叶，铁器的传播更加明显。冶铁是一项需要专业知识和多项技巧的工作。在那个年代，人们还不能够熔化土壤中的铁；铁矿石在被倒入 1500 摄氏度的熔炉中体积变小后，手持多孔大锤的冶金工人通过用力锻打来去除废渣并回收纯铁片，最后铁片在高温下自动熔合成条状的锭。由于硬度不够，还需将铁在木炭中进行热锻打，直到碳含量达到 1.7%，变成在制造武器和工具上唯一能和青铜媲美的金属——钢。”[1] 由于人们常用富含铁矿石的沙子来熔化铜，所以铁在前 3 千纪的时候就已经被发现了。那时候铁只被用于制作极少量的高档物品[1]。公元前 2 千纪，赫梯人率先大面积使用铁制武器，而埃及人和希腊人只在公元前 1200 年，也就是他们经济文化崩溃前一百年才开始使用这种金属。铁器的普及要感谢入侵欧洲和地中海的外来人，因为铁制武器并不是地中海各民族的发明，而是外来的征服者让他们意识到铁质武器较之铜质武器的优越性。安纳托利亚的弗里吉亚人（Phrygians）和希腊的多利安人（Dorians）在公元前 2 千纪末开始广泛使用铁器，至于塞尔特人将铁器传播至欧洲大陆的时间却要推迟到公元前 1 千纪初。

在此情况下，对铁矿石的需求就变得相当大，而东部盆地的矿石产量

1　主要发现埃及前王朝时期（前 4 千纪）的铁珠，土耳其阿拉卡·郝予克（Alaca Hoyuk）找到的公元前 3 千纪的铁针，公元前 2 千纪用陨铁制成的图坦卡蒙的匕首，在阿拉卡·郝予克发现的匕首和在吉萨金字塔里找到的工具都是在公元前 3 千纪制造的，采用的似乎是地上的铁矿石。

就显得不足了。从铁器时代起，寻找金属资源就成了地中海商业复兴的主线，腓尼基人、希腊人和迦太基人先后走上了这条路。大部分腓尼基和希腊商人仍然选择腓尼基商人的贸易路线经商。不过他们拓展了青铜时代前人的商业版图，到达了更远的地方。

他们像以前一样给近东各部族提供所需的原材料和其他产品，用他们在西部盆地取得的奢侈品来换取金属矿石。就这样，腓尼基人和希腊人怀揣着相同的目的并通过同样的方式，复制了迈锡尼人的商业模式。但他们与当地人的关系并不局限于纯粹的商业层面。如果当地居民数量较少且农业资源丰富，贸易站则可能会转变成殖民地。

2. 腓尼基的崛起

腓尼基是地中海东岸的一个狭长的地区，东部被群山阻隔。对于这个沿海的地区来说，与海上交流要比与内陆交流更容易。虽然腓尼基城市的农耕面积有限，但从山上流下的多条河流也能保证这里的收成。和古黎凡特的其他地区一样，人们在这里主要种植葡萄、橄榄、谷物、蔬菜和其他水果并饲养牲畜。生长在山间的雪松是腓尼基最宝贵的财富之一，雪松木主要被埃及人用于建造神庙和宫殿。

腓尼基地区地理上的分裂可以解释为什么当地城镇在政治上难以统一。腓尼基地区由多个沿海岸分布的独立王国组成。每个王国都拥有一座海边或岛上的大城市（推罗、西顿、比布鲁斯、艾尔瓦德）和一到两个忙碌的港口，为国家带来源源不断的财政收入。

在公元前 1200 年左右腓尼基诸国崛起之前，这个曾被海民毁于一旦的地区就经历过长期的繁荣光景。比布鲁斯在公元前 3 千纪下半叶曾经是重要的商业中心，乌加里特王国在公元前 13 世纪也曾是腓尼基后期海洋贸易线路上的中心。在海民时期，虽然当地的政治版图不断受到暴力入侵的影响，但经济上仍然保持着连续性。腓尼基文化不是凭空而生的，腓尼基善于在一个完全不同的政治背景下[2]，继承和发扬先辈们留下的遗产。在青铜时代各大势力消亡以后，安纳托利亚和叙利亚地区的“新赫梯”（或“叙利亚赫梯”）王国、叙利亚的亚拉姆王国、巴勒斯坦海岸的非利士城邦、以色列的“古犹太人”和黎巴嫩海岸边的腓尼基王国之间完成了近东的政治和文化重组。

公元前 12 世纪至前 9 世纪，这些王国先后独立，实力得到了加强。在公元前 2 千纪时，比布鲁斯曾是当地最重要的城市，但一千年以后，作为腓尼基殖民地的推罗就取而代之成为商业活动的枢纽，推罗国王后来也的确成了西顿的统治者。由于贸易网络涵盖至西班牙和红海之间的大片地区[1]，腓尼基人与以色列诸国建立了联盟来保证陆地运输的顺畅：公元前 10 世纪，推罗国海勒姆一世（Hiram I）就试图帮助[2]所罗门建造耶路撒冷神庙，此举既可以聚集宗教信徒，也可将他的小国打造成犹太人的中心；公元前 9 世纪，推罗和西顿王谒巴力一世（Ithobaal I）将女儿耶洗别（Jezebel）许配给亚哈王（Ahab）[3]。

1　在也门的亚斐地区、索马里甚至印度都找到了证据。这些物品在西奈半岛南部装船，具体位置可能在埃拉特（Eilat）附近。

2　《列王纪》I，第 5 章，海勒姆一世可能将船只借给所罗门，让后者能够在红海上航行，供应建造神庙所需的雪松木、柏木和黄金饰品以换取食物。

3　同上，第 21 章。这场婚姻可能只是腓尼基人控制以色列犹大王国的一种手段。耶洗别强迫亚哈王改变宗教信仰，在撒马利亚（Samaria）推行对巴力（Baal）和阿斯塔蒂（Astarte）的崇拜。在被先知艾力和随后的以利亚击败后，耶洗别成了寡妇。此后她与她的儿子们共同理政，但一心为雅威（Yahweh）报仇的耶户（Jehu）将她和她的势力全部消灭，巴力崇拜的传统也被连根拔除，虽然这并不等同于多神论被废弃。

就这样，腓尼基人以地中海为中心大力延伸了他们的贸易网络。此前在米诺斯和迈锡尼时代，腓尼基人的贸易版图受爱琴海和黎凡特沿岸所限，不得不借助陆路为来自红海的商品打开一条出路。通过与青铜时代的先辈们开辟的商业网络相连，腓尼基人享有得天独厚的优势，他们一方面可以与美索不达米亚、叙利亚和小亚细亚相连，另一方面也可以和包括埃及在内的地中海沿岸诸国贸易。佩里格林·霍登（Peregrine Horden）和尼古拉斯·珀塞尔[3]（Nicholas Purcell）称他们创造了地中海的"联通性"，也就是通过海陆或陆路进入地中海所有地区和腹地的能力。腓尼基的水手们是地中海世界的串联者。

腓尼基的迅速扩张既得益于公元前1200年后几大新帝国（亚述、巴比伦和波斯）的出现，也与当地人民掌握的三项典型技能——手工艺、航海和经商——密不可分。

在古代，腓尼基的手艺人[1]和他们为地中海上流阶层制作的奢侈品（如紫色染布[2]，象牙，玻璃制品，首饰，铜或金质餐具）是出了名的，而且他们生产的日常用品（如双耳尖底瓮、铜、青铜或铁制品）和农产品（如橄榄油、红酒、腌渍品）质量也毫不逊色。

海员们的声望有两种：一种来自跨海经商，另一种来自战争。从外观上来看，腓尼基商船船舱鼓起，唯一的桅杆上挂着一片长方形或正方形的帆，船后方左舷处的桨起导向作用。船员数量一般不会超过二十个。他们在大多数情况下会沿海航行，但有时也会在考虑风和洋流的情况下选择远洋。腓尼基贸易主要从事货物集散，通过长途跋涉和多次转运，将货物从一个港口运送到另一个港口。为了使货物能运送至地中海各地区，各条航线上

1 这些工匠的名称在闪语中都带有 *ḥrš* 的词根，而该词根的意思在金属时代经历了较大的变化。起初它的意思是劳动，尤指锻造金属的劳动，随后演变成金属雕刻，而最终的意思则是广义上的手工艺。

2 紫色是从骨螺（Bolinus brandaris）里提取的。

都必须设立多个港口用于货物的中转和存放。这些中转点的选择取决于当地的海况和防御能力[1]。腓尼基人沿着两条主要航线往来于地中海东西两侧：一条沿着黎凡特和非洲海岸，另一条更危险但更快的路线经过塞浦路斯、小亚细亚沿岸，再由罗德岛进入伊奥尼亚海、马耳他和西西里，到达西部盆地[2]，甚至还可以继续西行到达撒丁岛沿岸、巴利阿里群岛、安达卢西亚和直布罗陀海峡[3]。腓尼基人也将自己的航海才能运用到海战中。他们制造的那些装有结实的青铜撞角的帆桨战船，也曾被亚述人、希腊人或波斯人所租借或征用（取决于各势力之间的政治关系）。

腓尼基商人在古代声名远扬，但对他们的评价却不是那么正面。这些专业水平无可置疑的人面临着诚信方面的质疑。从事远距离贸易的商人们总是偏好高附加值的产品，最受青睐的就是金属：塞浦路斯、撒丁岛的铜，西班牙南部的铜、铁、铅、银在近东都非常畅销。木材，尤其是雪松木，是一种少有的出产于腓尼基的原材料，此外腓尼基商人还贩卖动物（麝香）和植物香精（乳香、没药）、香料和调味品（孜然、藏红花、胡椒）、玻璃制品、本色布或染布。他们也涉足奴隶贸易，奴隶主要来自黎巴嫩海岸、跨撒哈拉地区传统的奴隶输出地[4]，甚至埃及的柏柏尔人聚集区[5]。此外，为了保证贸易中沟通的准确性，他们在公元前 11 世纪完善了公元前 2 千纪发

---

1 推罗和西顿拥有两座地中海港口。推罗的港口设施主要有：不太深的天然的锚地，用于指定吨位的船只停靠；海上的暗礁则用于难以停靠港口的大型船只下锚；能够容纳大型船只的码头和拥有栈桥的人工码头；为新船和修理船只上岸和下水建造的坡道。

2 由于洋流的原因，夏季的返程会更容易。

3 在古代，人们常常对腓尼基人的海上成就称赞不已，如今我们已分不清哪些是事实，哪些是传说。希罗多德记录了腓尼基海员接受尼科二世（Necho Ⅱ，公元前 610—前 595 年在位）的命令，三年中在非洲海岸往来航行的故事。

4 从乍得湖到尼日尔的赤道的非洲地区从公元前 2 千纪末期开始经历了迟来的新石器时代。当地居民面对来自埃及和利比亚的，手持更先进尖锐武器的入侵者显得毫无还手之力。

5 埃及在二十王朝后经历了分裂，许多小王朝纷纷成立。柏柏尔人建立的利比亚王朝（二十二王朝）在公元前 945 年至前 715 年统治该地区。

明的字母文字[1]，取代了楔形和象形文字。作为所有线性字母文字的基础，它的迅速传播也显示了腓尼基贸易举足轻重的地位[4]。

经过了数十年的经营后，腓尼基人逐渐将在地中海扩张的地盘（有的甚至远离本土）转化为殖民地。最后还有一点是确定的，与几个世纪后发生在希腊人身上的事情不同，腓尼基人移民的原因似乎与土地不足和大规模人口增长无关。商人和水手们迁居海外是受到经济利益的驱使。虽然腓尼基人向西扩张最初是出于商业目的，但随着时间的推移，部分腓尼基族群试图影响甚至改变当地的社会形态，展现出一种殖民态度。

随着公元前12世纪主要从事贸易活动的人群的消失（迈锡尼人、埃及人、乌加里特的迦南人）以及公元前11世纪、前10世纪比布鲁斯和西顿的衰亡，推罗成为腓尼基人扩张过程中的主要力量。公元前10世纪，推罗重拾青铜时期的贸易路线，并迅速地将其拓展；在塞浦路斯站稳脚跟以后，它就开始和爱琴海诸国（克里特、埃维厄）与西欧地区（撒丁岛、伊比利亚半岛）开展联系。在接下来的一个世纪，推罗建立了一些新的城市。它们和已有的商业据点一道组成了一个真正的海洋帝国，控制着连接包括塞浦路斯[2][5]、小亚细亚[3]、非洲[4]和西班牙[5]在内的地中海地区的商业路线。古希腊和古罗马文人将腓尼基人开疆扩土的丰功伟绩，尤其是在迦太基地区取得的成就，传唱成为古地中海[6]历史的主要旋律。公元前8世纪，扩张取得的成

1 埃及原始西奈字母和原始迦南字母。

2 他们占领了亚该亚在塞浦路斯建立的城市［基提（Kition）、阿马苏斯（Amathus）、帕福斯（Paphos）、索里（Soli）、萨拉米斯岛］并建造了新的设施。岛屿在政治上和文化上都被分裂了：希腊王国的居民说着阿卡迪希腊语演变而来的一种方言，腓尼基人则保留着自己的语言和文字，大部分当地人仍然说着塞浦路斯语。

3 奇里乞亚的亚力山勒达（Myriandrus）。

4 公元前814年建立的迦太基（Qart-Hadast，意为新城）取代公元前9世纪建立的尤提卡（Utica旧城）。事实上，尤提卡最初是一座海滨城市，周边的环礁湖提供了大量的盐。

5 加的斯（Cádiz）与尤提卡是同时期建立的。

功让腓尼基人在西西里[1]、马耳他[2]、撒丁岛、西班牙、摩洛哥[3]和葡萄牙建立了殖民地。

新城市按照腓尼基原有的城市面貌设计：几乎所有的新城市都位于沿海（建立在海岛或海岬上），在金属矿或者通向矿场的路边设一个或多个避风港。可以看出，腓尼基人的殖民地主要为了商业目的而建立。从规模上看，有一个殖民地尤其出众，它就是迦太基。传说，这座和推罗规模相当的城市是推罗王在征服了当地的柏柏尔人以后由其妹[4]建立的，这片非洲的殖民地不仅继承了推罗本土的商业属性，还复制了它贵族政治的特点。在赋予这座新城"副首都"的职能以后，腓尼基人可能还想趁势巩固势力，来阻止希腊人（主要是弗凯亚人）在西地中海盆地的殖民扩张。

第二次殖民潮正发生在亚述人对腓尼基人第一拨入侵之际。公元前9世纪，尼尼微的统治者对黎凡特各城市征收新的税赋，此举很有可能导致了腓尼基商人向其他地方逃离。这些殖民地的建立带来了经济的复苏，腓尼基城市获取的额外收益平衡了新征税带来的负担。可以认为设计迦太基这座相对独立的城市的目的是在灾难发生时，为腓尼基的有生力量留一条退路。公元前8世纪的亚述君主却有着更大的野心，他举兵并逐步吞并了塞浦路斯和整个黎凡特沿岸地区。推罗国王为了保住自己的王位，只得完全臣服于亚述，其海军的商业活动也被埃及海军逐渐限制、消灭。公元前7世纪，推罗与埃及联盟并希望巴比伦对亚述的攻势（前612年）能够扭转自身不利的局势。不幸的是，在尼布甲尼撒二世（Nebuchadnezzar Ⅱ， 前

1　摩塔亚岛（Mtw）、索伦托姆（Soluntum）和巴勒莫。

2　马耳他的锚地（河口或小河湾）为腓尼基商人们提供了许多便利，但城市是建立在岛中心的岬角处［姆迪纳（Mdina）］。

3　利叙（Lixus），今拉腊什（Larache）。

4　狄多［Didon，或称艾丽莎（Elyssa）］，推罗的皮革马利翁的姐妹，她向伊阿耳巴斯国王请求土地，后者许给她一张牛皮大小的土地。狄多将牛皮剪成细条，然后连接起来，圈起一块地建立了新城。

605—前 562）的军队围困推罗长达十三年（前 585—前 572）以后，推罗彻底丧失了政治主权，不得不接纳大量来自亚洲的移民[1]。从那时候开始，定居在地中海西部的腓尼基人数量迅速增加，而迦太基作为唯一一股未臣服的势力，影响力与日俱增，逐步开始建立自己的殖民地并掌控地中海西部盆地范围内腓尼基人的活动。历史学家们认为，从那时起，腓尼基人的时代已经过去，而布匿人的时代随之而来[2]。

1 土耳其人、蒙古人和亚美尼亚人。

2 这种基于语言上的区分是很方便的。“腓尼基”一词来源于希腊语 Φοινικικό，指东地中海城市霸权。“布匿”一词来源于拉丁语 Punicus，专指西地中海城市。

第五章

La Méditerranée,
enjeu géopolitique

地中海，
地缘政治的焦点

1. 希腊的觉醒

在经历了公元前12世纪至前11世纪迈锡尼时代的衰退后，希腊恢复了元气并逐渐崭露头角。纵然遭受了人口的急剧减少，青铜冶炼产业也由于铜和锡进口路线被切断而消亡，但以畜牧业和雅典周边农业为主的社会形态却得以保留。

在公元前11世纪初期至前8世纪期间[1]，经历了一系列转变后的希腊城邦终于展现出最终形态。公元前10世纪，出现了一些诸如制陶和铁器制造之类重要的发明，尤其希腊本土（阿提卡、阿尔戈利斯）还出产铁矿石。希腊的复兴表现在与近东，主要是与腓尼基人[2]的联系的重新建立，和国民向小亚细亚西岸（伊奥利亚、伊奥尼亚、多丽斯）与爱琴海诸岛（基克拉迪群岛、斯波拉泽斯群岛）的移民潮上。公元前9世纪到前8世纪移民趋势并未衰减：农村人口再次增长，农业规模成倍扩大，手工业者重新出现——希腊正在摆脱“黑暗时代”。希腊与近东的联系不断加深，受腓尼基文字的影响，希腊也发明了自己的字母文字，而希腊的艺术也深受叙利亚－腓尼基[1]传统的影响[3]。但几何时代“最重要的特点是社会的转变，导致一种具有传统

1 因为陶器上装饰图案的缘故，考古学家将这一时期称为“几何时代”。

2 荷马和后来的希罗多德都提到了腓尼基商人在亚该亚－爱琴海区域的存在，他们带着自己的产品（主要是布匹）来到这里售卖，并购买萨索斯岛和潘盖翁山开采的金属。

3 主要的证据是隐藏在爱琴海地区神殿（萨摩斯岛、伊达山）和其他希腊遗迹内的众多来自东方的物品，主要是珠宝，但也有金属餐具、印章和陶器。

希腊文明特点的新国家——城邦的出现。城邦是以公民团体为基础的一种新的政治形式。公元前8世纪初出现的城邦，就成了处理与公民群体有关的大小事务的中心”[2]。

城邦是经过漫长的演变发展而来的。“黑暗时代”危机四伏，人们建造深沟高垒来保护自己，但随后村庄慢慢地重新出现。约在公元前800年，阿提卡地区的村庄不断结合（建立城市），最终形成了雅典[1]。希腊重新恢复了市场经济，并开始向小亚细亚的希腊区、塔兰托和第勒尼安海地区出口手工艺品。伴随着经济的复苏和城镇的扩张，出现了拥有土地的富有贵族阶级、以商人和手工业者为主的中产阶级，以及城市和农村中的无产阶级。公元前8世纪的主要特征就是社会矛盾，主要体现在城市的“中产阶级”对贵族权力的要求以及农村的无产阶级对土地和债务免除的要求。在这种社会冲突的环境中迸发出了政治思想的萌芽：统治者强制实施的法规被一种理想的、满足大众利益的规则所取代：如此便诞生了法律（希腊语为νόμος）。与此同时，城邦（希腊语为πόλις）也取代了民族国家（ἔθνος）。在此基础上，不仅希腊文明，就连整个西方文明都遇到强大的社会危机[2][3]（希腊语στάσις），具体表现为大批农村人口迁移至城市，随后在公元前775年，海外殖民地建立。古希腊的文献中的确有关于各阶层人民对土地缺乏（希腊语στενοχωρία）的恐惧感的描述。由此可推断，当时来自农村的无产阶级已将城市塞得拥挤不堪，整个地中海世界人口的快速增长[3]造成了耕地的不足。于是殖民地就作

1　在古希腊语和其他欧洲语言中，雅典都是以复数形式书写用来呈现其成立之初是由多个村庄组成的特征，在当代的书写体（希腊自1976年起采用的官方语言）中，Athinai开始采用单数形式Athina。

2　纠纷、危机伴随着起义、叛乱甚至内战。在呈现战争的时候斯塔西斯（Stasis）总是与阿瑞斯（Ares）联系在一起，前者是内战之神，后者是外战之神。

3　自公元前1千纪中叶起，全球气候的改善，气温和湿度上升（孢粉学和树木学研究都可以证实）导致了人口数量的增长，城市墓穴的发掘可以佐证这一说法。

为一种避免内战的手段出现了。殖民地有两种：一种用于流放对社会稳定有威胁的人和政治对手；另一种是用于安置母城的民众，以缓解人口压力，防止饥荒的发生。无论去往哪种目的地，去的人都永远不可能再回到母城。做出建立殖民地决定的从来就不是个人或者集体，而是议会和祭司。神谕（一般是询问德尔斐的祭司）会指出新殖民地的大小，并评估殖民计划。神职人员给出的指示很少出现错误：他们通常会避开东部盆地那些人口众多的地区，而建议去西部盆地或黑海［古称尤克辛海（Euxine Sea）］沿岸。市议会指派殖民地首领（希腊语为 οἰκιστής）负责带领殖民者、选取殖民地位置[1]并确定其名称。他们在死后，会被新来的居民和子孙后代视为英雄来敬仰。

事实上，殖民活动与海洋息息相关。希腊商人和探险家在长途跋涉中已经帮助殖民者找到了符合殖民标准[2]的地点并将相关信息告知城邦的统治者，这些信息让殖民者像神一样洞悉一切。有时候，当殖民者担心当地人会采取不友善态度时，希腊海盗会率先到达相关地点并扫清障碍。大部分殖民地都是通过海路到达，殖民的决定一旦做出，其成功与否主要取决于船长（希腊语为 κῦβερνητης）是否具有将殖民者送达目的地的能力。总之，与腓尼基人相反，古希腊人建立殖民地并不是出于商业目的，在希腊地区掌权的士绅们只想将本国的模式[3]传播到海外。殖民者也确实在海外的未知世界修建了当时日常生活所需的各类设施：新城市也崇拜母城的守护神

1 入海必须方便，地形也应有利于防守（如小岛、岬角或高地），而且周围还要有大片的水域和陆地。

2 综合考量殖民地的耕地、水源、河流、矿产，并确保本地人口密度较低或本地居住的是游牧民族。

3 虽然有些站点的建立是出于纯粹的经济目的（例如马赛），但它们作为母城贸易站的角色从未改变，自身也没有获得相对的独立。

祇[1]，建造希腊式的神殿；殖民者从希腊母城带来的火种温暖了新城的公共住房[2]，母城的制度也在殖民地或贸易站点得以应用，至少在殖民初期是这样的。母城和殖民地之间存在着一种很深的文化和情感上的联系。

公元前8世纪末至前7世纪初，只有少数几座希腊城邦进行殖民活动，包括埃维厄岛上从事冶金的城市（埃雷特里亚、哈尔基斯）与柯林斯、墨伽拉、斯巴达和罗得这些多利安人的城市。它们的扩张范围也有限，主要是西西里和意大利最南端地区（塔兰托湾），而这些地区本来就有不少希腊盐商[4]。希腊诸国仿效伊特鲁里亚文明，与塞尔特人维持着贸易往来。塞尔特人在公元前800—前600/500年经历了一段重要的经济扩张时期（哈尔施塔特文化），这群生活在欧洲内陆和阿尔卑斯山地区的人扮演着波罗的海和地中海[3]之间中介人的角色。

公元前625年到前6世纪的最初十年，殖民活动成了一种常态，殖民地的范围也从西西里岛和大希腊[4]扩张至昔兰尼加和黑海沿岸。由于神话故事的关系，希腊殖民者的功绩很快被世人传颂[5]。完成独一无二壮举的希腊英雄们容易让人联想到古希腊或某个城邦历史上的建造者，其中有两位建立的功业更是数不胜数。一位是凡人尤利西斯，他击杀独眼巨人波吕斐摩斯的事迹从公元前8世纪就广为流传，独眼巨人的红宝石眼让人联想到西西里或坎帕尼亚的火山；此外，人们还会提到他在食莲人岛、苏尔特湾岛（或

1　由于他/她保护城市的属性，相比众神殿里的其他神祇，大部分崇拜活动都是献给此类神灵（众神之首，甚至是唯一的神）。男性神称为 polieus，女性为 polias，或 poliouchos（城市支柱）：有一种习俗是将宙斯和雅典娜作为雅典卫城的守护神加以崇拜，在纳克索斯或戈尔廷（Gortyne）也有崇拜雅典娜的活动……

2　在遥远的史前时期，在作为政治中心的执政所安放着象征市民群体的公共之火（koine hestia）。

3　法国维克斯墓葬群（tombes de Vix，公元前6世纪）和拉沃墓葬群（公元前5世纪）展现出琥珀之路和青铜之路之间的贸易联系。

4　Ἡ μεγάλη Ἑλλάς 指意大利南部的四个省份（坎帕尼亚、卡拉布里亚、普利亚和巴西利卡塔）。

现突尼斯海岸以北处）上的经历，与海神卡吕普索在马耳他群岛或在摩洛哥海岸的一座岛上的冒险。完成了包括“十二功绩”[1]在内众多冒险的宙斯之子赫拉克勒斯也被视为希腊人勇武行为的象征。如果我们仔细思考，就会发现“十二功绩”中前几件都发生在伯罗奔尼撒半岛，似乎是为了纪念那些辛勤开创基业的多利安人；后来的两件在伊比利亚半岛附近完成的功绩[2]，无论确切地点是在直布罗陀海峡哪端，都好像是希腊本土事业完成后开创的新冒险。用于阐明一件事或一段历史的神话、寓言在上述两种情况下都变成了水手们的航行指南[6]，并成为大家共同的记忆。

希腊殖民者受当地文化的影响非常小，即便他们经常通过互惠互助和附近村庄的人建立起紧密的联系[3]，但从来不接受外来的习俗或神祇。希腊人最大的妥协，也只是采取宗教融合政策，将部分当地神灵同化成自己的。这样做的后果是，当他们试图定居到一片新地区而当地已存在本土政权结构时，会遭遇到激烈的对抗。正因为如此，地中海西部盆地、意大利中部的伊特鲁里亚人和非洲、西西里岛沿岸的迦太基人与希腊殖民者发生冲突，导致殖民进程放缓。在色雷斯（奥德里西亚王国）和黑海沿岸（小亚细亚本都王国、黑海克森尼索的辛梅里亚王国[4]或亚速海北部的斯基泰王国）情况截然不同，当地的精英阶层在本国希腊化[5]的过程中起了决定性的作用。

---

1 十二功绩是勇斗尼密阿巨狮、杀死九头蛇许德拉、生擒刻律涅亚山上的牝鹿、活捉厄律曼托斯山上的野猪、清扫奥革阿斯的牛棚、驱赶斯廷法罗斯湖的怪鸟、驯服克里特岛上的公牛、制服狄俄墨得斯的牝马、征服亚马孙人、牵回巨人革律翁的牛群、摘取赫斯珀里得斯的金苹果、带回地狱的恶狗刻耳柏洛斯。

2 牵回巨人革律翁的牛群和摘取赫斯珀里得斯的金苹果。

3 当地的农民献上农作物作为贡品，作为交换希腊人为他们提供保护。

4 今克里米亚。

5 色雷斯的奥德里西亚人的信仰受到崇拜俄耳甫斯的神秘教理的影响逐渐被希腊化（有些人认为色雷斯君王俄耳甫斯被葬在希腊，有些人则认为他是被葬在色雷斯的罗多彼山上）。斯基泰人希腊化，催生了博斯普鲁斯的辛梅里亚人。

希腊的殖民显然带来了辩证的影响。在与其他文化的接触中，希腊人体会到自己的优越性，或者用一个中性的词“独创性”，他们的天赋——哲学思想开始被激发。非希腊人都被视为他者“蛮族”[1]。此外，希腊化进程在地中海和黑海缓慢开展，为希腊思想的渗透铺平了道路。在第一批殖民者的帮助下，地中海成了西方文明徐徐发展的摇篮。

用任何历史宿命论的观点来解释这样的成绩都未免太过简单。从时间上来看，在迦太基摆脱了推罗腓尼基人的控制、臣服于亚述并开始扩张之后，希腊人便紧随其后开始在地中海西部殖民。初期腓尼基人（后来的布匿人）与希腊人之间频繁进行贸易往来，保持着良好的关系。一段时间过后，相安无事的局面被打破，取而代之的是敌对甚至零星的交锋。虽然迦太基曾尝试阻止希腊影响向西扩张（至撒丁岛和伊比利亚半岛），但这项举措与贸易战略或某种闪语族和希腊语族之间的文化竞争并无关系。冲突都是为了保护经济影响力采取的政治措施，并不会导致商业贸易的中断。

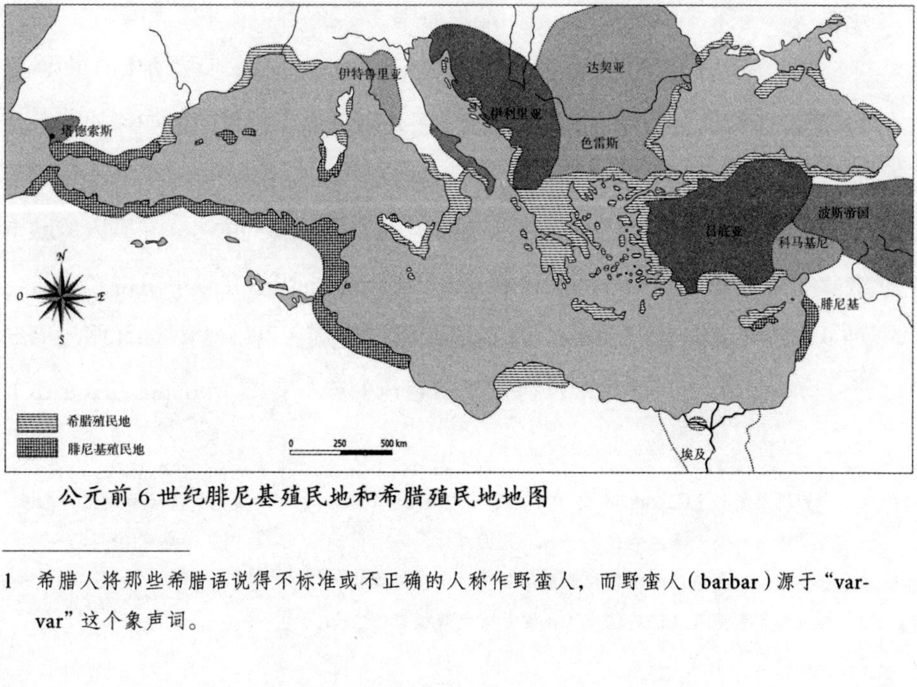

公元前 6 世纪腓尼基殖民地和希腊殖民地地图

1　希腊人将那些希腊语说得不标准或不正确的人称作野蛮人，而野蛮人（barbar）源于“var-var”这个象声词。

2. 迦太基的崛起

从公元前 7 世纪开始，腓尼基帝国的殖民步伐从黎凡特扩展到非洲。作为西部盆地上唯一政治稳定的大定居点，迦太基在当地拥有非凡的影响力，足够建立自己的殖民地并将自己的航海范围扩展至非洲海岸和欧洲的大西洋海岸[7]。尽管如此，它和母国腓尼基的联系，即便是在后者成为附属国以后，也从未断过。虽然腓尼基出于促进贸易的目的，试图和迦太基和睦相处，但这位邻居似乎更倾向在西地中海实行帝国主义理念，这就必然会损害希腊人和日后罗马人的利益。这种理念驱使迦太基人穿越直布罗陀海峡，去探索非洲和欧洲最西端的海岸。

以迦太基为主的“西腓尼基”首先沿着北非海岸，从苏尔特湾向今摩洛哥地区发展，并在大西洋海岸建立了基础据点。扩张的最初目的似乎是获取金属（锡和其他有色金属购自伊比利亚半岛[1]，铁产自摩洛哥[2]）和进行少量的黑奴[3]贸易。很快，贸易站就成了生产和销售的中心。布匿人的城市继承了腓尼基人使用紫色染料的光荣传统。从古代的文献中可得知这是一种从名叫“骨螺”（murex）的贝类中提取的颜色，只有两种海洋腹足纲动物能够分泌染布用的黏液：提供推罗紫色的染料骨螺（bolinus brandaris）

1 卡西特里德岛（Cassiterides，即锡岛，希腊语 kassiteros）似乎不是指一个具体的地理位置，而是指一片物产来源的区域——北大西洋。

2 舍拉城堡（今摩洛哥拉巴特）或摩加多尔（今索维拉）。

3 在位于今利比亚地区的城市［主要是大莱普提斯（Leptis）］。

和提供水晶紫色的根干骨螺（hexaplex trunculus）。这种骨螺生长在布满礁石的海岸，必须采集大量的骨螺才能生产足够的染料[1]。另一种很快被开采和交易的自然资源是盐。盐和它的副产品腌货确实都有很高的交易价值。伊比利亚半岛是盐和腌货第一大产地，盐田只需要占领沿海地区即可获得，而获取腌货则需要和内陆腹地建立联系甚至占领相关地区[8]。

腓尼基人殖民时采取平等的态度与当地居民和睦相处，而在迦太基的霸权之下产生了融合腓尼基元素与当地文化精髓的"布匿"文化。这种文化赋予生活在苏尔特湾至太平洋之间的北非人共同的身份，并在迦太基消亡后很长时间内仍得以保留。在公元前6世纪的殖民潮中，迦太基的影响也扩散至西西里岛、撒丁岛和西班牙东部，于是这些地区也吸收了布匿文化。此时的迦太基处于鼎盛时期，但它并未打算直接实施政治霸权建立一个名副其实的帝国，而是小心翼翼地守护着自己的领地。也正因如此，迦太基在公元前509年与罗马签署条约规定了两国的势力范围：迦太基拥有西西里岛的部分领土，基本垄断了撒丁岛的商业，以卡本半岛[2]为界，罗马人和他们的盟友只能在非常有限的条件下才能去地中海的另一边。

希腊人也是在公元前6世纪开始向西地中海盆地扩张。公元前600年，弗西亚人（Phocaean）[3]建立了马西利亚（Massalia）[4]，随后便开始了对地中海西北部的殖民，建立的新城遍布利古里亚海岸、科西嘉岛、卢卡尼亚和西班牙西北部。但希腊人发展金属贸易的意愿让他们陷入与布匿人的竞争中。

无论是腓尼基人还是迦太基人，都没有对希腊人进驻西西里岛、马耳他、撒丁岛和意大利半岛南部的活动施加任何阻力。但当希腊人闯入利翁湾和第勒尼安海时，布匿人再也无法坐视不理。面对弗西亚人的扩张以及他们

1　在布匿遗迹里发现了大量此类腹足动物的螺。

2　突尼斯卡本半岛。

3　弗西亚，今福查，位于伊兹密尔湾。

4　今马赛。

以阿拉利亚[1]为基地进行的海盗行径，迦太基与贸易上深受弗西亚侵扰的伊特鲁里亚人建立了联盟。最终，科西嘉的弗西亚人战败[2]，他们在这片区域的势力也被暂时削弱了。

伊特鲁里亚人在与意大利中部两大民族结盟以后，对西西里岛的态度也发生了变化，迦太基人和罗马人亦是如此。公元前580年，西西里的城市已成功与当地人建立了联盟并在马尔萨拉[3]（Marsala）击败了希腊人。公元前510年，迦太基人也已浇灭了希腊人在这座大岛上扩张的野心。在公元前5世纪的前二十五年中，西西里岛上所有的希腊城市几乎无一例外地选择僭主制政府[4]。为了扩张地盘，他们挑唆多利安人与伊奥尼亚人对抗。迦太基人打算在这场希腊人内部的纷争中坐收渔翁之利并控制富饶的西西里岛西部农业区，公元前480年，哈米尔卡一世（Hamilcar I）率领十万大军在希梅拉被叙拉古的僭主杰洛（Gelo）击败，自己也丢了性命。然而杰洛并未乘胜追击，只是要求迦太基赔偿了维修费用。总之，第一次希腊—布匿战争在政治上产生了一些影响：迦太基的君主体制被颠覆并被共和国取代，而叙拉古成了西西里岛上希腊人的中心据点。

这场战争后的七十年内，迦太基再未染指西西里。它也借此机会休养生息，巩固其在西地中海的统治。在此之前，迦太基满足于被历史学家称为“布匿海岸”的地盘，具体是指一连串相距三十公里或四十公里的海港

---

1 今阿莱里亚。

2 阿莱里亚海战（前540）。

3 今玛萨拉（Marsala）。

4 僭主制度让希腊城邦经历了贸易和工业的快速进步，中产阶级出现。中产阶级主要集中在那些工业、商业已取代农业经济的城市。为了推翻对农民和从事农业生产的工人少有怜悯但权力巨大的乡绅，僭主们首先煽动底层穷人起义对抗富人，让平民与贵族相互厮杀。僭主虽然支持底层穷人，但他们归根结底还是来自贵族阶层，在起义成功以后，他们不会废除法律，而是将自己凌驾于法律之上，以达到专制统治的目的。他们通过建造大型公共设施来取悦人民，让大家拥有一种居民自豪感并以此来捍卫自己的城市。

城市。经过希梅拉的惨败之后，它开始入侵内陆尤其是非洲腹地，由此诞生了混血种族——利比亚腓尼基人。公元前5世纪末，恢复元气后的迦太基已成为地中海的经济中心，其影响力辐射大巴利阿里群岛、撒丁岛、西西里岛西部和马耳他，这个非洲海岸的绝对统治者还在伊比利亚半岛上也拥有不少殖民地。不过后来这些殖民地揭竿而起反对布匿人的统治，迦太基也就失去了这片重要的银、铜的产地。于是它在大西洋沿岸（摩洛哥、塞内加尔）继续扩张，并着手准备向西西里发动新一轮的进攻。

公元前409至前340年，第二次希腊—布匿战争爆发，对阵双方主要是汉尼拔·吉斯戈（Hannibal Mago）[1]（及后来的希米尔科 Himilcon）和叙拉古僭主大狄奥尼西奥斯[2]（Dionysius I of Syracuse）。有好几次迦太基人都看到了成功占领西西里岛的曙光，但每一次瘟疫都使他们的努力付诸东流，步入公元前4世纪后，双方签署临时协定换来的短暂和平常常被零星的小规模冲突打破，而布匿人的影响仍被限制在岛的西南部地区。

在公元前4世纪的最后十五年间，双方重回敌对态势，虽然并没有实质性冲突。叙拉古僭主阿加托克利斯[3]（Agathocle）入侵了布匿人在西西里岛上仅存的贸易站。吉斯戈之子希米尔科随即予以还击，成功控制了全岛并包围了叙拉古。第三次西西里战争将对抗推向了一个新高度，范围扩展到了地中海。阿加托克利斯决定将战火燃至非洲迦太基自己的地盘上，上岸后，他下令烧毁了战船以表示自己破釜沉舟的决心，虽然这样做他就没有一支能够攻击迦太基的舰队了。阿加托克利斯与正式依附于埃及托勒密一世（Ptolemy I）的昔兰尼加（Cyrenaica）结盟，双方约定：胜利之后，迦太基国土将属于昔兰尼加，而阿加托克利斯则统领西西里岛全境。迦太

1 哈米尔卡一世的孙子。

2 大狄奥尼西奥斯（前431—前367），于公元前406年成为僭主。

3 阿加托克利斯（前361—前289），诋毁他的人称他娶了自己情人的遗孀，在公元前317年夺取了实权。

基则集结了西西里的部队，击退来犯之敌并守护了自己在西西里岛西边的地盘。但在公元前 306 年，迦太基还是不得不接受阿加托克利斯加冕西西里国王（Basileus）的事实。

3. 希腊与波斯间的冲突

希腊人和迦太基人将近两个世纪（前 480 —前 306）的对抗不能被视为两个地方势力之间的无关紧要的较量。事实上，冲突已演变成两个帝国对整个地中海经济和政治霸权的争夺。希腊和布匿人之间的三场战争突出了占领北非突尼斯地区、马耳他、西西里、大希腊地区对于保障东部盆地和第勒尼安海、亚得里亚海之间自由通行的重要性。如未实现对这片区域的完全占领，则正面交锋不可避免：从公元前 5 世纪起，地中海的舞台在两百年内发生了巨大的变化，迦太基和叙拉古之间的战争只是大量地缘政治活动的冰山一角。

自公元前 6 世纪中叶，来自波斯波利斯（Persepolis）的波斯帝国席卷了小亚细亚、叙利亚、巴勒斯坦、埃及、美索不达米亚和整个中亚，直至帕米尔和印度河畔。公元前 546 年，伊奥尼亚的希腊城市相继被波斯占领，但随后在公元前 500—前 499 年，这些城市积极寻求独立，并向希腊其他城市求援。斯巴达没有伸出援手，而雅典虽然派出了自己的精锐部队，但也无法逃脱失败（前 494）的命运。为了惩罚希腊的这种行为，波斯人兴兵剑指雅典（波希战争），但却在马拉松（前 490）吞下败仗；如果波斯人能占领雅典，就能轻易横扫爱琴海地区。希腊人面临着军事上和经济上的双重威胁。

此战后波斯人并未放弃惩罚希腊人的想法，公元前 480 年，薛西斯一世（Xerxes I）决定从陆路的色雷斯和马其顿，并沿海岸从水路对希腊实施双重进攻。希腊的各城邦决定联合起来，在当时最强大的斯巴达的领导下抗敌。公元前 480 年，斯巴达国王列奥尼达一世（Leonidas I）率领手下将士在温泉关（Thermopylae）战役中奋力抵抗，但最终没能阻止波斯人前进的步伐，最终雅典陷落，付之一炬。然而此时的希腊人早已逃出城外与友军会合，地米斯托克利（Themistocles）率领的希腊联军舰队，在成功诱骗波斯海军到萨拉米斯湾（Salamis）后将其歼灭（前 480）。一年后的普拉提亚战役（Battle of Plataea）和米卡勒海战（Battle of Mycale）彻底宣告了波斯人的失败。雅典借此机会将整个爱琴海地区联合起来组成提洛同盟（Delian League），由此树立了自己在军事和贸易方面的领导地位。

公元前 469 年，波斯人卷土重来，在阿斯潘多斯（Aspendos）集结了大量舰船，想要大举进攻伊奥尼亚的雅典城邦，希腊战略家客蒙（Cimon）率领 200 艘三层桨战船在欧里梅敦[1]（Eurymedon）河口成功击败来犯强敌。这场战役彻底打消了波斯人入侵希腊的念头，对提洛同盟有着至关重要的意义。当波斯人的威胁消除以后，希腊联盟分崩离析，各城邦不再承认雅典的领导地位（伯罗奔尼撒战争，前 431—前 404），而斯巴达人的地位则节节上升。斯巴达人完全不赞成希腊人签署“耻辱的安塔西达斯和约”（Peace of Antalcidas，前 387 年），因为该和约将伊奥尼亚和塞浦路斯的城池拱手送给了波斯人。希腊的领袖地位在一段时间内落入了底比斯人手中，但后者最重要的战略家却在公元前 362 年清晨与斯巴达人的交战中不幸身亡。公元前 346 年，当底比斯人再一次在战场上面对希腊人时（第三次神圣战争），他们请求了马其顿国王腓力二世（Philip Ⅱ of Macedon）的帮助。这也是

1　今土耳其境内的欧里梅敦河。

马其顿第一次干涉希腊事务。

可以看出，自公元前 6 世纪起，地中海的亚洲区域是在波斯的统治之下。居鲁士二世（Cyrus Ⅱ，前 559—前 530）和他的继承者冈比西斯二世（Cambyses Ⅱ，前 529—前 522）统领高加索至埃及和昔兰尼加边界之间的大片地区，所有爱琴海岛屿以及塞浦路斯。这段时期希腊人正积极向西地中海盆地北部殖民。正如前一个世纪被亚述灭亡后腓尼基人在迦太基所做的那样，希腊人也在向西扩张来弥补东部遭受的损失。布匿人和希腊人在地中海西部的长期对峙与东部发生的事件不无关系：腓尼基和希腊城邦的衰弱让殖民地摆脱了束缚，让它们相信自己的命运不必依靠他国，正如阿加托克利斯理想中的君主国那样。

4.“混乱中横空出世的亚历山大大帝[9]”

公元前 339 年，底比斯人和雅典人联手对抗腓力二世在希腊地区日益扩大的影响，但联军在公元前 338 年喀罗尼亚战役（Battle of Chaeronea）中的惨败让希腊城邦走向没落。腓力二世在公元前 336 年的遇刺身亡和他年仅 20 岁的儿子亚历山大三世继位这两件大事对当时的地缘政治造成了巨大的影响。在即位之初的公元前 335 年，他就平息了希腊城邦的叛乱，所有城邦都臣服于他的权力之下。作为希腊大陆的统治者，他开始大规模向东入侵。地中海不再是东方大军刀下的鱼肉，而是成了东征大军的出发地，这在历史上还是第一次。公元前 334 年，亚历山大大帝的军队在格拉尼库斯河[1]（Granicus River）畔击败了波斯大军，收复了伊奥尼亚海岸：整个爱琴海再一次回到希腊人手中。一年以后的公元前333年，他在伊苏斯[2]（Issus）大败大流士三世（Darius Ⅲ），随后征服了腓尼基和埃及，在这些地区他被视为从波斯阴影下解放人民的英雄受到热烈欢迎。几年以后，他建造了亚力山卓（前331年），其目的不是将它作为振兴埃及经济的进口港，而是作为将埃及财富输出至帝国其他地区的“导流渠”，让埃及能够以更大的规模活跃在地中海贸易中。与尼罗河三角洲的其他港口相比，地位显然重要得多的亚力山卓成了连接阿拉伯和努比亚地区贸易的桥梁。

虽然大流士决定向亚历山大求和，但后者却决定乘胜追击。公元前331年，这位波斯国王在高加米拉[3]（Gaugamela）再一次败北并被自己的部下所杀。在亚历山大攻占波斯之际，他任命的希腊摄政安提帕特（Antipater）在忙于剿灭试图摆脱马其顿统治的希腊余党。在部队向西挺进到达印度河（前326年）以后，马其顿的将士们不愿继续前进，而亚历山大不得不掉转马头并于公元前323年在巴比伦去世。

虽然他的帝国几乎在他死亡的同时就分崩离析，但他东征西讨还是给这个世界带来了深刻的改变。没有他，希腊的文化和语言可能不会越过巴尔干半岛南部、爱琴海岸和岛屿，成为普罗旺斯海岸和旁遮普邦（Pendjab）之间各区域的纽带（通用希腊语，Koinè ）。

这种新的希腊文明[4]是第一次对民族实施西方化尝试的结果，令人惊奇的是，亚历山大和他的继任者们在征服的过程中对当地文化表现出了相当大的尊重，东方人也愿意接纳征服者带来的部分外来习俗。在两个对立的阵营相互碰撞、互相影响下产生的新世界是希腊文化传播强有力的载体，

1　今土耳其境内的比佳河（Biga River）。

2　在今伊斯肯德伦附近（亚历山大勒塔），亚历山大为纪念自己取得胜利而建造。

3　伊拉克摩苏尔附近。

4　普鲁士历史学家约翰·居斯塔夫·德罗伊森（1808—1884）在《希腊化时代史》中提出的定义。

这也展示了普世主义的思想。

但公元前 4 世纪末发生的事却没有继承这种思想。亚历山大手下的主要军官，史称继业者们（Diadochi）[1]的所作所为都是与维护帝国统一相悖的，在经历了长期的内战（前 323—前 281）以后，东部从阿富汗到印度的大片领土都脱离了帝国。同亚历山大童年好友托勒密一样，继业者们也建立了自己的帝国或王国并毫无疑问地在统治中保留了马其顿人的理念。即使原先的传统在新的文化土壤中肯定会受到限制，它仍然在当地民众中留下了深深的烙印。虽然普世主义存在的时间不长，但它依然是一个被世人所接纳的标杆。在亚历山大的统治区以外的地中海西部，阿加托克利斯在昔兰尼加国王的牵线下与托勒密结盟，并效仿亚历山大的随从们于公元前 306 年称王（βασιλεύς, basileus）。由于不愿意像以前叙拉古僭主们一样只作为希腊人防御布匿人的一道屏障，他决定去非洲远征迦太基，在烧毁了能够为他带来成功和荣耀的战船后，他梦想成为西方的亚历山大大帝。最终他还是成功让人忘掉了在对抗迦太基时遭遇的惨败：他娶了埃及托勒密一世的女儿，并将自己的女儿嫁给了伊庇鲁斯国王皮洛士一世（Pyrrhus I）。这位西西里国王的目的毫无疑问是保障亚得里亚海地区的稳定：他将影响力扩展到希腊（前 298—前 295），占领了科孚（Corcyre）和莱夫卡斯（Leucade），并将这两处地盘交由自己的女婿皮洛士打理，随后攻占的布鲁蒂姆（今意大利阿布鲁佐）森林茂盛，出产的木材能够打造一支强大的船队，大部分舰船都是商用，但有时也会将船借给海盗来监视亚得里亚海的动静。作为第一位以亚得里亚海为领地的统治者，这位西西里国王被东方的继业者视为保障西地中海安全的重要人物。公元前 289 年，阿加托克利斯准备再次讨伐迦太基时，却出师未捷身先死。

1 De diadokhos，即继承人、继任者之意。

第六章

La puissance de Rome

强大的罗马

前 4—前 3 世纪	公元前 6 世纪成立的罗马共和国控制了整个意大利中部。
前 280—前 275	罗马向意大利南部的希腊城邦宣战。首先罗马在对阵伊庇鲁斯国王皮洛士时败北（前 280），后成功于公元前 275 年将其赶出意大利并控制了意大利半岛，转而对抗迦太基。
前 264—前 241	第一次布匿战争。迦太基彻底丧失地中海的控制权。
前 227	迦太基在西班牙建立卡塔赫纳，影响了罗马及其盟友的贸易。
前 218—前 201	第二次布匿战争。在公元前 218 年、公元前 217 年、公元前 216 年接连败北后，罗马于公元前 202 年在迦太基本土扎马平原击败迦太基。布匿人只剩下非洲的一片领地，丢失的西班牙成了罗马人的两个省（近西班牙和远西班牙）。
前 214—前 194	马其顿战争。罗马分割希腊、孤立马其顿并占领巴尔干地区。
前 149—前 146	第三次布匿战争。已组建强大海军的罗马包围了迦太基，并于公元前 146 年攻下并焚毁了迦太基城，其领地成了罗马帝国的非洲省份。
前 148	马其顿王国沦为罗马的一个省。罗马占领了除非洲努米底亚以外的整个地中海西部盆地，并实施向东渗透的政策。

1. 罗马的崛起和希腊西部城邦的末日

如果不控制亚得里亚海，则难以保证不受意大利南部势力的侵扰，希腊西部城邦将无法生存，叙拉古的僭主不是唯一懂得这个道理的人。公元前 4 世纪，亚历山大大帝的舅舅[1]伊庇鲁斯[2]国王摩罗西亚的亚历山大（Alexander Molossus）并未参加亚历山大的东征，而是转向意大利，去救援那些深陷危险之中的希腊城邦。公元前 334 年，他穿越亚得里亚海去对抗威胁希腊城邦塔兰托的卢卡尼亚人（Lucanians）。这是伊庇鲁斯－马其顿人第一次帮助希腊，但麻烦还没完，因为意大利人身后有罗马这股强大的力量在支撑。

据传，罗马于公元前 509 年摆脱了伊特鲁里亚国王们的束缚并成了一个共和国。罗马人最不堪回首的事件之一是，他们的城市在公元前 390 年被高卢酋长布伦努斯（Brennus）洗劫一空，而这仅仅是叙拉古及其盟友对抗伊特鲁里亚战争造成的损失中的一小部分。公元前 4 世纪末，罗马人成功稳固了与高卢部落[3]相邻的北方边境，并击败了伊特鲁里亚人

1 亚历山大一世（前 362—前 331），公元前 342 年就任伊庇鲁斯国王，直至驾崩。他是奥林匹亚丝（马其顿腓力二世的妻子、亚历山大大帝的母亲）的哥哥。公元前 336 年，他娶了亚历山大大帝的妹妹，也是自己的亲外甥女克利奥帕特拉，随后在意大利作战时被杀。

2 伊庇鲁斯（希腊语 Ἤπειρος，意为大陆）指希腊统治下的巴尔干地区，即品都斯山脉和伊奥尼亚海之间的地区。当地居住着三种不同民族的希腊人（卡俄斯人、塞斯普罗蒂亚人和莫洛西人），这些操着多利安方言的人长期与北方的邻居伊利里亚人为敌。

3 占领了今艾米利亚-罗马涅、伦巴底和皮耶蒙特的这片区域。

和拉丁人。在公元前343至前290年经历了三次萨莫奈战争[1]之后，已占领意大利中部和南部的大片地区的罗马人决定开始向半岛南部扩张，亚壁古道[2]（Appian Way）工程的启动（前312）便是扩张的开始。克劳狄[1]（Appius Claudius Caecus）明白，如果不将希腊西部城邦收入囊中，罗马将很难真正地在经济上变得强大。倚仗着自己强大的政治军事力量和文化[2]，罗马人开始与希腊城邦对抗。公元前304年左右，罗马与卢卡尼亚人[3]签订条约，招募他们去进攻或劫掠希腊城邦。以塔兰托为首的希腊城邦担心罗马的扩张会损害它们征服亚得里亚海沿岸普利亚（Apulia）地区的计划，于是它们便请求希腊裔的马其顿人，也就是此前因未能建立自己的王国而备感失落的雇佣兵来对抗卢卡尼亚人和布鲁蒂伊人[4]（Bruttians）。阿加托克利斯在卡拉布里亚的行动（前298—前295）暂时让希腊人放心了一阵子，但在他死后，该地区那些小的希腊城邦更愿意依附于罗马人而不是塔兰托或者叙拉古。此外，拥护贵族制度和拥护民主制度的城邦之间的内部斗争也让前者不得不与罗马结盟以巩固自己的势力。随后罗马人越来越频繁地介入意大利南部的事务，阿加托克利斯死后，他们在当地居民的招请下，于公元前285年解放了被卢卡尼亚占领的图利[5]（Thurii）。不久以后，卡拉布里亚的希腊城邦也改投到罗马帐下寻求保护，罗马也派遣了4000名士兵表明其态度。塔兰托害怕失去其对其他希腊城邦的影响力，雪上加霜的是，公元前282年和公元前

1 战争的双方是坎帕尼亚人和罗马人。这也是罗马人第一次在拉齐奥以外的地区作战。

2 亚壁古道连接罗马和第勒尼安海岸的萨莫奈首府卡普亚（Capoue），随后延伸到布林迪西（Brindisi）。

3 卢卡尼亚位于今巴西利卡塔大区。

4 布鲁蒂伊地区（今阿布鲁佐大区）居民。

5 位于塔兰托湾，锡巴里斯附近（今科森扎大区）。

281年发生的一系列严重的灾难[1]让局势对它更加不利。罗马借此机会向塔兰托人宣战（前281），自知实力不济的塔兰托不得不向伊庇鲁斯国王皮洛士[2]求援。皮洛士的野心相比阿加托克利斯有过之而无不及，他梦想将罗马人赶出大希腊，然后西征西西里岛上的迦太基人，建功立业成为西方的亚历山大大帝。大部分希腊城邦（塞琉古王国、亚细亚王国、马其顿王国）给予他军事和经济上的支持使得这场看似仅停留在内战层面的冲突的实际规模要大得多，尤其罗马的邻邦们（伊特鲁里亚、萨莫奈、卢卡尼亚）也对伊庇鲁斯虎视眈眈。公元前280年初夏，皮洛士在位于卢卡尼亚区的赫拉克里亚[3]（Heraclea）摧枯拉朽般地歼灭了来犯的罗马军队。希腊人的这场胜利导致所有意大利部落都掉转矛头指向罗马。皮洛士乘胜追击，大军继续向罗马城进发，随后在帕莱斯特里纳（Præneste）停下脚步并提出停战协定。根据协定，罗马必须打消征服意大利南部的念头，而元老院无法接受这样的条件。和谈失败，战火重燃，皮洛士在阿斯库路姆[4]（Asculum）再一次击败了罗马人（前279）。在战场上节节胜利的皮洛士也有隐忧，士兵和财力的损耗以及下一步远征西西里的计划都让他不敢再进一步，只得遣使议和[5]，罗马人欣然接受。

希腊人军事上的胜利和皮洛士的计划让迦太基人坐立不安，正因如此，他们与罗马人[3]签订了条约。公元前278年秋，皮洛士在陶尔米纳（Taormina）

---

1 公元前282年，当一队迪奥尼西亚的罗马舰船兵临城下时，塔兰托人认为自己遭到了袭击。次年，罗马人为避免双方断交向塔兰托派遣使者修复关系，而一位喝醉了的塔兰托人为了取悦众人向使者身上撒尿。

2 事实上，公元前297年成为莫洛西人的国王皮洛士（前318—前272），在公元前306至前302年成为伊庇鲁斯的军事首领（hêgemôn），随后在公元前297至前272年又成为叙拉古僭主阿加托克利斯的女婿，他曾自称为“亚历山大大帝的侄儿”。

3 今波利科罗（Policoro，巴西利卡塔大区马泰拉省）。

4 今阿斯科利萨特里亚诺（Ascoli Satriano，普利亚大区福贾省）。

5 “皮洛士式的胜利”的由来。

附近登陆并在短时间内取得了一连串的胜利。在被叙拉古人拥戴为西西里国王和希腊城邦之主后，皮洛士于公元前 277 年拒绝了当时仍是罗马盟友的迦太基提出的和平条约[1]，因为条约要求在西西里岛上保留一处布匿据点，而希腊人要求迦太基人完全退出西西里岛。重燃的战火让皮洛士陷入困境，他曾想效仿阿加托克利斯将战场转移至北非，但却收到了塔兰托的求援不得不返回意大利去对付已重振旗鼓的罗马人。在墨西拿海峡遭遇惨败并损失了大部分战利品之后（前 276），他的军队又于公元前 275 年在马莱文图姆（Maleventum）被罗马人击溃，最后只得退回到伊庇鲁斯。

伊庇鲁斯人征服意大利的梦想就这样破灭了，空荡荡的战场上只剩下野心勃勃的罗马人。在击败了卢卡尼亚、萨莫奈和布鲁蒂伊人之后，罗马人逼迫塔兰托签署条约。虽然这座城市名义上是罗马的盟友[2]并保留了行政上的自主权，但政治上它已不再独立。在此之后，意大利半岛上的希腊城邦纷纷屈膝于罗马，而罗马人也为了纪念那场决定性的战役，将马莱文图姆改名为贝内文托[3]（Beneventum）。

希腊人意识到这股新的势力的控制范围不再局限于意大利中部，还覆盖到了意大利全境。于是双方又重新建立了外交关系：此时的希腊已不足为惧，罗马人对迦太基的态度再次转为敌对，双方于公元前 264 年在西西里展开新一轮的交锋。

---

1 罗马人提供舰船将士兵运回，并支付数额巨大的战争赔款，作为交换，皮洛士必须让出里里贝（马萨拉）港口。

2 友邦（civitas fœderata），即与罗马签订合约（互助条约）的外国城邦。城邦仍维持自治，拥有内部管理的自主权。罗马承担保护其安全的责任，而一旦罗马陷入战争，该城邦也应提供一定资助。

3 马莱文图姆意为“坏事”，贝内文托意为“好事”。

2.“迦太基必须毁灭”

罗马和迦太基是完全不同的两大势力。罗马倚仗着主要由国民[1]组成的强大陆军开疆扩土：从公元前3世纪下半叶起，他们就占领了波河（Po）以南的整座意大利半岛。而迦太基是一个靠强大海洋实力支撑起的商业帝国：所有的战略都是依照海军将领们的卓越的航海技巧来制定的；迦太基国民也在海军服役，而他们的陆军主要是由外族雇佣兵组成的。

罗马人在公元前264年的军事行动让迦太基人趁乱占领了墨西拿这座西西里岛上离意大利南部希腊城邦最近的城市。罗马人决定起兵夺回。于是第一次布匿战争（前264—前241）就拉开了序幕。罗马在与意大利南部希腊人的交锋中学到了不少海战和陆战的军事技巧，而这些技巧此前正是由迦太基传入希腊的。此外，西西里岛上的希腊人也是值得信赖的友军，因为这些人也想将布匿人驱逐出去以实现对全岛的控制。双方的第一次对峙旷日持久但影响甚微。如果说罗马人在西西里岛上稍占上风的话，他们在非洲则有些狼狈。出人意料的是，他们的海军指挥尽管不尽如人意，但还是成功地让迦太基海军[2]吃了一场败仗。从那以后，迦太基就开始走向衰落：它失去了对地中海的绝对掌控。

---

1 贵族输出官员，而步兵则由平民组成。

2 借助登陆栈桥（托架，harpago, corvus），罗马士兵战胜了迦太基海军。这项发明让不善海战的罗马步兵在海上也能“如履平地”。但是这种笨重的器械却让承载的罗马船的平衡性和机动性下降。

耗费了相当大一部分国力的双方于公元前 241 年签订了和平条约。迦太基城内，被拖欠报酬的雇佣兵在部分深受重税之苦的当地民众的支持下发动了兵变。迦太基无奈只得重新起用曾经率军对抗罗马人的统帅哈米尔卡·巴卡[1]（Hamilcar Barca）。公元前 237 年，他血腥地镇压了兵变并在爱国群众的支持下获得了军队的指挥权，成了迦太基的统帅。罗马忌惮哈米尔卡的才能[2]，害怕终有一天他会对自己形成威胁，便在兵变期间趁火打劫，占领了原属迦太基的科西嘉岛和撒丁岛。令人没想到的是，迦太基并未对此做出回应，哈米尔卡在组建了一支新军以后便出征西班牙，旨在利用当地丰富的矿产资源建立一个新的帝国来弥补丢失两岛的损失。西班牙的矿产也确实让迦太基重振旗鼓；在向罗马人支付了拖欠的战争赔款以后，他们用剩下的钱重新组织了强大的军队。复仇的条件已经成熟，但此时哈米尔卡却在对抗伊比利亚当地国王和酋长的战斗中被杀。他死后，其女婿美男子哈斯德鲁巴（Hasdrubal the Fair）于公元前 227 年建立了新迦太基——卡塔赫纳（Cartagena），并在一年以后与罗马签订条约。条约将伊比利亚半岛一分为二，以埃布罗河（Ebro）[3]为界，北方由罗马统治，南方则归属布匿人，双方不许侵扰对方领地。美男子哈斯德鲁巴在公元前 221 年被暗杀之后，他的姐夫、哈米尔卡的长子汉尼拔·巴卡（前 247—前 181？）即位，此时的他刚满 25 岁。公元前 221 年至公元前 220 年，汉尼拔完成了对伊比利亚半岛埃布罗河以南的征服战，准备攻打距河南岸仅有一公里多的城市萨贡托（Sagunto）。由于惧怕年轻的汉尼拔的野心和他在布匿军队中的威

1 哈米尔卡·巴卡（前 290？—前 228），绰号“闪电”。

2 在埃加迪群岛的迦太基港口里里贝（马萨拉）外取得胜利后，他得到了罗马人的尊敬并成功与后者签订合约（前 241）。

3 即阿拉贡 - 加泰罗尼亚的大片地区。

望[1]，萨贡托与罗马结盟。对此双方各执一词，罗马人依照公元前241年签署的条约指责迦太基攻击其盟友，而汉尼拔则反驳说根据公元前226年签订的条约，位于埃布罗河以南的萨贡托理应属于迦太基的势力范围：这也成了第二次布匿战争（前218—前201）的导火索。

统率着由努米底亚人、伊比利亚人和迦太基人组成的军队，汉尼拔成功实现了翻越比利牛斯山和阿尔卑斯山的壮举。随后他又在公元前218年的提契诺河（Ticino）和特雷比亚河（Trebbia）的会战中击败了罗马人（此役为他赢得了波河平原上高卢部落的支持）。此时罗马元老会才意识到汉尼拔的威胁，随即派兵拦截，但这支部队在特拉西美诺湖（Lake Trasimene）战役（前217）中面对来势汹汹的迦太基人显得不堪一击。在政治上，迦太基人释放了所有除罗马人以外的囚犯，目的在于向意大利各国展示罗马才是自己唯一的敌人。情急之下，元老院任命“拖延者”[2]昆图斯·费边·马克西穆斯·维尔鲁科苏斯（Quintus Fabius Maximus Verrucosus, the Cunctator）为独裁官[3]。费边采取拖延战术，尽量避免与汉尼拔正面交锋，而是保持距离伺机骚扰。劳师远征、补给困难且在数量上处于劣势的迦太基人屯兵意大利南部，罗马军队则在阿普利亚（Apulia）地区的坎尼[4]（Cannae）向他们发起进攻，此役汉尼拔充分展现出自己的军事才能，实现了看上去不可能完成的大逆转（前216年8月2日）。通向罗

1　古罗马历史学家蒂托·李维（Titus Livius）在《罗马史XXI，4》中曾写道：Hamilcarem juvenem redditum sibi veteres milites credere ; eumdem vigorem in voltu vimque in oculis, habitum oris lineamentaque intueri .（“老兵们仿佛见到了年轻的哈米尔卡，举手投足、飒爽英姿与他的父亲一模一样。”）

2　在首次与迦太基大军的战斗中就取得了优势，拖延者费边（前275—前203）曾五次当选执政官（前233、前228、前215、前214和前209），并在公元前230年当选监察官。

3　罗马共和国在建立之初就设立了特殊的独裁官制度，能够在军事溃败和内部骚乱时迅速采取决断。独裁官的任期一般为六个月（法国1814年宪章的第14条和1958年宪法的第16条都借鉴了这项制度）。

4　今巴列塔附近的坎尼（普利亚大区）。

马的道路上所有的障碍都已扫清，城市唯一的保护只有公元前4世纪修建的塞维安城墙[1]（Servian Wall），但由于汉尼拔没有攻城器械，所以他放弃了攻城，而罗马人也拒绝和谈，因为他们只在胜利后才这么做。罗马人积聚了自己所有的力量，慢慢夺回被迦太基人占领的地盘，最终将汉尼拔逼至意大利南部。随后，罗马远征军登陆非洲，迫使迦太基向汉尼拔求援，但罗马人成功让迦太基的盟友，以骑兵闻名的努米底亚人倒戈，随后“非洲征服者”大西庇阿[2]（Scipio the African）在扎马[3]将汉尼拔的部队击溃。就这样迦太基第一次在自己的地盘上败北了。

与公元前241年签署的那纸确定双方在地中海势力范围的和约不同，公元前202年签署的和约彻底宣告了迦太基霸权的终结：迦太基不仅失去了整个伊比利亚半岛，即便在非洲也不再拥有绝对的统治力，因为努米底亚人也想在这块土地上分走自己的一杯羹。战败后的迦太基在狭小的区域（χώρα, chôra）内发展以小麦[4]为主的农业，一点点地积累财富。作为战胜的一方，罗马还是害怕迦太基重拾当年经济上的辉煌，保守派代表老加图[5]（Cato the Elder）不断向元老会谏言，阐述摧毁迦太基的必要性。

经过数年外交层面上的剑拔弩张，第三次布匿战争（前149—前146）爆发，但这一次罗马的军事实力远超迦太基。迦太基急遣一支特使团前往罗马并表示自己完全臣服的意愿。元老院答应了特使的提议，并要求迦太

1 在国王的命令下建造的围栏，以王政时代第6位国王塞尔维乌斯·图利乌斯（Servius Tullius，前575—前535）的名字命名，在公元前390年高卢人劫掠罗马之后被重新建立起来。

2 普布利乌斯·科尔内利乌斯·西庇阿（Publius Cornelius Scipio Africanus）（前236？—前183）。

3 突尼斯扎马，锡勒亚奈附近。

4 罗马与马其顿交战，迦太基趁此良机大规模出口小麦。

5 马尔库斯·波尔基乌斯·加图（Marcus Porcius Cato，前234—前149），是一位德高望重的罗马政治家，公元前157年他被派往迦太基，并被城市的繁荣景象所震撼。从此以后，他在发表的所有演说中都强调“leitmotiv Censeo Carthaginem esse delendam”（我赞成必须摧毁迦太基的想法）或“Carthago delenda est”（迦太基必须灭亡）。

基将其最高贵家庭的300名小孩交给西西里的罗马执政官作为人质，但没有说明自己下一步的意图。船只备好后罗马人径直驶向非洲的迦太基港口尤提卡（Utica）。恐慌的迦太基人再派遣使团到尤提卡，这次罗马人要求他们交出所有的战争器械和武器：这座城被完全地解除了武装。履行了上述要求后，罗马人又提出了进一步的要求：罗马人明白，陆地比海洋重要，农业比商业重要，所以他们命令迦太基人放弃现有的城池并在农田上重新建城。听闻这个消息以后，迦太基城内主和派被愤怒的民众杀死，战争就此爆发。迦太基必须尽快武装士兵、建造城墙并调动包括奴隶在内的一切有生力量。在罗马人的包围下，虽然迦太基居民英勇抗敌（前149—前148），但也无法阻止其他布匿城池纷纷倒戈。公元前147年，围城总指挥小西庇阿[1]（Scipion Emilien）切断了迦太基和腹地的联系，企图将城中居民饿死。迦太基人对战俘施加的酷刑并没有摧毁罗马士兵们的意志，反而将他们征服的初衷转化为复仇[4]的怒火。最终一战发生在公元前146年4月：双方激烈的巷战以熊熊的烈火和血腥的屠杀而告终。迦太基城被夷为平地，这个曾经的大帝国最终也遭受了和特洛伊相同的命运。

罗马就这样吞并了迦太基的领土。臣服于罗马的城市都宣告独立（事实上只是自治）；忠于迦太基的比塞大（Bizerte）被摧毁，布匿人的城外领土被纳入罗马的公共领地（ager publicus）并在其基础上建立了新的省份——阿非利加（Africa）。在罗马总督的管辖下，该省的大部分土地都被分发给了罗马居民，获得土地的人有的是地主，而有的只是普通农民。阿非利加省与柏柏尔和努米底亚王国的边界也在修建了皇家沟渠［塔巴卡（Tabarka）—马卡他（Makthar）—马赫迪耶（Mahdia）］后被确定下来。

关于迦太基的悲惨结局，历史学家们将它视为非理性的罪行[5]，最终

1　普布利乌斯·科尔内利乌斯·西庇阿·埃米利安努斯（blius Cornelius Scipio Æmilianus，前129—前85）。他由其堂兄——非洲征服者西庇阿的长子所收养。

的解决办法[6]甚至是人类的第一场种族清洗[7]。罗马和迦太基的战争成了意识幻想的素材，纳粹[8]将之视为北方战士击败南方闪语族商人的伟大胜利，而那些持相反意见的人则认为是印欧的游牧民族[9]摧毁了布匿文明。事实上，这是地中海历史上第一次两个强大经济体争夺霸权、占领并保护其市场安全的战争：一方的胜利只能以另一方被消灭或吞并而告终。但如果认为布匿文化从此销声匿迹那就大错特错了。阿非利加省的建立只是第一步，“大厦的一块砖”[10]，但直到帝国初期，在非洲、马耳他和西西里岛这些前布匿人统治区生活的特定的社会阶层中仍保留着布匿－罗马文化，他们拒绝将自己的命运和地位与罗马挂钩。

公元前2世纪，罗马人在摧毁了迦太基并征服了希腊之后控制了整个西地中海。伊比利亚海岸、普罗旺斯海岸、意大利、科西嘉、西西里、马耳他和新建的阿非利加省都归属罗马，只有非洲北部的柏柏尔人不在其统治下。在与迦太基对抗的过程中，罗马也在尝试强化自己在亚得里亚海和爱琴海的安全。

3. 马其顿战争

位于巴尔干的马其顿国王腓力五世（前238—前179）倚仗强大的国力希望大展拳脚。在占领了那些曾经想侵占马其顿地盘的希腊城邦以后，腓力五世便开始觊觎伊利里亚（Illyria）。但罗马人也对亚得里亚海东部地区虎视眈眈。公元前215年，腓力五世与汉尼拔结盟并于公元前214年与罗马人在伊利里亚的阿波罗尼亚[1]（Apollonia）进行较量。第一次马其顿战争（前214—前205）造成了希腊的分裂：敌视马其顿的城邦（埃托利亚同盟[2]，Aetolian League）与罗马人结盟，而马其顿的盟国依然对其效忠（亚该亚同盟[3]，Achaean League）。但罗马人在冲突中很快陷入困境，他们所有的部队都在前线对抗汉尼拔，无力再向另一条战线上派遣更多增援，被迫于公元前205年签订了腓尼基和约。和约规定，“出于对抗海盗的目的”，罗马和马其顿双方共享伊利里亚海岸。罗马的意图实际上是让希腊城邦和马其顿，也就是埃托利亚同盟和亚该亚同盟之间保持分裂的状态，以便为日后的入侵创造有利条件。

另外，马其顿的腓力五世为了摆脱他国在地中海的封锁，便与塞琉古帝国（海岸线从土耳其南部延伸至埃及）签订了互不侵犯条约。随后，他实施海盗策略引起了罗德岛人和帕加马王国（Pergamon）的不满，两国向他们的盟友罗马表达了这种态度。罗马立刻就把握住这次机会：一个强大的马其顿王国正如意大利半岛和小亚细亚之间的一面屏障一样，确实能够制约希腊的发展。但不能再维持希腊和马其顿的现状了。公元前200年，元老院向腓力五世发出最后通牒，随后不久第二次马其顿战争（前200—前197）爆发。这一次，希腊城邦忌惮马其顿的野心，几乎无一例外地都支持罗马。公元前197年，罗马军队在库诺斯克法莱（Cynoscephalae）大败马其顿人，双方坦佩谷和约（Treaty of Tempe）的签订标志着第二次马其顿战争的结束。马其顿被禁止介入他国事务，还必须向希腊和色萨利归还所有最近征服的领土。三年后（前194），罗马宣告希腊“自由”并撤回了在当地的驻军。

1　阿波罗尼亚（今阿尔巴尼亚坡扬 Pojan）是一座公元前6世纪建立的希腊城邦，曾隶属于伊庇鲁斯，后在公元前229年归于罗马。这里曾是连接希腊北部布林迪西的港口。

2　希腊城邦组成的联盟，首都位于希腊中部的埃托利亚。

3　亚该亚（伯罗奔尼撒东北）城邦组成的联盟。斯巴达地区的拉科尼并未参加。

但这只是罗马人的诡计，因为罗马并未停止干涉希腊的事务。埃托利亚同盟诸国认为它们在第二次马其顿战争之中所得到的回报未能达到预期，于是请求塞琉古帝国国王安条克三世[1]（Antiochus Ⅲ the Great）将希腊从“罗马的压迫”中解救出来。此时安条克三世的军事顾问不是别人，正是流亡在此的迦太基将军汉尼拔·巴卡。他建议安条克三世不要介入希腊半岛，因为罗马人可能会和部分希腊城邦结盟且已经派遣了一支3万人的部队驻防。当安条克三世于公元前192年到达希腊以后，他只能在没有任何盟友的情况下独自对抗罗马大军。在温泉关战败（前191）后，他退回亚洲，却又被追赶而来的非洲征服者西庇阿在马格尼西亚的斯皮尔山（Sipylum of Magnesia）击败（前190或前189）。安条克三世不得不在萨第斯（Sardis）草签（前189），随后在阿帕米亚确认停战和约（*Treaty of Apamea 188*）：塞琉古必须支付金额巨大的战争赔款，放弃占领的希腊土地，交出大部分的军用物资和船只，并退回托鲁斯山脉[2]（Taurus）以西。这场东方政治的大洗牌表面上并未给罗马人带来任何好处，他们仍然在战场上所向披靡：所有从塞琉古独立的小亚细亚国家都被迫成了它的盟国，首当其冲的就是控制着整个爱琴海以及达达尼尔海峡与塞浦路斯之间海岸和罗德、帕加马王国。

虽然腓力五世严格遵守坦佩谷和约并参加了对抗安条克三世的战役，但这位马其顿国王认为罗马人并未意识到他在战斗中提供的帮助的重要性，同时也被元老会无休止的猜忌惹怒，决定重振马其顿。在另一个儿子珀尔修斯（Perseus，前212—前166）的挑唆之下，他在公元前180年将他支持罗马人的儿子德米特里（Demetrius）处决掉了，而珀尔修斯也在次年成功即位。这位继承者为了重塑马其顿在希腊的统治地位而开展外交，先是与

1　安条克三世（前242—前187）是叙利亚-伊朗帝国的统治者。

2　一项条款规定，包括汉尼拔在内的20名人质必须送还罗马，这也证明了罗马攻打安条克的决定是出于对汉尼拔的惧怕。

叙利亚的安条克四世（Antiochus Ⅳ）和迦太基建立了外交关系，随后又与伊利里亚和色雷斯结盟，并支持希腊城邦中敌视罗马的民主派。虽然与罗马续签了条约，但第三次马其顿战争（前171—前168）已不可避免。最终珀尔修斯在彼得那战役（Battle of Pydna）中败北，自己也沦为罗马的阶下囚，而他的王国则被分割成四个受制于罗马的傀儡共和国。在马其顿王国被粉碎之后，罗马人向东扩张的野心也停止了。接下来的20年间，希腊半岛没有战事发生。公元前150年，出现一位名叫安德里斯库斯（Andriscus）的冒险家，他冒充已故的珀尔修斯之子，宣称自己是马其顿国王、马其顿和色雷斯军事统帅，被一部分人视为摆脱罗马铁腕统治的救星。在第三次布匿战争中，他联合迦太基对抗罗马，但最终于公元前148年被击败，在罗马游街之后被处决。这一次，罗马再没有将自己的军队撤走，而是将马其顿收编成了位于希腊半岛的一个省，和他们在非洲的处理办法一模一样。

公元前2世纪中叶，除了北非的努米底亚柏柏尔人的领地，罗马人几乎占领了整个西地中海，而他们在东地中海的政治渗透也早已开始。此前，他们只是不时介入东部事务，主要精力被用于对抗迦太基。现在迦太基已经灭亡，罗马人开始剑指东方。

第七章

Mare nostrum

我们的海

前 181—前 139	罗马攻占伊比利亚半岛。
前 125—前 121	罗马建立那旁高卢（Gaule transalpine）连接伊比利亚半岛和意大利半岛。
前 88—前 63	与本都王国的米特里达梯六世（Mithridates Ⅵ）交战罗马领土扩展至小亚细亚和叙利亚－腓尼基。
前 63	庞贝建立叙利亚省并臣服犹地亚。
前 51	恺撒征服高卢。
前 47	恺撒逼迫埃及成为保护国，随后吞并了西努米底亚并建立新阿非利加省。
前 31	屋大维在亚克兴（Actium）战胜安东尼和克利奥帕特拉，罗马帝国地中海地区的统治权归一。
前 27	非洲的两个省合并为阿非利加省。
公元 47	成功征服非洲北部，建立恺撒毛里塔尼亚（Mauretania Caesariensis）和廷吉塔纳毛里塔尼亚（Mauretania Tingitana）两个省。罗马征服整个地中海地区。

东方还不是当前最需要担心的问题。在第二次布匿战争之后，曾经迦太基统治下的伊比利亚地区归属罗马。半岛上的罗马领地被分为两个省：以塔拉哥纳（Tarragona）为首都的近西班牙（Hispania Citerior，包括巴利阿里群岛）和以科尔多瓦（Córdoba）为首都的远西班牙（Hispania Ulterior）。元老会本无意在西班牙扩张，但伊比利亚的塞尔特部族连年造反，导致罗马不得不介入半岛中部。罗马在公元前 181 至前 179 年发动的战役中取得胜利，占领了伊比利亚中部。罗马在此实施了一项所谓的政策以扩张领土，即自愿降服的城市可以保留自主权，其居民自动成为罗马公民。反之，对负隅顽抗的城市也有两种处置方法：如果城市在完全陷落之前投降，其居民仍保持自由民身份但无法成为罗马公民；被武力征服的城市居民只能被当作奴隶贩卖。由于当地部族首领[1]的奋力抵抗，征服西班牙的过程非常艰难。但最终，琉息太尼亚（葡萄牙南部）、加拉埃西亚（加利西亚和葡萄牙北部）、努曼西亚还是分别于公元前 139 年、前 137 年和前 133 年被占领。在抵抗了 20 年以后，努曼西亚这座塞尔特人统治下的大城市也被小西庇阿攻破，城内居民也遭受了和迦太基陷落[2]时相同的悲惨命运。

在约公元前 125—前 121 年，在经历了一系列大小战役之后，罗马大军逐渐掌握了高卢南部、比利牛斯山和阿尔卑斯山地区。公元前 118 年，这片地区被指定为那旁高卢省。这个新建立的省份不仅可以保障西班牙诸省、

1　琉息太尼亚酋长：布匿库斯（Punicus，前 155 年在位），凯撒鲁斯（Caisarus，前 153 年在位）和维里阿修斯（Viriatus，前 147—前 139 在位）。

2　城市位于杜罗河上，今加来伊（Garray）附近。居住在伊比利亚半岛中西部地区的部族首领和他们的族人自杀，城市被摧毁，民众被当作奴隶贩卖。

山南高卢（Cisalpine Gaul）和意大利之间的人员和物资运输的安全，而且可以控制整个地中海北部海岸。此外，这片地区还可以作为征服被罗马人称为“长发高卢”（Gallia comata）地区的基地。

罗马扩张的意志在内部政治环境的推动下被重新点燃。可以说罗马帝国的扩张行为确实不是由政治层面上坚定方针导向下产生的结果，而是正如棋盘上的棋子步伐决定整盘棋局一样，由一系列人和事造成。

1. 导致共和国覆灭的政治游戏

在意大利，只有罗马人才有权成为公民。为了对抗这种不公，意大利的同盟者（拉丁语 socii）揭竿而起发动针对这种不平等政策的战争（同盟者战争，前90—前88）。在苏拉[1]（Sulla）的指挥下，罗马共和国各个击破了反叛者，但随后也满足了他们的要求统一了意大利的司法系统。随着亚洲和非洲战事的进行，苏拉和马略[2]（Marius）这两位不同阵营将领之间的关系也不断恶化，前者是贵族派（Optimates）领袖，而后者是平民派（Populares）领袖。双方的个人恩怨加上政见不合最终导致了两场争夺罗马共和国统治权的内战（前88—前87和前82）的爆发。公元前82年的这场战争以苏拉的获胜而告终，随后他也被任命为终身执政官，掌管制宪大权[3]。这些事件也是

1 卢基乌斯·科尔内利乌斯·苏拉（Lucius Cornelius Sulla，前138—前78）。

2 盖乌斯·马略（Caius Marius，前157—前86）。七次当选执政官，他的主要政策是将没有土地的市民（proletarii）招募到军队中。

3 共和体制独裁官（Dictator legibus scribundis et rei publicae constituendae）。

个人野心膨胀的导火索，此后所有人都想通过控制更多的土地来凌驾于他人之上。就这样，罗马共和国的性质越来越朝着君主政体倾斜，它与其盟友和省份的关系也在悄然发生变化。

庞贝[1]（Pompey）

罗马的历史主要由恺撒及其史官与继承者书写。而这些数量巨大的文献刻意弱化了庞贝在罗马征服地中海过程中的作用。

这两个人在各方面都大相径庭。正如所有的野心家一样，庞贝唯一的想法就是到达权力之巅。他确实不是一个追逐荣誉的实干家，也没有埋头苦干一步步在晋升体系[2]（cursus honorum）里升迁。他知道怎样回避那些上级指派的工作，只专注于那些能够满足他野心的、有利可图的行动。也就是说，他只专注于那些除本职工作以外能够获取巨大功劳的工作。

西班牙

作为苏拉的支持者和他死后贵族派的主要代表，庞贝于公元前77年被派往西班牙恢复罗马的统治。在伊比利亚，有一位勇敢的罗马将领名叫塞多留（Sertorius）[3]，苏拉以其是马略的同党为名阻断了他的仕途。公元前83年，塞多留擅自返回西班牙并成为当地实际上的统治者。这位被伊比利亚人称为“新汉尼拔”的将领用了6年时间将当地社会融合在罗马的统治之下[4]，罗马的风俗和语言就这么被带到了西班牙。在苏拉的穷追猛打下，

1　格奈乌斯·庞贝（前106—前48）。

2　政治生涯。

3　昆图斯·塞多留（前122—前72）。

4　他从自己的属下和当地精英中挑选出300位罗马人创立了元老院。他还在韦斯卡建立了一所学校，让精英阶层的后代能够更好地融入罗马文化。

塞多留与地中海海盗结盟并与罗马的仇敌们建立了外交关系。正在此时罗马派庞贝去剿灭塞多留。由于正面交锋没有胜算，庞贝采用计谋于公元前72年暗杀了他的对手。

海盗

公元前71年回到意大利以后，庞贝就忙于征讨斯巴达克斯（Spartacus）率领的奴隶起义，并于次年当选为执政官。之前作为贵族派一分子的庞贝此时转向对立的政治派别——平民派。正是由于人民的支持，他在卸任后破例获得了军队的指挥权，去剿灭地中海的海盗（前67）。这些来自奇里乞亚（Cilicie）的海盗大多是迈锡尼时期吕基亚人的后代，主要侵扰罗马和埃及、西西里岛之间的海洋补给线。他们像持续不断的瘟疫一样，让意大利半岛陷入财政困难的境地。元老院拨给了庞贝500艘战船和1.2万名士兵去解决海盗的骚扰。地中海分为13个区，每个区都有特使率领的舰队负责安全。庞贝率领大军由西至东进行扫荡，成功地将海盗赶回了奇里乞亚的巢穴。庞贝到达雅典后，派遣60余艘战船直捣海盗港口科拉凯西乌姆[1]（Coracesium），该港口随即宣布投降。仅仅用了3个月，他就连根铲除了海盗[2]，而海盗们多年来积累的战利品让他富可敌国。

米特里达梯六世

在雅典，庞贝收到了元老会委任他为小亚细亚特别统帅并对抗“高贵者”米特里达梯六世[3]的命令。这位君主的小王国位于尤克辛海（黑海）南部，是小亚细亚的主要势力。他在公元前107年和公元前94年分别占领了博斯普

1 今阿拉尼亚湾（土耳其）的阿拉尼亚。

2 他将悔过自新的海盗和他们的家属安置在索里［今土耳其维兰谢希尔（Viranşehir）］，后将该城市改名为庞贝城（Pompeiopolis）。

3 “高贵者”米特里达梯六世（公元前132？—前63）。

鲁斯王国（Bosporan Kingdom，位于克里米亚及亚速海东海岸）和卡帕多细亚王国（Kingdom of Cappadocia）。在攻克帕夫拉戈尼亚（Paphlagonia，前94）和比提尼亚（Bithynia，前88）之后，整个黑海沿岸已被本都王国征服。米特里达梯六世的野心已经阻碍了罗马的扩张政策。但在经历了两场战争（前88—前85及前82）以后，他就不得不放弃对希腊和伊奥尼亚的侵略，将自己的舰队撤出爱琴海，并归还帕夫拉戈尼亚和比提尼亚王国的领地。尽管如此，他仍然自由掌控着整个黑海范围内的行动。公元前85年，对于罗马人来说，只有他们在小亚细亚和希腊的盟友才是安全的。然而在公元前74年，比提尼亚国王去世并将自己的王国赠予了罗马。米特里达梯六世并不接受这位新邻居，并在自己的女婿——亚美尼亚国王的帮助下重新与罗马开战。第三次米特里达梯战争（前74—前63）初始，罗马军队在卢库鲁斯[1]（Lucullus）的率领下势如破竹，占领了本都和亚美尼亚王国，但未能打垮米特里达梯。元老会随后将指挥权交给了庞贝（前67），庞贝最终于公元前66年击败了米特里达梯，后者逃亡至克里米亚。罗马人并没有追击，只是下令博斯普鲁斯王国一路实行封锁，众叛亲离之下，这位本都国王在绝境中于公元前63年自尽。实际上，庞贝并不像卢库鲁斯一样注重军事行动。他利用这场胜利和明显走下坡路的米特里达梯来“倒打一耙”对付提格兰二世（Tigranes Ⅱ），这位亚美尼亚国王在失败后也向罗马交出了叙利亚、腓尼基和奇里乞亚、卡帕多细亚的部分领土。这场冲突的结果，庞贝不仅击败了本都王国，罗马共和国还收获了本都、比提尼亚、叙利亚 - 腓尼基的大片领土，为向东扩张打下了基础：公元前63年，庞贝建立了罗马共和国的叙利亚省。

犹地亚

庞贝离开了大马士革去重建犹地亚地区的秩序。当时在耶路撒冷有

1 卢基乌斯·李锡尼·卢库鲁斯（Lucius Licinius Lucullus，前115—前57）。

一个附属于塞琉古的希腊化犹太人的国度——哈斯蒙尼王朝（Hasmonean dynasty）。兄弟俩阿里斯托布鲁斯二世（Aristobulus Ⅱ）和尔卡努斯二世（Hyrcanus Ⅱ）为了争夺王位而发起战争。前者虽然得到了米特里达梯和海盗们的支持，但庞贝却站在他的对立面并于公元前63年将他在神庙内抓捕入狱。然而庞贝并没有将王国的控制权交给尔卡努斯，只是将他任命为大祭师而已。犹地亚的混乱局势就这样被平息了，庞贝也并未因私闯圣所这番亵渎圣物的举动而遭到指责。

东方管理者

虽然这位罗马人的权力已达荣耀的顶峰，但他并未远征希腊，而是进驻本都王国的首都锡诺普（Sinope），并重新改组东方的政治版图。他建立了比提尼亚和本都省（前63），并将所有亲罗马的王国（博斯普鲁斯、科尔基斯、加拉太、卡帕多细亚和亚美尼亚）都变成缓冲国，既将所有的防御工事都夷为平地，又赐予当地贵族罗马公民身份。

公元前62年，庞贝决定返回罗马。元老会害怕他不放弃独裁官的头衔，遂决定将他的部队解散。虽然此时他的名声已如日中天，但是他所有亲近贵族派的举措都以失败而告终，这样的结果也让他投入到恺撒的阵营。

恺撒[1]（Caesar）

虽然出身于一个支持平民派的家庭，年轻的恺撒却懂得收敛锋芒，以避免让苏拉产生怀疑。为了远离独裁官，他于公元前80年入伍并参加了在亚洲的军事行动。公元前75年，他被奇里乞亚的海盗抓到并关押在多德卡尼斯群岛（Dodecanese），获救以后，他反戈一击将抓捕他的海盗们送上了十字架。

1 盖乌斯·尤利乌斯·恺撒（Caius Julius Caesar，前102—前44）。

早在庞贝的扩张行动之前，恺撒就遭遇到了地中海最严重的问题——海盗。

回到罗马以后，他就开始进入传统的晋升体系，并迎合平民派。虽然先后担任大祭师（前 63）和贝提卡执政官（前 60）的职位，但他还是因与多项政治事件有牵连而受到怀疑，好在他成功和两位大野心家克拉苏（Crassus）以及庞贝联合，组成了前三头同盟（first Triumvirate）。公元前 58 年他当选执政官，并为庞贝做了担保，此举也令平民派非常满意。任职期满后，他破例被授予总督头衔，负责管理山南高卢、那旁高卢和伊利里亚。在和部分高卢国家结盟以后，他很快就投入到对长发高卢地区的入侵中。公元前 53 年克拉苏的死亡不仅让前三头同盟解体，也疏远了恺撒和庞贝之间的关系。公元前 52 年，恺撒被任命为唯一的执政官，同时他也扮演着保守派保护者的角色。在击败了高卢酋长维钦托利（Vercingétorix）之后，罗马宣称占领了整个高卢。恺撒在贵族派和平民派之间的坚定的胜利者形象由于率军队渡过意大利、南山高卢边境卢比孔河（Rubicon）这个错误的决定而带上了污点。由于违反了法律，他只得与庞贝决一死战。

但正是通过内战，恺撒扩大了罗马在地中海的势力。公元前 49 年的局势是，恺撒控制着意大利、高卢和西班牙，而庞贝则掌握着希腊和东方，其他的海军控制着亚得里亚海。恺撒率领军队来到希腊，并在法萨卢斯（Pharsalus，前 48）将庞贝击败；后者逃到埃及，却被托勒密十三世所杀。恺撒接下来的一连串行动是决定性的：公元前 47 年，他逼迫年轻的法老退位并让他的姐姐克利奥帕特拉（Cleopatra）掌权，强迫埃及成为保护国；随后恺撒奔赴亚洲击败[1]了米特里达梯六世的儿子法纳西斯二世（Pharnaces Ⅱ），让他收复故土的意愿化为乌有；最后，同年年末，他转战非洲，与毛列塔尼亚国王结盟，彻底清剿了庞贝的余党，其盟友努米底亚的国王朱巴一世（Juba I）也在战场上丧生（前 46）。在吸纳了努米底亚以后，罗马

1　在他到达后第五天，经历了四个小时的战斗，他说出了那句“我来，我见，我征服”。

在地中海非洲地区的统治也有所加强：努米底亚西边的一部分领土割让给了摩尔人，努米底亚东部成了罗马的一个省——“新阿非利加”[1]。

任何对他的功绩和荣誉的过分吹捧[2]似乎都不为过。他想要自立为王吗？至少在共和国他的政敌们是这样认为并以此作为借口将他杀害（前 44 年 3 月 15 日）。恺撒临死前没有机会交代后事，但他有三名亲信：马克·安东尼（Mark Antony）、雷必达（Marcus Lepidus）和屋大维[3]（Octavius）。马克·安东尼作为恺撒的忠实副手，在他东征西讨时负责管理意大利的事务，并于公元前 44 年被任命为执政官助手。与马克·安东尼一样，雷必达也是恺撒的忠实随从，在与庞贝交锋时被任命为罗马的行政长官。屋大维和他两位表兄一起被称为恺撒的小外甥们[4]，但实际上他是恺撒的养子和指定继承人。

从后三头同盟到帝国

这三个人的首要任务，就是重新掌控权力并惩处杀害恺撒的凶手。公元前 43 年，三人决定暂时搁置分歧。为了向共和国表忠心，他们废除了独裁官任期，取而代之的是五年一届的三头同盟[5]，他们三人也瓜分了罗马的西部省份[6]。公元前 42 年，他们决定东征讨伐杀害恺撒的凶手。马克·安东尼和屋大维越过亚得里亚海，他们的大军成功在马其顿的腓立比（Philippi）

1 阿非利加行省是在迦太基基础上建立起来的。

2 在担任了十年的独裁官之后，他接受了可世袭的头衔——统治者，这让他有权穿着紫色的衣服，头戴金皇冠。他将罗马日历第五个月的名字改为他的姓氏尤利乌斯。

3 马克·安东尼（Marcus Antonius，前 83—前 30），马尔库斯·埃米利乌斯·雷必达（Marcus Æmilius Lepidus，前 89—前 13），盖乌斯·屋大维·图里努斯（前 63—14）。

4 他们是恺撒姐妹们的儿子。

5 Triumviri Rei Publicae Constituendae Consulari Potestate.（“三位执政官共掌权力来完成共和国的复兴。”）

6 马克·安东尼获得高卢和山南高卢地区，雷必达获得那旁高卢和伊比利亚半岛，屋大维获得北非、西西里和撒丁岛。

击败了罗马共和国的军队。作为这场战争的总指挥，马克·安东尼获得了所有东部的地盘以及高卢。西班牙和地中海东部的岛屿则落到了屋大维手中，非洲的领地则分配给了雷必达。马克·安东尼随后去了埃及与年幼的恺撒里昂（Caesarion，可能是恺撒的儿子）的母亲克利奥帕特拉七世结盟。

虽然马克·安东尼似乎实力上占上风，但屋大维也不会坐视不理，任由他野心膨胀。他们之间的第一次交锋由“代理人”发起，马克·安东尼的兄弟卢基乌斯·安东尼（Lucius Antonius）在意大利本土进攻屋大维（佩鲁西亚战役，前41—前40）。公元前40年秋，三巨头达成了布林迪西协议（pact of Brundisium），协议中第一次提到了瓜分地中海。马克·安东尼依然保有东方领土，屋大维统领地中海西部，雷必达坐拥非洲，而意大利则属于公共领地。然而到了公元前39—前36年，屋大维彻底肃清了密谋杀害恺撒的团伙的余党并踢开了雷必达：至此与马克·安东尼的正面对决已不可避免。作为地中海西部的统治者，屋大维在罗马取得了功勋卓著的成绩，反观马克·安东尼，在与安息帝国交战失败后，不得不亲近克利奥帕特拉这个当时唯一能在军事上给予他帮助的人。

公元前35—前33年，屋大维为了树立自己关心国家安全的良好形象，经过三场战役（斯洛文尼亚、克罗地亚、达尔马提亚），讨伐了意大利半岛北部常年劫掠城市、攻击补给队伍的三个伊利里亚和达尔马提亚部落。他在胜利后继续造势，散布敌视马克·安东尼的宣传言论。马克·安东尼则在公元前34年征服了亚美尼亚王国，并将自己与克利奥帕特拉七世所生的儿子亚历山大·赫利俄斯（Alexandre Helios）送上王位。公元前32年，他与屋大维娅，也就是屋大维的姐姐离婚，并正式迎娶了埃及女王克利奥帕特拉。此举正给了屋大维讨伐安东尼的口实，因为马克·安东尼的行为不符合罗马的利益。公元前32年年末，元老院罢免了马克·安东尼的职务，埃及战争爆发。马克·安东尼和克利奥帕特拉在希腊集结，屋大维在部署登陆的同时，派遣战船封锁伊庇鲁斯以切断敌人补给。但屋大维选择避免和敌军在陆地上正面冲突，只在海上交锋：公元前 31 年 9 月 2 日，马克·安东尼在阿姆夫拉基亚湾[1]（Ambracian Gulf）口的亚克兴（Actium）战役中败北。屋大维在建立了尼哥波立（Nicopolis，胜利之城）这座新城后返回罗马，而马克·安东尼和克利奥帕特拉这两位战败者逃回埃及，双双自尽。

就这样，整个地中海世界第一次归为一统，但是将罗马划分为东、西和非洲三部分的布林迪西协议却为日后帝国的分崩离析的三条支线埋下了伏笔。这块地盘原本就不是一个整体，那些消失的罗马省份和附庸国，在政治因素和个人野心的驱使下，重新组合在一起。如果说是这些人完成了这些历史事件，那么这些事件反过来也塑造了人。只有一个人的命运还未终止——屋大维。公元前 29 年，在获得元老会授予的“大元帅”（无限任期）称号后，屋大维巧妙维持元老会和人民之间的平衡，在强调遵守共和国惯例的同时不忘强调他个人的威信。两年后，元老院赐封他为“奥古斯都”（Augustus）和“第一公民”（Princeps）：这种元首制也是共和君主制的雏形。虽然政体演变很缓慢，但它对罗马的统治力还是有影响的：共和国的公有土地（Ager publicus）慢慢变成了帝国的私地（dominium）。

在他执政的 30 年间，奥古斯都尽全力加强罗马在占领地区和盟国的治权（imperium）：公元前 27 年，旧阿非利加（Africa vetus）和新阿非利加（Africa nova）省合并成阿非利加省。公元前 26 至前 24 年，他不费吹灰之力就征服了西班牙西北部的坎塔布里人；公元前 22 至前 19 年，他远赴东方（亚细亚、比提尼亚、叙利亚）重新构建自马克·安东尼管辖时期就没有变过的东部边境，并与亚美尼亚建立了联盟关系；公元前 16 年，他重新规划了高卢诸省[2]

---

1 今阿尔塔湾。

2 山外高卢（从图卢兹到莱芒湖）成了那旁高卢（首都为那旁），长发高卢被分割为三个行省（阿基坦：从比利牛斯山到卢瓦河，首府为波尔多；里昂：从罗纳河到布列塔尼和诺曼底，首府为里昂；比利时：从北海到莱芒湖，首府为特里尔）。山南高卢（波河盆地）则被并入了意大利，成了艾米利亚、威尼托-伊斯特拉和山外高卢三个地区。

的行政系统；公元前14年，他开始准备占领伊利里亚。同腓尼基人、布匿人和希腊人一样，罗马就这样从一个四处寻找市场和突破口的地中海小势力，变成了一个强大的帝国。虽然罗马统治者的扩张野心绝不亚于亚历山大大帝，但他们从来没有将领土扩张与经济、政治和文化利益分割开来。在公元14年奥古斯都死亡时，罗马已经成了世界的经济中心，而地中海主要的港口亚力山卓是它的第二大城市。数十年后的公元41年，罗马人攻占了毛里塔尼亚并在这块地盘上设立了两个新的省：恺撒毛里塔尼亚（今阿尔及利亚中西部）和廷吉塔纳毛里塔尼亚（今摩洛哥）。至此，地中海所有的海岸线都在罗马的控制之下。这片内海对罗马人来说成了名副其实的“我们的海”。

起初，罗马与邻国争斗主要是为了生存，但随着疆域的逐渐扩大，军事行动不仅仅是为了攻城略地，还有积累财富的目的。随着战利品的累积、领土的扩张、臣服和结盟的部族越来越多，罗马的财富以惊人的速度增加。土地上的扩张除了为帝国带来了新的市场，还有矿石、手工产品、农产品和人力资源（无论是作为士兵还是奴隶）。事实上，罗马的这次扩张与其说是精心策划[1]的结果，不如说是机会主义的完美诠释。罗马的军事征服和经济[2]息息相关，因为战争能将伊特鲁里亚、希腊人和迦太基人这些商业上的竞争对手驱逐出地中海。

古罗马，尤其是罗马帝国成了一个巨大的、以地中海为中心的市场。在这片帝国的内湖上往来着各类船只，有的满载货物返航，有的则空载驶向采购点。几个世纪以来，地中海沿岸港口都是为遥远腹地的产品提供出货口，但它们如今成了一种媒介，在罗马帝国这个巨人的指挥下，每个港口都被赋予了明确而又特殊的职能。世界各地的商品来到奥斯提亚（Ostia，即罗马时期对港口的称呼）：西班牙的油、北非的小麦、印度的香料等，由帝国进行再分配。尽管不同地区沿海而居的人民的需求和文化背景大相径庭，但在结束了殖民者之间的商业竞争并统一了地中海的航海活动之后，罗马却将他们统一在了一起。“我们的海”意思可以扩展到“属于我们的海”或“我们创造的海”。

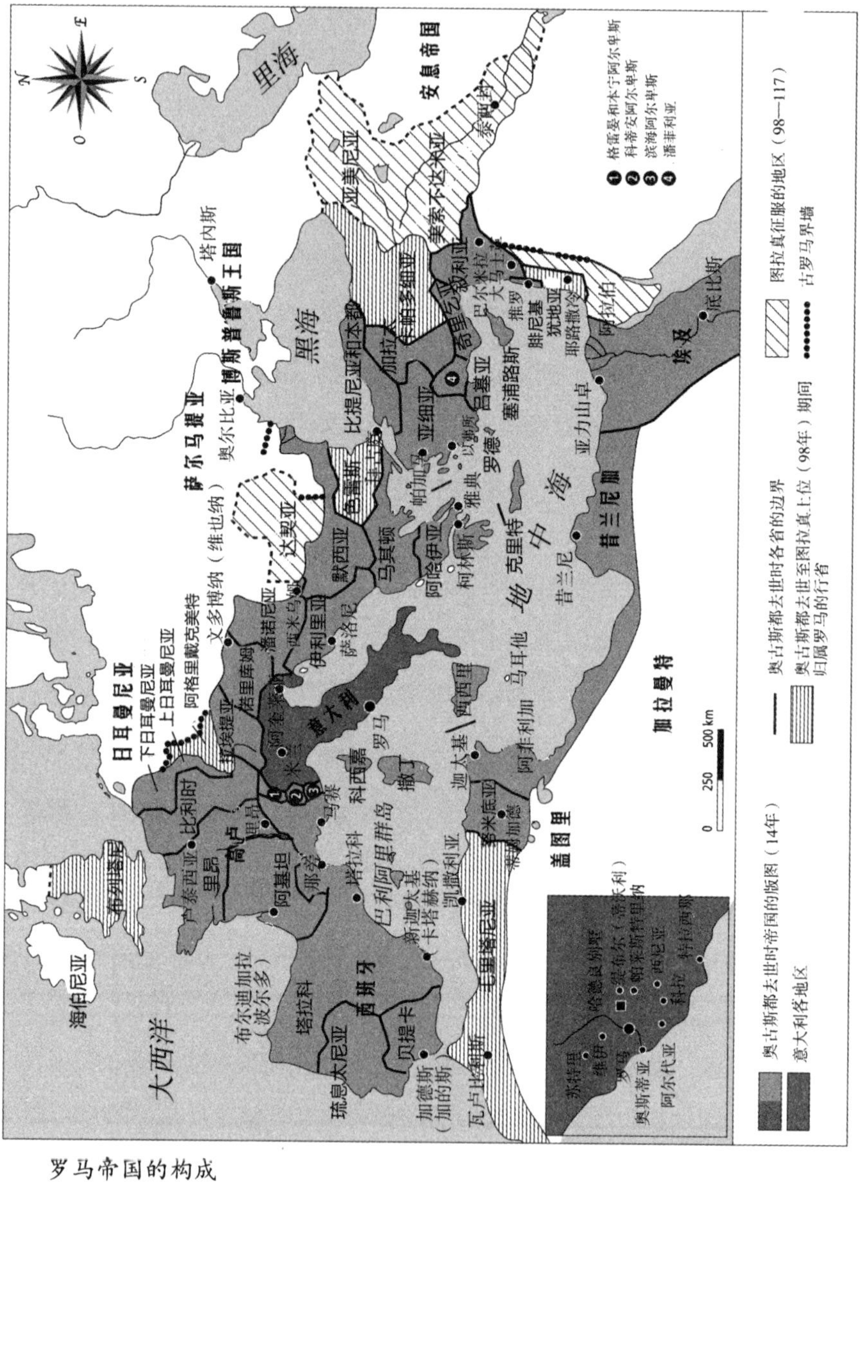

奥古斯都去世时帝国的版图（14年）
意大利各地区
奥古斯都去世时各省的边界
奥古斯都去世至图拉真上位（98年）期间归属罗马的行省
图拉真征服的地区（98—117）
古罗马界墙
0 250 500 km
大西洋
海伯尼亚
不列塔尼亚
日耳曼尼亚
下日耳曼尼亚
上日耳曼尼亚
里海
黑海
地中海
安息帝国
亚美尼亚
美索不达米亚
泰西封
萨尔马提亚
博斯普鲁斯王国
塔内斯
奥尔比亚
达契亚
文多博纳（维也纳）
马其顿
雅典
柯林斯
罗德
塞浦路斯
亚细亚
吕基亚
叙利亚
阿拉伯
埃及
底比斯
亚力山卓
昔兰尼加
昔兰尼
马耳他
迦太基
阿非利加
加拉曼特
盖图里
罗马
撒丁
科西嘉
意大利
比利时
阿基坦
西班牙
塔拉科
贝提卡
加德斯（加的斯）
布尔迪加拉（波尔多）

罗马帝国的构成

2. 从罗马的扩张到帝国的分崩

公元 2 世纪初期，皇帝们认为帝国的疆域已足够广大，遂不再实行扩张政策。他们明白，现在最重要的问题是如何保住现有领土。一方面，他们必须守护现有领土：强化边防设施、增派驻军、打击境外之敌。另一方面，他们要花更多精力防止民众被起义和独立势力煽动：罗马化的目的也正在于此。

公民身份

罗马公民身份只授予那些有资格的人：所有申请罗马公民身份的外族人必须证明自己有很高的文化适应能力（说拉丁语、居住在罗马境内、参与城市生活等）。起初，身份的授予需要经历一个漫长的渐变过程。虽然罗马人的儿子生下来就自动获得最基本的罗马公民身份，但在较长一段时间内它和其他等级的身份还是有差别的。中级公民身份称为 civitas sine suffragio，即无投票权的公民身份，也叫拉丁公民身份。这种身份具有司法上的完整性，但在政治上却还有欠缺，因为持有这种身份的公民没有选举和被选举的权利。但这种中级身份也是获得拥有全部权利的完整罗马身份（civitas optimo jure）必经的步骤。除了政治（jus suffragii：投票权；jus honorum： 被选举权[1]）和军事权利（jus militiae：参加军团并获得薪水

1　但这项权利需要缴税，只有富人才能享受。

和战利品的权利）之外，公民身份（无论有无投票权）包含不少民权（jus census：产权；conubium：自由婚姻权；立遗嘱权；commercium：在罗马领土上买卖并立约的权利；诉讼权和对司法判决提出上诉的权利），最后，如果被判处死刑，市民只能以斩首[1]的方式被处死。此外，从姓名的组成上也可以直接看出一个人的公民身份：名、姓、血统、部族。[2]

在几百年的时间内，授予公民权都是帝国在地中海实施罗马化进程最有力的方法。共和国时期，授予外邦人公民权的数量是很少的，能够获得的人首先是拉丁人（也分多个等级），其次是符合要求的自由人。帝国时期，虽然只有皇帝有权赐予公民身份，受众范围却越来越大，当时的公民身份被授予个人或者统治者想要区别对待的群体、城市。公民权一般授予长期处于和平状态地区的自由人、友邦任期满的执政官和在战争中为罗马提供过帮助的全体居民[3]。共和国结束后，在帝国统治下，那些作为罗马省内居民在军队服役过的编外人员也被授予公民身份。当选市政官员和参军是获得公民身份的最佳方法：罗马通过发放公民权来换取被授予者对法律和习俗的接纳，此举有利于罗马化进程的发展和帝国的统一。对占领区人民的同化效果主要和占领时间和与罗马的亲近程度有关，例如，对高卢和伊比利亚地区来说，罗马化的进程已经将高卢文化和塞尔特文化完全清除了。

但到了公元212年，出于包括人口和税收在内的种种原因，所有居住在帝国领地内的自由人都被给予了罗马的公民身份（安东尼努斯敕令），新纳入的公民受罗马的影响并不深，由此出现了背离中央权力的地方主义。

---

1 在公元150年后，罗马公民被分为“较尊贵者”（honestiores）和“较卑贱者”（humiliores），后者可以遭受刑法处罚。

2 “Nomen”指家族或氏族的姓氏，血统表明公民身份的继承：对于一出生就拥有罗马公民身份的人来说，它指的是父亲的姓；但如果是获得公民权的自由人，此人则继承将他归化的官员的名字以及帝国皇帝的名字。宗族只有那些依靠大赦获取公民权的人才能获得，其他人是没有投票权的。但随着帝国的延续，宗族的记载也在慢慢消失。

3 颁发公民权分为两个步骤：首先授予无投票权的公民权，随后才是完整的特赦公民权。

与古希腊相比，古罗马人懂得塑造一种共同的身份，这种统一对地中海世界是有益处的。

生活方式

被征服的人们唯一的希望就是获得公民身份，如果相信他们能够分享罗马的好运，那未免太天真了。但可以肯定的是，被征服者带到四方的罗马人的生活艺术，不管是短期还是长期，都会对当地人产生吸引力。

与希腊人态度相反，在罗马人看来，经济活动不是什么不体面的事，财富，即使是炫富，也只是在标榜成功而已。对于希腊人来说，纯粹的娱乐应该是一种智力游戏[1]，但罗马人的娱乐（otium）等同于远离政治、贸易（neg-otium）之类活动的完全放松。虽然他们将地中海变成了一张大网，在各个节点增设或翻修港口，在陆地上的工作也是不遗余力：在帝国的各个省份铺设纵横交错的道路，将首都和各地都连接起来。

这些道路有两个用途：首先，可以让贸易变得更顺畅，港口的商品可以很容易地运达内陆。其次，道路增加了军队的机动性，让军人们可以在任何时候去各地维护治安，抵御外敌入侵。罗马治世（pax romana）确实促进了贸易的发展，手工业因此获益，农产品的流通也让民众的温饱问题得到改善，自然人口的迅速增长也随之而来。

商业的繁荣首先要归功于统一的货币系统，其次也要感谢那些新建的、修缮的城市，它们起到了地区集市的作用。古罗马是一个有组织的帝国。当时的乡村遍布别墅，通常这些业主的房屋并不美丽或奢华，但它们确实是名副其实的农业基地[2]。城市则是参考伊特鲁里亚-罗马城市的布局：垂直布置两条主街（南北向的称为“Cardo”，东西向的称为“Decumanus”），其

1　表示娱乐和学习这两个意思的是同一个词“scholè”。

2　比起别墅它更像是农庄。

他街道与主街平行布置。在两条主街交会处的中心广场（forum）附近设置主要的城市和宗教建筑。从北非到亚洲，从英伦三岛到希腊，所有这些作为政治节点且重要性各异的城市－市场都拥有不间断供水的系统[1]，大城市内还有为民众设立的娱乐设施（音乐厅、剧院、圆形剧场）[2]。对于大多数帝国的居民来说，罗马的生活艺术可以简单总结为两点：食物和娱乐（panem & circenses）。无忧和盲从导致大部分城市都沉溺在罗马公民理想的温柔乡。最后，只有那些有抱负的精英才会正确地使用拉丁语并竞选公职。和古希腊人一样，一部分罗马帝国的公民也栽倒在了致命的享乐主义[3]上。

帝国的信仰

为了处理各地区的文化和宗教方面的差异，帝国通过帝王崇拜来统一信仰。帝国初期，奥古斯都就意识到通过对恺撒的崇拜将各地的居民凝聚起来是很有必要的。虽然他在世的时候拒绝将自己神化，无论是人民还是士兵都被禁止将他奉为神灵[4]。但在他死后，提贝里乌斯（Tiberius，14—37年在位）还是将他奉上神龛，元老会也经常将这位已故的皇帝与神相提并论（神格化）。自公元2世纪安敦尼王朝（Nerva－Antonine dynasty）开始，皇帝在位时就将其神话的趋势愈演愈烈，甚至创造了一种特殊的祭师群体负责祭祀活动。这种礼拜活动随后蔓延到各省，不仅市政官员会出资组织公共的礼拜活动，一些想要展现自己罗马身份的个人也会自行举办一些活

1 家庭日常使用和沐浴。

2 在娱乐方面东罗马和西罗马的差异非常明显。在受希腊文化影响的东方，剧院和体育场是人民休闲的主要场所；而在西罗马，北非和高卢，最常见的娱乐设施是圆形剧场。

3 这种思想的创立者是昔兰尼的阿瑞斯提普斯（Aristippus of Cyrene，前435—前356），他认为人生的唯一目标就是追求快乐，否认所有义务。

4 事实上，对帝王的崇拜让东方世界和罗马世界产生了分歧。在东方，统治者一直被认为是神的化身，人们为他们设立神龛庙宇。但在意大利和军团中，人们崇拜的是守护神。

动。最终到了公元三四世纪，帝王们被视为人和神之间的使者，也正是在此时，东方的宗教开始挑战这种民间的崇拜。

然而随着皇帝们的所作所为越来越远离帝国的原则，他们更需要通过神话来自己立威。公元前27年（屋大维当选元首）到公元68年（尼禄自杀）期间的皇帝们，无论是亲生的还是领养的，都出自儒略-克劳狄家族（Julio-Claudian family），这和王朝的传承方法别无二致。尽管他们中的一些人不得不和对立派系企图篡权的元老们[1]做斗争，但先辈们建立的与军队的良好关系还是能够维系军人们的忠诚。但最重要的是，他们的当选是合法的，也是经元老会同意的。公元69年尼禄（Nero）的自杀结束了儒略-克劳狄家族的统治，随后军队接连拥戴了四位皇帝[2]，元老会无力反对。这里借用让·拉特盖[3]（Jean Lartéguy）笔下一位努米底亚百夫长写给他在罗马的表兄的信来看看当时罗马军队的心态："我听说城中阴谋诡计接连不断上演，处处充满了背叛，许多犹豫不决、无所适从的人诋毁我们的行动并倾向于将我们抛弃。我不能相信这一切都是真的，但从近期发生的战争已经可以看出人们心态已经糟糕到了何种境地以及它的发展趋势。我请求你尽快给我宽慰，告诉我的同胞们理解、支持、保护我们，就像我们对他们所做的一样。如果势态不遂人愿，如果我们不得不让自己的森森白骨遗落在人迹罕至的沙漠……那么请小心军团的怒火！"就这样，军队和省份窃取了只有在大多数意大利-罗马议会才能合法拥有的权力。韦斯巴芗（Vespasian，69—79年在位）即位标志

1　公元42年，斯克里波尼亚努斯（Scribonianus）对抗克劳狄（Claudius）；公元68年盖乌斯·尤利乌斯·文德克斯（Gaius Julius Vindex）和卢修斯·克洛狄乌斯·马瑟（Lucius Clodius Macer）对抗尼禄。

2　在西班牙宣誓继位的加尔巴（Galba）、近卫军推举的奥托（Otho）、日耳曼军团拥戴的维特里乌斯（Vitellius）和东方军团选出的韦帕芗（Vespasian）。

3　让·拉特盖是法国现代作家，他的这封信应该是被苏埃托尼乌斯转述的二手资料，虽然这封信很好地描述了罗马百夫长的心情，但信主要的作用是展现身处印度支那和阿尔及利亚的法国军队的心情。

着罗马的第二个王朝即弗拉维王朝的建立。登上皇位后的他赶紧将军队的选择权纳入皇帝职权范围：在此之前，皇帝就职日（dies imperii）对应元老会赋予他统治权（imperium）的日子；而从他执政之日起，就职的日子变成了他执掌军队的日子。他开启了由皇帝直接指派军团的先河，元老院只负责登记手续：这项政策对外省有利，却削弱了罗马和意大利本土的势力。元老们想要夺回权力，在公元96年刺杀了图密善（Domitian）之后，他们想推选安敦尼王朝（96—192）的开创者——66岁的涅尔瓦（Nerva，96—98年在位）为王，但这次行动却以失败告终。在这段罗马帝国的“黄金时代”，几乎所有的帝王（有一位除外）都是自然死亡。其中出生在西班牙贝提卡一个罗马家庭的图拉真（Trajan，98—117年在位）是第一位非意大利籍的皇帝。这期间最后一位皇帝康茂德（Commodus）于公元192年被刺杀，接下来在公元193年发生的事同公元69年发生的一样，有多个君主在军队的簇拥下轮番执政，又分别被反对派暗杀。潘诺尼亚（Pannonia）军团推举的塞普蒂米乌斯·塞维鲁（Septimius Severus，193—211年在位）在击败了他的对手以后创建了塞维鲁王朝（193—235），他也是首位非罗马家庭[1]出生的罗马皇帝。公元3世纪（235—285），这种军营皇帝（Barracks emperor）把持大权的无政府状态愈演愈烈[2]。

皇帝由军队选出，罗马帝国的各项体制变得毫无用处。如果罗马是由军团选出的人执掌，那么无论他执政的成绩如何，帝国都只会成为一台为军队服务的机器，军队推选皇帝的目的也只是为自己的利益。罗马帝国太大了，权力之大难以由一人把持，领土之大中央的权威难以覆盖边远省份。

---

1 塞普蒂米乌斯·塞维鲁来自非洲的利比亚-布匿家庭，马克里努斯（Macrinus）来自毛里塔尼亚，埃拉伽巴路斯（Elagabalus）来自叙利亚，亚历山大·塞维鲁（Severus Alexander）来自犹地亚。

2 他们来自色雷斯（238）、弗里吉亚（238）、叙利亚（244）、潘诺尼亚（249）、亚非里加（253）和伊利里亚（268—285）。

第八章

La Méditerranée, de la division politique à l'unité religieuse

地中海，从政治分裂到宗教统一

1 世纪	基督教兴起。
285/286	戴克里先（Diocletian）将罗马帝国一分为二。
292	四帝共治：两位奥古斯都和两位恺撒。罗马只是元老会所在地。
313	君士坦丁大帝再次统一帝国，发布《米兰诏书》，允许宗教自由。
325	君士坦丁大帝介入教会事务并召开尼西亚公会议。
330	迁都拜占庭，并将该城市重新命名为君士坦丁堡。
380	狄奥多西一世颁布《萨洛尼卡敕令》，宣布基督教为国教，帝国居民必须信仰。

1. 罗马帝国的分配

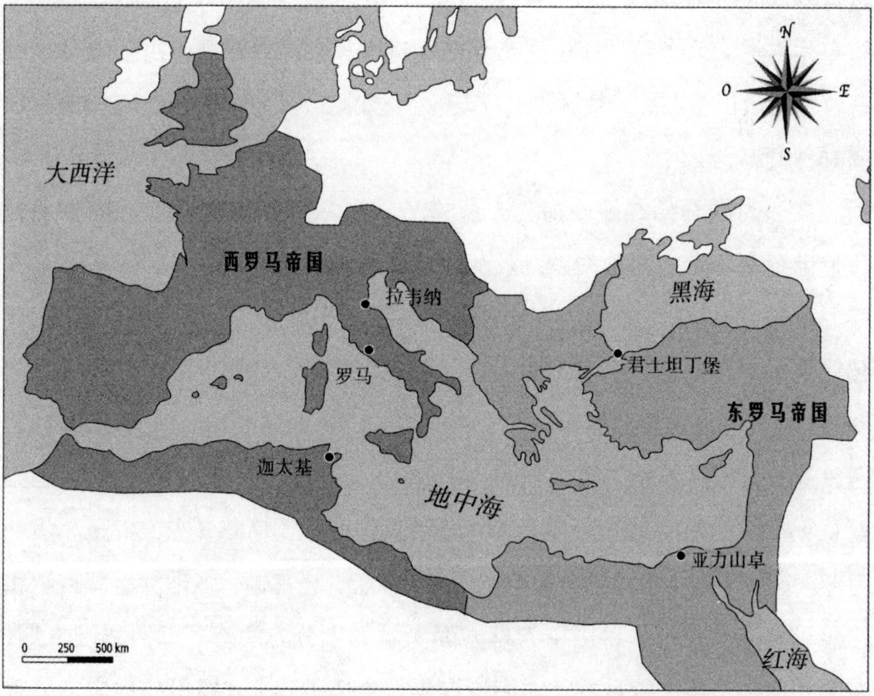

东罗马帝国和西罗马帝国

随着来自达尔马提亚的戴克里先宣告成为罗马皇帝，公元3世纪的无政府状态也宣告结束，他通过强化专制，稳定了罗马政治结构，让帝国寿命又延长了两个世纪。他决定实施分权政策，这项非常务实的举措最终将帝国导向了一种双头政治的局面：公元285年或是286年，戴克里先自行管理帝国东部领土，委托马克西米安（Maximien）管理西部。两位奥古斯都（主皇帝）于公元293年又各自指定一位恺撒（副皇帝）（戴克里先任命的是伽列里乌斯，马克西米安任命的是克洛卢斯）。在四帝共治的情况下，罗马虽然仍是名义上的首都和元老会的所在地，但重要性已大不如前。戴克里先在尼科米底亚（Nicomedia）管理亚细亚和埃及，马克西米安在米兰统治意大利、非洲和伊比利亚，伽列里乌斯（Galerius）在色米姆（Sirmium）掌管多瑙河沿岸省份，而克洛卢斯（Chlorus）则在特里尔（Trier）统治高卢和布列塔尼。为了帮助四位皇帝理政，戴克里先又让四王指定四位行政长官，各自负责帝国的一片区域（行政区），如此一来整个罗马就被分成了12或13个行政区。

从那时候开始，地中海再一次被分成了东部和西部盆地，接下来的几个世纪南北岸之间的关系以及交通干线也就此被确定了。廷吉塔纳毛里塔尼亚被归入高卢大区，将摩洛哥与大西洋地区和西班牙紧密联系在一起。恺撒毛里塔尼亚和努米底亚（今阿尔及利亚），亚非里加、拜扎凯纳（Byzacena，今后的突尼斯）和的黎波里塔尼亚（Tripolitania）归入意大利大区，这个行政区就像隔离东、西盆地的中心栅栏一般。上利比亚、下利比亚（今昔兰尼加）、埃及、黎凡特、小亚细亚、色雷斯归属东方大区。伊利里亚大区由希腊（当时已经改名）、伊庇鲁斯、马其顿、多瑙河沿岸省份和达尔马提亚组成。这种出于管理方面考量的划分方法将罗马共和国末期、帝国初期辛辛苦苦整合的地中海世界弄得支离破碎。各省份的地方主义重新抬头，各地语言分化也加剧：西欧主要说拉丁语，东欧说希腊语，同时闪语也越来越普及。

2. 新的信仰

如果说亚历山大大帝的征服让希腊文化散布各地，罗马在地中海的统治为该地区奠定了文化基础，发源于巴勒斯坦的犹太教则完全不同，它是唯一的一神教。犹太教没有那些神圣经典那么久远，是由曾被关押在巴比伦的先知们，在神殿重建（前6世纪）后提炼的一些宗教活动的精华，这些纯粹的教条成了文化和种族认同[1]的重要因素。但是，没有返回巴勒斯坦的犹太群体构筑了第一个犹太人聚居区（Diaspora），希腊犹太教就在此蓬勃发展。这件事对于纯正的犹太信徒来说是难以接受的，随后爆发了反对塞琉古人的马加比起义（前168—前167），犹太王国也被重建，哈斯蒙尼王朝[1]也因此获益（前140—前37）。作为叙利亚塞琉古王国的附庸国，哈斯蒙尼王国实施侵略和兼并政策（外约旦、以东、撒玛利亚[2]），强制臣民信奉犹太教（同化以东人、摧毁加里兹山上的犹太神殿）。但即使在犹太人内

1　王朝的名称源于公元前168年起义的发起者犹太祭师玛他提亚（Mattathias）的祖先哈斯蒙尼。按照基督教传统，由玛他提亚之子犹大·马加比命名。哈斯蒙尼统治者的头衔是“大祭师、统帅和提督”，成员世袭，直到公元前104年阿里斯托布鲁斯称王。

2　外约旦（Transjordan）位于约旦西部，黑门山以北至红海以南的地区。以东（Edom）位于巴勒斯坦南部，地中海与四海之间。撒玛利亚（Samaria）在以色列王国一分为二的过程中诞生，新成立的两个王国分别是以耶路撒冷为首都的犹大王国和以撒玛利亚为首都的以色列王国。在犹太人从巴比伦回归之后，犹地亚的居民将撒玛利亚人视为信奉希伯来邪教的异端，不让他们参与神殿的重建。于是这批人就在基利心山（Gerizim）上建造了自己的神庙。

部，也有一些人在希腊文化和希腊犹太人影响下，更倾向于一种文化的融合并与固守传统的保守分子起了冲突：公元前104年，“希腊之友”阿里斯托布鲁斯（Aristobul the Philhellene）称王（basileus）[1]，面对保守派的强大势力，他毅然决然按照希腊的方式实施内政和军事统治。在公元前1世纪的最后三十多年里，希腊化的犹太人和社教合一的犹太信徒之间的对抗成了社会和政治的主题。在对待宗教问题上，哈斯蒙尼的国王们更倾向于采取一种更世俗化、不那么严格的态度，省略了一些仪式并追捕拒绝妥协的顽固派。这些被称为离群者（Peroushim）或法利赛人（Pharisees）的信徒来自各个阶层，有城市手工业者、商人、作坊主，他们以犹太教士和教堂为中心组织活动。这些将政治憧憬和宗教规则结合在一起的人虽然不攻击王权本身，但对国王们同时把持的大祭司头衔非常不满，因为对他们来说，这是一个很神圣的职位。国王们自然不愿放弃这个宗教头衔，便转而亲近担任神殿祭司职务、身份高贵的撒都该人（Sadducees），虽然后者起初也支持塞琉古人，反对哈斯蒙尼人。各派在此问题上争吵不休之际，庞贝的大军于公元前63年占领了耶路撒冷并将犹太国指定为罗马的保护国。此后，哈斯蒙尼国王不再担任大祭师和行省总督，而是听命于罗马参事，安提帕特（Antipater）和以东（Edom）从此信奉犹太教。在最后一位哈斯蒙尼国王于公元37年被暗杀后三年，即公元40年，罗马元老会承认阿里斯托布鲁斯之子希律・亚基帕一世[2]（Herod Agrippa）为犹太国王[3]。他重建耶路撒冷东北部神殿广场上哈斯蒙尼国王的宫殿，为了获得祭师阶层的支持，新宫殿落成之前他一直居住在这座前朝旧宫内，这座名叫Antonia（为了纪念安东尼）

1 希伯来祭祀语言已经改变了不少希腊措辞，例如，Sanhedrin（犹太公会，意思是“坐在一起”），synagogue（犹太会堂，原意是“集会”）。

2 大希律王（前73—前4），亚基帕之子。为了巩固罗马人赋予他的权力，他将犹太公会神殿祭师的权力全部收回自己手中。

3 他是最后一位国王，其子嗣最高只做到四分省总督。

的城堡是神殿区内的主要建筑。但是他死后不久，这里成了罗马人的军营：异教徒们就这样与至圣之所为邻。公元1世纪末，犹太人在宗教层面一直充斥着愤怒的情绪。有另一股崛起的宗教势力，他们支持法利赛人和撒都该人，反对煽风点火的政治家[1]；他们强调宗教复兴的必要性，或世界末日、救世主再临[2]的临近。这就是艾赛尼派，一个安贫乐道、每日清洁的群体。还有一些隐者，最有名的是来自大祭师家族的末世论先知施洗者圣约翰（John the Baptist），他倡导通过洗礼而不是遵守神殿的教条来赎罪。出生于加利利（Galilee）的犹太人耶稣是另外一位，起初他与约翰很亲近，在30岁左右便开始独自在加利利地区这个隶属于希律·安提帕[3]（Herod Antipas）而不是直接臣服于罗马的地区传道。当时的巴勒斯坦经历了一场“翻天覆地的革新和净化”[2]。但是耶稣成功用自己神奇的医术吸引了大量信徒，并成功将犹太教的布道核心转移至爱自己的同类并宽恕他人的错误。凶神恶煞的上帝被这位宽厚仁慈的上帝所取代。他在信徒中取得的成功和那些被指控为虚伪、贪婪的人群内心滋生的怨恨在以相同的速度增长。如果不是被罗马人以亵渎君主罪[4]判处死刑并钉在十字架上，他有可能成为当时众多犹太教改革者中的一位，因为他从没有试图脱离犹太教。多亏了众门徒宣布他救世主、上帝之子的身份和起死回生的事迹，也因为他传递的福音在当时的背景下是如此与众不同，耶稣的角色才变得如此重要。犹太-拿撒勒教发展成为基督教主要是第十三使徒大数的扫罗[5]的功劳。相比信仰希腊犹太教的

1　奋锐党（Zealots），与法利赛人很亲近，他们是极端的民族主义者，常采取极端手段对付罗马人。

2　Parousia（耶稣再临），原意为存在、到来。

3　希律·安提帕（前21—39），大希律王之子。他二婚迎娶了希罗底（Herodias），后者既是他的侄女也是嫂子，随后在公元39年被罗马皇帝卡利古拉（Caligula）废黜。

4　十字架上的文字写道：拿撒勒的耶稣，犹太人的国王（拉丁语为INRI，希腊语为INBI，斯拉夫语为INЦI）。

5　Saul of Tarsus，后称圣保罗，罗马公民，他曾两次被审判并最终在罗马被处死。

罗马公民，保罗更重要的身份首先是一位虔诚的法利赛人[1]、一位耶稣门徒的迫害者。他是在耶稣被迫害后才听说他的事迹，随后就成了新教义的追随者，他的资历与耶稣生前的门徒相差甚远。老的门徒不接受他，正统的犹太人也摒弃他。

保罗只得去希腊和小亚细亚传道。他向非犹太族人[2]（未割包皮者）传道，强制其他使徒[3]用洗礼（灵魂割礼）取代割礼这种宗教仪式，强调犹太基督教和帕加诺基督教的平等，由此推动了犹太－拿撒勒教向基督教的转变。虽然保罗没能在耶稣在世时聆听他的教诲，但这位见识广博的学者还是创造出了基督教理论，内容之广包括爱的福音、拿撒勒人的仁慈和犹太教的道德教条，古希腊哲学的逻各斯（Logos）的概念作为一种精神元素让神的形象更鲜活。就这样，新的宗教教义让犹太教这样的一神教和地中海主流的希腊－罗马文化相融合。安德烈·马尔罗（André Malraux）认为众神“是人类点亮的一个个火炬，照亮了智慧之路”，想象一场与塞内卡（Seneca）的对话，如果我们说异教的复兴不是源于斯多葛主义（stoicism）而是一位在耶路撒冷被钉死在十字架上的犹太布道者，他会有多么吃惊。从那时起，地中海经历了被称为基督教“伤疤”[3]的几百年。

这种新的宗教信仰首先由第一批使徒传播：根据他们的社会和地域背景，最初的十一门徒应该只会说阿拉米语，因此传教的范围只限地中海的黎凡特（小亚细亚、叙利亚、巴勒斯坦、埃及）犹太会众；在东方省份也有掌握诸如希腊语这种当地语言的门徒。例如，来自塞浦路斯岛的利夫人巴拿巴（Barnabas），他和马可一道东奔西走传播讲述重生和救世主耶稣的福音书（希腊语 εὐαγγέλιον）。保罗也是经巴拿巴介绍才被第一批门徒

1　他可能是法利赛人高层、犹太公会领袖拉比迦玛列（Gamaliel）的学生。死亡年份是公元50年。

2　Gentiles是由希伯来语Goyim翻译而来的，指非犹太人。

3　耶路撒冷主教会议，在公元50年召开。

所接纳。但是由于保罗会说希腊语也能够直接和会闪语的人群交流，所以他传教的范围更广。他的足迹遍布地中海的中部盆地、锡德拉湾（Gulf of Sirte），甚至到达意大利[1]。对于受《荷马史诗》影响深远的古代来说，保罗被视作基督教的尤利西斯：将使徒们为基督教所做的一切记录下来，可以成为一部新的《奥德赛》。

无论使徒和信众们传布信仰的热忱和所付出的努力有多大，也很难从客观角度解释耶稣的福音是如何覆盖了整片地中海，随后蔓延至全世界。只有一类罗马公民，他们的职责就是往来于帝国各地直到疆域边界，那就是士兵。使徒们布道的地点主要集中在市区，第一批教堂也是在大城市[2]里建立起来的。正如其他奥义教派[3]一样，基督教的传播也要感谢部队里的信徒，东方教会中尊崇的大量出自军队的圣徒[4]可以印证这一点。在公元1世纪、2世纪，罗马人在神的问题上采取信仰无差别的态度为传教创造了一个宽容的环境：一个民族被征服以后，他们敬仰的神常常被加入到众神殿中，殿内也总是为未知的神留有位置（拉丁语 deus ignotus，希腊语 agnostos theos）。对基督教最初的迫害不是出于宗教原因，而是政治原因：当时顽固的基督教徒[5]拒绝参加帝国的祭拜仪式，虽然此类延续了250多年的仪式

1 保罗，罗马公民，曾被皇帝传讯、审判并定罪。作为被定罪的自由人，他在一名士兵（custodia militari）的陪同监视下游走于叙利亚、罗马和克里特等地，最后在西西里南部一个名叫米利大（Melita）的海岛附近丧生于沉船事故。根据一个中世纪传统，耶路撒冷圣约翰医院骑士团在公元17世纪认定沉船地附近的岛就是马耳他。另一种说法是，米利大（或称加尔比 Gharbi）是斯法克斯对面克肯纳群岛中的一座，保罗就是在此处遭遇沉船丧生。

2 保罗、约翰和彼得的使徒行传中仅提到了那些大城市，如雅典、柯林斯、科洛赛、菲利坡、耶路撒冷、亚力山卓、叙利亚安条克、皮西迪亚安条克、罗马等。

3 尤其是密特拉教。

4 卢德的圣乔治、圣维克多、圣莫里斯、圣西奥多、圣德米特里、圣犹士坦、圣巴斯弟盎、塞巴斯蒂四十烈士等。

5 小普林尼（Pliny the Younger）在公元112年与图拉真的通信中，就比提尼亚的基督徒问题谈到了基督徒的虔诚。

只是一种不太带有宗教性质的民间活动。对基督教迫害最深的是罗马皇帝德西乌斯[1]（Decius），他想要“从他们那里看到帝国所有公民都应有的忠诚”，而显然“让基督徒融入民众的尝试失败了”[4]。公元3世纪初，戴克里先发布迫害基督徒的法令，虽然以前的迫害行动也备受指责，但这次政治和军事环境更加混乱：外族入侵、叛乱和内战、军事首领抗命。为了重塑帝国的威信，罗马四帝于303—304年颁布诏书，下令摧毁所有教堂、剥夺基督教徒的所有权利和财产，逮捕所有的教士，基督徒们以为帝国献祭的名义被施以酷刑并处死。这些追捕活动也反映了基督徒的人数之多，尤其在东部、北非和军队中。

3. 帝国皈依基督教

君士坦丁大帝（313—337）和狄奥多西一世（379—395）

在四帝共治（306—313）制度解体之后，君士坦丁[2]重新将帝国整合（313），在经历了40年的分治之后，罗马帝国的统治权重新回到一人之手。为了消除所有不利于帝国领土完整的因素，他于公元313年签署了《米

1 德西乌斯（Gaius Messius Quintus Decius），出生于布达里亚（在今天的塞尔维亚境内），在公元249年取代阿拉伯人菲利普成为罗马皇帝前曾任罗马城市长官。心怀重塑罗马当年辉煌的梦想，他在公元250年下令国民必须对帝王实施崇拜仪式。他对天主教的迫害得到了大多数拒绝融入社会并参加宗教节日（无法相容）的人的认可。

2 弗拉维·瓦莱里乌斯·奥勒里乌斯·君士坦丁（Flavius Valerius Aurelius Constantinus，272—337）是东恺撒君士坦提乌斯一世和皈依基督教的尼科美迪亚的海伦娜之子。

兰敕令》，允许个人信仰自由[1]，这也标志着对基督徒迫害的结束。此举也为他迎来了大批基督徒的支持。他所做的不限于此，他还亲自介入基督教堂的事务，粉碎了教堂内部关于耶稣神性的争论。公元325年，君士坦丁召集所有主教到西亚参加会议并强迫他们采用统一的信经（《尼西亚信经》）[2]。作为异教徒（他在公元337年临死前才接受洗礼），他也介入教堂的建造[3]，从此帝国的政治权力和基督教相互影响（政教合一）的状况在西方世界延续了好几个世纪。

然而他在公元324年做出的大力扶植基督教的决定打破了地中海的平衡。君士坦丁已经意识到罗马的影响力已不如前，虽然名义上仍维持着四帝共治的模式，但事实上他对这种制度已不再认可。他也知道面对日耳曼的威胁，帝国的防守显得越来越力不从心。此外，东方的政策和军队的重要性也不能忽视。于是他决定迁都至欧亚连接处的希腊城市拜占庭，此处离多瑙河和幼发拉底河都不远，方便应对来自哥特人和波斯人的威胁。经过十年的建设，他于公元330年参加了“新罗马”的落成典礼并将此城命名为君士坦丁堡（希腊语 Κωνσταντινούπολις）。那时候人们习惯称罗马为“那座城”（Urbs），现在君士坦丁堡是第二座被这样称呼（Πόλις）的城市[4]。

这座帝国的都城在几年间就成了基督教的中心。在君士坦丁死后，他儿子们的统治期（337—363）内，帝国的东、西两部分又经历了数次分裂和短暂的统一。这种情况在瓦伦提尼安王朝（364—392）期间并未有所改变，

1　每个人都可以“以自己的方式爱天上的主”。

2　这个宗教社群（阿利乌主教被开除教籍）采用固定而形式化的信条，起初是“我们相信”（pisteuomen），后来演变成礼拜仪式中形式化诵念的一组文字“我相信”（pisteuo）。

3　他下令在君士坦丁堡建造圣索菲亚大教堂，在罗马建造拉特朗圣若望大殿和圣伯多禄大殿，在耶路撒冷建造圣墓教堂。

4　当时的人通常说“去那座城”来表述去罗马或君士坦丁堡。

直到公元 379 年，西罗马帝国国王格拉提安[1]（Gratianus）册立狄奥多西一世[2]为东罗马皇帝。公元 392 年，在平庸的西罗马皇帝瓦伦提尼安二世[3]死亡之后，狄奥多西一世在很短的一段时期内担任整个帝国的统治者。

格拉提安和狄奥多西一世都是天主教徒。公元 380 年，东、西罗马的皇帝一致决定（《塞萨洛尼基敕令》）按照《尼西亚信经》中的教义，将基督教视为国教，人人必须信奉，禁止任何异教徒的活动。宗教迫害的对象反转了[4]。然而，正如奥古斯特·贝古诺[5]（Auguste Beugnot）在他的 1835 年完成的著作《西方异教毁灭史》中描述的那样："异教徒们表面上是失败了，实际上他们才是胜利者：他们的精神指引着现今的罗马教堂。许多由于风俗、习性、偏见和愚昧被视为异端的人群都在宣誓以后加入了基督教的阵营，但有些还保留着自己的荒诞的信仰和迷信行为。罗马的基督教继承并吸纳了大部分帝国原有的宗教信仰和节日，而这些活动都多多少少被披上了基督教的外衣。"

信仰的伪统一

出于统一宗教的目的，狄奥多西一世颁布实施《塞萨洛尼基敕令》，"所

1 格拉提安（Flavius Gratianus Augustus，359—383）是西罗马帝国副皇帝（367），随后他成了唯一的皇帝（375）。

2 弗拉维乌斯·狄奥多西（Flavius Theodosius Augustus，347—395），出生在罗马统治下的一个西班牙贵族家庭，他取得的军功使其声名大噪。

3 瓦伦提尼安二世（371—392）在其父瓦伦提尼安一世的军队拥戴下成为罗马皇帝，当时他年仅 4 岁（375）。他的兄弟格拉提安接受分权并将伊利里亚交给自己的母亲统治。狄奥多西一世帮助母亲击败了马克西穆斯并收回了意大利，恢复了瓦伦提尼安二世的皇帝地位（388）。这位年轻的皇帝 21 岁时在维埃那（高卢小镇）行宫被杀害。

4 神庙被关闭、摧毁或转化为教堂，雕像被打碎或熔化。亚力山卓图书馆的焚毁（391）和对哲学家希帕提娅的迫害（451）将这场运动推向顶峰。

5 奥古斯特·贝古诺，贝古诺伯爵（1797—1865）。

有帝国的子民都应该信仰由使徒彼得（Peter）传播，达玛稣（Damasus）大祭师和亚力山卓大主教彼得共同认可的基督教信条，即圣父、圣子、圣灵三位一体”。但这种带有浓厚的希腊柏拉图思想痕迹的三位一体[1]构想并不能被所有天主教徒接受。

公元4世纪初，一位柏柏尔籍的神学家阿利乌斯（Arius，256—336）就有自己的解释，他认为上帝是非创造的、永存的，而其子耶稣从父而出的受造之物，是暂存的。耶稣虽是神造且具有神的特点，但无法得到永生。这种认为圣子耶稣地位在神之下（从属论）且与传统教义（倡导“同质论”，即圣父、圣子、圣灵三位一体）对立的一神论在康斯坦丁颁布、由狄奥多西实施（380）的《尼西亚信经》（325）之后成了法定教义。康斯坦丁去世（337）之后，两种教义的支持者之间激烈的争论不断，神学甚至成了日常交谈[2]中的一个话题。狄奥多西强制实施《尼西亚信经》以后，东部的主教比较理智并倾向于和解，而西部的主教们[3]则拒不妥协。根据传统教义，耶稣与上帝的属性与本质是完全相同的，阿里乌斯教派信徒中的温和派认为圣子与圣父是很相像的，而强硬派则认为两者的属性完全不同。事实上，相当一部分基督教徒认为耶稣，无论是作为上帝的创造物还是附身在凡人体内的神灵[4]，都与上帝明显不同。被大部分日耳曼人信奉的阿里乌斯教派教义也随着公元5世纪的民族大迁徙被带到了帝国的中部。这种教义影响了从高卢到北非的部分地区，但只在西哥特人统治下的西班牙（414—711）和汪达尔人统治下的非洲（429—534）被长期保存下来。

1　圣父、圣子和圣灵（Pneumôn）。

2　在拜占庭，尼西亚派认为三体是同一的（homoousios），而阿里乌斯教派认为圣子与圣父是有微小的区别（homoousios）的，双方争执不断。

3　例如，米兰主教安波罗修就在390年被狄奥多西短暂地开除教籍，但随后皇帝不得不公开赔礼道歉。

4　即希腊语“enthousiasmé”。

这次大危机影响还未散去，君士坦丁堡牧首聂斯脱利[1]（Nestorius）在公元5世纪初又引发了新一轮的争论。大多数民众认为马利亚是“Θεοτόκος”（上帝之母），聂斯脱利却将她定义为“Christotokos”（基督之母）。在他看来，耶稣有两种不同的属性，一种是永存的神性，另一种是从他母亲那里继承的人性。在公元431年的以弗所公会议上确定耶稣自受孕之日[2]起就具备两种属性（神性和人性），聂斯脱利的主张被认定为“异端”。但是安条克和波斯的教会拒绝这种解释并仍然支持聂斯脱利的主张。就这样，大部分东方（叙利亚、巴勒斯坦、波斯）的基督徒加入了西班牙和北非的阵营，大家用各自的方式表达对耶稣神性的怀疑。

围绕着复杂的三位一体理论和耶稣二位格论出现了一些新的“异端邪说”，于是君士坦丁堡的皇帝们召集宗教评议会将这些异端逐个审判并颁布法令规范基督教的信仰。但这些异端和审判本身都给当时社会留下了难以愈合的伤疤，其影响远不限于宗教层面。最终的结果是，地中海东、西帝国之间的鸿沟确实被抹平了一些，但其他各方面的分歧却导致地中海各地区之间的裂痕越来越深。帝国未来的命运就像一张画布，构成画布的纵线是帝国后期的地缘政治，越来越致密的横线则是宗教。

首先是语言层面上的分裂：隶属于罗马的地区说拉丁语或者古拉丁语；而在君士坦丁堡，人们说希腊语。但这两种语言在小亚细亚、叙利亚－巴勒斯坦、埃及、北非都很难与当地的语言竞争，而这些地区所使用的语言几乎都是闪米特语[3]。

此外，在希腊，哲学艺术的主导地位已经在基督教的影响下被神学思辨所取代，而熟练掌握法律条款的罗马人则制定了严格的清规戒律。地中

1 聂斯脱利（381—451），曾在公元428—431年担任君士坦丁堡大主教。

2 即宗教理论家口中的一位论。

3 东正教会使用闪米特语作为宗教语言（不用只在拜占庭使用的希腊语）。非洲的各大主教则让拉丁语成为北非的罗马行省唯一使用的语言。

海似乎能在基督教的帮助下回归统一，但事实上教会自创立伊始，东部和西部就存在差异。

各方在教义方面也有严重的分歧。几个世纪以来，由于缺乏主导性的政治论述，导致多个观点各自表述，这一点在宗教术语上体现得尤为突出。同样，虽然大多数人肯定难以察觉到异端和正统之间那些细微的区别，但那些异教信徒的选择体现了他们对掌握政治权力、自诩宗教正统的统治者的不信任甚至反对。在拉丁语区选择信奉阿里乌斯教和在东部选择聂斯脱利派教，都可以看作一种与罗马或拜占庭的统治保持距离的信号。

第九章

Le grand bouleversement

大动乱

406—533	汪达尔人席卷高卢、西班牙，定居在北非并洗劫了罗马（455）。
410—415	西哥特人劫掠罗马（410），在汪达尔人走后入侵高卢、西班牙并在西班牙建立王国。
475	奥多亚塞废黜罗慕路斯·奥古斯都并称王。
493	西哥特国王狄奥多里克大帝除掉了奥多亚塞并统治意大利。
527	查士丁尼成为国王并收复故土。
533—534	汪达尔王国覆灭非洲、科西嘉和撒丁岛，建立隶属于东罗马帝国的非洲总管府。
536—555	罗马帝国重新夺回意大利。
568	伦巴底人占领了意大利半岛三分之二的土地，仅隶属于东罗马帝国的拉温纳总管府幸免。
642	作为罗马在意大利仅存的权威人士，教皇宣称自己为大牧首和西罗马大主教。

1. 民族大迁徙和西罗马帝国的末日

公元4世纪末，大批中亚的游牧民族——匈奴人的到来破坏了中欧的地缘和政治平衡，罗马帝国变成了日耳曼部族[1]狩猎的草场。如果说东罗马帝国还能勉强支撑的话，西罗马帝国的局势面对"民族大迁徙"则显得束手无策，基督徒们称这些民族为"野蛮人"，因为他们都是异教徒。从406到439年，汪达尔人席卷高卢（407—409），在西班牙定居了一段时间（409—429）后于429—533年建立覆盖北非[2]、西西里岛、撒丁岛和科西嘉岛的王国，定都迦太基。虽然他们占领了柏柏尔人和罗马人的地盘，但是北非经济繁荣的景象似乎并未受影响，只不过越来越多的当地人被驱逐出境，出口到意大利的货物量也减少了。通过发动袭击这些外来人成了土地的主人，但这并非他们的本意，他们只想将柏柏尔人赶走，掠夺他们的财物。"蛮族"倚仗强大的海军在海上肆虐，掠夺地中海岛屿和沿岸；这也是第一批在北非海岸引入一种掠夺性经济的部族，这种经济模式一直到19世纪之前都没有被（武力）打垮。到了公元455年，汪达尔人已经强大到能够侵占罗马并有组织地在城内劫掠两周之久。

此前，跨越东罗马帝国边境的西哥特人就在公元410年对罗马实施过劫掠。412年，他们来到被汪达尔人弄得破败不堪的高卢，在阿基坦（Aquitaine）做了短暂停留后便一路向南开始在西班牙攻城略地（414或是415），最终他们在此地建立了一个西哥特王国，而这个王国一直维系到711年。

西罗马帝国统治的范围被缩小到意大利和那旁高卢。475年，年仅十几岁的罗慕路斯·奥古斯都路斯[3]（Romulus Augustulus）被立为西罗马帝国皇

1　东哥特人、西哥特人、汪达尔人、苏维汇人、奄蔡人、勃艮第人和阿勒曼尼人。

2　城中的主教奥古斯丁在希波城漫长的围困过程中去世（431）。

3　罗慕路斯出生于公元461年，死于5世纪末6世纪初，拉丁人称他为奥古斯都路斯（小奥古斯都），希腊人则称他为Momullus（小耻辱）。

帝，但6个月后就被奥多亚塞[1]（Odoacer）废黜，后者虽然被自己的部下拥戴为王，但他拒绝接受皇帝的头衔。也许是命运的嘲讽吧，西罗马帝国的亡国之君和罗马帝国的开国之君竟拥有相同的名字。

昙花一现的帝国复兴计划

公元527年，查士丁尼一世[2]在君士坦丁堡即位，不久他就表现出努力复兴帝国的意愿。他在司法方面最大的贡献就是将所有古罗马法律编纂成了一部统一的法典。这部《查士丁尼法典》（*Codex iuris civilis*）至今仍是许多当代民法的基础。除此之外，他还想在地中海全境重新建立起罗马帝国的统治。为了驱除后顾之忧，他与对东罗马帝国虎视眈眈的波斯缔结和约，随后在名将贝利撒留[3]（Belisarius）和纳尔塞斯[4]（Narses）的帮助下开启了重新征服西罗马的进程。

最大的威胁来自汪达尔王国，其领土之大已经几乎覆盖了曾经的迦太基、努米底亚帝国全境和巴利阿里群岛、撒丁岛和科西嘉岛。他们强大的海军不仅能够对意大利的军事行动实行骚扰，也能够截击商船队。但当时愿意与东罗马帝国交好的汪达尔国王刚被推翻，从迫害天主教徒的行为来看，新王和他的部下应该都是阿里乌斯教派信徒。他们的辩护被视为借口。查士丁尼成功从汪达尔人手中夺取了撒丁岛和的黎波里塔尼亚。在汪达尔

---

1 弗拉维·奥多亚塞（Flavius Odovacer，433—493），早年参加罗马军队，与匈奴很亲近。他曾是他的同胞奥瑞斯特（Oreste）的敌人，而后者曾将其子罗慕路斯·奥古斯都送上皇位，奥多亚塞后来成了叛军首领：最后奥瑞斯特被杀，年轻皇帝被废黜，奥多亚塞于公元476年称王，罗马皇帝承认他意大利贵族的地位。

2 弗拉维·伯多禄·塞巴提乌斯·查士丁尼皇帝（Phlabios Petros Sabbatios Ioustinianos），公元483年出生于伊利里亚，死于公元565年（82岁），在位时间长达38年。

3 弗拉维·贝利撒留（500—565），530年战胜波斯，532年镇压君士坦丁堡发生的尼卡暴动（胜利）。查士丁尼将他封为东方远征军的统帅。

4 纳尔塞斯（478—573），出生于亚美尼亚，后为宫廷宦官，并成功越权成了查士丁尼的内侍。查士丁尼对贝利撒留的一系列军事上的成功有所忌惮，让纳尔塞斯对他进行监视。

人的舰队试图重新夺回撒丁岛之际，贝利撒留在斯法克斯（Sfax）和苏塞（Sousse）之间的海岸登陆，并在迦太基城南约15公里处[1]与汪达尔人展开激战（533年9月），在一场大胜后重新占领了迦太基城。尽管汪达尔人试图借助当地布匿或努米底亚部落的帮助进行反扑，贝利撒留还是在同年12月攻占了汪达尔王国的第二大城市希波城[2]（Hippo Regius）。最终，汪达尔人不得不投降，等待他们的是被流放到小亚细亚（534）[3]的命运。随着汪达尔王国的覆灭，查士丁尼收回了地中海西部的主要岛屿（撒丁岛、科西嘉岛、巴利阿里群岛）并重新设立了亚非里加省。到了公元6世纪中叶，亚非里加、撒丁岛和科西嘉岛合并为一个行政实体，即非洲总管府[4]。

在意大利，奥多亚塞正为芝诺（Zeno）赐给自己的贵族（patrice）头衔沾沾自喜时，也突然萌发出了野心：在征服了达尔马提亚之后，他赋予其子"恺撒"这一称号，暗示自己想成为奥古斯都。芝诺以意大利半岛的领土为条件邀请东哥特王国国王狄奥多里克[5]（Theoderic）攻打奥多亚塞。公元493年，狄奥多里克在占领了意大利北部并诱杀奥多亚塞和他的随从后称王。与西罗马帝国的毁灭相比，君士坦丁堡的统治者更担心东罗马帝国的完整性，所以不得不将意大利的统治权赐予狄奥多里克。至此，东哥特王国便统一了。和奥多亚塞一样，狄奥多里克也是一位阿里乌斯教徒，他允许意大利人拥有信仰天主教的自由，而他和他的东哥特部下则保留自己的信仰；法律的适用性

1　阿德底斯姆战役（城南14.8公里）。

2　希波城，今阿尔及利亚安纳巴。

3　主要在加拉太地区（Galatia）。

4　总督管辖的拜占庭帝国的行政区，可以在不提前通告君士坦丁堡的情况下采取一切民事和军事措施以应对突发的危险。

5　狄奥多里克（拉丁语 Flavius Theodoricus，455—526）是东哥特国王狄奥德米尔（Theodemir）之子，像罗马贵族一样成长于君士坦丁堡的宫廷中。维罗纳的狄奥多里克（Dietrich von Bern）虽然比阿提拉出生晚20年，但在《尼伯龙根之歌》中，他们成了同时期的人，而且他还在拉文纳战役中取得了胜利。

通常是依据种族背景来分的，西罗马帝国的遗民还是适用罗马法律，而日耳曼人则适用日耳曼人的法律。狄奥多里克临死前将王位传给了他女儿的儿子，这位年幼的皇帝在他妈妈的帮助下开始统治这个疆域覆盖西西里岛至阿尔卑斯山之间广大地区的大国。这位摄政女王延续了她父亲的政策，继续与东罗马帝国保持联盟关系，但却在公元535年被暗杀。查士丁尼于是决定收回意大利。贝利撒留在取得了开门红（536年攻占帕勒莫、那不勒斯、罗马）以后，查士丁尼对他起了疑心，随后其大军便遭遇了几场败仗（543年失了那不勒斯，546年败走罗马）。552至555年，拜占庭皇帝令纳尔塞斯率军剿灭了负隅顽抗的余党。亚平宁半岛重新回到了罗马帝国，但这片满目疮痍的土地又受到了来自伦巴底人的威胁。公元568年，伦巴底人入侵了意大利半岛北部。东罗马设立的拉温纳总管府（Exarchate of Ravenna）难以阻止侵略者的步伐，意大利剩下的大半领土也相继沦陷。

此时西班牙的西哥特国王前来请求查士丁尼帮忙对付他的一位敌人，作为回报他将贝提卡归还帝国，且西哥特王国也作为附属国臣服于拜占庭帝国。

虽然查士丁尼是最后一位试图统一帝国的皇帝，但他的首要角色还是东罗马帝国的统治者。作为教会的首脑，他重视教会的利益并想要维护东部教会的统一，即便与拉丁教会的意愿[1]背道而驰也在所不惜。他为拜占庭艺术的卓越发展贡献良多，也为整个地中海东部的文化和艺术发展打下了良好的基础，但这样做的后果是，东罗马帝国被贴上了独一无二的文化标签，加剧了与西地中海地区的隔阂。他对汪达尔人的清剿大幅减少了海盗的数量，更安全的海洋贸易为地中海的经济注入了活力。拜占庭作为远方贸易的终点（连接中国的丝绸之路，连接锡兰的红海和埃塞俄比亚王国、黑海的白人奴隶），接收来自埃及和叙利亚的橄榄油、酒、干果、玻璃工艺品并和包括高卢墨洛温王国在内的西方进行贸易。虽然“帝国复兴计划”只取得了短暂的成功且

1 为了吸引耶稣单性说的拥护者，他义无反顾对抗教廷：圣维理（536—537）被罢免，而他的继任者维吉吕（537—555）也在皇帝的命令下被废黜。

加剧了拜占庭和罗马之间的分歧，但它还是为恢复地中海的贸易做出了贡献。

地中海，命运的岔路口

从公元5世纪起，地中海世界在真正意义上被一分为二了。东部的东罗马帝国在查士丁尼迁都以后成了拜占庭帝国。虽然它还保留着罗马的头衔，虽然它的统治者和臣民们仍然认为自己是罗马帝国[1]的一员，但实际上它已变成一个正在迈向由神圣化君主统治的希腊帝国。皇帝不单单掌握政治权力[2]，还是天选之子，地位与使徒相等[3]。他权倾教会，召开了确定基督教会基础教义的前七次大公会议，但他的权力在西罗马帝国灭亡后逐步缩小，最后只能约束东罗马教会。在一千年的时间里，这种政教一体的统治模式造就了无比丰富多彩的文明，宗教艺术展现了希腊－拜占庭世界的虔诚意志。七次会议的教会（也叫东正教会，是由承认东罗马帝国最高权力的主教们领导的自主教会组成的联盟）能够组成一个政治实体，通过用方言[4]进行宗教活动，来提高人们的国家认同感以及皇帝的凝聚力。虽然这个帝国在它存在的10个世纪内版图不断缩小，但它的精神以及融汇罗马和东方习俗的混合属性，在修道院和教堂内被保存下来，为东地中海地区、巴尔干、俄罗斯、乌克兰[5]打造了共同的文化基础。

1　罗马人的帝国（Basileìa tôn Rhômaiôn）。

2　恺撒（Kaisaros）、奥古斯都（Sebastos）这样的罗马头衔直到公元7世纪被希拉克略替换成Basileus（国王）前仍被保留。

3　等同使徒（equal-to-the-apostles）。

4　和西方教会一样，宗教语言并没有得到发展，除了神职人员已无人使用。

5　主要得益于公元9世纪西里尔与美多德两兄弟对斯拉夫人的传教。

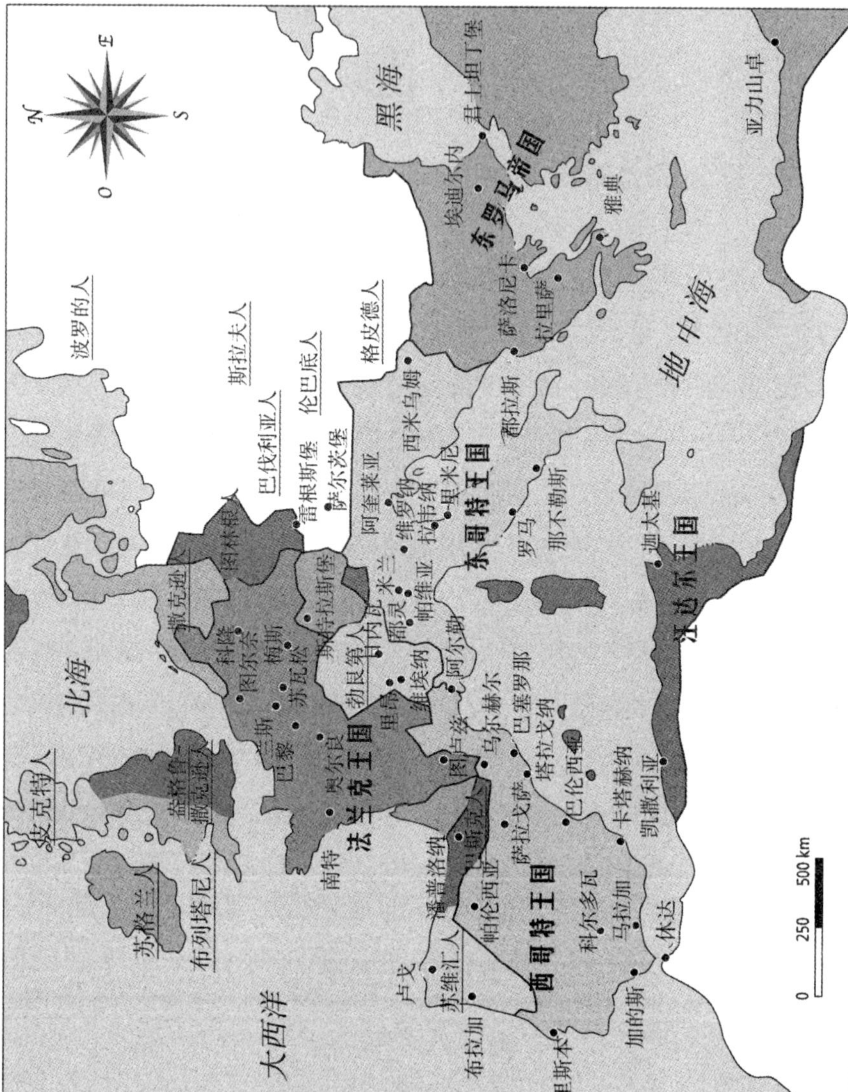

公元 6 世纪的欧洲和地中海

476年罗马在西方的失势，只是证明罗马政权在此区域的名存实亡。从公元286年起，罗马就将政治首都的位置拱手让给了米兰，同样的事情也发生在米兰身上，它的地位在402年被拉文纳取代。罗马只剩下宗主教堂所在地这一“头衔”，东方主教们认为教宗拥有与君士坦丁堡平起平坐的权利。然而对于像利奥一世（Leo I）[1]这样的教宗，罗马拥有至上权力并不是因为它和君士坦丁堡一样是帝国的首都，而是因为这里的主教们都是使徒彼得的继承者。这也是东、西教会分歧越来越大的原因之一。教宗的角色变得越来越重要，而王权的存在感也越来越弱。公元452年，利奥一世亲自到曼托瓦（Mantova）会见匈奴首领阿提拉（Attila）让他从罗马撤退[2]。他虽然没能阻止盖萨里克（Gaiseric）和他的汪达尔大军洗劫罗马，但是后者承诺只在罗马劫掠两周，而且其间不会有屠杀、强奸和损毁基督教建筑的事发生。随着时间的流逝，当罗马的王座空空荡荡，当西罗马帝国的土地上不断涌现新“蛮族”王国的时候，教宗就成了最高的精神领袖。在东罗马帝国，政治权力保障宗教权力；而在西罗马帝国则相反，是由宗教权力来承认政治权力的合法性[3]。公元642年，戴多禄一世[4]（Theodore I）重夺自公元4世纪起就被皇帝们把持的教宗头衔并宣称自己为西罗马大主教[5]。当东罗马帝国采用政教合一的模式实施统治时，西罗马帝国的两种权力则被二分，它们时而联合，时而对抗。在罗马之外的地方，原先的城池在外族不断的入侵下被摧毁，帝国的权威长

1 利奥一世，又译作圣良一世，公元4世纪末出生，440—461年任教宗。

2 不否认教宗做出的贡献，但阿提拉所忌惮的貌似是东罗马皇帝马尔西安的报复。

3 公元5世纪雷米主教在兰斯为克洛维斯洗礼，751年矮子丕平在苏瓦松加冕，利奥三世在公元800年加冕查理曼大帝为西罗马皇帝……

4 戴多禄一世在公元642—649年担任教宗。在古罗马，大祭司（Pontifex Maximus）是祭司团体的最高领袖。这个头衔属于罗马帝国的皇帝，让他能够掌控宗教事务。格拉提安和其他一些基督教皇帝放弃了这个头衔。教皇的头衔也从大祭师变成了最高宗座（Summus pontifex）。

5 两个世纪前的公元452年，利奥一世拒绝了迦克墩公会议中做出的将“新罗马”的头衔和至高无上的宗教地位（高于罗马）授予君士坦丁堡的决定。

久以来已不复存在，新的势力掌控实权。而旧帝国和新势力之间承接的任务就由主教来完成。罗马帝国权力被分散到若干个王国和侯国，新来的新势力会主动和教会势力联合。前者为后者提供保护直到皈依该教派，后者则承认前者权力的合法性。中世纪就在这种政、教同盟的背景中拉开了序幕。

2. 地中海的伊斯兰文化

前 6 世纪	在近东阿拉伯地区，出现一种新的一神教。
前 7 世纪	古莱氏（Quraysh）部落的穆罕默德在阿拉伯半岛传教。
622	希吉来 · 穆罕默德与阿拉伯社会决裂，带领信众离开麦加迁移到雅特里布（麦地那）。
628	他通过对黑石崇拜和朝圣的伊斯兰化来集结麦加的显贵。
632	穆罕默德去世，阿布 · 伯克尔（Abu Bakr）被选为第一代哈里发。
632—634	叛教。阿拉伯部落（有伊斯兰教也有非伊斯兰教）起义反对先知。
634	欧麦尔 · 本 · 哈塔卜（Umar）被选为第二代哈里发。
637—643	占领耶路撒冷、巴勒斯坦、叙利亚、埃及和昔兰尼加拜。占庭帝国的衰退。
644	欧麦尔被暗杀，奥斯曼 · 本 · 阿凡（Uthman ibn Affan）当选新一代哈里发。
647—649	占领亚美尼亚、塞浦路斯和多德卡尼斯群岛。
647	第一版《古兰经》收集编纂完成。

656	奥斯曼被暗杀。
656—661	第一次伊斯兰内战，支持阿里（Ali）的什叶派和支持穆阿维叶（Muawiyah）的逊尼派之间发生对抗。
661	阿里的去世标志着古莱氏政权的结束，穆阿维叶在大马士革建立哈里发国，倭马亚王朝开启。
670	征服伊夫里基亚（Ifrîqiya），阿拉伯人建立凯鲁万（Kairouan），但在 683 年被柏柏尔人驱逐。
679	穆阿维叶去世。
679—683	第二次伊斯兰内战。穆阿维叶的儿子叶齐德一世（Yazid I）杀害了阿里的儿子侯赛因（Husayn）及其全家，并在前往麦加的途中一路屠杀侯赛因的支持者。伊斯兰教正统历史结束。
698—710	征服北非（击败柏柏尔人，占领迦太基、丹吉尔和休达）。
711	攻占西班牙的西哥特领地。
719—725	攻占高卢南部（那旁、卡尔卡松、普罗旺斯）。
730—739	东方的拜占庭帝国陷入圣像破坏运动（730—843）。在西方，查理·马特（Charles Martel）在普瓦捷击退阿拉伯军队，重新夺回了普罗旺斯。
751—756	对东罗马帝国已无任何期待的教宗重新将意大利所有教区联系在罗马周围，并亲近加洛林帝国。矮子丕平加冕国王（751 年和 754 年），承认教宗对意大利的支配权（756）。

四分五裂的基督教

然而，罗马主教还是非常自以为是。意大利大部分地区都在伦巴底人手中，这些人在公元 650 年年末才开始成为天主教信徒；拉温纳总管府、亚平宁半岛最南部、西西里岛和非洲总管府（尤其是科西嘉岛和撒丁岛）都隶属于东部教会；现在只剩下汪达尔人入侵之前曾被誉为拉丁世界皇冠上的宝石的亚非里加大教堂听命于他。西哥特王国和勃艮第王国的臣民大多是阿里乌斯教派信徒，法兰克王国在6世纪的时候随着他们的国王克洛维（Clovis）皈依了天主教。公元6世纪至8世纪的200多年间，地中海世界经历了一种脱链现象。后来的历史文献不太愿意看到各自为政的“蛮族”王国和罗马－拜占庭帝国维持统一之间的政治对立，以及东、西教会之间出现的对抗。宗教方面，实际情况却不是这样。

按照《尼西亚信经》的规定，支持三位一体论的天主教徒即代表了基督教的正统，但他们并不是罗马教会或拜占庭帝国的唯一的法定成员。正如前文提到的那样，在地中海西部地区，主张基督神性次于上帝的阿里乌斯教徒在非洲、西班牙、高卢和意大利的大多数阶层内都占主导地位。在与拜占庭交界的美索不达米亚和波斯，人们不是因为教义的原因信奉宣扬耶稣两性（神性、人性）分离的聂斯脱利派，而是为了标榜自己拥有非拜占庭帝国国民的身份。在叙利亚和埃及，人们被要求信奉耶稣单性说，即强调耶稣的人性被神性所吸收。

这样看来，三位一体教条的信奉者即便在罗马统治区也远远算不上大多数。无论是三位一体，还是二性结合的教条，对于普通教徒来说都太复杂了，甚至还有人谴责说这些理论是对一神论的否定。与罗马有关的教会以拉丁教会创始人（圣安波罗修、圣奥古斯丁、圣哲罗姆）的训诫作为依据抵御外界的质疑。由于政教融合，一些东部的教会也加入到他们的尼西亚派阵营。除了这两种基石理论，地中海沿岸地区基督教人群中产生了一种对耶稣的本性的非正统理解，这让他们与罗马帝国渐行渐远。

第三种宗教的出现

在希腊－罗马和波斯的边缘广袤的沙漠、半沙漠地区生活着一些闪语部落（阿拉米人、纳巴泰人、贝都因人和阿拉伯人）。巴尔米拉（Palmyra）和佩特拉（Petra）这两座北边的行商聚集的城市引发了罗马人的贪欲。公元 19 年，芝诺比阿（Zenobia）王国在提贝里乌斯（Tiberius）统治时期被并入了罗马帝国的叙利亚省。公元 106 年，纳巴泰人的佩特拉王国成了罗马的佩特拉阿拉伯省（Arabia Petraea）。该地区的主要居民是游牧民族的行商，这与以农业为主的也门完全不同，后者也因为发达的农业被罗马人称为福地阿拉伯（Arabia Felix）。再往南，在沙漠阿拉伯（Arabia Deserta）这片干燥的土地上居住着一些游牧部落。

而这片地区的中心是一处行商驿站——麦加。虽然从贸易的角度看这里并不重要，但在宗教上的地位却不可小觑，史前时期坠落于此的陨石[1]吸引了大批朝圣者。这个地区大部分居民都是多神论者，还有一些人支持泛灵论。尽管如此，还是有一些信奉犹太教和基督教的阿拉伯人，他们主要聚集在雅特里布（麦地那）。

像其他地区，尤其是罗马和希腊的多神论一样，阿拉伯的多神论也被视为过时理论，引起了忠实信徒们的不满。人们找寻新的信仰、宗教、奥义或哲学，一神论确有吸引力。但是，犹太人的一神教似乎是该民族专属的，无论一个国家在哪种程度上皈依犹太教，都意味着完全融入这个神选的民族。相反，自圣保罗以来，基督教的一神论主要建立在教徒的归化上，但在基督教转换为国教以后，其众多关于细枝末节的神学争论、神职人员的政教身份，以及三位一体的教义让那些想要相信神唯一性的人不知所措，导致一部分人想要信奉简单的一神论。如前所述，那些既不是希腊人也不是罗马人的蛮族（汪达尔人、哥特人、日耳曼人、勃艮第人）已经信奉了一种“异端”的基督教（阿里乌斯教派、聂斯脱利教派等），这种教义虽然承认耶稣的救世主地位，但他被认为只是传递上帝福音的躯壳。《旧约》全书里的先知（亚伯拉罕、摩西、以利亚）都是神的代言人，被神直接附身的耶稣无论是在能力还是重要性上都强于他们。

1　就像坠落在帕福斯［今库克利亚（Kouklia）］的陨石成为塞浦路斯的圣石一样。

在非犹太闪语区，寻找一种更“纯粹”的一神教似乎是一个普遍现象。历史学家推测，后也经文献和考古发现[1]证实，伊斯兰教的最初形态不是在沙漠阿拉伯地区产生，而是在景教盛行的佩特拉阿拉伯[1]。但是在阿拉伯地区，存在相当多的犹太－基督教群体[2]，这些被犹太教士视为异教徒的人严格遵守犹太法律，承认耶稣的救世主地位但不认为他有任何神性[3]。这种融合了基督教、犹太、罗马和波斯传统的一神教在阿拉伯世界发展，在统治麦加的古莱氏部落成员穆罕默德[4]（Muhammad）处得到了升华。和耶稣的情况一样，关于穆罕默德的生平信息也是在他死后的几十年才出现，而这些零零星星的资料在公元 800 年左右[2]才被人们出于护教的目的整合起来。在伊斯兰教形成初期，“穆罕默德”这个名字与信仰的主旨，即真主的独一性（认主学）[5]并无联系。先知的名字经过了一段时间逐步融入了新的宗教[6][3]。伊斯兰也是神圣启示录传统的一部分，根据教义亚伯拉罕和摩西是最初的神选先知。《古兰经》中 27 次被提及并且 8 次被定义为救世主

1 如今除了《古兰经》，没有任何考古学发现或文学资料能够证明麦加在先知的时代就已经存在。

2 尤其是提图斯（Titus）在公元 70 年摧毁了神庙并禁止犹太人回到耶路撒冷之后。

3 人们将他们称为拿撒勒人（虽然在前 600 年中这个词并不总是代表了它真实的意思）。这个词与阿拉伯语中意为“基督徒”的 nasrânî 很相像（马耳他语 nisrani）。

4 穆罕默德，全名阿布·卡西木·穆罕默德·本·阿布杜拉·本·阿布杜勒－穆塔利卜·本·哈希姆（570—632？）。

5 “万物非主，唯有真主”（Lâ ilaha ilâ Allâh），弗朗索瓦·米肖在他的书《争论中的伊斯兰》（*Paris, Téraèdre*, 2012）中写道，穆罕默德的名字只在公元 7 世纪末才在伊斯兰教中出现，最早提及他名字的是编纂于先知死后 20—40 年的一本《古兰经》，这本书现藏于蒂宾根大学。

6 尤其是在倭马亚哈里发阿卜杜勒－马利克·本·马尔万·本·哈卡姆（ʿAbd al-Malik ibn Marwān ibn al-Ḥakam）执政后（阿拉伯历 65 年，公元 685 年）。

的耶稣由于被圣灵强化确实是受到上帝眷顾的，但他并不是神的使者[1]。理论上说，伊斯兰教并不想与犹太教或基督教划清界限，它只是想为先知们的故事画上句号，让人们知晓自创世起只存在一种真正的宗教，包括耶稣在内所有先知向人类传达的信息都被忽视或误解了。穆罕默德是最后一位背负传播这门自然宗教使命的人。就像使徒们想要劝说犹太人相信耶稣就是他们祈盼的救世主一样，伊斯兰教徒也想要说服犹太人和基督教徒相信神的启示已经随着最后一位先知的到来而结束了。“穆罕默德从来不是人类之父，他是安拉的使者和最后一位先知。安拉是全知的。”[4]

但如果地中海世界未出现大的动荡，这场大规模的信仰变更可能不会出现。与犹太教一样，伊斯兰教也烙有深刻的民族印记，安拉是用“清晰的阿拉伯语”[5]向穆罕默德启示这种新的宗教，也是用阿拉伯语向亚当传达圣言。阿拉伯世界的伊斯兰教教义让当时的一些学者认为是阿拉伯人征服了叙利亚－巴勒斯坦，这些“异教徒”在犹太－基督教或景教的影响下信奉了这种一神教。此后，当穆罕默德在阿拉伯人群中传道时，这些征服者就将这位先知和《古兰经》作为凝聚阿拉伯各部族的黏合剂[6]。关于阿拉伯征服和伊斯兰教诞生这两件事时间先后的争论，虽然难免有政治上的考量，但实际就是另一场先有鸡还是先有蛋的争论。如今许多历史学家都认为伊斯兰教这种后来崛起的一神教并不是阿拉伯扩张的原动力，因为它的形成是一个缓慢而游移不定的过程，但它让阿拉伯的征服不再师出无名，让古莱氏部落的扩张主义有了支撑，神圣先知的宗教从此让统治变得名正言顺。

1　《古兰经》4.171，（妇女章，171）：“信奉天经的人啊！你们对于自己的宗教不要过分，对于真主不要说无理的话，弥赛亚。耶稣——马利亚之子，只是真主的使者，只是他授予马利亚的一句话，只是从他发出的精神；故你们当确信真主和他的众使者，你们不要说三位。你们当停止谬说，这对于你们是有益的。真主是独一的主宰，赞颂真主，超绝万物，他绝无子嗣，天地万物只是他的。真主足为见证。”

就像基督徒摒弃与拒绝和他们有相同信仰的犹太人一样，穆斯林也将拒绝改宗[1]的人视为异教徒。这种排他的态度就让伊斯兰教在发展中背负着一种职责——圣战。“圣战”这个词原本只是一种精神上的禁欲，一种为了追随上帝抵御邪念而进行的修行，但很快这个概念就偏离了原意，信徒们认为它就是指对违反伊斯兰教义和不信奉伊斯兰教的人发动的必要战争[2]。

3. 伊斯兰教在扩张初期的迅速分裂

先知的时代

穆罕默德从其传道开始对耶斯里卜（麦地那）和麦加的阿拉伯人产生影响之初，就认为自己有能力成为一名宗教、政治和军事领袖。在 622 年迁徙到雅特里布[3]之后，他以两个阿拉伯部落和三个犹太部落为基础建立了一个严格奉行一神教的神权国家，赋予每个国民（穆斯林、犹太人、多神论者）相应的权利和义务。从 623 年开始，清真寺和祈祷不再朝向耶路撒冷，而是麦加。公元 628 年，为了不再与麦加的显贵们起冲突，也因害怕失去朝圣者给自己带来的利益，他率领一千多名信众将异教徒的圣地“克尔白”

1　“妄言真主就是马利亚之子弥赛亚的人，确已不信道了。你说：‘如果真主欲毁灭弥赛亚和他的母亲马利亚，以及大地上的一切人，那么，谁能干涉真主丝毫呢？’天地万物的国权，只是真主的，他创造他所欲创造的。真主对于万事是全能的。”《古兰经》Coran 5.17（筵席，17 节）。

2　随着时间的流逝，确定了四种形式的“圣战”：用心、用舌、用手、用剑。

3　希吉来（higra[h]），穆斯林历的开端。

伊斯兰化了。此举让穆罕默德重新获得了贵族们的支持，伊斯兰教的信徒数量也在阿拉伯世界迅速增长：公元 631 年，整个阿拉伯半岛上的民众都改信伊斯兰教。由于他没有指定继任者，所以他于 632 年在麦加去世后[7]，穆斯林世界的分裂就开始了。对于有些信徒（逊尼派）来说，穆罕默德的继任者（哈里发）必须以信仰和品德为标准，在先知族人古莱氏中选出。其他人（什叶派）却认为继任者应出自先知的家族。就哈里发是通过选举还是继承产生的问题上，双方的支持者都在暗自较劲。

正统哈里发时期[1]

公元632年，阿布·伯克尔[2]（Abû Bakr）被选为穆罕默德的继任者，这似乎预示着古莱氏部落在伊斯兰世界的统治地位。但事实上，争论在几个贝都因部落间一直存在，后来还扩大到整个阿拉伯半岛。比如，来自泰米姆支（Banu Tamim）的原基督教聂斯脱利派教徒赛贾赫（Sajah）就宣扬一种伊斯兰教和基督教的混合思想；而哈尼发支（Banu Hanifa）的穆赛利迈（Musaylimah）曾是穆罕默德的对手之一，他也曾声称自己是被大天使加百列和神挑选出来的本部落先知。他认为自己和古莱氏部族的先知穆罕默德具有同等地位，但既然后者已逝，自己就是世界上唯一的先知。阿布·伯克尔继任后就开始以脱离伊斯兰教或拒绝纳税这些叛教行为为由着手讨伐这些伪先知。叛教徒讨伐战[3]（里达战争）事实上是第一次以征服或巩固古莱

1　逊尼派认为前四位哈里发是统治者的榜样，他们也被称为“正统哈里发”（al-Khulafâ’ul-Râshidûn）。

2　“忠贞者”阿布·伯克尔·阿卜杜拉（573—634），“忠贞者”是他的绰号，他担任哈里发的时间是公元 632—634 年（伊斯兰历 10—12 年）。

3　阿布·伯克尔的军队战胜“背教”部落，标志着大背道的结束。

氏部落在阿拉伯的统治[1]为目的的远征。633年和634年，大军分别与波斯和拜占庭帝国作战。这些与阿拉伯世界邻邦的战争正是扩张主义的前兆，而阿布·伯克尔的继任者欧麦尔[2]正是这种政策有力的执行者。公元637年，阿拉伯大军占领巴勒斯坦和地中海沿岸。哈里发将犹太人和基督徒归为“保护民”（齐米，dhimmi）[3]。到639年，战火一直烧到幼发拉底河边，整个叙利亚都被阿拉伯人征服：拜占庭帝国在小亚细亚的势力被全部赶走。636—638年，当时属于波斯萨桑王朝领土的伊拉克也被阿拉伯人占领。同时，欧麦尔决定在新占领的地区建立新都库法（Kufa）作为阿拉伯人在美索不达米亚的定居点[4]。639年，阿拉伯大军在阿慕尔·本·阿绥（‘Amr ibn al–’ As）的率领下开始攻打埃及。埃及，这个因希腊商人的逃离和敌视基督教的科普特人[5]的反抗而内耗严重的地区，终于在643年随着亚力山卓的陷落而落入阿拉伯人之手。阿慕尔占领了昔兰尼加并正磨刀霍霍准备攻打的黎波里塔尼亚时，欧麦尔却令他停止进兵。在被任命为埃及的瓦利（地方总管）后，阿慕尔重新挖通了连接尼罗河和红海的运河，让埃及的小麦能够运往阿拉伯。

这为地中海东部带来了巨大的变化。几个世纪以来这片地区的关注点都来自海上，但被伊斯兰大军征服后，整个近东、中东和埃及的重心都开始转向阿拉伯世界。在此之前，该地区经济主要源于海洋贸易，而带着宗教理念而来的游牧民族征服者将海洋贸易推到了次要地位。此外，这次征

1　8世纪的资料显示也门人对此颇有抱怨：“我们成了古莱氏的奴隶。他们肆意掠夺我们的财产。”

2　欧麦尔·本·哈塔卜（‘Umar ibn Al-Khattâb），又称奥马尔（583—644），出身于古莱氏部落，634—644年任哈里发。

3　欧麦尔协定。

4　库法人由来自麦加地区（阿拉伯南部）、也门和哈德拉毛（hadramaout）的移民组成，他们当中也有犹太人和基督徒。

5　科普特教会自公元5世纪就已脱离了拜占庭，它也倡导耶稣单性说，在迦克墩公会议（451）上被禁止。

服的动机的性质也是前所未见的。如果认为宗教是此次扩张行动的唯一动机，那未免太天真了。这次扩张的背后，阿拉伯内部的主要势力是古莱氏部落，但加剧宗教狂热仍然为扩张提供了支持和口实。犹太教从未能实现大规模征服。基督教的发展得益于统治者急于获得军队、群众和精英阶层中日益增长的教徒支持，这门宗教只能被视为权力的陪伴者而不是拥有者：基督教会却按照罗马帝国统治的需要被雕琢成形。不像与帝国行政和司法组织相辅相成的基督教，伊斯兰教强加了（至少在阿拉伯和柏柏尔人区）一种高于部落的权力观念，而之前这些部落从未见识过任何集权政治。它在仍是族长制的社会上附加了一种被神圣宗教合法化的无上权威，以完成上帝的最终启示并对人的行为做出审判。但这门宗教也对其承认的合法权力时刻保持着警惕，以防它朝着国家的方向发展，导致教义以外新法律的产生。在基督教地区，国家和教会的关系可能会疏远甚至被切断；但在伊斯兰地区，伊斯兰教这个没有教会的宗教是一种评判规则，任何人类活动都不能将它排除在外。同样，基督教也在逐渐渗透至几百年来被法律约束的政治和社会领域，中世纪的愚民政策也主要得益于教会成功地将罪孽这一道德概念融入了犯罪这一法律概念中；而伊斯兰教从一开始就只有罪孽而没有犯罪的概念：对于伊斯兰教来说，法律只能来源于宗教。因此，伊斯兰的征服可以被视为几个世纪后西方热衷的政治-意识形态极权主义的预演。但对此仍然不能一概而论：虽然入教可能是出于社会方面的原因（不想成为保护民）或经济方面的原因（土地业主不想支付强加在非伊斯兰教徒身上的额外赋税），但它并不是强制性的。事实上，新的信仰对那些非正式基督教信徒没有任何影响。在这片地区生活着的许多群体仅将耶稣视为一个被神附身的先知，他们不难接受由另一个受到神谕的先知创造的新宗教。大部分将基督教视为礼教而不是信仰的教徒会认为信仰一种教义简单、文化习俗受限、专注于一人的宗教大有裨益。另一个不可忽视的原因是：对于闪语人群来说，用阿拉伯文书写的《古兰经》比用希腊文书写的经文更容易接受。此外，对拜占庭的抵触情绪也是一个不可忽视的因素。

在 644 年被信仰琐罗亚斯德教[1]（拜火教）的波斯击败后，欧麦尔几天后便去世了。在死之前，他规定负责协商推举新哈里发的舒拉会议（shura）的成员必须是和先知一道来自麦加并经历了希吉来的人，即来自古莱氏部落的迁士（muhadjir）。而那些原籍麦地那、属于也门部落的被称为辅士[2]（ansar）的人群则无权当选。就这样奥斯曼[3]被选为第三位哈里发。在他执政期间（647—649），伊斯兰统治区的面积大幅增加：在东部，他攻占了亚美尼亚和萨珊王朝大部分领土；在黎凡特，拜占庭人节节败退，649 年占领塞浦路斯，654 年占领罗德岛和科斯岛；在埃及南部，他占领了部分努比亚人的领地；在西部，的黎波里塔尼亚以东的地区都归入了伊斯兰版图。公元 647 年（希吉来历 25 年），奥斯曼意识到编订《古兰经》的官方版本（奥斯曼定本）是有必要的，因为此时的伊斯兰教信徒中阿拉伯民族已不再占大多数。公元 656 年奥斯曼被刺杀这一事件对伊斯兰世界的统一造成了致命打击，直接导致了第一次伊斯兰内战（First Fitna）。

曾经推举奥斯曼即位的穆罕默德的伙伴们这次选择先知的堂弟阿里[4]作为第四任哈里发。但是这次的人选并未得到所有人的认同。主要的反对声之一来自奥斯曼家族成员——叙利亚总督穆阿维叶。虽然他来自古莱氏部落，但他的倭马亚（Umayya）家族与先知不属于同一支系。阿里在公元 657 年与穆阿维叶展开了正面交锋（隋芬之战），虽然阿里占据优势，但他愿意接受穆阿维叶的建议，通过裁决解决继承权问题，以避免穆斯林

---

1 古伊朗的一神教，公元前 1 千纪由琐罗亚斯德传道（希腊语写作 Zoroastre）。

2 这是人们借穆罕默德之名说的。他可能说的是“统帅的职务应该回归古莱氏”且“即使世界上只剩下两个人，哈里发仍应该来自古莱氏部落”。

3 奥斯曼・伊本・阿凡（'Uthmān ibn 'Affān，574—656），或称奥特曼、乌斯曼。他出生在一个麦加贵族家庭，担任哈里发 12 年，656 年去世。

4 阿里・本・阿比・塔利卜（'Ali ibn Abī Tālib，600—661）是先知穆罕默德的堂弟。他随后又娶了穆圣之女法蒂玛。

内部生灵涂炭。但是，阿里的这种拒绝真主的判断而服从凡人裁决的做法导致了自己追随者内部的分歧，一部分人也因此拒绝再为他而战。这群倒戈对抗哈里发的人就形成了伊斯兰教最早的宗教政治派别——哈瓦利吉派[1]（Khawāridj）。在阿里和穆阿维叶的较量中，支持前者的人组成了什叶派[2]，支持后者的人则成了逊尼派[3]。这场对继承权的争夺对历史的影响是深远的，从此以后，加入其中一个阵营也就相当于做出了一个关于身份、政治和种族的选择，与基督教的东、西教会大分裂以及异端的出现非常相似。661 年，哈瓦利吉派刺杀了阿里，穆阿维叶没有了竞争对手。

4. 倭马亚王朝和穆斯林扩张

在成功劝说阿里的儿子哈桑放弃哈里发之位后，穆阿维叶[4]在阿拉伯各部族领袖和库法民众的支持下于661年被推举为哈里发，定都大马士革。穆阿维叶这位逊尼派倭马亚王朝（661—750）的创立者在任期间保持了穆斯林世界政治的稳定，并迅速地完成了领土扩张。他不仅坐拥中亚地区（喀布尔、布哈拉、撒

---

1 即离开者。哈瓦利吉者是伊斯兰的清教徒和平均主义者，后来分裂成为 20 多个群组。尊崇伊巴德派的信徒（今阿曼国内主要派别）是他们中唯一反对暴力崇尚和平的。

2 对于什叶派（从词源角度来说指信徒）来说，阿里是先知唯一的合法继承人。在他之后，他的两个儿子哈桑和侯赛因先后成为什叶派的伊玛目。公元 680 年逊尼派哈里发杀害了侯赛因，事实上造成了与什叶派的教派分裂。

3 对于逊尼派［遵守先知传统（swnna）的人］来说，前三位哈里发的提名都得到承认，而阿里是第四任哈里发。

4 穆阿维叶·本·阿布·苏富扬（Muawiyah bin Abi-Sufyan，602—680）。

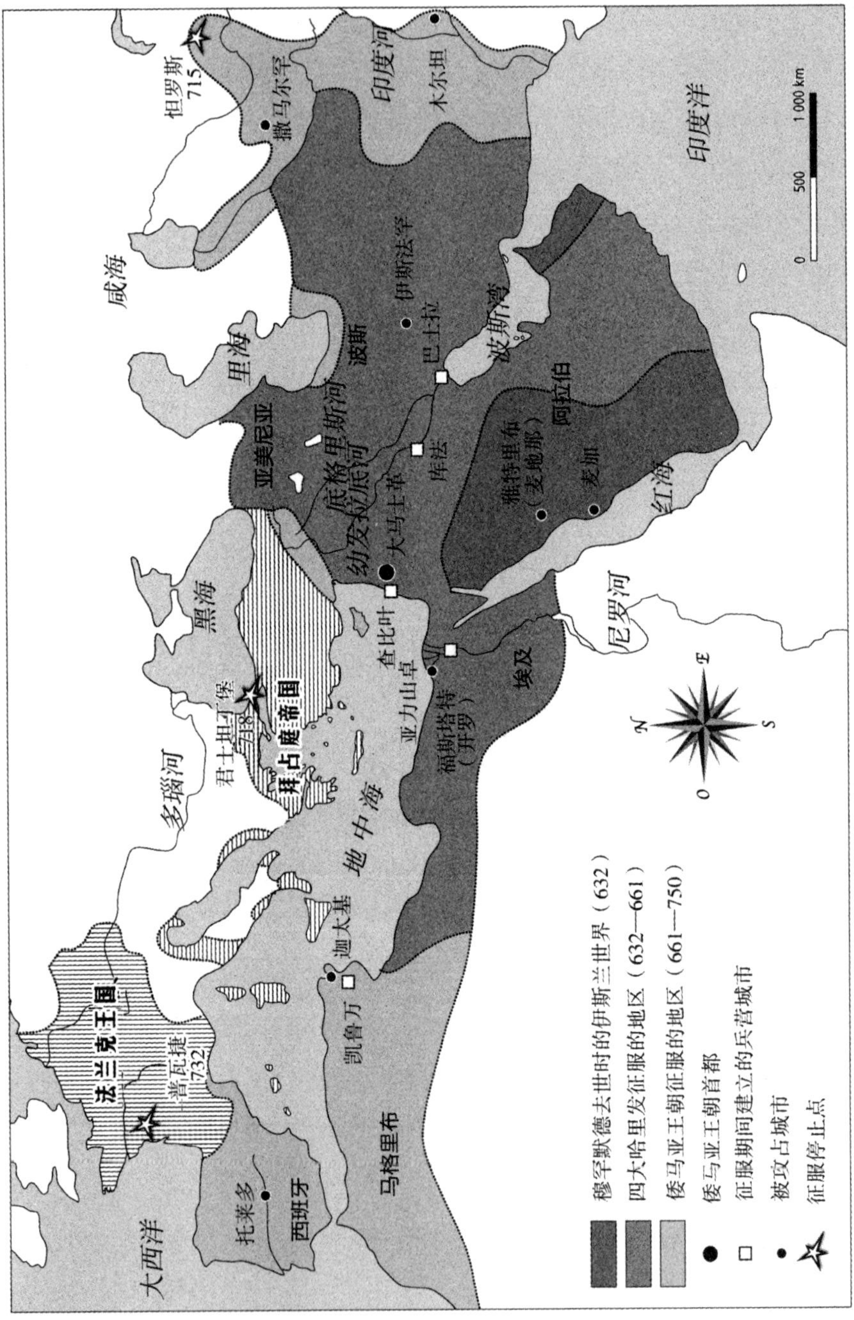

公元 7—8 世纪穆斯林的扩张

马尔罕），还占领了克里特、希俄斯岛（Chios）和士麦拿（Smyrna），但随着他的儿子叶齐德（Yazîd）在君士坦丁堡遭遇败仗（674），新占据的沿岸地区和海岛不得不归还拜占庭。此外，他还派遣大将乌克巴·本·纳菲（uqba ibn Nafi）攻占北非（伊夫里基亚）。乌克巴于670年在萨赫勒（Sahel）北部边界建立凯鲁万（Kairouan），一个既远离被拜占庭海军占领的地中海又与柏柏尔人居住的群山保持距离的城市。建造这座城市的目的一是为了扩张伊斯兰世界的版图，二是为了为日后征服西非和欧洲做准备，因此城市的清真寺是按照军营的样式设计的，清真寺的尖塔用于瞭望。作为欧洲的第一座圣城，它对于伊斯兰的重要性在短时间内就攀升到了第四位，仅次于麦加、麦地那和耶路撒冷。但由于阿拉伯的政策的原因，皈依伊斯兰教的人被视为低人一等，这让当地的柏柏尔人备感羞辱，于是他们兴兵反抗，不仅让乌克巴进军摩洛哥的计划失败（682—683），而且还占领了凯鲁万[1]（683），阿拉伯人被迫撤回的黎波里塔尼亚。

穆阿维叶的智慧在作为哈里发统治的过程中体现得淋漓尽致，他第一次"用世俗化的方式构建权力"[8]。相对于那些主要依靠古莱氏部落的阿拉伯人实施统治的前任哈里发，穆阿维叶按照拜占庭的官僚模式建立自己的政府，甚至指定基督教徒担任一些重要的职位，他也因此受到叙利亚基督教群体的欢迎（包括正统派和基督一性论支持者）。他通过对原有社会结构的利用和改造，建立了一个新的社会并培养了一批新的混合精英。在7世纪末规定阿拉伯语作为行政语言之后，一个具有阿拉伯和伊斯兰特点的帝国便建立起来了。出身贵族的他想让大马士革成为兼具罗马的宏伟和拜占庭的奢华、精致的大城市。然而最重要的改革举措还是将哈里发传统的选举方式改为世袭制，一个王国就此建立。公元679年，自觉时日不多的他设法使宗教领袖们宣誓效忠他的儿子叶齐德[2]，但包括阿里的儿子侯赛因在内的几位穆斯林都拒绝这么做。

1　683至686年，凯鲁万是库塞拉（Kusayla）政权控制下的一个柏柏尔国家的首都。

2　叶齐德·本·穆阿维叶·本·阿布·苏富扬（Yazīd ibn Mu'āwiya，645—683）。

叶齐德一世在其父死后继承了哈里发之位，但这也导致了第二次伊斯兰内战的爆发。他在当权的三年间疲于对抗那些拒绝承认自己王权的势力，帝国的扩张也因此停滞不前。希古来历61年圣月10日（680年10月10日），侯赛因及几位家庭成员和随从在卡尔巴拉被残忍杀害。穆哈兰姆月的第10天，也就是传统节日阿舒拉节[1]这一天，叶齐德的手上沾染了先知子孙的鲜血，导致逊尼派和什叶派之间产生了无法修复的裂痕。其他反对派逃亡阿拉伯半岛，倭马亚军队穷追不舍，在占领、劫掠麦地那的途中杀掉了先知不少的从众，随后大军攻打麦加，落城后还破坏了克尔白神庙并焚烧了覆盖在其上的布幔。倭马亚哈里发与传统伊斯兰群体已完全决裂了。

叶齐德死后，他的儿子穆阿维叶二世即位，但仅过了四十天就退位了。原汉志（Hedjaz）总督，来自倭马亚另一分支的马尔万一世（Marwan I）继承哈里发大统（684），但九个月后他也去世了（685）。随后即位的是他的儿子阿卜杜勒－马利克·本·马尔万·本·哈卡姆[2]，他的首要任务是让国家恢复和平并重新征服伊夫里基亚。公元698年，伊斯兰势力从拜占庭手中夺取了迦太基，并在被摧毁的城址上重新兴建了突尼斯城，701年，奥雷斯山脉的柏柏尔人叛乱被平息，他们的女王[3]也被斩首。马格里布统帅穆萨·伊本·努赛尔（Musa bin Nusayr）决定将新占领的地区从埃及省分离出来，直接由大马士革的倭马亚政权领导。北非地区从此不再是埃及的一部分，而是完全归属了阿拉伯帝国。

1　阿舒拉节（Ashura）意为“第十”。在逊尼派国家中，这是一个为了纪念洪水以后诺亚上岸或摩西释放犹太人而设立的感恩节日。在什叶派国家，这是一个纪念先烈侯赛因的哀悼日。

2　阿卜杜勒-马利克·本·马尔万·本·哈卡姆（‘Abd al-Malik ibn Marwān ibn al-Ḥakam，646—705）。

3　迪希娅（Dihya）是柏柏尔泽纳塔（Zenata）部落的女王，曾在奥雷斯山脉抗击阿拉伯人，将他们赶到的黎波里甚至更远的突尼斯。但在塔巴卡战败后，她在伊尔捷竞技场被俘并斩首。

留守在此的穆萨需在两条战线上进行防守。第一条战线是为了抵抗仍占据西西里岛和意大利南部的拜占庭，这个仍不愿放弃非洲的国家。由于拜占庭海军仍然威胁着阿拉伯人占领的沿海地区，穆萨决定也组建一支水师来夺取巴利阿里群岛。从那时起，北非的阿拉伯穆斯林就在地中海北非沿岸延续着当地长久以来的航海传统。第二条战线是为了对抗柏柏尔人，即便伊夫里基亚人对伊斯兰教的接受情况相对较好，但柏柏尔人的抵触情绪仍然严重。穆萨将丹吉尔的管理权委托给其子（705），并决定亲自掌控马格里布全境。在确定伊斯兰教在摩洛哥已经根深蒂固以后（710 年占领休达），他便毫无后顾之忧地招募柏柏尔人来完成政府安达卢斯（Andalus）的伟大计划。第一步，穆萨将丹吉尔总督的职位授予了柏柏尔人塔里克·伊本·齐亚德（Tariq ibn Ziyad），后者很快就组建了一支 1.2 万人的部队，士兵几乎全部是皈依伊斯兰教的柏柏尔人。第二步，穆萨于 711 年向塔里克下令征服西哥特人占领的西班牙。塔里克跨越了 14 公里宽的海峡（“直布罗陀”就是因他而命名[1]），穆萨率领的由 1.8 万名阿拉伯士兵组成的军队随后也加入了远征军。仅用了三年，几乎整个西班牙都落入了倭马亚王朝的手中。穆斯林的军事行动第一次不是由阿拉伯人独立完成的，皈依的柏柏尔人和南部非洲人在战争中几乎做出了与阿拉伯人同等重要的贡献，塔里克·伊本·齐亚德也是整个征服过程中最重要的将领之一。

造成西班牙在如此短时间被征服的原因有多个，而该地区社会的分裂毫无疑问是其中之一。公元 6 世纪，西哥特的国王们出于政治目的，想要用世袭制度取代选举制度，并统一宗教信仰。利奥维吉尔德国王（569—586）信奉阿里乌斯教派，他实施的政策也对贵族和该教派的教士更有利。然而他信奉天主教的儿子雷卡雷德一世（Reccared I，586—601）却规定遵守尼西亚的三位一体教义（《托莱多信经》，589）。如此阿里乌斯教徒和

1　直布罗陀，塔里克·齐亚德。

犹太人就遭了殃，很多人都在政治上受到歧视甚至被迫改变信仰。整整一个世纪，西班牙都笼罩在宗教混乱的阴云下，政治上也受到了影响：包括贵族和王室在内，社会的各个阶层都出现了分裂，那些自认为受到排挤和迫害的人试图获得来自北非阿拉伯－柏柏尔势力的支持。类似的事情在黎凡特或埃及也发生过，那些自认为受到基督教迫害的少数宗教派别是造成政治、文化动荡的一股不可忽视的力量。

711 年 7 月，西哥特王朝、托莱多王国和王国的大部分王宫贵胄都随着瓜达莱特战役的惨败而灰飞烟灭：倭马亚王朝占领了幼发拉底河和比利牛斯山之间的整个地中海南部地区。在伊斯兰教的影响下，新近被征服的地区逐渐阿拉伯化：阿拉伯语和伊斯兰教一样，在整合不同地区（埃及、阿拉伯半岛、近东的叙利亚－黎凡特、柏柏尔、迦太基、亚非利加）民族的过程中起到了至关重要的作用。这样的模式运转得很好，因为今天这些地区的居民几乎无一例外地认为自己是阿拉伯人[1]。

而且这种统治模式对经济也有重要影响。穆斯林的征服将地中海一分为二长达几个世纪之久，虽然这样的局势导致南部的伊斯兰和北部的基督教世界在政治、经济和军事上被一条不断变化的边界分隔开，但也为远方的商队在地中海开辟了一条出路。事实上，罗马帝国的分裂和西罗马帝国的消失将地中海分割为多个区域，商人退回自己的地盘，商船队之间互相竞争，让海盗们有机可乘；而大马士革政权统治下的地中海南岸和西岸的大片地区形成了一个东起黎凡特、西至西班牙的巨大的市场。

新占领的城市规划也有了明显的改变：乡村和城市中心（markaz）都建造有清真寺[2]。清真寺的周围环绕着一圈集市（sûq），比较高雅的摊位

1 当地绝大多数人的普遍想法都是如此。

2 英语中的“mosque”（清真寺）这个词源于阿拉伯语（masjid，即动词“膜拜”发展而来），指未成年人祈祷之地（无尖塔）。事实上，阿拉伯语中的“清真寺”（jâmi）一词指高等祈祷的场所，此地建有尖塔，穆安津可在尖塔上召集举行周五的集体祷告。

（售卖书籍、香水、珠宝、织物等）被安置在离祷告场所较近的地方，而那些比较脏的摊位（售卖食物、皮革、金属等）则被安排在远离清真寺，甚至城市以外的地方。在罗马和其他西方城市，文化中心（异教徒和后来的基督徒）都被设置在商业[1]和知识交流场所；而在伊斯兰城市，所有的贸易活动都围绕着宗教中心来安排。从那以后，在地中海的大部分地区，宗教不再是城市的一部分，因为城市已经融入到宗教之中。伊斯兰教不仅仅是一种宗教，它还想成为一种文化：伊斯兰教徒就作为这样一个新的群体出现了。

5. 对基督教世界的影响

那些想逐字逐句按照宗教的教条规范人类的人，一定不可能成功。罗马帝国受北方蛮族侵扰已有几百年了。这些侵略者有着与基督教罗马截然不同的宗教、政治社会风俗和文化，但他们大部分时间都满足于让两种社会同时存在，这并不妨碍他们的统治。这样做不是因为社会冲突不存在，而是征服者发动战争的目的就是要获取政治和经济统治，至于让当地居民融入自己从来就不是战争的初衷。但伊斯兰征服的目的却相反，获取政治权力或经济利益只是其次，主要目的是为了让被征服者改宗，将神的终极真理传播给世上的每一个人。但伊斯兰教并不认可强制性改宗，虽然人们

1　希腊集市，罗马集会场。

有表达自己信仰的自由，但不皈依伊斯兰教的人需缴纳额外税赋[1]，社会地位也低人一等："当抵抗不信真主和末日，不遵真主及其使者的戒律，不奉真教的人[2]，即曾受天经的人，你们要与他们战斗，直到他们依照自己的能力，规规矩矩地缴纳丁税。"[9]

法兰克人的回应

乘横扫西班牙之余威，穆斯林大军继续向北占领了纳博讷省[3]。此地原属于西哥特托莱多政权，但在雷卡雷德一世（Reccared I）皈依罗马天主教（589）以后，因收留拒绝改宗的阿里乌斯教徒和犹太人而独立。公元719年，阿拉伯－柏柏尔大军[4][10]占领了纳博讷（Narbonne），这里在随后的40年就成了安达卢斯第五个省[5]的首府（Arbûna）。周边的图卢兹（Toulouse）、凯尔西（Quercy）、鲁埃格（Rouergue）和普罗旺斯都陷入危险境地，但阿基坦公爵成功地将入侵者击退（721）。但到了公元725年，卡尔卡松（Carcassonne）和尼姆（Nîmes）还是陷落了。随后，阿拉伯军队又组织了两拨攻势：第一拨攻势北上到达罗纳河谷，将对手逼至欧坦（Autun）和桑斯（Sens）；第二拨攻势席卷阿基坦，占领了波尔多。败走的阿基坦公爵只得向法兰克王国最有权势的人物查理・马特[6]（Charles Martel）求助。732

---

1 吉兹亚（jizyah，人丁税），即向非穆斯林人口收取的人头税，以换取对他们的保护。至于地税，穆斯林人口的税率比齐米（保护民）要低得多。

2 犹太人和天主教徒。

3 东比利牛斯（Pyrénées-Orientales）、奥德（Aude）、埃罗（Hérault）和加尔（Gard）。

4 从2016年完成的对2007年在尼姆发现的三座穆斯林墓葬中遗骸的基因分析中可得知，墓穴的主人来自北非的柏柏尔部族。

5 包括科尔多巴、托莱多、梅里达和萨拉戈萨。

6 查理・马特（690—741），墨洛温王朝法兰克王国的宫相赫斯塔的丕平之子。他于717—741年也担任宫相，见证了三位墨洛温国王的统治。

年10月25日，穆斯林军队在普瓦捷（Poitiers）附近吃到了败仗，只得撤退。这场胜利为加洛林家族的子孙们建立王朝提供了条件，阻止了穆斯林在阿基坦扩张的脚步，但这并不意味着他们不会卷土重来。公元735年，阿拉伯—柏柏尔人在占领了阿维尼翁（Avignon）、阿尔勒（Arles）和普罗旺斯的其他地区后来到了勃艮第（Bourgogne）。737年，查理·马特击退来犯之敌并收复阿维尼翁。739年，他在伦巴底盟军的帮助下，重新夺回了普罗旺斯。倭马亚军队在该地区唯一的据点那旁也在20年后（759）被矮子丕平夺取。至此穆斯林被彻底赶出了高卢；这场胜利让加洛林家族声名大噪，在获得了教皇的允许后，丕平在苏瓦松[1]（Soissons）加冕成为法兰克国王。虽然法兰克国王被认为拥有神授权力来统领子民，但丕平也必须为教会和罗马教廷提供保护，因为没有他们的支持自己也无法名正言顺地完成改朝换代。他抓住了这次机会，但罗马和拜占庭之间的不信任也在不断加深。

拜占庭的回应

穆斯林对比利牛斯山以北地区的入侵间接造成了墨洛温王朝的覆灭和加洛林王朝（在天主教的支持下）的建立，相比之下，他们在地中海东部扩张造成的影响也毫不逊色。

645年，在阿拉伯开始大举扩张后不久，曾隶属于拜占庭的亚美尼亚被哈里发的军队攻占。亚美尼亚的基督教徒为避免改宗做了强硬的反抗，但最终没能明白为什么自己还是没能受到上帝的眷顾。当时犹太人之间产生了一种传言并在四处扩散，据说阿拉伯人战无不胜的唯一原因是他们没有任何圣像。在基督教世界，无论是拜占庭还是罗马教会都接受耶稣是神的人形化身这种说法并非常看重道成肉身的神秘祭礼，但双方对圣像意义却

1 矮子丕平于751年11月在此加冕成为国王。

有着完全不同的理解[1]。根据正统的基督教派教义，圣像只能由僧侣在表达感恩的时候按照严格的程序绘制，因此拜占庭的修道士无论是对于皇权还是受制于皇权的教会都十分重要。伊苏里亚的利奥三世[2]在730年颁布反对供奉圣像的诏令，拒绝遵守诏令的教士和在俗教徒遭到免职。这项由皇帝下令实施、贵族支持的举措首先毫无疑问是因为圣像崇拜有违宗教原则。其次，在阿拉伯军队四处蚕食帝国领土的情况下，这项诏令也是出于震慑舆论的需要：如果本国也不进行圣像崇拜，那么上帝也许能够重新眷顾拜占庭。有些历史学家认为，国王的这项决定不仅仅带有政治目的——对付以教会独立为名享受众多特权的修道士，面对当时教会财产的不断增加、年轻的男丁既不愿意参军也不愿意成家的窘境，他的措施也有经济方面的考量。

这些修道士自然也成了圣像破坏运动最大的反对者。圣像破坏运动各方的争论持续了一个世纪：公元754年，康斯坦丁五世[3]在靴利亚大会（Council of Hieria）上决定组织摧毁圣像并追捕继续崇拜圣像的人，但787年的第二次尼西亚公会议却将圣像破坏定义为异端行为。815年，利奥五世（Leo V）皇帝再一次禁止圣像崇拜，但随后代其子米海尔三世[4]（Michael III）摄政的狄奥多拉皇后（Theodora）在843年又将其恢复。这场危机产生的后果对于拜占庭帝国的延续至关重要。长时间的无政府状态让包括阿拉伯在内的各个邻国对拜占庭虎视眈眈。790年，帝国的版图缩小到小亚细

1 对拉丁教会来说，艺术品只是一种表达方式，是将宗教故事形象化。而对于拜占庭教会，圣像（画像）不仅仅是简单的艺术品，还是承载耶稣、圣母或圣父光环的物件，这也是人们对它们顶礼膜拜的原因。简言之，圣像就如同一张照片。虽然圣像有教育意义，但它们（在拉丁世界）归根结底只是一种档案。圣像代表了至高无上的人物，大家可以与之交谈，倾诉自己的感情。（在拜占庭世界）这种崇敬之情的抒发对象不应该是实物载体，而应该是它所代表的人。

2 利奥三世（680—741），叙利亚人，自717年起就任皇帝，直至去世。

3 康斯坦丁五世（741—775）。圣像被摧毁，教士被处死或屠杀，修道院被关闭或改造成公共设施，僧侣们不得不放弃自己的祈福活动，修道院的财产被充公。

4 狄奥多拉皇后摄政期为842—856年，米海尔三世的统治期为842—867年。

亚、巴尔干沿岸、克里米亚、希腊诸岛、西西里和意大利最南端，从宗教层面上来说，只有君士坦丁堡大主教还在帝国控制之下，耶路撒冷、安塔基亚、亚力山卓早在一百多年前就落入阿拉伯人手中了。帝国的重心渐渐远离西方，向危机四伏的东方倾斜。由于东、西教会在圣像崇拜这个问题上争吵不断，双方的隔阂越来越深，教皇们也开始反对圣像破坏运动[1]。在额我略三世（Gregory Ⅲ，731—741）谴责了圣像破坏运动后，教廷和国王之间彻底决裂了。利奥三世重新建立了西西里和意大利南部教区与君士坦丁堡的联系，并将该地区教会的收入占为己有。对罗马皇帝失望透顶的教宗转向查理·马特，并授予他和他的子孙“最为基督”（christianissimus）头衔。势态的变化导致罗马和拜占庭之间政治和宗教上的矛盾已无法调和。751 年，拉韦纳被伦巴底人攻占，教宗斯德望二世（Stephen Ⅱ，752—757）在 754 年会见了矮子丕平并再一次在圣丹尼修道院为其加冕。作为回报，加洛林家族承认教宗对包括罗马、科西嘉岛、撒丁岛、西西里岛在内的教皇辖区的最高权力，在丕平从伦巴底人手中夺回拉文纳后，他将这片土地归还给了教皇（756）而不是皇帝。依靠教皇和法兰克王国之间的联盟，在西方，一个新的帝国将在数十年后由丕平的儿子查理曼建立。

1 787 年召开的第二次尼西亚会议谴责了这种行为，这是一次普世的会议，教会内所有主教都来参加。但是所有主教会议和地方公会议通过的反传统措施都被国王拒绝了。

第十章

La gestation d'un nouvel ordre méditerranéen

地中海新秩序的诞生

750	倭马亚王朝结束，北非和东方出现反阿拉伯情绪。先知的后裔阿布·阿拔斯·阿卜杜拉·萨法赫·本·穆罕默德（Abul ‘Abbas as-Saffa）成为哈里发。
762	阿拔斯王朝在巴格达建立。
756—800	西方伊斯兰世界分裂（756 年，科尔多瓦的倭马亚哈里发国；761 年，北非中部的罗斯图姆王朝；789 年，摩洛哥的伊德里斯王朝；800 年，伊夫里基亚的阿格拉布王朝）。
851	哈里发宣布《古兰经》是非创造的。
909	法蒂玛王朝击败罗斯图姆王朝和阿格拉布王朝，并建立什叶派哈里发国，定都马赫迪亚（Mahdia）。
919—969	法蒂玛军攻占的黎波里塔尼亚、昔兰尼加、埃及并建造开罗城。
973	法蒂玛王朝迁都开罗，将伊夫里基亚的统治权交给日里德王朝。
984—1045	日里德人宣布成立独立的逊尼派国家，与巴格达建立联盟。
1031	科尔多瓦的倭马亚哈里发国覆灭。
1049	出于报复，法蒂玛王朝任由北非遭受阿拉伯匪徒的劫掠。
1071—1147	西部伊斯兰地区被阿尔莫拉维德教派占领，其建立的逊尼派国家版图涵盖加纳、安达卢斯、摩洛哥和阿尔及尔之间的大片地区。
1147—1154	柏柏尔人建立穆瓦希德王朝，领土覆盖北非和伊比利亚地区（马格里布、的黎波里塔尼亚、安达卢西亚西部）。

1. 大马士革的倭马亚哈里发国的末日

公元 8 世纪中期，倭马亚哈里发国的扩张已到顶峰，这个历史上最大的伊斯兰国家东起印度河畔，西至比利牛斯山，南到阿拉伯半岛，北抵高加索。面对这样异常迅速的扩张，大马士革的统治者必须采取措施，让已经成为大多数的非穆斯林人口能够融入这个大帝国。倭马亚王朝实行宗教宽容政策，原拜占庭的官员仍能保留其职位。虽然这项政策在以天主教为主的叙利亚地区的实施情况堪称完美，然而阿拉伯穆斯林和非阿拉伯穆斯林（毛拉 Mawla）、穆斯林和非穆斯林之间的不平等，以及阿拉伯各部落之间的传统矛盾造成了一种混乱的局面，最终导致经济崩溃，政治的稳定也难以维持。更糟糕的是，743—750 年，四位倭马亚王朝的哈里发都被觊觎自己宝座的政敌杀害（第三次伊斯兰内战）。这个王朝从建立之初虽然得到了一些势力的支持，但也遇到内部不断上升的不满情绪的问题。阿拉伯半岛的部落没有原谅王朝创立者杀害先知亲属和随从的罪行。什叶派指责其谋杀了阿里的儿子侯赛因，并将原本宗教性质的哈里发国转变为世袭制王国。如果无法通过政治手段获得独立，那么就求助于宗教，这种情况在历史上屡见不鲜，此时倭马亚王朝的反对者采用了一个宗教上的概念进行表述，即“出走”。

在最后一任倭马亚王朝哈里发马尔万二世（Marwan Ⅱ，744—750）统治期间，伊拉克的哈瓦利吉派揭竿而起点燃了独立的火种，让倭马亚王朝更加孱弱不堪。哈瓦利吉派在北非扮演着最为重要的角色（逃离倭马亚王朝迫害的阿拉伯哈瓦利吉派大量散布在柏柏尔人居住区）。事实上，这种支持所有信众绝对平等，反对先知的古莱氏部落拥有特权的伊斯兰教义受到了习惯集体制度的阿拉伯化柏柏尔人的欢迎，因为虽然《古兰经》倡导所有信徒平等[1]，但是阿拉伯的贵族和官僚们还是将改宗的柏柏尔人视为下等人，他们与犹太人和基督徒[2]一样需要缴纳人头税（吉兹亚）。739年，以麦沙拉（Maysara al-Madghari）为首的柏柏尔人发起抗议活动，控诉税收等不公平待遇[3][1]。但这种行为显然无济于事，于是一场暴动就在丹吉尔爆发了。麦沙拉杀掉了当地的总督自称哈里发，在成功阻止了从西班牙而来的阿拉伯援军登陆后，他又自封为摩洛哥之主（740）。741年，在新首领的带领下，柏柏尔人击退了从叙利亚派来的哈里发大军，但由于他们的壮大对凯鲁万产生了威胁，埃及总督便出兵防止柏柏尔人更进一步。

在受够了阿拉伯逊尼派的羞辱后，信仰伊斯兰教的柏柏尔哈瓦利吉派就这样给倭马亚哈里发国第一记重创。十年间，大马士革的影响力在高卢已名存实亡，在北非到处都是反叛者的身影，而伊拉克的哈瓦利吉派从未停止质疑倭马亚王朝的正统性。但压垮帝国的最后一根稻草还是什叶派的一场运动。盘踞在波斯以东的什叶派招募了大批非阿拉伯穆斯林（Mawla），而当时毛拉的数量已超过帝国总人口的一半。747年，什叶派就控制了波斯。749年，他们占领了库法（Kufa）并在扎卜河战役中大败倭马亚军队，并在

1 “阿拉伯人并不比非阿拉伯人高贵，反之亦然；白人不比黑人高一等，反之亦然，但虔诚的人不在此列。”（出自《圣训》）

2 与724年哈里发主持的改革（毛拉像其他穆斯林一样免除吉兹亚）相反。

3 “告诉信徒的统治者，埃米尔带领我们远征他们的王国（军事省），并将收缴的战利品尽数分享，因为我们被告知值得拥有这一切。我们围攻城市，因为他将我们的利益放在首位，他说我们在天国会得到更多的赏赐。我们都是血浓于水的兄弟！……所有这一切我们都能够忍受，但后来他们夺走了我们美丽的女儿，我们对他们说作为穆斯林，《古兰经》和先知的圣言并没允许你们这么做。”

次年（750）占领大马士革。马尔万二世及其家人被屠杀[1]，先知叔父[2]的子孙阿布·阿拔斯[3]成为哈里发，并建立阿拔斯王朝。大量被阿拉伯“贵族”羞辱的穆斯林积聚的怒火最终导致了倭马亚王朝的毁灭。

但在倭马亚王朝时期，初现伊斯兰艺术[2]的雏形。在布景上，穆斯林借鉴了不少拜占庭艺术的元素，具体体现在部分构件（柱子、金底马赛克等）的使用和对当地艺术的模仿上。在装饰艺术方面，严格来说，当时并没有产生真正的穆斯林艺术，只有被伊斯兰化的拜占庭艺术。这类艺术可以在通往大马士革、麦地那或库法路边的沙漠城邦中看到。在那些带温泉的宅邸、狩猎小屋、沙漠商队的驿站、农场主庄[3]的建筑中装饰有很多圆顶灰墁雕塑和墙画，画面主题各异，有风景、动物、人物[4]等。除了这些民用建筑以外，倭马亚艺术在宗教设施上能够得到更好的体现。穆斯林的建筑美学最早可以在圆顶清真寺上得到见证。这座由阿卜杜勒－马利克·本·马尔万哈里发（685—705）下令建造、691年或是692年完工的清真寺修建在耶路撒冷圣殿山（圣地，先知升天处）上，整个建筑结构参考古代基督教殉难者陵墓，内部则采用拜占庭和萨珊王朝时期波斯的装潢样式。总之，阿拉伯清真寺的设计样式确是在倭马亚时期形成的，并且一直沿袭至奥斯曼帝国时期。像最初的基督教徒一样，穆斯林也需要为大量信众参与的宗教活动建造此类宗教设施。由于异教徒的神殿设有安放神像且只有教士能够进入的内殿，不能使用这种建筑形式的基督徒只能选择一种以法庭为蓝本的建筑——巴

1 倭马亚哈里发们的坟墓被掘开（欧麦尔二世的除外），他们的尸体被焚烧。倭马亚家族成员被集合并屠杀。

2 阿拔斯·本·阿卜杜勒-穆塔利卜·本·哈希姆（Al-Abbas ibn Abd al-Muttalib，566—652）是先知穆罕默德最小的叔父。

3 阿布·阿拔斯·阿卜杜拉·萨法赫·本·穆罕默德（Abu al-‘Abbās ‘Abdu’llāh ibn Muhammad al-Saffāḥ，722—754），绰号“嗜血者”（Al-Saffâh）。

4 最令人惊奇的是瓦利德一世（Walid I，705—715年在位）在约旦境内建造的小宫殿（Qusayr ‘Amra）。

西利卡。曾经审判官所处的半圆形后殿现在是教士的区域，圣体的礼拜仪式就在这里举行；中堂用来接待参加弥撒的教徒。这种分级的结构并不适合讲究平等的伊斯兰教。巴西利卡这种能很方便地接纳大量的人群的建筑结构被保留下来，但是教徒们不是面向中殿而是沿四周排成行，方便向米哈拉布[1]方向祈祷。最典型的杰作是瓦利德一世在位时（705—715）建造的倭马亚大清真寺。

2. 阿拉伯 - 伊斯兰文明的逐渐衰落

巴格达的阿拔斯哈里发帝国

阿拔斯人的胜利带来了一场名副其实的革命。从此以后，皈依的教徒（尤其是伊朗人）与阿拉伯人完全平等了。

几年以后，他们将伊斯兰世界的重心由叙利亚转移至伊拉克，首先定都库法，随后迁都至762年建立在贸易十字路口的城市巴格达[2]。当时的倭马亚王国想要与拜占庭帝国为邻，而阿拔斯王国却更想靠近萨珊帝国。这个庞大的穆斯林帝国的性质彻底变了。此前作为统治阶级的阿拉伯部落只懂得征服的艺术，其帝国的经济也主要以进贡和战利品为基础，而新的帝国是一个多民族的集合体，由农业、商业和税收组成的经济结构带来了繁荣。倭马亚人为帝国定义了边界，而阿拔斯人则赋予了它生命：前者实施扩张，

1 壁龛朝向圣城麦加的方向（基卜拉），祈祷也应朝向同一方向。

2 由曼苏尔哈里发（754—775）建造的这座城原名 Madînat al-salam（意为“和平之城”）。

后者巩固统一。城市网络得到充分发展：在波斯文化（如《一千零一夜》）、古代经典、行商旅人和地理学者的影响下，帝国的工业、艺术、文学达到顶峰；商业贸易也不再限于穆斯林世界，贸易对象已扩展至埃塞俄比亚、中亚、俄罗斯和高卢。巴格达的哈里发们证明了伊斯兰世界的繁荣和阿拉伯王朝的统治并无联系。帝国的黄金时代是哈伦·拉希德（Harun al-Rashid）的统治时期（786—809）。历史学家罗伯特·曼特兰[4]（Robert Mantran）认为在阿拔斯人上位后，穆斯林世界在改宗运动的推波助澜下成了一个“多元素的幸福融合体”。出于种种原因（前文提到过，主要是税收原因），被征服地区的居民大多皈依了伊斯兰教，同时也将各种思想和技能带入了主流文明。阿拔斯帝国成立之初是一个相对稳定的时期，前几位哈里发还能够维持倭马亚王朝时期确定的边界并对整个帝国进行实际统治。

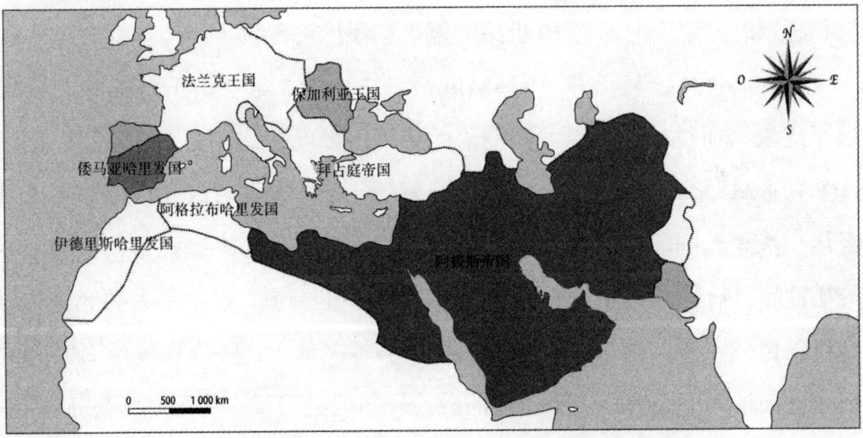

公元9世纪阿拔斯帝国割据图

但当统治者决定回归到严格且虔诚的伊斯兰教并以此作为统治的基石时，一切都变了。哈里发作为唯一最高权威以及政治和宗教领袖，负责任命总督、法官等各类人员，被任命之人须将伊斯兰教法（Charia）视为真主的旨意，在工作和生活中加以遵守。但是，这种严格的宗教约束与阿拔斯帝国无比灿烂的文化产生了冲突。公元9世纪，在马蒙（Al-Ma’mūn）这位为理性科学（哲学、医学、天文学等）做出巨大贡献的哈里发统治时期（813—833），一股反对个人理性、提倡传统高于一切的潮流[1]渐渐发展起来。认为思辨科学是外来入侵文化的传统主义者只想了解真主在书中所说的话：《古兰经》就是真主的圣言，它是非先在的、永恒的。马蒙和他的两位继任者想要阻止这些宣传者对无知民众的影响，下令实施宗教审判制度，那些拒绝承认《古兰经》是受造之物[5]的官员将被革职。然而艾哈迈德·伊本·罕百里（Ahmad ibn Hanbal，780—855年在位）一直坚持抵抗这项政策，直到851年穆塔瓦基勒（Ja’far al-Mutawakkil，847—861年在位）驱除学者并强制人民接受《古兰经》是非受造之物这一说法。哈里发此举是为了平息那些民众的不满，因为不少人已经站在了传统主义者一边且拒绝其他宗教[2]。此后，由于并不想与8世纪产生的思想脱节，它只得自我封闭在宗教和思想的固定论中，与10世纪的复兴和现代化无缘。

早在762年，曼苏尔（Al-Mansur，754—775年在位）就罢免了说希腊语的叙利亚官员，用说阿拉伯语的伊朗人取而代之。公元850年，穆塔瓦基勒（Al-Mutawakkil）更进一步，解除了所有担任行政和政治职务的基督徒和犹太人的职务。但这些人只是哈里发统治不稳的遮羞布和上层内斗的牺牲品。哈里发们有配备非伊斯兰[3]禁卫军的习惯，这些军人被允许收取地税以替代工资。由于这些禁卫军的权势越来越大，民众和统治者之间的裂痕越来越深，让信众自我保护的政治理想已经破灭。如果说从公元10世

1　穆尔太齐赖派。

2　与自己先辈相反，穆塔瓦基勒采取了区别对待少数宗教群体的政策。公元850年，他颁布法令强制保护民（齐米）佩戴不同的徽章并身着蜂蜜色的衣服；命令摧毁伊斯兰统治者到来以后建造的所有基督和犹太教堂；没收了约十分之一的基督徒、犹太人的住房并将它们改造成清真寺，其他房屋上则安放木质标志，标志上画有被钉在门板上的恶魔。基督徒和犹太人的墓穴不得超过地面的高度，因为穆斯林的墓穴必须凌驾于它们之上。

3　主要是土耳其人，随后还有非穆斯林（古拉姆，即奴隶兵）和皈依的土耳其青年（马穆鲁克）。

纪开始，哈里发的统治就在走下坡路，那么到了 11 世纪，一些封建君主就开始纷纷独立并自封为正统，其实这种情况在阿拔斯王朝初期一些伊斯兰省份就时有发生，收敛一点的行省称自治，嚣张一点的直接就独立了。要将阿拔斯王朝分为鼎盛时期和衰落时期几乎不可能，因为它的发展是一个长期持续的过程，随后穆斯林内部分裂，造成了地中海今日的地缘政治版图。

科尔多瓦的后倭马亚哈里发国（756—1031）

有一位倭马亚家族成员阿卜杜·拉赫曼[1]（Abd al–Rahman）成功躲避了阿拔斯军队的屠杀，并逃往毛里塔尼亚的柏柏尔人居住区。王朝更替之际，北非政局混乱，他不得不继续前行到西班牙，那里还有一些倭马亚王朝的支持者。然而在西班牙，柏柏尔人和阿拉伯人的冲突也不断上演。公元754年，在一众也门籍阿拉伯部落的拥护下，他来到西班牙并于756年占领科尔多瓦后自称为安达卢斯的埃米尔，763年，他成功击退了阿拔斯人派来收复伊比利亚半岛的军队。阿卜杜·拉赫曼成功在安达卢斯建立了一个新的国家，使得倭马亚的传统，尤其是艺术，能够在安达卢西亚的文明中绽放。科尔多瓦也成了与君士坦丁堡、巴格达齐名的当世三大城市之一。政治上的撕裂并未造成文化上的中断。安娜·埃切维里亚（Ana Echeverria）就此曾写道："他与他兄弟们之间宗教信仰上的联系必然通过地中海，而安达卢斯则能够长期提供出海的便利。"当然这种便利主要指的是发动战争而不是构建正规海军[6]。

在阿卜杜·拉赫曼的继任者们统治期间，阿斯图里亚斯的天主教国王

1 阿卜杜·拉赫曼·伊本·穆阿维叶（Abd al-Rahman ibn Mu'awiya ibn Hisham ibn Abd al-Malik ibn Marwan，731—788）。他是第十任倭马亚哈里发希沙姆（724—743 年在位）之孙。

们向查理曼[1]求援，而此时的法兰克大军已经于798年占领了里斯本，803年攻克了巴塞罗那，后来的加泰罗尼亚地区已成了加洛林王朝的地盘[2]。埃米尔哈克木一世（Al-Hakam I，796—822年在位）为了让国家拥有独一无二的文化，特别邀请了不少东方的艺术家。他的儿子阿卜杜·拉赫曼二世（Abd ar-Rahman Ⅱ，822—852年在位）是一位博览群书的大学者，他在执政期间搜集了大量翻译自希腊语的科学书籍。他宫殿的精美程度在欧洲首屈一指，许多东方人士慕名而来，这片伊比利亚半岛上的伊斯兰统治区中，古代智慧得到了传承，东方的艺术得到了推广。但是对于国内的基督教徒他采取的是一种压迫政策，所有的人都被强制阿拉伯化，因此也遭到了一些拒绝改宗人士的抵抗。公元10世纪，阿卜杜·拉赫曼三世（Abd ar-Rahman Ⅲ，912—962）在北面各基督教王国和南面什叶派法蒂玛哈里发国的双重威胁下，仍然成功统一了后倭马亚王朝的领土，并且为了在与坐拥西西里和突尼斯的法蒂玛王国的较量中占得先机，他实施了一项组织性更强的海军政策。最初位于阿尔赫西拉斯（Algeciras）的海军指挥部后被转移到阿尔梅里亚（Almeria），而此地不仅成为安达卢斯最大的海军基地，还是连接东方各大港口[3][7]的商业中心。929年，阿卜杜·拉赫曼三世与阿拔斯王朝彻底决裂并自称哈里发、信士的长官（Amir al-Mu' minin）和真主教义的支持者（al-Nasir li-din Allah）。至此，他与巴格达政权一刀两断。很明

1 早在778年，萨拉戈萨的统治者就曾经向他求援，希望摆脱科尔多瓦的统治，他也确实向伊比利亚半岛北部派遣了军队。但是当加洛林王朝的部队兵临城下之时，却发现城门紧闭，城池易主。出于报复，他使大军奔赴加斯科涅首府潘普洛纳，将该城洗劫一空。愤怒的加斯科涅军队在比利牛斯山向他们发起进攻，交锋中布列塔尼公爵罗兰（传说是查理曼大帝的亲戚）丧命。

2 自公元9世纪起，该地区与法兰克王国的关系就越来越疏远，在卡佩家族继承王位之后（987），它的行事方式便与独立国家无异。

3 公元10世纪，就安达卢斯、伊夫里基亚、克里特和亚力山卓之间的航行，出现了第一部安达卢西亚海洋贸易区条约——《船舶租用手册》（Kitâb akriyat al-sufun wa-l-nizâ' bayna ahlihâ），其中明确标注了船只的武装情况、租船费用、船上水手、保险等情况。

显，这个决定无论是在政治上还是在宗教上，对伊斯兰世界都是一个打击。和基督教一样，虽然伊斯兰教也曾试图成为普世宗教，但最终还是出于政治原因而遭受了分裂，而且由于没有神职人员的存在，宗教的分裂越发加剧：两位哈里发的权威只能震慑各自的绝对统治区；在其他地方，一些真正的神学家和自认为受到真主启发的人，将伊斯兰教细分为若干个流派和教派，他们在各自信众的支持下让伊斯兰世界的地缘政治四分五裂。后倭马亚王朝统治下的安达卢斯地域广大、经济繁荣，而首都科尔多瓦更是10世纪末的一颗璀璨的明珠。从11世纪起，因种族矛盾（柏柏尔人、阿拉伯人、西班牙人）而频繁引发的内部纷争让整个王朝的帷幕在1031年黯然落下。

马格里布地区中部的罗斯图姆王朝（761—909）

在倭马亚王朝占领了马格里布地区之后，当地的柏柏尔人在这片阿拉伯人的殖民地上曾多次起义反抗。公元8世纪，他们在宗教净化和平等言论的影响下，便以哈瓦利吉派的名义举兵造反。王国的创立者阿卜杜·拉赫曼·伊本·罗斯图姆（Abd al-Rahman ibn Rustam）原是一名波斯的“出走者”，在尝试驻扎伊夫里基亚（758—760）失败后，他被埃及的阿拉伯军队赶到了马格里布中部地区，并在这里建立了日后成为首都的城市提亚雷特（Tahert，761）。在被信徒们拥立为伊玛目之后，他建立了一个以家庭内部选举制度为基础的王朝，实际上是一种部落式的统治。

罗斯图姆王国与后倭马亚王国结盟以对付共同的敌人巴格达政权，而出于对凯鲁万的阿格拉布人的不信任，他们又与邻国摩洛哥的伊德里斯王国建立起良好的关系。对马格里布的统治不仅得益于提亚雷特在与安达卢斯学者（伊斯兰教、医学、天文学）的交流中形成的丰富文化，也多亏了它作为撒哈拉以南的非洲伊斯兰灯塔的角色，当然也不能忽视其作为马格里布东、西地区（小麦、布匹、羊毛、绵羊、单峰驼、椰枣、豆类）和撒哈拉以南地区（黄金、黑奴）贸易节点的地理优势。总之，罗斯图姆王国与地中海世界的商业往来非常有限，他们使用的产品主要由安达卢斯的后倭马亚哈里发国来供应。

但由于内部什叶派小团体在宗教问题上的分歧，以及与柏柏尔平均主义相悖的贵族阶层在宗教、学者、商人群体内的出现，罗斯图姆王朝最终还是被法蒂玛大军所灭，提亚雷特也被山地柏柏尔人夷为废墟。

摩洛哥的伊德里斯王朝（789—985）

据传，伊德里斯·伊本·阿卜杜拉（Idris ibn Abdillah）是先知的女婿/表弟阿里的曾孙，作为什叶派的他在786年起义对抗阿拔斯王国，失败后逃到了毛里塔尼亚的一个柏柏尔部落（788）。在其他柏柏尔部落的支持下巩固了自身的势力后，他从阿拔斯王朝手中夺取了特莱姆森（Tlemcen）并数次率军攻打摩洛哥，作为第一个成功整合了毛里塔尼亚地区所有柏柏尔部落的统帅，他建立了第三个独立于巴格达政权的国家。在伊德里斯一世随后被哈伦·拉希德毒死（791）后，他的妻子拉希德（Rachid）作为摄政女王辅佐遗腹子伊德里斯二世长达11年，后者在801年建立了非斯城（Fez）。

伊夫里基亚的阿格拉布王朝（800—909）

阿拔斯人开始意识到自己西部的领土正在逐渐分化，于是决定派遣穆海莱卜家族[1]（Muhallabids）——一个已经在伊拉克的大小事务中证明其能力的家族去管理马格里布。768至795年，家族以哈里发的名义在马格里布建立了一个名副其实的埃米尔国，而巴格达政权也给予这个国家足够的自治权。在家族成员的整治下，灌溉系统被重新恢复，农业丰收也随之而来。

1　他们是曾担任呼罗珊（波斯）和伊拉克总督的穆海莱卜·本·艾比·苏富拉·艾兹迪（Muhallab ibn Abi Suffrah）和他的儿子叶齐德·伊本·阿尔·穆海莱卜（Yazid ibn al-Muhallab）的后代。

虽然他们面对柏柏尔人频繁的叛乱成功维持了阿拉伯人的统治地位，但他们无力阻止伊德里斯王朝和罗斯图姆王朝政权的延续，对伊夫里基亚的无政府状态也显得力不从心。

公元800年，哈伦·拉希德哈里发任命易卜拉欣·伊本·阿格拉布[1]（Ibrahim Ibn al-Aghlab，756—812）为伊夫里基亚的世袭埃米尔。很快，他就控制了包括阿尔及利亚东部、突尼斯和的黎波里塔尼亚在内的地区，建立了一个名义上独立、实际效忠巴格达的新阿拉伯埃米尔国。从一开始，他们施行的各项政策都明显对柏柏尔人带有歧视。为了和凯鲁万的那些反对这种教徒之间的不平等的乌理玛保持距离，阿格拉布人建立了新的首都阿巴西亚（al-Abbasiya）。出于消灭柏柏尔反对派的目的，这里不断从中东引进阿拉伯移民。为了巩固边防，他们筑造里巴特［苏塞（Sousse）、莫纳斯提尔（Monastir）］，一种有防御设施的修道院[2]。不仅如此，他们还完善了从穆海莱卜家族继承的农耕系统，将伊夫里基亚（泛指）地区打造成了一个农业发达的地中海经济体和穆斯林国家、拜占庭、罗马之间的贸易中心，尤以黑奴贸易著称。在他们的推动下，凯鲁万成了学术、宗教、法律和文学中心，突尼斯和苏塞则被打造成船队出海的主要港口。为了缓解柏柏尔人和土耳其民兵的不满情绪，他们向西方的拜占庭属地发起“圣战”。对西西里的入侵从公元827年就开始了，但巴勒莫和叙拉古分别在831年和871年才陷落。869年，他们成功占领马耳他的西西里群岛，并在878年完全征服了这片拜占庭在西地中海最后的阵地[3]。9世纪末期，已拥有伊夫里基亚、马耳他、西西里、卡拉布里亚

1　他的父亲，阿尔·阿格拉布·伊本·萨利姆（Al-Aghlab ibn Salim）曾在穆海莱卜家族之前，于765—768年掌管伊夫里基亚。

2　词根rbt的意思是带、围墙。住在里巴特内的人被称为穆拉比特（Murabitun），后来的隐士（marabout）和穆拉比特王朝（al-Murâbitûn）都是因此而得名。

3　曾经是马耳他岛上最重要的罗马城市，但此时已大部分被毁，一条沟渠穿城而过：城市三分之一的部分为迎接守城部队而得到加强（姆迪纳）；剩下的三分之二，即沟渠和罗马城墙之间的部分被称为教区（拉巴特）。

沿岸的阿格拉布人成功消灭了拜占庭在西地中海的势力。

法蒂米德群岛

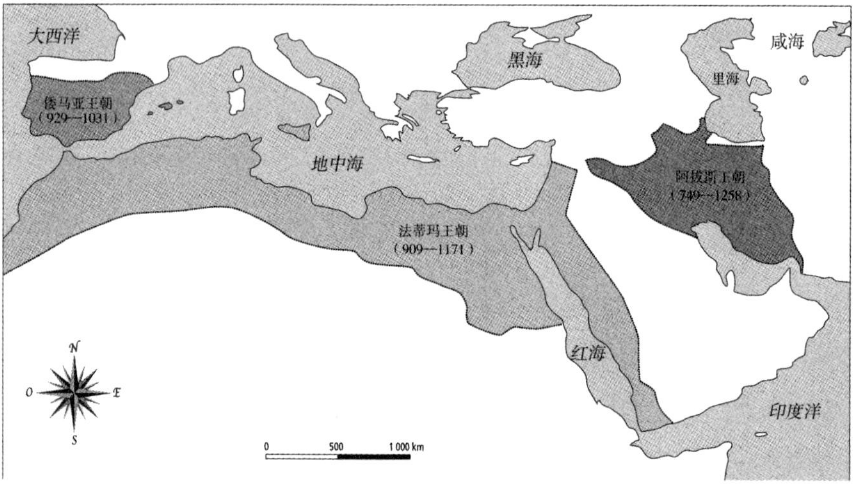

阿拔斯、法蒂玛和倭马亚

马格里布时期

在 9 世纪最后 10 年和 10 世纪初期，阿格拉布王朝不得不应对在西西里和伊夫里基亚穆斯林民众间频繁发生的暴乱，其根本原因还是柏柏尔人和阿拉伯人之间的矛盾。一位宣称救世主（马赫迪）来临的什叶派传教士的阿布·阿卜杜拉（Abu Abdallah al-Shi' i）煽动柏柏尔部落，并很快召集了一部分支持者攻打阿格拉布人，且在 909 年取得了一场胜利。随后，他又推翻了提亚雷特的罗斯图姆埃米尔国，推举（910 年 1 月）伊玛目乌拜杜拉·马赫迪[1]（Ubayd

1 乌拜杜拉·马赫迪（873—934）于 881 年成为易斯马依什叶派伊玛目。他自称阿里与穆圣之女法蒂玛的后代（其王朝的名称也由此而来）。由于阿布·阿卜杜拉·什叶（Abû 'Abd Allâh al-Chi' i）的宣传非常成功，他决定前往马格里布，但阿格拉布统治者却将他囚禁在摩洛哥。

Allah al-Mahdi）为哈里发和信众的领袖[1]。与巴格达和科尔多瓦的两位逊尼派哈里发不同，这第三位是什叶派。马赫迪由于在执行伊斯兰法律上过于严格不懂变通而遭到了一部分柏柏尔人的摈弃。事实上，他梦想着重塑强大的伊斯兰帝国。在伊夫里基亚建立政权后不久，他就在凯鲁万以南建立了新的都城马赫迪亚[2]。选择这座海港城市的目的是为了便于攻打埃及，虽然法蒂玛王朝在他的统治下成功占领了的黎波里塔尼亚（913）和昔兰尼加（914），但在夺取亚力山卓（919）后他就没能更进一步了。

埃及时期

公元969年，马阿德·穆伊兹·迪尼拉[3]（Al-Muizz li-Dîn Allah）已将自己的统治范围扩大到了整个西马格里布和西西里，随后在成功攻占了埃及以后建立了开罗，并在973年迁都于此。将王国西部地区（伊夫里基亚、西西里）让与当地那些迫切想要独立的总督管理以后，法蒂玛王国的疆域甚至扩展到了叙利亚。在建立了哈里发国后，他们就开始展望消灭巴格达的阿拔斯帝国，在所有穆斯林统治区建立什叶派统治的宏伟构想。开罗成了一座富有的帝国都城，爱资哈尔清真寺让城市占据宗教的制高点，但这里还是一方开明的学术中心，法学家、医生、天文学家和数学家们都来到这里研究希腊的科学。在法蒂玛王朝发起穆斯林学术复兴的同时，它的政治影响却在不断减弱，到了公元11世纪，只有埃及地区还听命于它。

1　第一次由两位哈里发同时掌权。19年后，轮到科尔多瓦的倭马亚哈里发阿卜杜·拉赫曼三世（Abd al-Rahman Ⅲ）挑战巴格达的权威地位。

2　914年决定建造该城，921年完工。

3　马阿德·穆伊兹·迪尼拉（Al-Muizz li-Dîn Allah，932—975），法蒂玛王朝第四任哈里发，乌拜杜拉·马赫迪·比拉（Ubayd Allah）的重孙。

马格里布的日里德人

受制于在伊夫里基亚微弱的影响力和在埃及–叙利亚地区领地的不断被蚕食，法蒂玛的统治者不得不委托一位柏柏尔将军济里·伊本·迈那得（Ziri ibn Menad）去维持北非的秩序。由于马格里布大部分民众都是哈瓦利吉派，他们对什叶派政权的政策早就怨声载道了。公元943年，在外号为“顽固者”（Sâhib al-himâr）的阿布·亚兹德（Abu Yazid）的率领下，哈瓦利吉派在法律治国承诺的鼓舞下揭竿而起反抗马赫迪的儿子阿布·卡伊姆（Abu al-Qa'im，934—946年在位）并在马赫迪亚成功将其围困[1]。哈瓦利吉派的反抗最终取得了胜利，济里在马格里布中部[2]建立了第一个由阿尔及利亚人为主的王朝。在法蒂玛政权迁都开罗以后，日里德人获得了伊夫里基亚的统治权并在凯鲁万安顿下来。在主宰了北非的黎波里至休达之间大部分地区以后，他们从984年就开始与开罗的哈里发渐渐疏远了。11世纪初期，马格里布日里德地区由两位表兄弟联合掌管，哈马德支[3]（Banu Hammad）统治阿尔及利亚东部，日里德一众[4]则自领伊夫里基亚。哈马迪德和日里德两股势力分别在1014年和1045年宣布独立，随后便与巴格达的阿拔斯哈里发结盟，什叶派和逊尼派的实力顿时此消彼长。

法蒂玛王朝对马格里布采取了可怕的反击。自1049年起，他们就开始向伊夫里基亚地区派遣苏莱姆支（Banu Sulaym）、希拉尔支（Banu Hilal）这

---

1 这次起义不久便被镇压，但法蒂玛统治者也意识到了势态的严重性，于是新任哈里发曼苏尔（946—953年在位）便将新都城定在凯鲁万市郊的曼苏里耶。

2 他于935—936年在特里中建造了第一个首都阿希尔（Achir），这里是游牧民族和定居人群领地的分界处。他的儿子布鲁勒·伊本·吉里（Buluggin ibn Ziri）建立了麦迪亚（Medea）、米利亚纳（Miliana），并在960年重建了伊科锡温（Icosium），并将它改名为al-Djazair Beni Mezghenna（阿尔及尔）。

3 由吉里之孙哈马德·伊本·布鲁勒（Hammad ibn Buluggin）率领。

4 吉里的重孙巴迪斯·本·曼苏尔（Badis ben Mansur）率领的日里德巴迪斯一众。

些曾经居住在上埃及的阿拉伯部落（约20万—100万人）。由于在出发前都被授予了所有权契约，这些人迅速拥向了昔兰尼加、的黎波里塔尼亚和伊夫里基亚，并将这些地方洗劫一空，仅用了十年就占领了这片地盘，当地的经济随之陷入瘫痪。借用史学家伊本·赫勒敦[1]（Ibn Khaldun）的表述，这些“像蝗虫一样”的人摧毁耕地，给这个被誉为“非洲粮仓”的地区带来了毁灭性的打击。

第二次阿拉伯入侵比第一次规模更大，破坏力更强，一直以来都深受柏柏尔人影响的北非地区从此以后被阿拉伯人渐渐同化了。

日里德家族于1057年逃亡马赫迪亚，但希拉尔支却并未将统治权拱手相让。强盗和雇佣兵们在城市里建立了一些迷你王国，而乡村则完全陷入无政府状态，日里德家族对此无能为力。马格里布东部无法再抵御穆瓦希德王朝大军的进攻，哈马迪德王朝和日里德王朝就这样退出了历史的舞台。

西西里埃米尔国

9世纪至10世纪初，安达卢斯的阿拉伯－柏柏尔军队攻占了西西里，让这座岛保留了自己的特殊身份。在阿格拉布埃米尔国时期，这里的统治者是一位居住在巴勒莫的瓦利（wâli, 政区统治者）。居民的组成多样化，主要有本地人、柏柏尔人、阿拉伯人和随军队而来的土耳其人、波斯人。虽然岛上西部地区的半数以上的人都已经皈依伊斯兰教，但东部地区的主要宗教仍是基督教和犹太教。

公元909年，马赫迪亚的什叶派哈里发乌拜杜拉·马赫迪占领了西西里。由于法蒂玛王朝在马格里布的统治力在阿布·亚兹德起义（943）后被弱

1　阿布·扎伊德·阿卜杜勒拉赫曼·伊本·穆罕默德·本·赫勒敦·哈德拉米（1332—1406），历史学家、社会学家，出生于突尼斯的一个哈德拉毛家庭，并先后定居在西班牙和伊夫里基亚。

化不少并在随后不得不迁都到埃及，被哈里发授予埃米尔头衔（948）的哈桑·伊本·阿里·卡勒比（Hasan ibn ‘Alî al-Kalbî）建立了自己的卡尔比德（Kalbids）王朝[1]。在他们的推动下，西西里成了连接东方、非洲、穆斯林西班牙和意大利沿海各共和国的枢纽。这里的农业得到了完善，灌溉也得到了发展，大农田系统被小块田地所取代。一些新的物种（柑橘、开心果、甘蔗）被带到了这里，纺织工业蓬勃发展。巴勒莫（人口35万）成了当时仅次于科尔多瓦的第二大城市，许多学者、作家、诗人、法学家和语言学家慕名而来。

随着法蒂玛政权迁都至开罗（973），卡尔比德王朝与它的关系日渐疏远，衰落也就不可避免了，西西里也被神圣罗马帝国、拜占庭和日里德等各方势力垂涎。卡尔比德王朝最后的统治者在1044年离开了西西里，并将岛上的统治权交给了当地总督（Qaid）。

3. 柏柏尔人的行动和统一西方的穆斯林的最后尝试[8]

穆拉比特王朝（1040—1147）

11世纪初期，一位与图阿雷格人很亲近的柏柏尔部落首领由于自知自己的能力不足以让民众皈依伊斯兰教，便请求一位信奉马立克派的逊尼伊玛目来实施教化。他们两人共同建立了一所里巴特，即军营、修道院两用建筑，并以民众的名字将其命名为穆拉比特[2]（al-Murâbitûn）。趁着法蒂

1 来自也门。

2 来自里巴特的人。

玛政权离开凯鲁万迁都开罗（973）后在马格里布地区留下的权力真空期和后倭马亚王朝的覆灭（1031）的机会，穆拉比特人往南北方向开始了他们的征服之旅。他们先占领了作为阿拉伯－安达卢斯的艺术中心和地中海与撒哈拉以南地区贸易连接点的城市非斯，随后建立了被誉为“沙漠之门”、连接撒哈拉与伊比利亚、西方市场的马拉喀什。随后，势不可当的穆拉比特人在1076年消灭了加纳王国，1080年占领了特莱姆森，1082年攻克了阿尔及尔。1086年，西班牙的穆斯林君主们向穆拉比特人求援去对付卡斯蒂利亚国王阿方索六世，但最后这些外来势力成功地在1090—1094年占领了整个安达卢斯地区。1097年，他们在阿尔及尔建造了一座宏伟的修道院，从那时候起，这座海港城市就不断吸引着越来越多的海盗，他们中的大多数都来自安达卢斯。但是，居民数量的不足[1]让他们很难真正实现对领土的掌控，而且内陆与沿海的活动完全被两极分化。海边的居民不得不从事一些以海盗为主的非法活动，他们的生活也与海洋贸易紧密联系在一起，而内陆地区则留给了牧民。在被穆斯林占领了两个世纪以后，内陆地区再也见不到罗马时期那样繁荣的境况。伊本·赫勒敦曾这样写道：“这里的烟火已经熄灭，再也听不到公鸡打鸣的声音了。”

但是在他们的影响下，从伊德里斯王朝延续下来的部落与城市相结合的社会结构也在逐渐变化，让摩尔人建立了一个疆域覆盖毛里塔尼亚和西阿尔及利亚之间大片地区的神权帝国。重拾罗马帝国连接廷吉塔纳毛里塔尼亚和西班牙的路线，穆拉比特人建立了一个从马格里布到安达卢斯的“纵向”联合，成为撒哈拉以南的非洲和欧洲联系的桥梁。此外，马立克派这个不仅以《古兰经》和圣训为基础，还融合了麦地那传统和乌理玛们确定的当地习俗的派别也在穆拉比特人的传播下被大多数北非民众信奉。

1　马格里布中部人口应该不超过西班牙人口的三分之一、意大利人口的四分之一、法国人口的五分之一。

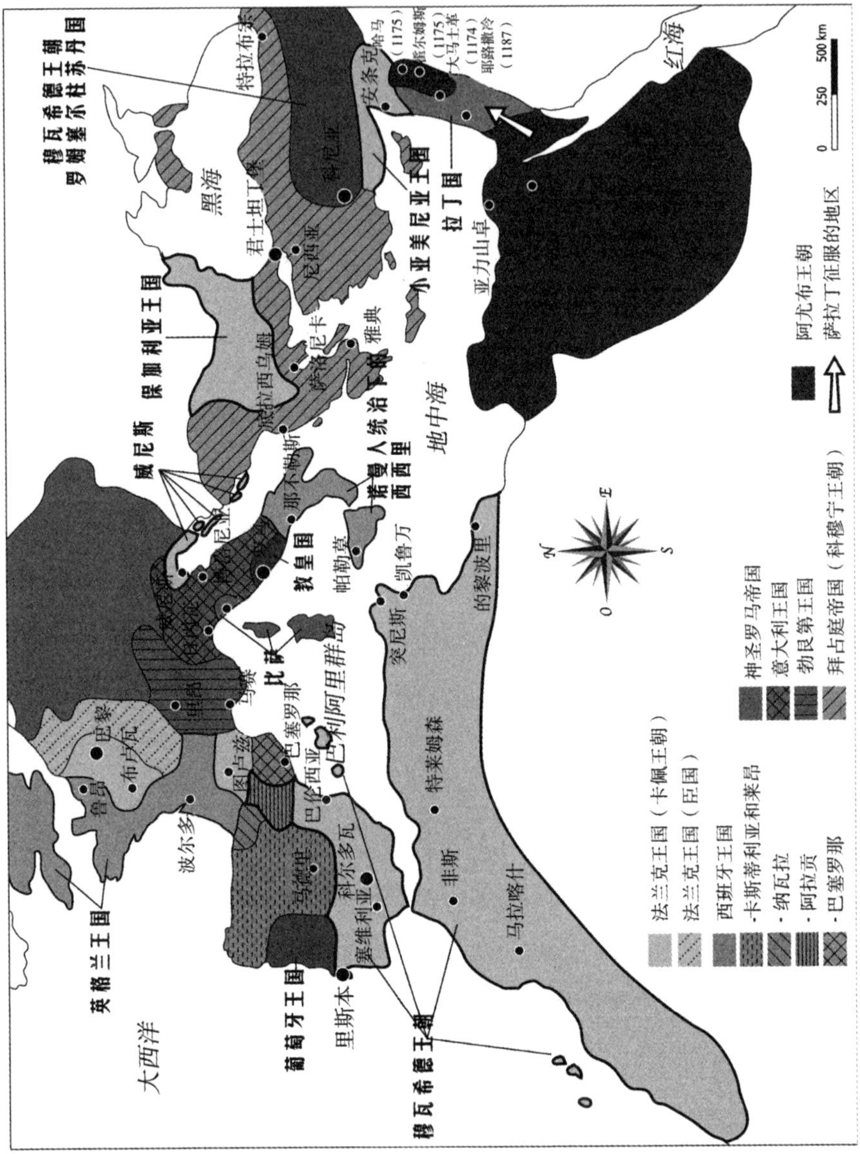

12 世纪末的地中海世界

阿尔莫哈代群岛

然而正是因为这个教义的选择招致了国家的灭亡。1120 年，一位柏柏尔的伊斯兰教改革家穆罕默德·伊本·图马特（Muhammad ibn Tumart）登上了历史舞台。这位自称马赫迪（伊斯兰救世主）的神学家四处谴责马拉喀什贵族们的生活和习俗，并按照什叶派的传统自封头衔“完美伊玛目”[1]。他的教义融合了什叶派、哈瓦利吉派和逊尼派的内容，强调严守戒规和一神性（Tawhid 认主学），支持他的人被称为阿尔莫拉维德教人（al-Muwahhidun），即一神论信徒。与穆拉比特人不同，这个教派不承认乌理玛的权力，认为自己是《古兰经》和传统教义唯一的代言人[2]。伊本·图马特的成功与其说是缘于他的教义，不如说是缘于他传教的方式。他传教的对象只有柏柏尔人而已。他不仅将《古兰经》翻译成柏柏尔语，也用这种“西方语言”撰写自己的一些主要著作[3]，并强调柏柏尔语较之阿拉伯语的优越性。由于不承认东方伊斯兰王国统治者的合法性，他便自己成立了一个柏柏尔部落，部落内等级分明、教条严格，也不惜采用恫吓等手段回应质疑者。在当时几大智者［伊本·图菲利（Ibn Tufayl）、伊本·鲁世德（Averroes）］的支持下，他让柏柏尔人相信自己是天选之民，有责任将曾经赋予阿拉伯人的使命继续完成下去。在柏拉图《理想国》的启发下，他在马拉喀什建立了一所学校，目的是为今后建立帝国做准备。伊本·图马特死后，他的继任者——人称穆瓦希德之炬的阿卜杜勒·慕敏[4]（Abd al-Mu' min）决定将祈祷的方向由麦加

1　在什叶派中，完美的伊玛目能够受到圣光的眷顾，拥有权力神圣且高于哈里发和信士的长官。

2　在他去世（1130）并被追认为马赫迪（救世主）之后，祈祷的方向（基卜拉）朝向他的陵墓［位于马拉喀什附近的丁梅尔（Tinmel）］，此地后来成为与麦加齐名的朝圣地。

3　*Aazou ma youtlab*（《我们能寻求的最佳》）。

4　阿卜杜勒·慕敏（1094—1163）于 1147 年成为穆瓦希德王朝第一任哈里发。

改为马赫迪坟墓[1]所在的方向，并向马格里布的穆拉比特人发起“圣战”。在不到十年的时间内（1147—1154），他就占领了整个马格里布、的黎波里塔尼亚和西安达卢西亚（科尔多瓦和格兰纳达），成为这个庞大帝国的统治者。不接受阿拔斯宗主权的他自称哈里发，并实施世袭制建立王朝。

与西方基督教复兴几乎同时，穆瓦希德王朝成功将柏柏尔－伊比利亚地区的穆斯林统一在一个复兴的教派周围，这里虽然教条严格，但对亚里士多德学说却持开放态度。由于这种后来成了摩洛哥身份的一个重要标志的宗教“统治权”不像政治帝国一样有明确的边界限定，它加剧了地中海地区的伊斯兰教的分裂。

伊斯兰教的分裂

7世纪，伊斯兰创立初期拥有的霸权思想已荡然无存。在先知去世后约二十五年，他创立的宗教就开始分裂成逊尼派和什叶派两个水火不容的派别，随后又出现大批教派分支，每个分支对教义都有自己的表述。和基督教一样，伊斯兰教也没能实现神学教义上的统一；虽然两门宗教最基础的内容都得到了保留，一些所谓“先知”为了取悦信众对圣言的妄自揣度和错误演绎却造成了宗教本身的四分五裂。但以《圣经》和《古兰经》为参照的两门宗教之间还是有不小的区别。

基督教被罗马帝国巧妙地用在政治和社会机构中。作为对古代文化影响最深的宗教，虽然基督教对罗马帝国有影响，但却没为它带来实质上的改变。罗马和拜占庭教会的疏远完全是缘于戒律的实施而非教条上的分歧，而宗教层面的分裂也是帝国政治分裂的必然结果。至于那些在黎凡特和非

1　位于马拉喀什附近的丁梅尔。

洲不断兴起的异端教派，它们的宗教言论中都无一例外地拒绝归顺罗马，并强调各自的种族和政治身份。

与基督教相反，伊斯兰教徒从不“将恺撒应得的呈献给恺撒，将神应得的奉献给神”。他们认为一切都是属于真主，公民社会和俗世一样都不可能独立存在。对宗教发展的热忱最终无可避免地导致了新政治势力的形成，而这种完全嵌套在宗教里面的政治形式就是哈里发国。对所有人类的思想观念而言，纯粹的理想与现实政治的碰撞似乎无法避免。倭马亚哈里发国因为其风俗与拜占庭过于相似而遭到了灭亡。阿拔斯哈里发国统治者曾想要通过将《古兰经》定义为非创造之物的方法来避免所有世俗的曲解，幻想用一部神圣的法令来阻止时间的流逝。事实上，当 851 年穆塔瓦基勒自认为能够阻断发展潮流的时候，他实际上为那些追求纯粹、极端宗教的人士开辟了一条路，导致哈里发国统治下脆弱的统一局面被撕得粉碎，按原有的罗马省份划分的地缘政治重新出现，而这种划分多多少少都与种族分布相吻合。和以前的廷吉塔纳一样对南北的毛里塔尼亚和西班牙地区都相当重视的摩洛哥，将自己打造成为连接撒哈拉以南的非洲和欧洲之间的商业纽带。曾经的恺撒毛里塔尼亚和努米底亚已经构成了北非中部的拥有多个新港口（阿尔及尔等）的地区，与罗马殖民地不同的是，伊斯兰教在柏柏尔人的土地上发展，以此为基础迸发出的宗教实体会更坚韧。伊夫里基亚在不同王朝的统治下成了地中海最重要的地区之一，并同西西里岛和周边群岛一起组成了地中海东、西盆地之间的一条封锁链。的黎波里塔尼亚与它或多或少有些联系，和埃及联系更紧密的昔兰尼加在巴格达的哈里发政权弱化和崩塌（1258）之后成了一个彻头彻尾的伊斯兰国家。

如果在创立初期，那些无与伦比的伊斯兰智慧和繁荣的经济能够持续的话，后期政治的分裂或许能造成一点影响。但穆塔瓦基勒的决定在整个伊斯兰世界禁锢了社会和经济的发展，在短时间内还无法让人们看出它与仍处于缓慢发展的西方社会的区别，然而从长远角度来看，一旦西方社会摆脱了传统的农耕和商业经济而进入资本主义和工业化初期，拒绝革新和进步思想的穆斯林就会被远远地甩在后面。直到 18 世纪末，伊斯兰世界的发展几乎停滞不前，农业仅满足于温饱，工业产品用途非常有限，商业仍依靠沙漠商队，经济主要依靠海盗的掠夺。

第十一章

Le réveil occidental autour de l'an mil

千禧年，西方的觉醒

867—1056	拜占庭的复兴（843 年，圣像破坏运动的终结；863 年，重新占领亚美尼亚；865—870 年，塞尔维亚和保加利亚皈依东正教；公元 10 世纪，阿拉伯人被逐出小亚细亚）。
公元 8—9 世纪	加洛林王朝的复兴（西方帝国复辟，修道士的新生，拉丁文化的革新）。
9—10 世纪	地中海经济的复苏（阿马尔菲以及与伊斯兰世界的贸易，与北欧、维京人和德意志人有了最初的交流）。

四分五裂的阿拉伯 – 伊斯兰世界停滞不前，而基督教世界则开始了他们的复兴。当哈里发国经历着持续的经济繁荣时，拜占庭和其他基督教王国都在不同程度上受到了穆斯林扩张的影响，罗马帝国的继承人们的主要经济来源都被阻断了。

1. 马其顿王朝下的拜占庭复兴（867—1056）

长久以来作为西方主要的经济实体，位于整个欧、亚、北非贸易网络中心的拜占庭帝国曾是世界经济的绝对主宰，这主要得益于它作为丝绸之路终点的优势地位。阿拉伯人在中亚、小亚细亚和中东的崛起让西方与中国、印度之间的贸易明显减少，甚至一度中断。经济大动脉的阻塞严重削弱了拜占庭帝国的实力，这种经济上的打击比军事入侵更加致命，因为帝国的经济本身就已经萎靡不振。从 7 世纪开始，在波斯王国被阿拉伯人消灭以后，危险立马就转移到了西边。虽然拜占庭在被围困 4 年（674—678）以后仍能屹立不倒，一个新的人群——保加利亚人的出现让情况变得更加危急。伊斯兰内斗只带来了短暂的喘息之机，查士丁尼（685—695）为帝国争取来的复兴也只是昙花一现。新一轮的阿拉伯人入侵将地中海西部的拜占庭领土全部吞并，持续了一个世纪之久的圣像破坏运动让帝国几近枯竭。公元 7—9 世纪阿拉伯人的持续进攻对拜占庭来说是致命的。

米海尔三世[1]（842—867）为圣像破坏运动画上了句号，但在丢失了非洲、克里特、塞浦路斯、拉温纳督主教区之后，此时帝国的领土只剩下小亚细亚、色雷斯、马其顿、希腊本土、西西里、卡拉布里亚、亚得里亚海以及黑海的部分地区。他即位时正值阿拔斯帝国的衰落：大的集权势力的消失和一些小酋长国的出现都削弱了穆斯林侵略的势头。在公元 863 年拉

1　“酒鬼”米海尔三世（840—867）于公元 842 年继承其父狄奥菲洛的皇位，在母亲狄奥多拉皇后的摄政下实施统治。后被其亲信，866 年当上共治皇帝的巴西尔（约 811—886）杀害。

拉卡恩战役（Battle of Lalakaon）中击败了阿拉伯军队后，拜占庭帝国成功改变了小亚细亚的军事平衡。帝国由守转攻，在拿下亚美尼亚之后又清除了东方的一些威胁势力。

另一场不仅是军事上更是心理上的胜利的战役，标志着拜占庭的复兴。处于西方法兰克人和塞尔维亚人夹缝之中的保加利亚沙皇鲍里斯一世[1]（Boris I）决定皈依基督教并建立保加利亚自主教会。然而此举并没有得到君士坦丁堡大牧首的认可，于是他就转而投向罗马教廷，让东、西教会的关系雪上加霜[2]。但苦于罗马教廷的苛刻条件，鲍里斯一世又于870年重新皈依君士坦丁堡牧首，保加利亚自主教会也从此采用东正教习俗。保加利亚人主要被圣西里尔和圣美多德宣讲的福音所教化，此二人创造了以格拉哥里字母拼写成的斯拉夫文字，随后这种文字才逐渐被西里尔字母所取代[3]。然而此时的塞尔维亚在穆提米尔·弗拉斯提米洛维奇[4]（Mutimir Vlastimorovic）国王的领导下，也同样皈依了基督教并接受东正教习俗。这两件事对一百年后的局面产生了很大的影响，进一步将地中海北部地区一分为二：从此以后产生了拥有宗教、文化身份的拉丁阵营和东方阵营，归属不同阵营的国家大多互相敌视，因此东、西方的隔阂也加深了。

巴西尔一世[5]（Basil I）时，马其顿王朝将拜占庭帝国推上新的高峰。在紫衣贵族君士坦丁七世（913—959年在位）和其子罗曼努斯一世（Romanos Ⅰ，959—963年在位）的统治下，尼基弗鲁斯将军（Nikephoros Phokas，

1 鲍里斯一世统治时期为852至889年，他在864年受洗，并将其教父，当时的拜占庭皇帝米海尔三世的名字纳入本人名字。

2 大牧首佛提乌一世（Photios I）在867年谴责罗马教会擅改教义，更动礼仪，于是两教会形成分裂局面。

3 格拉哥里字母由41个字母组成，每个字母都是原创。如希腊文中有同等的字母，则采用西里尔字母（30个）将其取代，只有希腊文中不存在的字母才得以被音译保留。

4 穆提米尔·弗拉斯提米洛维奇在860至891年担任国王。

5 马其顿的巴西尔（811—886）的统治时期为867—886年。

912—969）将阿拉伯人赶到入侵之前的边界——托鲁斯山脉和前托鲁斯山脉以东，并夺回了塞浦路斯和安条克。拜占庭人又重新成了高加索以西小亚细亚的主人，但此刻还无力攻克圣地。在罗曼努斯二世（Romanos Ⅱ）的儿子们巴西尔二世（Basil Ⅱ）和君士坦丁八世[1]（Constatine Ⅷ）执政期间，保加利亚王国被占领并被纳入了拜占庭帝国（1018）：自公元 7 世纪以来，帝国的边界再一次扩张到了多瑙河畔。和上文提到的保加利亚的鲍里斯和塞尔维亚的穆提米尔一样，988 年弗拉基米尔一世[2]（Vladimir I）皈依天主教的事件也扩大了拜占庭的宗教和文化在黑海以北的影响。这些军事和政治上的成就助力了经济的复兴。马其顿王朝的皇帝们明白，贸易，尤其是纺织贸易是经济的重要支柱之一，于是他们采取了国家干预政策，采用调节利率、价格，向公职人员发放工资和建造公共设施，向市场投入部分贸易盈余等手段来实现对内和对外贸易的严格管控。从 10 世纪到 12 世纪，拜占庭帝国首都的奢华和积累的各类财富让世界各地远道而来的旅人赞叹不已。

2. 西方的崛起

自公元 5 世纪西罗马帝国灭亡起，欧洲就在复兴的道路上艰难前行。

1　两位都未成年，前者在位时间为 976 —1025 年，后者为 1025—1028 年。

2　弗拉基米尔 · 斯维亚托斯拉维奇（Св.Влади́мир Святосла́вич），原名弗拉基米尔 · 斯维纳森，是留里克王朝成员，波罗的海的维京人（瓦良格人）建立的留里克王朝领土覆盖大诺夫哥罗德至基辅间的大片地区，980 年他成为基辅大公，在 987 年迎娶了安娜（Anna Porphyrogenita）之后，他成为巴西尔二世和君士坦丁八世的妹夫。

在西欧，“蛮族”王国在后罗马时代的两个世纪内经历了一段十分艰难的时期。小国林立，边防不稳，这些因素都弱化甚至阻断了西欧与其他地区的大宗贸易。在中世纪的前几百年内，各国故步自封的状态磨平了西方世界的锐气，伊斯兰教也从中获益。加洛林家族的崛起并未带来人们所期待的复兴，查理曼大帝死后不久他创立的西方帝国就分裂了（843）。尽管如此，还是有那么一段时间，这个统一天下、实现霸业的梦想给了拜占庭的皇帝和阿拔斯的哈里发开疆扩土的动力。这个梦想还促使人们静心研究，使智力和精神都得到了升华，也为西方社会的缓慢发展和繁荣打下了基础。

事实上，加洛林王朝创立之初的形势是非常有利的。消灭了西罗马帝国的东哥特人已经深受罗马的影响，也能够尊重拉丁文化留下的遗产。很明显，对他们来说，当时的主要威胁来自拜占庭帝国，因为查士丁尼在535年已经占领了意大利。然而阿拉伯人在公元8世纪发起的攻势以及东、西宗教仪式差异下的产物——圣像破坏运动让拜占庭帝国不得不转移重心。伦巴底人倚仗着他们远离拜占庭的地理优势，于751年攻占了拉温纳督主教区。虽然他们占领了意大利北部，但他们像东哥特人一样也没有破坏罗马文化。罗马教廷为了抵御伦巴底人，愿意帮助法兰克人重建一个西方帝国，查理曼对抗伦巴底人的胜利和对意大利北部的掌控（774）也有利于这个新的政治实体和罗马文化之间的结合。此外，在阿拉伯入侵伊比利亚半岛之后，加洛林家族也准备给宫廷中西班牙逃亡而来的大批学者和教士安排职位。

加洛林的国家就好像罗马帝国的继承者一样，延续并重建了它的文化。学者们也将其称为一种革新，一种延续。

而复兴的载体是修道制度。这种在拜占庭随处可见的宗教式生活方式是在圣本笃[1]（Saint Benedict of Nursia）来到意大利后大力推动下才在亚平宁半岛上发展起来的，在6世纪以后修道制度已成为规范教士群居生活的

1　圣本笃（480或490—543或547），被天主教会和东正教会视为西方隐修制度的始祖。

法则（聚居苦修）。在圣高隆邦[1]（Saint Columbanus）这位塞尔特修道士的推广下，这种生活方式从公元6世纪起也在爱尔兰和英格兰北部被很多人接受。然而到了8世纪初，维京人的入侵也迫使不列颠诸岛的学者们流亡到了法兰克王国的宫廷中。此时一位与王室颇为亲近的教士阿尼亚纳的本笃[2]（Benedict of Aniane）将圣本笃和圣高隆邦两人倡导的主要戒律总结起来编纂成《互参法典》*（Concordia regularum）*，对帝国内所有修道院的模式进行了统一：旧的修道院被改造，一些新的隐修院也应运而生。公元817年，礼拜仪式也被统一了：罗马－法兰克模式与希腊模式针锋相对。担任宫廷学校（培养世俗和宗教精英）校长的阿尔琴[3]（Alcuin）也大力推进一种易读易写的书写方式，即加洛林小楷书[4]。在这个种族、语言混杂的加洛林帝国，国家统一使用的文字要与罗马教会的形象相符，因此在宗教活动中使用的拉丁语也被应用到了日常行政活动中。这些分享古代知识的手段开启了加洛林王朝的复兴。从此，一个罗马－法兰克的文化实体成了希腊－拜占庭实体的对手：西方的复兴首先产生于文化领域，随后才是经济领域。在加洛林王朝统治时期，农业结构也发生了改变。在教会的影响下，奴隶制度被废除（基督教徒不能为奴），农奴制度兴起，和平年代下的自由人选择成为农民[1]。人们的收入也受到影响，货币改革与新货币迪纳厄斯（Denier）的铸造密不可分，剩余的农作物可以拿来售卖，从此农业不再仅限于解决温饱而是成了一种产业。优化农耕技术、扩大种植面积的需求也随之而来。修道院在农业方面扮演着重要角色，尤其体现在开垦森林和

1　高隆邦（543—615）。

2　阿尼亚纳的本笃（750—821），出生于威提札（Witiza），是马格隆公爵的儿子。这位出身于西哥特的贵族在矮子丕平的宫廷里成长，并成为查理曼大帝之母拉昂女王贝特拉达（大脚贝尔特）手下的官员。在经历了辉煌的军旅生涯之后，他在770年左右成为僧侣，改名的本尼迪克特（本笃）。

3　阿尔琴（730—804），英国拉丁文学者，是加洛林复兴时期的主要匠人。

4　该字体借鉴了罗马的安色尔字体，并加入了英伦三岛的书写元素。

播种新田上。食物的改良，农村劳动力需求的增加也造成了人口分布的变化。西方世界开始慢慢恢复活力。

3. 地中海的经济复苏

地中海的维京人

地中海在伊斯兰教和基督教的斗争下处于瘫痪之际，介入了一位不选边站的来客。公元 8—9 世纪，波罗的海、挪威和丹麦的维京人依靠他们优秀的航海技术，向不列颠群岛（793/795）、芬兰和英格兰（820）发起突袭，最后在大诺夫哥罗德（854）至基辅（882）之间的土地上建立了罗斯国（Rus）。从 840 至 880 年，他们入侵的脚步沿着高卢的河流逆流而上，当地人把他们称作诺曼人。随后他们向南部的西班牙发起进攻，穿越直布罗陀海峡并席卷了普罗旺斯和托斯卡纳沿岸。随着时间的流逝，维京人逐渐放弃了劫掠转而开始经营占领的土地[1]，公元 10 世纪以后，他们也开始进行贸易了[2]。从事贸易的初衷当然是将自己的战利品卖掉。他们用从修道院抢劫的贵金属制造钱币，为西方理财学[2]的萌芽做出了贡献。维京人的劫掠让相关地区经济增长放缓，但后来他们又参与到经济的复苏之中。由于他们的航海能

1 根据 911 年签署的《埃普特河畔圣克莱尔条约》（Traité de Saint-Clair-sur-Epte），加洛林王朝西法兰克国王查理三世（879—929）将埃普特与海边之间的土地（高诺曼底）让与了维京人罗洛，后者经洗礼（921）后成了国王的封臣。

2 个人或社会阶层连续、系统地积累财富。

力出众，他们可以实现长距离航行到达遥远的目的地。他们不仅在北部建立了一些重要的商业城市，也在地中海建立了贸易站，贸易范围甚至延伸到了拜占庭，为地中海经济注入了活力。

神奇的阿马尔菲（Amalfi）

多亏了阿马尔菲，那些深陷伊斯兰舰队包围的城市，才能够艰难地留在基督教世界。伦巴底人在公元 7 世纪、8 世纪对意大利的入侵让拜占庭在该地区的地盘缩小至意大利南部和几个沿岸城市，包括威尼斯、那不勒斯和阿马尔菲。但是，由于城市背靠群山，与内陆的联系被完全隔绝，包括贵族在内的阿马尔菲人不得不向海上求助。一支由帆桨战船（每船有 120 名桨手）组成的舰队迅速被建立起来了，这座城市在公元 9 世纪的时候就这样抗击海上的伊斯兰舰队，保护罗马的安全，他们也因此获得了行政独立。10 世纪，商人势力集团摆脱了拜占庭人的束缚，自行选举了一位总督（958）。仿佛置身基督教和伊斯兰教的冲突之外，阿马尔菲与拜占庭和埃及都维持着相当频繁的贸易，依靠他们在海滩上建造的低船体商船，他们能够实现与意大利南部和与近东、中东之间的贸易。虽然与垄断地中海的阿拉伯－伊斯兰商人形成竞争关系，但这并不妨碍阿马尔菲人与西西里、北非和西班牙的穆斯林做生意。其实，他们走的是一条三角贸易路线。船只在意大利装满木材后便驶向非洲的伊斯兰港口换取金粉，随后继续向东航行到拜占庭统治下的黎凡特，在那里用金粉换取香料、宝石和奢侈品，带回意大利，每趟航行的收入都非常可观。在伦巴底的主要城市和拜占庭流通的金币（苏和塔里）让这门走私生意变得容易，而且这种货币还能够在他们的主要贸易对象穆斯林那里与当地货币进行兑换。阿普利亚的威廉[1]（Guglielmo

1　阿普利亚的威廉（Guillelmus Apuliensis），11 世纪末 12 世纪初意大利评论家，最有名的著作是《罗伯特吉斯卡传奇》（*Gesta Roberti Wiscardi*），五卷（1095—1099）。

Appulo）在他的书中写道：没有哪个城市能拥有如此丰富的黄金、白银和针织品，在这里我们可以见到阿拉伯人、非洲人甚至印度人。在成为海洋贸易的霸主之后，阿马尔菲人在《阿马尔菲市贵族法庭的海洋法律法规》（我们熟知的《阿马尔菲法》[1]）中定义了海洋航行法则，而且他们毫无疑问是指南针、造纸这两项东方发明在西方世界最早的使用者。随着贸易的扩张和财富的积累，他们在地中海中部和东部[3]建立了多个贸易站点。在成功进驻开罗以后，他们甚至在1048年得到哈里发的许可在耶路撒冷建造一座罗马教堂和一座能够供朝圣者居住和修养的建筑（救济院[2]），其重要性和名声[3]不言而喻。

日耳曼人的到来

公元10世纪，地中海沿岸地区的政治版图经历了很大的变化。在经历了9世纪中期痛苦的挣扎和无数次的分裂[4]之后，加洛林帝国最终还是崩塌了。936年，成为东法兰克国王的奥托一世（Otto I）经过努力终于得到了西帝国皇帝的头衔，并将此头衔一直保留到他去世的973年。951年，羽翼渐丰的他南下意大利并自称教皇的守护者。作为感谢，教皇若望十二世（John

1 它直到16世纪仍作为地中海的法律原则。

2 救济院，法语为 xenodochion，源自希腊语 ξενοδοχεῖον，外来人的收容所、旅馆。随后翻译成拉丁语 hospitalis，而随后法语的两重意思［旅馆（hôtel）和医院（hôpital）］也体现了其原意。

3 阿马尔菲人形成的最著名的团体是马耳他骑士团，后来演变为具有宗教和军事性质的耶路撒冷圣约翰医院骑士团，先后于14世纪和16世纪迁徙到罗德岛和马耳他。

4 查理曼大帝的三个孙子于843年在凡尔登（Verdun）签订条约，各自拥有加洛林帝国的一部分（西法兰克、中法兰克和东法兰克）。随后根据《普吕姆条约》，中法兰克又分裂成洛泰林吉亚、普罗旺斯和北意大利。公元880年，此前仍保留完整的西法兰克也分裂成了纽斯特利亚（首都巴黎）和阿基坦-勃艮第；阿尔勒王国（首都维也纳）被恢复，首都为罗马的意大利王国和亚琛都属于东法兰克。

Ⅻ）于 962 年将罗马帝国皇帝[1]的头衔授予奥托。该事件让地中海的商业版图为之一振：如今神圣罗马帝国的势力已达地中海，意大利北部的港口就可用于与日耳曼人的贸易。地中海的商业网络从此向北到达了以前从未涉足的区域。

另一个重要的港口是威尼斯[4]，一个曾隶属于拜占庭随后逐渐获得自治的城市（9—11 世纪）。拥有强大商、军两用船队的威尼斯在公元 1000 年左右消灭了侵扰伊斯特拉半岛的海盗并占领了该地区。虽然没能完全控制亚得里亚海和像安科纳（Ancona）、拉古萨（Ragusa）这样忠于拜占庭的沿海城市，但它最担心的还是保障与东方的贸易线路。此外，占据与欧洲北部贸易最佳位置的城市是热那亚。在贸易中获得了巨大利润的热那亚商人开始组建自己的商船队，他们也在随后成为地中海贸易的主要参与者之一。比萨港的发展也很相似，1016 年，比萨和热那亚重新占领了穆斯林控制下的科西嘉岛和撒丁岛，从而控制了整个第勒尼安海。

诺曼人入侵意大利南部

几乎在同一时期的诺曼公国，不少难以获得土地且又想摆脱公爵统治的小领主打起了靠成为雇佣兵来发财的主意。在教皇的支持下，他们在 11 世纪初的二十多年中帮助意大利南部的伦巴底人摆脱了拜占庭的统治。自恃勇武，他们在 1042 年推选欧特维尔“铁臂”威廉（William Iron Arm）作为他们的头领，并授予他伯爵的头衔。1045 年，他已经成了坎帕尼亚和普利亚[2]侯爵，臣服于日耳曼皇帝。此时在他面前的障碍就是西西里的卡尔比德酋长国，这个权力四分五裂的岛在两位欧特维尔兄弟罗伯特·圭斯

1 奥托向教皇保证丕平和查理曼大帝会捐赠土地，但教皇必须臣服于皇帝。所有新当选的教皇在被承认之前都必须向皇帝宣誓效忠。

2 阿韦尔萨伯国或卡普阿侯国，以及后成为公国的阿普利亚伯国。

卡德（Robert Guiscard）和罗杰的（Roger）攻势下最终被占领（1061—1091），马耳他群岛随后遭遇了同样的命运（1091）。从此以后，地中海东、西之间的封锁状态被打破。海洋共和国的时代已经到来，伊斯兰教在西方的势力逐步消失，在东方的势力也经历着不小的改变。

第十二章

Reconquêtes chrétiennes
et résistances musulmanes

基督徒的反击
和穆斯林的抵抗

1054	东正教会和基督教会正式分裂。
1055	塞尔柱突厥人进入巴格达。
1068	塞尔柱人占领叙利亚。
1071	塞尔柱人在曼齐克特（Manzikert）战胜了拜占庭皇帝并攻下耶路撒冷。
1077	塞尔柱人在小亚细亚建立罗姆苏丹国（初时的首都在伊兹尼克后迁至科尼亚）。
1095	教宗乌尔班二世在克莱芒宗教会议上鼓动发起十字军。
1096—1099	第一次十字军东征占领耶路撒冷并建立耶路撒冷王国。
1144—1146	突厥 - 伊斯兰势力卷土重来。
1146	圣伯尔纳铎在韦兹莱游说发动十字军。
1147—1149	第二次十字军东征。
1169	库尔德人萨拉丁在埃及掌权。
1174	萨拉丁占领大马士革。
1183	萨拉丁夺取阿勒颇。
1187	萨拉丁攻下耶路撒冷。
1189—1192	第三次十字军东征失败。

1. 罗马教会分裂

罗马和拜占庭的政治分歧大于宗教分歧。皇帝在将他的代理主教派遣至拉温纳督之后，让教宗自行处理罗马的防务。教皇额我略一世（Gregory I，590—604 年在位）时期，罗马的主教不仅确定了罗马相对于帝国的独立性，而且也宣布了罗马凌驾于所有教会之上的权威性。在请求加洛林军队对抗日益逼近的伦巴底人后，罗马教廷赋予了自己国家的属性，并借助伪造的罗马皇帝法令《君士坦丁献土》[1]重新建立了西罗马帝国，法令本身也表明教会是高于帝国的。由此产生的后果是罗马和君士坦丁堡的关系在整个 9 世纪都很紧张，但到了 10 世纪初，两个宗教集团的关系似乎迎来了缓和。但 11 世纪初，曾经的教义或戒律成了神学后情况又有了变化。整个教会的理论基础《尼西亚信经》（325）主张圣子与天父本质是相同的。但在 9 世纪的西方，为了抵抗在西班牙和法兰克贵族中占主导地位（天主教徒克洛维除外）的阿里乌斯教徒并确定上帝三位一体的属性，部分主教们决定引入一篇关于圣灵的附属文献，也就是《和子说》（*qui ex Patre Filioque procedit*）。在德意志教士的坚持下，教宗在很长一段时间内都拒绝接受这种改变，但本笃八世（Benedict Ⅷ，1012—1024）需要亨利二世的支持，还在 1014 年为他举行了加冕。关于《和子说》的分歧很快就演变成一场关于教宗权力的论战：罗马教宗是否有权修改所有教会都采用的《尼西亚信经》？

1 根据这份公元 8 世纪的文献，康斯坦丁皇帝可能承认教宗圣思维（314—335）的地位，并认定他有权指定合适的王位继承人。

在君士坦丁堡，大牧首米海尔·克鲁拉里乌斯[1]（Michael I Cerularius）将所有的拉丁礼教堂全数关闭。出身贵族且与日耳曼皇帝走得很近的教宗利奥九世[2]（1049—1054）派遣三名使节（两位来自洛林[3]）去君士坦丁堡谈判。教宗的意外死亡（1054 年 4 月 19 日）本可能导致任务的终止，但同年 7 月 16 日，使者们直接在圣索菲亚大教堂的祭坛上放上了开除君士坦丁堡大牧首的绝罚令。在希腊教会和拜占庭人民的支持下，米海尔·克鲁拉里乌斯逼迫软弱且倾向西方的皇帝"单独战斗者"君士坦丁九世[4]下令焚毁送来的绝罚令。虽然在 1054 年发生了东正教和天主教分裂这件事，但事实上整个过程是循序渐进的，上述事件只是为这个不可逆的趋势[5]奠定了基调。

总之，宗教上的决裂造成了重要的政治后果。几个世纪以来君士坦丁堡的大牧首和皇帝的意见并不总是一致，但从那时候开始，这两位开始统一战线对抗罗马。在这件事上，可能是宗教揭示了政治意图。教皇国认为诺曼人在意大利南部的统治似乎已经板上钉钉，便接受了新统治者的效忠誓言并将他们的教区并入拉丁礼教堂。皇帝认为自己在南意大利的统治权被削弱了（虽然只是表面上），便开始反对额我略七世（1073—1085）将教皇的神权凌驾于政治权力之上的要求。争论的焦点当然不是宗教等级的高低，而是政治权力的强弱，皇帝想成为上帝的总督而教皇则想要权倾天下。

虽然分裂还没有正式完成，但显然两个教会已经开始使用不同的语言

---

1 米海尔·克鲁拉里乌斯（Μιχαὴλ Α' Κηρουλάριος），于 1043—1058 年任君士坦丁堡大牧首。

2 埃吉斯汉姆的布鲁诺（Bruno Von Eguisheim-Dagsbourg，1002—1054）于 1049 年上位。

3 希瓦康第达的宏伯特（Humbertus de Silva Candida，1000—1061）和后来成为教皇德范九世（1057—1058）的洛林的弗雷德里克（Frédéric de Lorraine）。

4 君士坦丁九世，他在位的 13 年间（1042 1055）基本不出宫门。他一直遭受诺曼人和塞尔柱人的攻击。

5 他在规则和仪式的实施上不断受到指责，在教士结婚、采用未发酵（无酵母）面包进行祝圣仪式、洗礼次数这些问题上，受洛林影响很深的罗马教廷在未与其他教会商量的情况下就进行了改革，他们的仪式被其他人认为太"日耳曼化"。这些矛盾最终使双方之间产生了不可逾越的鸿沟（如今仍然存在）。

了：罗马不只对抗东正教会，还对抗皇帝，教皇与日耳曼皇帝之间的关系就是很好的例子。继承了古罗马的传统的教廷，在其道德信誉被德意志皇帝重塑以后，便开始着手建立独立的宗教、政治和律法，消除残留的希腊–拜占庭的痕迹，在西欧地区获得广泛的认同感。而被意大利排斥在外的拜占庭已经被罗马教会的行为彻底激怒，最后索性将自己的精力全部放在地中海东部。地中海又一次被一分为二了，在西部开始重振旗鼓的时候，危机四伏的东部帝国却被打得节节败退。从意识形态上来讲，11 世纪绝对是非常重要的，在这一百年中人们见证了教会的一分为二，巴格达阿拔斯哈里发国的灭亡和科尔多瓦的后倭马亚的覆灭。最后只剩下定都开罗的什叶派哈里发国法蒂玛，逊尼派在政治–精神层面上都变得无所适从。东部基督教世界只能依靠权力时强时弱的皇帝，而西部教皇在宗教、精神和政治方面的实力不断增强。罗马教廷重新拥有了活力。

2. 西方的扩张运动

塞尔柱突厥人的入侵

几个世纪以来，游牧的突厥人一直在为近东和中东的势力服务。这些泛灵论者后来在他们的雇主的影响之下渐渐接受了某种一神论[1]。公元 10 世纪，在咸海北部，有一支以其首领塞尔柱 · 贝格（Seljuk Beig）命名的突厥

1　伏尔加河的可萨人选择了犹太教，而波斯的伽色尼突厥人则更愿意皈依伊斯兰教。

部落皈依了伊斯兰逊尼教派。在图赫里勒·贝格[1]（Tughril Beg）的带领下，塞尔柱部落占领了波斯，成了逊尼派势力中的佼佼者。同时，被西班牙后倭马亚王国拖得狼狈不堪的巴格达哈里发在领土内部也面临着逊尼派和什叶派的斗争，更糟糕的是，四处的叛乱也一个接着一个。1054年，巴格达遭到来自埃及的法蒂玛大军的进攻，哈里发向图赫里勒求援对抗来犯之敌，1055年，他兵不血刃地进入哈里发国的首都，打破了什叶派的影响，重新恢复了逊尼教派。阿拔斯哈里发获救后封图赫里勒为苏丹和酋长，只为他本人和自己的女婿保留了一些宗教权力和名誉头衔。突厥士兵在封地上烧杀抢掠，阿拔斯帝国也因此被弄得四分五裂。

这个年代非常重要，因为从这一年开始到1918年前，阿拉伯人在历史舞台上沉寂了很久。在长达9个世纪的时间里，阿拉伯人都只能依附于匈奴人（塞尔柱及后来的奥斯曼），16世纪埃及人和马格里布的柏柏尔人被奥斯曼帝国和后来的欧洲人征服以后，也遭受了同样的命运。

同样重要的还有，塞尔柱突厥人对近东的入侵间接催生了西方国家大规模的殖民扩张活动。圣城从969年开始就被开罗的法蒂玛政权接管。这个政权对犹太人和基督徒的态度却并不是那么客气了[2][1]。“疯子”哈基姆（Al-Hakim）在执政的996—1021年，放弃了公元10世纪一直秉持的宗教宽容政策，大量的犹太和基督教堂被毁。然而在他死后，包括圣墓教堂在内的宗教场所都被重建，前来朝圣的人也不断增加。也就是在此时，阿马尔菲人借助自己的贸易联系在此地设立了圣约翰医院。但是塞尔柱人却认为什叶－依斯玛依派的法蒂玛政权实行的宽容政策是错误的。1068年，阿

1　塞尔丘克（Selçuk）之孙，这位绰号“雀鹰”的君主生于990年，死于1063年。

2　出生在耶路撒冷的阿拉伯地理学家、旅行家穆卡达西（Al-Muqaddasi）曾写道：“在这个叙利亚行省，铸币工、洗染工、银行家大都是犹太人，而医生和抄写者都是基督徒。”

尔普·阿尔斯兰[1]（Alp Arslan）决定率领大军占领叙利亚，在曼齐克特击败了拜占庭皇帝罗曼努斯四世·狄奥吉尼斯后（1071）[2]，他也锁住了进军小亚细亚的咽喉地带。这场胜利后，东部的地缘政治被彻底打破，阿尔普·阿尔斯兰率领的塞尔柱人取代了逊尼派阿拉伯人成了该地区的霸主。塞尔柱人的统治让基督教在当地的地位大幅下降，也让朝圣者的旅途变得更加凶险。那时可以看到负责保护朝圣者的医护人员开始披坚执锐，预示着这个以医护为目的设立的组织向军事力量演变。1071 年，在最终战胜了拜占庭之后，塞尔柱人占领并劫掠了耶路撒冷，犹太人和基督徒也被赶了出去，朝圣活动也被禁止。

十字军与东罗马

重夺耶路撒冷

法蒂玛政权的宽容政策曾让欧洲的基督徒的情绪有所缓和，但塞尔柱人的所作所为则让他们群情激奋，1095 年教宗乌尔班二世（Urban Ⅱ）[3]在克莱芒宗教会议上鼓动发起十字军解放圣城[2]，让宗教的热忱达到顶峰。相对于几个阿拉伯部落发起的伊斯兰扩张，十字军是在特殊制度和历史事件背景下产生的一种集体的冲动。

乌尔班二世认为有必要与拜占庭的东正教会合作来解除突厥人强加在

1　本名穆罕默德·本·达伍德·恰格勒或穆罕默德·本·贾格里（Muhammad bin Da' ud Chagri，1029—1072），被尊称为"阿尔普·阿尔斯兰"（英勇之狮）。

2　虽然拜占庭人在人数上占有优势，但由于遭遇一系列缺席（尤其是罗塞尔的诺曼雇佣兵）和背叛（众所周知是安德罗尼科斯·杜卡斯），他们还在马拉兹吉尔特被碾轧。战败后的拜占庭再也无法维持对小亚细亚的控制，但其政治地位的下降则更为可观。从此以后拜占庭就陷入衰落，振兴无望。

3　奥托·拉普利（1042—1099），香槟贵族，后成为克吕尼僧侣，帮助教宗额我略七世处理教会改革事务。

基督徒身上的枷锁，他也确实与君士坦丁堡重新联合了起来。在他当权期间（1088—1099），东、西基督教会表面上维持着友好的关系，殊不知这种关系是建立在一个误会的基础之上。在教宗看来，和出于攻城略地与以宗教信仰为目的发起的“穆斯林圣战”一样，基督教世界也可以联合起来发起十字军来对抗穆斯林，解放耶路撒冷和巴勒斯坦，并最终除掉伊斯兰教；这同样是以上帝的名义和宗教的形式施加的暴力行为。但对于已和阿拔斯末代哈里发或法蒂玛统治者建立了联系的皇帝来说，这不是一次对伊斯兰的大扫荡，而是借助骑士们的力量来消灭侵占自己地盘[3]的塞尔柱突厥人。

1096—1099年，接连出现了两拨十字军。第一拨是由非“官方”钦点的牧师[1]“上帝的狂徒”[4]领导的平民十字军，这支无组织、无纪律的部队不仅沿途在匈牙利的贝尔格莱德和尼什大肆掠夺，还对犹太人进行屠杀。在被基利杰·亚尔斯兰一世（Kilij Arslan）消灭以后，平民十字军的余部加入了由四支骑兵组成的第二拨十字军。与平民十字军不同，这第二支部队中平民和贵族各占一半，但在进入拜占庭领地之后，他们也实施了抢劫和其他暴力的行为，而受害者几乎全部是东正教徒。拜占庭皇帝阿莱克修斯·科穆宁一世[2]（Alexios I Komnenos）对此相当警惕并要求十字军的将领们发誓效忠于他[3]。然而只将他视作盟军后援或是雇佣兵的十字军将领们内心却只会为自己的国家而战。各路十字军怀揣两个目的：表面上是为了解放圣城；但另一个大家心照不宣的，甚至常常被矢口否认的动机是为了排挤拜占庭，增强西方政治、经济的地位。这场意识-宗教的骗局持续了两个世纪。

从1097年开始，十字军和拜占庭之间的关系变得越来越糟，起因是十字军指责拜占庭表里不一，想联合突厥人伺机在背后捅刀子。于是十字军决定不再接受拜占庭的帮助，自行进兵。接下来发生了一系列惨绝人寰的

1　最有名的是隐士彼得（Pierre l' Ermite）。

2　阿莱克修斯·科穆宁一世（1058—1118），在位时间为1081年至死亡。

3　十字军承诺的范围比为国王收回的被占领土要更广一些。

战斗：如果说占领安条克的战役（1097）很艰难，那么 1098 年的迈阿拉努曼（Maarat an–Numan）大屠杀让叙利亚人从此对法兰克人产生了切齿之恨。1099 年 6 月，占领伯利恒（Bethlehem）后的第二天，十字军在恐慌的阿拉伯埃米尔的带领下来到了耶路撒冷。起初，开罗的法蒂玛统治者出于对塞尔柱人的仇恨，还打算联合十字军对抗突厥人。但考虑到占领了自己在叙利亚 – 巴勒斯坦大片土地的塞尔柱人为外部势力的大举入侵提供了口实，法蒂玛人于 1098 年决定夺回耶路撒冷。十字军们不愿意考虑这个新的情况，他们在围困耶路撒冷一个多月后于 1099 年 7 月攻陷了这座城池，随后他们拒绝了与法蒂玛援军议和的建议并成功于 1099 年 8 月在亚实基伦（Ashkelon）战胜了埃及人。

东方拉丁诸国

部分十字军成员在完成使命后回到了欧洲，但还有一部分人就在东方安顿了下来。也就是在那个时期这群人建立了耶路撒冷王国，布永的戈弗雷[1]（Godefroy de Bouillon）被推选为国王。由于他为人宽厚且没有野心，十字军将他而不是教皇钦点的十字军首领圣吉尔的雷蒙[2]（Raymond de Saint–Gilles）选为耶路撒冷之主。但戈弗雷拒绝了王位，将皇冠放到了耶稣戴荆棘冠的地方。他仅接受了“圣墓保卫者”（advocatus Sancti Sepulchri）的称号，以此表明自己仍听从于教会的态度。耶路撒冷王国的疆域从贝鲁特一直延伸至埃拉特。戈弗雷以西方封建制度下的法律为蓝本起草了《耶路撒冷法典》[5]（*Assizes of Jerusalem*）。这次行动已不是一次简单的军事占领，而是真正的文化殖民。拜占庭社会和伊斯兰社会一样充斥着不平等，各个阶层地位大都取决于统治者所施与的恩惠的多寡。封建制度下，

1　布永的戈弗雷（1058—1100），下洛林公爵，属洛泰林吉亚加洛林家族。

2　图卢兹的雷蒙四世（1042—1105）曾任圣吉尔伯爵（1060）、纳博讷公爵（1065）、普罗旺斯侯爵（1085）。随后他成为图卢兹公爵（1094）和的黎波里公爵（1102—1105）。

下至底层民众，上到君主，各个社会阶级组成了一个相互联系、互为依托的结构。这种固定的社会关系让当地精英发展的空间很受限，所以他们自觉被疏远也就不足为奇。此外，作为战胜者一方的拉丁教会将东方礼仪视为应该驱除的宗教习俗。当地的面貌也发生了变化，军队中的工程师以西欧、北欧的主要城堡为原型建造了一些坚实的堡垒，建筑师们在建造拉丁教堂的时候也将罗马艺术和哥特艺术元素融入其中。就这样，统治的变化不仅反映在感觉和怨恨中，也反映在视觉上。

随之而来的还有一种新形式的宗教生活。无论十字军是否在有意无意中展示出了“圣战”的特征，带有军事和宗教性质的骑士团多多少少与穆斯林征服初期的堡垒式清真寺起的作用有些相似。自塞尔柱人侵法蒂玛帝国叙利亚－巴勒斯坦以来，人们就觉得需要建立军队来保护朝圣者。负责提供普通服务和宗教服务的劳动者和教士，与武士阶层一起创造了一种新的生活方式——修道骑士会。1120 年，雨果·德·帕英（Hugues de Payns）和格弗雷·德·圣欧莫（Godefroy de Saint-Omer）创立了基督和所罗门圣殿的贫苦骑士团（Pauperes commitiones Christi Templique Salomonis），负责保护基督教的朝圣者和拉丁国家的安全。这一举动迅速影响到了最早的[1]天主教修道骑士会耶路撒冷圣约翰医院修会（Ordo Hospitalis Sancti Johannis Hierosolymitani），后来条顿骑士团（Ordo Domus Sanctæ Mariæ Teutonicorum）也成立了（1192）。这些军事修会加深了封建社会中教士、贵族和平民这三个阶层的分化，但他们的防卫职能却让骑士（只能出自贵族）的地位上升到了神父（教士）和军士（平民）之上。

12 世纪初期，塞尔柱人和地中海之间的联系被新建立的几个基督教国

1 于公元 11 世纪建立，1113 年被视为宗教修会。1187 年在教皇的承认下，它成了一个军事修会，随后于 1205 年再一次确认了这一性质。

家（耶路撒冷王国[1]、的黎波里伯国、安条克侯国、埃德萨伯国，此外奇里乞亚亚美尼亚王国也脱离拜占庭成为独立的国家[2]）隔开了，十字军们驻扎在巴勒斯坦和叙利亚地区的一些坚固的堡垒中建立行政机构，组织民兵进行防卫。四分五裂的伊斯兰世界，随处可见无政府的地区，统一的号召一次比一次令人心碎，但仍旧无人响应："你们在叙利亚的兄弟无家可归，他们不是在骆驼背上流浪就是已经成了秃鹫的食物。"[6]

到了 1130 年，法兰克强大的军队终究没能敌过政治权力的衰弱[3]，拜占庭也为了自己的利益摇摆不定，时而与法兰克人结盟，时而又转向穆斯林。没有基督教阵线，拉丁联盟也不复存在，而在小亚细亚的突厥人已经恢复了元气。在曼齐克特大捷（1071）之后，突厥人被十字军夺取了首都尼西亚（伊兹尼克，1097）。随后他们撤退到新首都伊康（科尼亚），并征服了周边的大片土地，成立了罗姆苏丹国[4]。他们所有的努力都是为了打开通向地中海和黑海的出口。与此同时，法兰克统治者之间的内斗让阿勒颇和摩苏尔总督伊马德丁·赞吉[5]（Zengi）看到了机会，几年来他一直在阿拔斯哈里发和塞尔柱苏丹之间摇摆不定。想要将叙利亚和伊拉克占为己有的他开始攻击这片地区的基督教侯国，同时他也请求这里曾经的穆斯林统治者在师出

1　布永的戈弗雷死后（1100），他的兄弟，布洛涅的鲍德温（1065—1118）成了耶路撒冷第一任国王。

2　1072 年，在马拉兹吉尔特战后遭受重创的拜占庭，从大亚美尼亚移民而来的亚美尼亚贵族建立了奇里乞亚侯国（听命于拜占庭）：小亚美尼亚。密列奥塞法隆战役（1176）后塞浦路斯总督伊萨克·科穆宁宣布成为岛上的专制君主。

3　安条克的博希蒙德二世于 1130 年去世，耶路撒冷的鲍德温二世和埃德萨的乔治林一世于 1131 年去世，让拉丁王国陷入家庭内乱中。

4　安纳托利亚的塞尔柱苏丹国（Anadolu Selçuklu Saltanati）或称塞尔柱罗马国（Rum Selçuklulari），存在时间为 1077—1307 年。

5　伊马德丁·赞吉（1087—1146）于 1128 年将摩苏尔和阿勒颇置于自己的统治之下。1129 年，塞尔柱苏丹赋予他叙利亚北部和伊拉克的统治权。从那以后，他就与苏丹一道对抗哈里发，其权力和地位也与日俱增。

有名的情况下夺回他们的领地。伊本·艾西尔曾经写道："此前，基督教徒们是多么渴望占领这片地区，而如今只要能保住已有的领地他们就心满意足。"[7]面对新的威胁，轮到这些拉丁国家东奔西走，四处求援，时而与拜占庭联盟，时而又与叙利亚缔约。1144年，赞吉占领了整个埃德萨伯国；虽然他没有处置叙利亚和亚美尼亚的基督教徒，但拉丁基督徒却未能幸免于被屠杀或被奴役的命运，这证明被侵略比被拒绝伊斯兰教[1]更让人记恨。1146年继任的努尔丁[2]（Nur ad-Din）更像是一位纯粹的突厥战士，他吸收了阿拉伯文化并成了一位真正的叙利亚埃米尔。高举"致力于统一伊斯兰世界的伟大宗教旗帜"[8]，他很快获得了叙利亚人民的支持，成为伊斯兰教对抗十字军主要的人物之一。穆斯林复兴的火种直接导致了伯尔纳铎[3]（Bernard de Clairvaux）倡议发起第二次十字军，而这一次的主要支持者是路易七世国王[4]（Louis Ⅶ）。基督徒们再一次提出了血腥的"圣战"口号，比第一次更加直接："为主而战应无所顾忌，不要害怕杀死你的敌人所带来的罪孽，也不要为他们的自相残杀而感到难过。无论是自我的牺牲还是杀死敌人，任何死亡都是为了主：这里没有罪恶，只有荣耀。"[9]自基督教正式创立以来，这是第一次用教会自己的言语取代耶稣的圣言，教士们的语气也与他们传递的仁爱福音相差甚远。

在小亚细亚、叙利亚和伊拉克地区，长期的穆斯林统治让拉丁国家

1 然而在赞吉被刺杀（1146年9月）后一个月，乔治林二世就重新夺回了埃德萨。但同年11月，赞吉之子努尔丁就再一次攻下了埃德萨，并将城中的基督徒全部屠杀。

2 努尔丁（1117—1174），1146年成为阿勒颇埃米尔。1154年，他统一了叙利亚并定都大马士革。

3 伯尔纳铎（1090—1153），天主教熙笃会创始人，1174年被册封为圣人。他于1146年在韦兹莱发起第二次十字军东征。

4 （年轻的）路易七世（1120—1180），1137年继承了其父路易六世的王位。这位虔诚的国王过着苦行僧一样的生活，1141年他与教皇发生争执，并被短暂地开除教籍。1143年，在与香槟公爵的战争期间，他下令焚毁佩尔图瓦地区维特里的教堂，里面逃难的人被活活烧死。于是国王决定参加十字军以洗刷自己的罪过。

的形势更为凶险。在到达圣地之后，十字军在维持陆路联系方面吃尽了苦头。多亏了一支来自热那亚的舰队将木材和武器运到十字军唯一的港口雅法（Jaffa），否则他们几乎不可能攻克耶路撒冷。耶路撒冷王国建立后，他们立即开始对港口城市的攻势：凯撒利亚（1101）、阿卡（1104）、贝鲁特、西顿（1110）和红海的亚喀巴（埃拉特）（1116）相继被占领。第二次十字军期间（1147—1149），面对小亚细亚的塞尔柱人，和对自己满腹怀疑的拜占庭人，十字军们只能通过地中海与西方保持联系。那些害怕中断与东方的贸易而不愿开战的意大利商人国家开始意识到这是一个发财的好机会，它们可以扩大行动范围，绕过穆斯林和拜占庭，直接从东方的商业站点购买产品。西方贸易逐渐造成了经济的不平衡，西欧诸国因此受益，而通过贸易附加值获益的拜占庭则不得不遭受经济衰退[10]。也正因如此，热那亚、比萨和威尼斯不仅为拉丁国家供应补给，保证定期运送十字军、骑士和朝圣者的安全，并为建立贸易站直接参与到港口争夺战中。事实上，法兰克的贵族们为了换取这些意大利城市（主要是威尼斯和热那亚）的帮助，也会分给它们一部分战利品并免除一些税收，此外，在占领城市里会留给它们一个特权街区（商栈），即使在城市重新被穆斯林夺回以后，它们的特权也常常能够被保留。十字军为意大利的这些海洋共和国的经济发展做出了巨大的贡献，也为一个在13世纪赚得盆满钵满的行业的出现提供了条件。由于十字军战线很长，所以军需补给在很大程度上要依赖沿途的当地市场，货币兑换就显得尤为重要。前两次十字军东征期间，拜占庭的货币兑换商给出的汇率就非常低。为了避免货币兑换，十字军们接受圣殿骑士团制定的兑换政策，在叙利亚支付路易七世所需的数额，随后国库在巴黎将欠款偿清。在《法兰克人替天行道》（*Gesta Dei per Francos*）[1]一书中也提到了银行业发展的前兆。

1　这是一本由基伯特·德·诺让（Guibert de Nogent，1053—1125）撰写的关于第一次十字军东征的编年史。

然而，这种狡猾而又为西欧带来丰厚利润的行为是与十字军的理念背道而驰的。虽然“十字军”这个名号仍被保留，但实际上这些人的所作所为和普通的征服别无二致，与社会学家古斯塔夫·勒庞（Gustave Le Bon）所说的“集体精神”[11]根本不相符。如果说理想仍然存在，它也不再是一种“大众心理”[12]，而只是像圣路易（Saint Louis）这样的少数个体的专利。这场一呼百应，以宗教的名义动员并影响了整个社会的陆路远征就此结束。

3. 从十字军的理想到地中海的经济控制

12 世纪的后 50 年，地中海的平衡被两件大事动摇了：一是西方帝国的灭亡，二是穆斯林的入侵。

耶路撒冷第二王国（1192—1291）

内部宗教和政治矛盾造成的伊斯兰政治分裂让巴格达、科尔多瓦和开罗的政权无法对抗十字军的入侵。相反，打起伊斯兰教大旗的不是阿拉伯人、柏柏尔人或波斯人：而是塞尔柱突厥人和后来的库尔德人。出身于库尔德的法蒂玛王朝大维齐尔的萨拉丁[1]夺取了埃及政权（1169）并建立了阿尤布王朝[2]。虽然他重新确立了国内逊尼派的主导地位，但只是勉强承认巴格达

1 萨拉丁·优素福·伊本·阿尤布（Ṣalāḥ ad-Dīn Yūsuf ibn Ayyūb，1138—1193）。

2 阿无布王朝于 1169—1250 年统治埃及，1174—1260 年统治叙利亚。

哈里发国的领导地位。他的目的是重新统一并掌控叙利亚和埃及，以对抗黎凡特的法兰克军队。从1174年（占领大马士革）到1183年（攻克阿勒颇），在击败了叙利亚的赞吉王朝也阻止了塞尔柱人的干预后，他统领近东从幼发拉底河到尼罗河之间的地区。与此同时，他通过与小亚细亚的塞尔柱人、拜占庭人[1]甚至塞浦路斯的暴君伊萨克·科穆宁（Isaac Komnenos）建立联盟来孤立拉丁人。在征服阿勒颇之后至1185年，他没有做任何冒险。但耶路撒冷王国内部的不和[2]以及法兰克人对阿拉伯商队的骚扰让他不得不在1187年采取行动。在哈丁战役（Battle of Hattin，1187年7月4日）中，他击败了国王吕西尼昂的居伊（Guy de Lusignan）并于同年10月2日攻下耶路撒冷。大批圣殿骑士团和医院骑士团成员战死，几乎所有生还的骑士都被俘并在交换赎金后被遣送回欧洲，大部分的基督教民众沦为奴隶。不久，他重新控制了巴勒斯坦，只给拉丁人留下了几处据点（推罗、叙利亚的黎波里、克拉克骑士堡、安条克和马卡布）。

拉丁人建立的耶路撒冷王国（1099—1187）没能坚持一百年。教皇额我略八世（Gregory Ⅷ）号召发起第三次十字军（1189—1192），马上得到了诺曼底和阿基坦公爵、英格兰国王狮心王理查一世、法国国王腓力二世·奥古斯都、西西里国王古列尔莫二世和红胡子腓特烈一世的响应。日耳曼十字军和拜占庭之间的紧张关系消除，他们填平了与拉丁世界的隔阂。但红胡子腓特烈一世的意外死亡[3]却让大部分德意志士兵退出了东征。此外，虽然狮心王理查和腓力·奥古斯都是这支前所未有强大法兰克军队的统领，

1　面对匈牙利人、塞尔维亚人、西西里诺曼人的攻击，拜占庭人无力再在东方开辟战场。

2　13岁登基（1174）的鲍德温四世（1161—1185）从小就患有麻风病。他的侄儿在1185年继承了王位，即鲍德温五世或称小鲍德温（1177—1186）。1186年小鲍德温死后，他的母亲耶路撒冷的西比拉（鲍德温四世的妹妹）和她的丈夫吕西尼昂的居伊与的黎波里的雷蒙三世一道宣称自己拥有王位继承权。英俊而又愚蠢的塞浦路斯国王居伊成功上位，但这次事件让拉丁阵营遭到严重分裂，最开心的人非萨拉丁莫属。

3　意外落水而死。

但他俩之间的关系却很紧张[1]。1192年，他们成功夺回了阿卡并重新在巴勒斯坦建立据点，即奇里乞亚亚美尼亚王国附近的安条克侯国、的黎波里伯国、新耶路撒冷王国，这片区域以阿卡为中心，亚实基伦、推罗为南北边界。在法国和英国国王相继离开之后，法兰克人统治的叙利亚也被重建，但它的领土只剩下沿海地区，因为腹地都被当时非常重要的商人群体占据了。

塞浦路斯王国

在拉丁十字军的坚持和武力攻势下，塞浦路斯这个国家被建立起来。拜占庭帝国在密列奥塞法隆遭遇败仗（1176）而元气大伤之际，塞浦路斯总督伊萨克·科穆宁于1184年[2]宣布脱离拜占庭而独立。面对强大的拉丁军队，他毫不犹豫地选择与萨拉丁结盟，而这一举措无疑是致命的。事实上，英格兰－阿基坦十字军在一场暴风雨中走散了，载有理查一世的妹妹西西里王后琼（Joan of England）和理查一世的未婚妻纳瓦拉的贝伦加丽亚（Berengaria of Navarre）的船只在利马索尔靠了岸。不久理查一世来到塞浦路斯（1191年5月）并在利马索尔举行了婚礼，次月（1191年6月）便在塞浦路斯打败了伊萨克·科穆宁。他委托圣殿骑士团管理岛上事务，但一段时间后，并无意占有该岛的骑士团又将岛卖给了曾经的耶路撒冷国王吕西尼昂的居伊[3]。吕西尼昂人在这里实行封建统治[13]，并确定了拉丁教会相对于希腊教会的优势地位。富有的拜占庭地主和东正教教士不得不将自

1 虽然理查一世不想结婚，但他出于政治目的，还是决定取消与法国公主阿德莱德（腓力二世同父异母的姐妹）的婚约，并请求纳瓦拉国王桑乔六世将女儿贝伦加丽亚嫁给自己。

2 他获得了塞浦路斯君主的头衔。

3 吕西尼昂的居伊（1159—1194），普瓦图领主的小儿子，没有继承任何财富，他娶了鲍德温四世的妹妹——耶路撒冷的西比拉为妻，成为雅法、亚实基伦伯爵（1180—1186）、耶路撒冷国王（1186—1192）和塞浦路斯国王（1192—1194）。

己的土地交给仅占总人口 15% 的拉丁领主。这些在巴勒斯坦同样拥有地产的领主会花更多的精力在塞浦路斯上，因为与黎凡特的那些不断受到穆斯林骚扰的田产相比，这里的土地更容易被利用。在这样的情况下，塞浦路斯的经济得到了快速增长，拉丁领主们的财富也急剧增加，以至于很多人失去了发展巴勒斯坦产业的动力，一心一意专注塞浦路斯的发展。就像如今已被意大利海洋共和国的商人们占据的叙利亚－巴勒斯坦海岸一样，作为“法国在海外的第一块领地”[14] 的塞浦路斯成了东方拉丁人的庇护所，也为西方商业提供有力的支撑[15]。

西班牙穆斯林国家的衰退

与东方的大起大落不同，西方局势的演变在缓缓进行。这个西方世界热衷于“定期朝圣”，无论是夺取圣地的十字军，还是在意大利南部和西西里冒险的诺曼人，都几乎不再关注西班牙的后倭马亚王朝，而这个王朝也确实不像其他的伊斯兰势力那样顽固。这种与其说是忽视，不如说是一种漠不关心的态度确实也对伊比利亚的伊斯兰国有利。它对外唯一的敌人就是半岛北方的天主教国家，而对内则致力于对抗不断出现的想要从政治和宗教上分裂国家的基督教徒。此外，它也没有经历过那些让塞尔柱人和库尔德人头疼的大批拉丁十字军的攻击。它在伊斯兰各派之间的冲突中逐渐衰弱、分崩离析，当基督教徒们意识到伊斯兰王朝势力已大不如前的时候，收复失地运动（Reconquista）便开始了。

在科尔多瓦后倭马亚王朝的前两任哈里发[1]的统治下，安达卢斯在政治、艺术和文化上都达到了顶峰[2]。在他们之后（976），由于希沙姆二世（Hicham Ⅱ，965—1013）身体和精神上都很脆弱，统治权便落到大维齐尔伊本·阿

1　阿卜杜·拉赫曼三世（912—961）和他的儿子哈卡姆二世（961—976）。

2　科尔多瓦的清真寺是最好的例子。

米尔·阿尔·曼苏尔（Almanzor）以及他的儿子，也是指定继承人的阿卜杜勒·拉赫曼·山朱勒（Abderramân Sanchuelo）手中。出身于阿拉伯的贵族们[1]反对这项决定，他们于1009年逼迫希沙姆退位并拥立一位新的哈里发[2]，但朝中支持山朱勒的柏柏尔人拒绝承认新主。在二十年内，这个国家变成了倭马亚家族阿拉伯阵营与反对者对抗的舞台，一部分势力受到柏柏尔人的支持，而另一部分人的拥护者则是那些基督教国家的首领[3]：在1009—1031年的二十二年内，先后有十二位哈里发登上王位[4]。从此以后，倭马亚哈里发国的领土再没有统一过：1013—1090年，北非的日里德人在格兰纳达建立王国；1023—1091年，阿巴德支（Banu Abbad）在塞维利亚建国。最终到了1031年，科尔多瓦的希沙姆三世[5]（Hicham Ⅲ）被废，后倭马亚王朝消失在了历史的长河中。

1031—1086年，伊斯兰西班牙被分割成了二十五个大小、实力不一的王国，阿拉伯语称其为泰法（taïfas），这激起了伊比利亚半岛上的五个基督教国家：莱昂王国、卡斯蒂利亚王国、纳瓦拉王国、阿拉贡王国、巴萨罗那伯国吞并的欲望。1086年，受到卡斯蒂利亚王国阿方索六世威胁的阿拉伯君主们向马拉喀什穆拉比特王朝苏丹优素福·伊本·塔什芬[6]（Yusuf ibn Tashfin）求援。与那些腐败无能的泰法国王相反，严以律己且对伊斯兰教非常虔诚的穆拉比特苏丹很快就得到了民众和宗教人士的尊重，在消灭

1 与先知一样来自古莱氏部落，和与科尔多瓦哈里发国统治者一样来自倭马亚家族马尔万支的贵族。

2 穆罕默德二世（980—1010）。

3 卡斯蒂利亚伯爵、巴塞罗那伯爵和乌尔赫尔伯爵。

4 有些被赶下王位的人几年后又重掌权力。

5 生于975年，在1027—1031年担任哈里发，1036年在流放途中去世。

6 1009年出生在撒哈拉的柏柏尔部落，他是第一位穆拉比特苏丹，执政时间为1061—1106年，同时还是马拉喀什的建造者。

了半岛上的小国之后，他重新统一了西班牙的伊斯兰世界[1]。

在他去世（1106）后，他的儿子不得不应对来自两方面的攻势：首先北方的基督教国家蠢蠢欲动，其次南方摩洛哥的穆瓦希德王朝也向信奉马立克派的穆拉比特王国发起圣战。经历了两年（1145—1147）的艰苦抵抗，穆拉比特人被穆瓦希德大军击溃，此后三十年，穆瓦希德人不仅占领了整个马格里布地区，还北上攻下了安达卢斯（1147）、科尔多瓦侯国（1151）、阿尔梅里亚侯国（1157）和巴伦西亚地区（1168—1172）。但这场看似穆斯林在马格里布和西班牙南部的振兴运动很快就被证实只是一曲挽歌，因为几十年后，穆瓦希德人的领地就只剩下摩洛哥而已。

1　除了熙德（Cid）和他的遗孀西门（Chimène）镇守的巴伦西亚坚持抵抗到了1102年。

第十三章

Le triomphe des marchands

商人们的凯旋

1198	教宗提议发起对抗埃及的第四次十字军东征。
1204	改变计划之后，十字军最终占领了君士坦丁堡；在原拜占庭领地建立了拉丁帝国和几个法兰克侯国。
1212	西班牙的基督教王国在拉斯纳瓦斯·德·托洛萨会战（Battle of Las Navas de Tolosa）中击败了穆斯林。
1217—1221	第五次十字军东征在开罗城下败北。
1228—1229	第六次十字军东征以谈判结束。
1237	男爵十字军也以相同的方式结束。
1229—1248	西班牙的复国运动（除了格兰纳达）。
1248—1250	第七次十字军东征圣路易被囚（1250）。
1251	儿童十字军演变成社会斗争。
1261	拜占庭夺回君士坦丁堡，拉丁帝国灭亡。
1265—1270	第八次十字军东征圣路易驾崩（1270）。
1289—1291	第九次十字军东征，东部拉丁国家消失（塞浦路斯除外）。

1. 第四次十字军东征和君士坦丁堡的拉丁帝国

第三次十字军东征的失败让教皇依诺增爵三世（Innocent Ⅲ）决定在1198年再一次发起十字军东征。当时西欧政局让大家不愿意再向圣地发起新一轮的军事进攻，因此这次号召并没有激起大家的热情。他就改变主意将矛头指向近东的霸主阿尤布帝国的中心埃及。相对于叙利亚，这里国家富足、土地肥沃，完全可以为十字军提供补给。十字军的首领们向多个意大利的海洋共和国请求运送3万名士兵和武器，但只有威尼斯愿意提供帮助。1202年夏，实际来到威尼斯集合的人并没有预计的那么多（1.2万人），但威尼斯人向十字军提出了一份十字军根本无法接受的运输报价。为了让威尼斯人降价，十字军答应占领萨拉港（Zara）作为补偿，而那是匈牙利国王的领土，对方也是十字军成员。在不少成员叛逃且十字军被暂时开除教籍的不利情况下，大军仍在1202年攻下萨拉。正在十字军茫然不知所措之际，被其兄阿莱克修斯三世（Alexios Ⅲ）夺取了王位并囚禁起来的伊萨克二世·安格洛斯（Isaac Ⅱ Angelos）的儿子逃到了这里，并向他们保证如果十字军能帮他夺回王位，他愿意支付十字军一年的军费，在攻打埃及的过程中提供人员和大量资金上的援助，并支持教会的重新统一。1203年7月17日，十字军占领君士坦丁堡，同年8月，伊萨克二世和阿莱克修斯四世共同统治拜占庭。此时的阿莱克修斯四世发现国库已经被他叔叔掏空而无力向十字军支付承诺的费用，城中希腊人、拉丁群体（阿马尔菲人、热那亚人、比萨人和威尼斯人）以及住在佩拉对岸的十字军之间的关系却越来越紧张。得不到报酬的十字军开始劫掠附近的一些宗教和民用设施，一伙希腊反对派将此事归咎于阿莱克修斯四世并发动政变将他弑杀，让阿莱克修斯五世继位。十字军和威尼斯人认为自己受到了欺骗，因为新的皇帝根本不承认前任的承诺。自第一次十字军东征开始，拉丁世界诸国对拜占庭就抱有不信任感，怀疑它在耍两面派，许多西方人认为拜占庭是十字军成功路上的绊脚石。1204年4月12日，十字军占领了君士坦丁堡，并在城中洗劫了整整三天。希腊平民被屠杀，教堂和清真寺被践踏。整个城市一部分被焚毁，城中的人口纷纷逃离，直到1261年才重新回来。大量幸免于难的艺术品和不少东正教的圣物都被运往西方。东欧人对事情的理解是拉丁人侵犯了拜占庭人，天主教和东正教自1054年起就因为教义问题而分开，而在1204年发生的惨剧让双方的裂痕变得无法修复。希腊拜占庭的领土就被十字军和威尼斯瓜分了。十字军在君士坦丁堡建立了拉丁帝国、萨洛尼卡王国、雅典公国（首都为底比斯）和亚该亚侯国，把封地都分发给那些参加了十字军的男爵。根据与十字军签署的《罗马帝国土地分割条例》（*Partitio terrarum imperii Romaniae*，1204年3月），威尼斯人应该得到近三分之一的战利品和君士坦丁堡五分之三的土地，从教廷得到新的贸易特惠权，以及科罗尼（Coroni）、迈索尼（Methoni）、克里特和埃维亚岛（Euboea），领土涵盖整个基克拉迪群岛的爱琴海群岛公国（Duchy of the Archipelago）被建立，这样一来，与君士坦丁堡之间的贸易路线完全被威尼斯掌控。虽然在小亚细亚（尼西亚王国和特拉比松帝国）和巴尔干（伊庇鲁斯专制国）仍有拜占庭皇族成员健在，但帝国实际上已经灭亡。虽然此后它还能够从政治上东山再起（1261—1453），但以前经济上的辉煌已不可复制，威尼斯共和国夺走了它大部分的经济利益。对于这个东方最后的一个基督教势力消亡的原因，历史学家们众说纷纭。19世纪，出现了一种阴谋论，即东罗马帝国的灭亡是威尼斯、阿尤布苏丹，甚至皇帝或者教皇实施诡计的结果，但在19世纪末，沃尔特·诺登[1]（Walter Norden）重申了一位十字军编年史作家若弗鲁瓦·德·维尔阿杜安[2]（Geoffroy de Villehardouin）的观点（意外理论）：他认为征服拜占庭并不是在精心策划下实现的，而是西方人在充分了解了自己利益之后抓住了阿莱克修斯四世提出经济条件这一机会产生的结果。

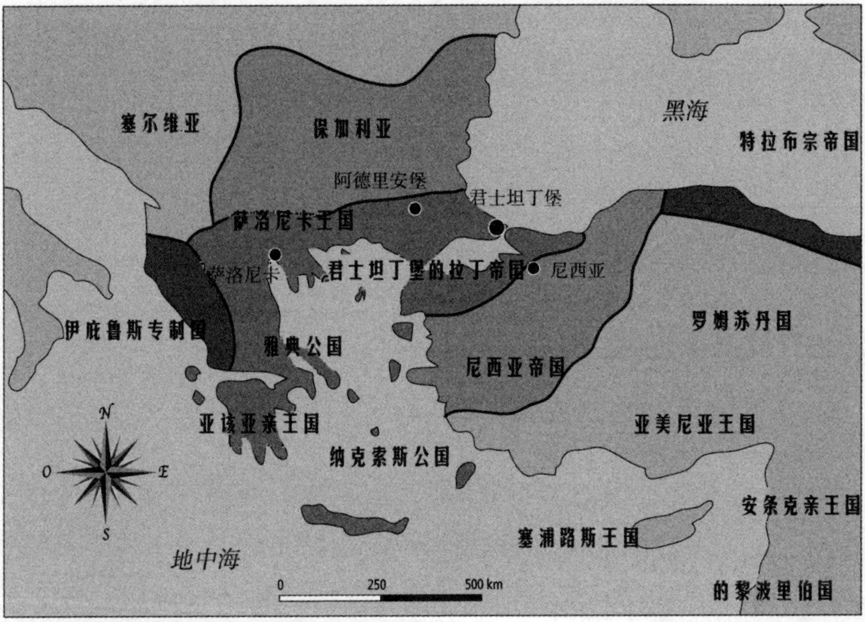

拜占庭世界的拉丁势力

拉丁帝国存在的六十年间，信奉天主教的法兰克人想在拜占庭建立封建制度的实践一直都是失败的。如果新的宫廷还保留了拜占庭式的礼节，那么封建制度的引入则与希腊传统不符。面对保加利亚人的袭击、希腊臣民的敌意和三个拜占庭国家的反叛，这个因权力分化而实力受损且缺乏明确的政治路线的国家，所能做的只是在这个人心动荡的国家实施如军事远征、围城和驻防这样纯粹的军事行动而已。此番在拜占庭实行封建制度并不比以前在巴勒斯坦实行的结果要好。在尼西亚拜占庭皇帝的攻势（1235—1260）下，拉丁帝国就像一张驴皮一样，国土面积锐减到只剩下君士坦丁堡周边，最终于 1261 年 7 月轰然倒塌，米海尔八世（Michael Ⅷ）从鲍德温二世（Balduin Ⅱ）手中夺取了王位。但是，雅典公国、亚该亚亲王国、爱琴海群岛公国和塞浦路斯仍然在西方人手中。拜占庭经过分裂和重建成为一个小国，拉丁人在通往黑海的商道上建立的军事据点以及残留在巴勒斯坦的拉丁国家都被最终保留下来，13 世纪初期，西方人通过十字军积累的财富让他们成为东地中海贸易的主宰。

2. 伊比利亚半岛

马格里布穆瓦希德王朝的衰落让西班牙穆斯林经历了岌岌可危的形势。从 13 世纪初期开始他们就遇到了困难，地方王朝林立，即使对马拉喀什的哈里发纳希尔（Al-Nasir）忠心耿耿的阿布·哈夫斯（Abû Hafs）也在伊夫里基亚拥兵自重，而他的儿子们则更进一步建立了突尼斯哈夫斯王朝（1229）。

伊比利亚的基督教国家（阿拉贡、纳瓦拉、卡斯蒂利亚、莱昂和葡萄牙）当然不会对穆瓦希德王朝统治力的下降熟视无睹。它们搁置分歧，联合发起了收复失地运动。在基督教徒和穆斯林的眼里，这场在西地中海发起的运动和十字军遥相呼应；但事实上却是一场漫长的再征服战役，它的起点可以追溯到公元 8 世纪初期穆斯林的征服，后来的进程也由于穆瓦希德王朝的衰落而加快。1179 年，阿拉贡和卡斯蒂利亚国王签订《卡佐拉条约》

（*Treaty of Cazola*），双方约定平分纳瓦拉王国和今后占领的穆斯林领地，而作为巴利阿里群岛和半岛东海岸（从比利牛斯山到阿利坎特）的统治者的阿拉贡则认为卡斯蒂利亚王国阻碍了自己南扩的道路。在日益强大的克吕尼派和熙笃会的影响下，这些基督教国家的行动加快了伊比利亚半岛的欧洲化进程。

1212 年在拉斯纳瓦斯·德·托洛萨，基督教国家的联合军队在来自其他欧洲国家的十字军的帮助下，击败了穆瓦希德哈里发纳西尔率领的由安达卢斯和马格里布士兵组成的大军。这场胜利在短期内的影响虽不明显，但却从心理层面上打破了穆瓦希德人不可战胜的神话，也成为基督教国家收复伊比利亚半岛的转折点。阿拉贡人在 1229 年和 1238 年分别占领了巴利阿里群岛和巴伦西亚。而卡斯蒂利亚人在 1236 年占领了伊斯兰在伊比利亚半岛的中心城市科尔多瓦，随后于 1248 年占领塞维利亚。唯一幸存的是格兰纳达，这个在穆瓦希德王朝衰落初期就宣布独立的埃米尔国随后臣服于卡斯蒂利亚国王费尔南多三世（Fernando Ⅲ），并在攻占科尔多瓦和塞维利亚的战斗中提供了援助。在两个半世纪里，穆斯林和犹太人在这个西班牙土地上仅存的伊斯兰王国里和平相处，这里也成了收复失地运动下穆斯林的庇护所。它在安达卢斯这片宽容的土地上铸就了一段金色传奇，在生活艺术中成就了无与伦比的建树，而那些驱逐了穆斯林匠人和农民的基督教国家经济持续下滑，最终导致了 14 世纪封建统治的危机。

3. 十字军理想的终结

进入 13 世纪，十字军的理想也发生了变化，由此可以看出西方社会思想的发展。对富有精英们越来越恶毒的批评激起了一些人民运动，这些运动似乎想要向统治阶级控诉精英们对宗教的纵容。拉斯纳瓦斯·德·托洛萨大捷（1212）重新燃起了人们加入十字军的热情。教皇依诺增爵三世（Innocent Ⅲ）曾向开罗苏丹建议和平移交耶路撒冷，在收到对方严词拒绝以后就开始倡议发动第五次十字军东征（1217—1221）。当时有一些穷人为了向上层社会基督徒展示自己的敬虔主义，组成了名为“儿童十字军”的队伍，但这些人不是死于途中，就是被人贩子卖到非洲沦为奴隶。一支由匈牙利、奥地利和巴伐利亚的人组成的队伍随后也挺进东方，但他们却不得不在开罗城下接受失败的命运（1221）。第六次十字军东征（1228—1229）本应去接应上一批东征大军，但行动却因腓特烈二世（Friedrich Ⅱ）和教皇的争执而耽搁了。腓特烈二世更愿意通过签订条约和谈判的方式收回耶路撒冷（不包括圣殿）、伯利恒（Bethlehem）和拿撒勒（Nazareth）。1237 年，男爵十字军也采用同样的外交战略短暂收复了（1239—1241）耶路撒冷王国的大部分领土。

比起宗教精神，现实政治对近东形势的影响要更大，地中海东部的基督教国家个个忙于自保，马穆鲁克骑兵眼中任何疑似挑衅的行为都会让他们产生防备[3]。发起第七次十字军东征的是国王路易九世（Louis Ⅸ）。虽然他的建议得到了依诺增爵四世的同意，但他本人并未获得任何支持。1248

年在塞浦路斯登陆后，他在尼科西亚（Nicosia）和法马古斯塔（Famagusta）建造了几座尖形拱门式教堂，让吕西尼昂王国第一次呈现出法国海外领地应有的样子。但很快，他的行动就失败了。马穆鲁克骑兵在击败十字军后还俘虏了国王（1250），并携胜利之余威屠杀了阿尤布的残存势力。国王被俘以后，一位熙笃会教士宣称收到了圣母马利亚的书信，说权贵和自负的人无法夺回耶路撒冷，能够完成这一使命的人只有穷人、牧羊人和谦卑者，于是，“牧羊人十字军”就这样成立了。大量手持利斧、长矛的农民十字军从巴黎向南走到马赛，一路以贪婪的罪名杀害修士、教士甚至骑士。这些人貌似是纯洁派起义（1208—1244）的余波，而他们当中的大部分人都被残忍地镇压了。路易九世在1254年回国以后，于1265年响应乌尔班四世（Pope Urban Ⅳ）的号召再次加入了第八次十字军东征。出于劝说突尼斯哈夫斯埃米尔改宗的目的，圣路易启程前往迦太基并于1270年在那里逝世。此时在黎凡特，法兰克的势力正逐渐烟消云散。在叙利亚的的黎波里被攻陷后（1291），最后一次十字军东征也没能让阿卡免遭沦陷（1291）。塞浦路斯王国成为东方唯一的基督教国家。

在接下来的一个世纪，十字军的精神渐渐消退，即使是贵族也不再推崇它。在第八次十字军东征时期完成的作品《十字军和反十字军的争辩》（*Disputaison du Croisé et du Décroisé*）[4]中，诗人吕特伯夫（Rutebeuf）就描述了两位骑士截然不同的想法，一位骑士认为任凭上帝的国度落在敌人手里而不去解救是懦弱的行为，而另一位则坚持参加十字军东征是一种向疯狂致敬的行为，因为通过经营自己的国度同样可以在死后升入天堂，“教皇、主教和高级教士这些能够同时享受天国和凡间幸福的人”就是例子。对和平的渴望、对平静生活的向往和对物质价值的肯定取代了那些高尚却难以实现的理想。随着各国家民族的稳定，通往天国也无须再通过向东远征来实现。

4. 海洋共和国

1135	西西里吞并阿马尔菲共和国。
1284	比萨共和国被热那亚击败。
1298	热那亚在科尔丘拉岛（Curzola）击败威尼斯。
1348—1353	瘟疫席卷欧洲，造成约 2400 万人丧生。
1380	威尼斯在基奥贾（Chioggia）击败热那亚。
1381	威尼斯逼迫塞浦路斯出租法马古斯塔港。

13 世纪下半叶，东、西地中海的形势形成鲜明的对比。拜占庭帝国的面积急剧缩小，只剩下小亚细亚西部和欧洲马其顿与色雷斯之间的一块地盘；从重新征服拉丁人开始（1261），拜占庭已完全认同了自己的东正教文化。在塞浦路斯的情况截然相反，统治者一直想要强迫希腊人接受拉丁文化，引起了后者的强烈不满。在东方的拉丁国家里，虽然法兰克人和当地穆斯林共同生活，但他们从来未曾试图融入其中。但在西班牙，尤其是在外号为“受洗的苏丹”的鲁杰罗二世[1]（Ruggero Ⅱ）统治下的西西里，情况却截然相反，这里甚至谈不上文化渗透，人们有一种想要了解对方的

1 鲁杰罗二世（1095—1154），奥特维尔的鲁杰罗之子，西西里王国实际上的缔造者，其统治时期为 1130 至 1154 年。他曾向拜占庭宫廷派遣希腊、阿拉伯官员和穆斯林、基督教徒和犹太学者。并请求地理学家穆罕默德·伊德里西（Al Idrissi）出版了西方的第一份地图。

意愿，虽然更多可能是出于消除排斥的目的[1]。

在东西方持续的冲突中，贸易虽然始终没间断过，但还是经历了一些变化，究其原因主要还是十字军的影响。长期以来，作为伊斯兰国家和拜占庭帝国的属地的意大利商业共和国在法兰克人东征的过程中成了最大的受益者，他们不仅通过运送十字军赚取了不少钱财，而且他们的造船厂也得到了很大的发展。从那时候起，这些国家就拥有庞大的舰队，战船无论从数量上还是操作性能上都首屈一指，在获得了拉丁国家赋予的特权、贸易站，并完善了本国的金融和贸易技巧之后，海洋共和国便控制了地中海。此后，依靠它们的银行和杜卡托（取代了旧时拜占庭和伊斯兰国家货币的新金币），其贸易网络扩展至北欧甚至远东。

最古老（859）也是拥有意大利最强海军的海洋共和国阿马尔菲在12世纪的时候灭亡了。1135年，在比萨人的攻势下，阿马尔菲不得不向西西里国王求援，随后于1139年成为西西里的附属国。然而政治上的衰落并不意味着它巨大的贸易网络的终结，在1343年的海啸将它的武器库摧毁之前，那不勒斯一直都因此受益[5]。

与热那亚结盟驱赶第勒尼安海的伊斯兰舰队（1063）的比萨共和国（1081）依靠在十字军东征时期获得的大量收益，成功占领了整个西地中海盆地（巴利阿里群岛、科西嘉岛、撒丁岛等）。但随后它便与同样觊觎这片地区的热那亚开战了。战败（1284）后，比萨便退回托斯卡纳（Toscana），从此默默无闻。

热那亚（1099）就此成了13世纪一大势力。在梅洛里亚海战（1284）中战胜比萨以后，它吞并了里窝那（Livorne）并占领了科西嘉岛和撒丁岛，一举成为第勒尼安海最强海洋势力。在第一次十字军东征期间，热那亚叱咤

1　莫札拉布人（居住在伊斯兰西班牙的基督徒）托莱多的彼得（Peter of Toledo）参加了12世纪《古兰经》翻译成拉丁文的活动（Lex Mahumet pseudoprohete），被克吕尼修道院院长（1122—1156）赞为可敬的彼得。

风云[1]，获利颇丰，不仅在圣地建立了贸易站，而且占领了马耳他（1197—1239）。此时的威尼斯仰仗自己的军、商两用船队，是头号海洋大国，热那亚则奋起直追，成了亚得里亚海的统治者，拜占庭成了它称霸地中海的绊脚石。威尼斯为了自己的利益让十字军改道拜占庭，并从仅存在了六十年的拉丁帝国处获得了不少好处。然而，拉丁帝国的覆灭和拜占庭的反扑也让威尼斯受到了打击。1261年（《南菲宏条约》），热那亚与尼西亚王国[2]建立了攻防联盟。热那亚为拜占庭提供海军支援，而拜占庭也为热那亚驱逐黑海的威尼斯势力，热那亚因此在士麦拿和君士坦丁堡获得了大量的特权[3]。就这样，热那亚成了地中海最重要的商业势力：热那亚人的足迹不仅遍布马赛、艾格-莫尔特（Aigues-Mortes）、直布罗陀、塞维利亚，在泰拜尔盖岛（Tabarca）、突尼斯和马赫迪耶也有他们的贸易站；虽然位于黑海的贸易站［亚洲的阿玛斯特里丝（Amastris）、锡诺普（Sinop）、萨姆松（Samsun）、特拉布宗（Trabzon）和欧洲多瑙河三角洲的贸易站］和殖民地克里米亚是他们海洋霸权的最好见证，但热那亚人最活跃的地方还是东地中海（亚力山卓、雅法、阿卡、安条克、亚美尼亚的拉亚佐[4]）、多德卡尼斯群岛和斯波拉泽斯群岛。如果说当时热那亚的商业还受到威尼斯威胁的话，那么依靠新型战舰[5]在库佐拉海战中痛击威尼斯人之后，热那亚人在一段时间内独占鳌

1 在阿卡的攻城战中（1191），热那亚水手发挥了巨大的作用。

2 双方的统治者是古格列尔莫·波卡涅格拉（Guglielmo Boccanegra）和帕里奥洛格斯的米海尔八世（Michel Ⅷ Palaiologos）。

3 尤其是金角湾北岸的佩拉（Pera）和加拉塔（Galata）区。

4 今尤穆尔塔勒克（Yumurtalik）。这里是从丝绸之路而来的远东商队的终点。

5 13世纪末，热那亚航海家贝内蒂托·扎卡里亚（Benedetto Zaccaria，约1248—1307）与他的兄弟一起几乎垄断了佛西亚的明矾贸易和希俄斯的乳香贸易，他们发明了一种用于支撑船桨固定装置的栏杆（船体外部），可以让三名而不再是两名船员同时坐在摇桨的长凳上。多利亚（Lamba Doria，1245—1323）率领78艘这种操作更方便的桨帆船在库佐拉海战中击败了98艘老式威尼斯帆船。

头。热那亚人引领贸易（丝绸、香料、黄金、宝石、明矾[1]、乳香[2]），国内的四大家族［菲耶斯基（Fieschi）、格里马尔迪（Grimaldi）、多里亚（Doria）、斯皮诺拉（Spinola）］也常常互相争夺政治权力。

从1350年起，热那亚与威尼斯两座城市又开始了明争暗斗。第一次冲突（1350—1355）最终通过贸易和约而化解。第二次冲突在"中立国"塞浦路斯重新打响。1369年皮埃尔一世（Pierre I）遇刺后，不到一岁的皮埃尔二世（1369—1382）被推上王位。遭遇了少数派的争斗和两个海洋共和国的势力争夺，塞浦路斯陷入麻烦之中。对于热那亚和威尼斯来说，塞浦路斯对地中海经济的发展至关重要，因为此时没有西方国家再把精力放在东方：法国和英格兰之间的争斗最终演变成百年战争，而天主教会则在经历大分裂。1372年皮埃尔二世在法玛古斯塔加冕耶路撒冷国王一事点燃了争夺贸易优先权[3]的导火索。支持威尼斯人的塞浦路斯夺走了热那亚人的资产，后者立马还击并于1373年占领该岛，并在1381年强迫塞浦路斯国王同意出让黎凡特最大港口法玛古斯塔九十年。热那亚人对塞浦路斯的控制[4]让他们能够在拜占庭周边的叙利亚、克里特、希俄斯岛拥有土地并建立真正的殖民地。然而占领吕西尼昂王国这一事件却预示着热那亚与威尼斯对抗中胜利的天平正朝着威尼斯倾斜。1372年至1378年，双方关系再次陷入紧张，首先是威尼斯人吃了败仗［波拉（Pola），1374］，随后热那亚人也经历了失败

1　一种含铝和钾的盐，主要产地为埃及和叙利亚，由于具有收敛特性而常被作为腐蚀性染料在去除羊毛粗脂的过程中加以应用，以便让后期的染色效果更好。

2　乳香黄连木上出产（主要产地为希俄斯岛），常作为香料用于生产糖或蛋糕，也可用于制造口香糖。

3　威尼斯代表想要控制耶路撒冷国王，而这项特权一直属于热那亚人。

4　皮埃尔二世向热那亚人支付了一笔巨款，导致了自己的毁灭。在他死后的1382年，王位传到了他叔叔雅克一世手中，此人曾被关押在法玛古斯塔，在支付了高额赎金以后才重获自由。他出生在监狱的儿子雅努斯（Janus）在1398年即位，在他被开罗苏丹擒获并押解往埃及之时（1426），拥有强大军队的热那亚人并没有从法玛古斯塔出兵营救。

[安其奥角(Cap di Anzio),1378]。在波拉再一次取得胜利后(1379),热那亚占领了基奥贾(Chioggia)和一些威尼斯城堡,阻断了连接威尼斯、米兰和伦巴底的贸易路线。在最后一次反击中,全民动员的威尼斯人让战局瞬间逆转,热那亚人反被围困在基奥贾城中,最后于1380年6月被迫投降。从此热那亚再也无法在军事上与威尼斯抗衡了。虽然两国在贸易上仍能够一较高下,但威尼斯在政治和军事上的优势常常让热那亚的商业利益化为乌有。

但热那亚也懂得如何从失败中重新振作。热那亚的领土由亚平宁山脉和海之间狭长海岸构成,穿流而过的两条河(黎凡特河、庞洛河)将此地分为两个河岸区,既方便控制又可作为城市的"粮仓"。除了贸易站点以外,热那亚唯一的海外领土就是科西嘉岛这个因为贫瘠而无人觊觎的岛。在败于威尼斯以后,它重新回归纯商业活动,很少再插手行政事务。战胜者威尼斯继续扩张自己的领地(意大利内陆、达尔玛提亚、希腊……),作为战败者的热那亚只能依靠自己的贸易和资本银行来增强实力。

威尼斯在第四次十字军东征(1204)中获得了巨大的利益,它也是这次东征路线变更的发起者。在瓜分了拜占庭的部分领地(主要是希腊诸岛、君士坦丁堡的贸易站)并在随后占领了科孚(1207)和克里特岛后,这位亚得里亚海的女王变成了东西方世界之间无法绕开的中介人[6]。在基奥贾战胜了热那亚人后的第二年(1381),双方签署了《都灵和约》,从此威尼斯人也可以进入曾被热那亚控制的黑海进行贸易了。13—14世纪,马可·波罗[1]的长途旅行和里亚尔托(Rialto)

1 马可·波罗(1254—1324)经历了二十六年的长途跋涉到达中国,并见到了忽必烈(1215—1294)。这位肩负外交使命的商人在回程的时候在阿达纳地区被热内亚人囚禁(1296,并非在威尼斯与热那亚的军事交锋中)。在监狱中他口述了那本令人称奇的书——《马可·波罗游记》[这本书还有另外两个名字:《百万》(*Il Milione*)和《东方见闻录》],这本书迅速引起了轰动。

的证券市场都象征着威尼斯不同凡响的商业思想。按照历史学家费尔南·布劳岱尔（Fernand Braudel）的观点，里亚尔托的证券市场也发行债券和股票，和真实的股市非常相似。这些股票和债券[7][1]以竞拍的形式售卖，筹集的钱款用于投资海洋活动。依靠售卖武器积累的财富让威尼斯能够完成超远洋航行：在14世纪的前二十五年，威尼斯的兵工厂规模扩大了四倍（25公顷），四周也修建了围栏。经政府的许可，公办企业（1283）搭建了真正的航线：英格兰和法兰德斯（1315）、亚力山卓（1347）、贝鲁特（1374）、艾格莫尔特（1402）、马格里布-西班牙（1436）。威尼斯成了“当时最大的、覆盖整片海域的交通系统的中心”，它不仅是“黎凡特最大的胡椒[2]和香料（来自印度洋）的买家”，也是“这些食品在西方最好的卖家，尤其是对欧洲最大的香料消费国德意志[8]来说”。

5. 奢侈品与瘟疫

十字军给封建社会留下了一种骑士理想。在第一次和第三次十字军东征之间的那段时间，出现了歌颂勇敢骑士们的丰功伟绩和宣扬“爱情与军

1　人们将其称为“carats”，这个词来源于阿拉伯语 qîrât（原意指用于称量金子的角豆树的果实）。只要劫掠行为还存在，无论在基督教还是在伊斯兰世界，投资海洋活动的人就都被称为参与者（qirataire）。

2　胡椒在威尼斯的卖价是在印度买价的30倍。

人职责同样重要[1]”的宫廷文学。虽然描述英雄事迹的作品从未消失过，但这些文学却因加入了情感因素而得到了丰富。

这些作品还为了解拜占庭和近东这些比西方国家精致得多的地区的点点滴滴提供了一种特殊的途径。在与东方伊斯兰教和西方基督教这两个看似相互对立世界的接触中，大大咧咧的西方领主开始通过改变生活习惯、生活方式让生活变得讲究了起来，因为他们此时能够消费得起那些以前只有统治者和最富有的人才能享有的物品。宫廷爱情中骑士必须“献殷勤”这种约定俗成的规定让无数的奇珍异宝流向了西方国家的城堡，而人们也马上认可了这些物品的重要性：这些实际用途并不明显的奢侈品从东方漂洋过海而来，迅速受到了乡村贵族的青睐，到了 13 世纪，随着地中海贸易的日益频繁，富有的商人组成的中产阶级不仅拥有经济实力，甚至还享有政治权利。奢侈品由东方的拉丁王国供应，主要来自存在时间最久的塞浦路斯。所有亚洲、高加索的商路，所有威尼斯、热那亚、艾格莫尔特、巴塞罗那的商船队都经过塞浦路斯[2]，让这座岛的繁荣程度不亚于拜占庭和亚力山卓。确实，随着在近东地区的王国一个个消失，欧洲将塞浦路斯变成了一个汇聚黎凡特贸易品的大仓库。当时的法玛古斯塔就是一个梦幻般的城市，在这里道德和伦理都要退居次席。被但丁称为“野兽”的癫痫患者亨利二世（1285—1324）就常常在宫廷里会见商人和吟游诗人[3]。一位来自德国的教士鲁道夫·冯·苏海姆(Ludolf von Sudheim)这样写道：“塞

1 此外，在宗主国要求下所有封臣都必须加入封建君主的军队。这一义务在 12 世纪时就逐渐消失了，封臣可以通过经济手段［交付免除兵役税（ Scutage）］来逃避征兵，君主可以用这笔钱来招募雇佣兵。

2 三条主要贸易路线连接远东和地中海 。第一条陆路的起点在中国，穿越里海、埃尔祖鲁姆和亚历山大湾；第二条的起点在东印度，经过印度洋到达巴格达，然后穿过波斯湾到达阿勒颇和安条克；第三条是海路，由锡兰出发，经亚丁、红海、杜姆亚特最终到达亚力山卓。

3 在他统治时期杰拉德·德·蒙特利尔（Gérard de Montréal）撰写了编年史《塞浦路斯颂歌》。

浦路斯的君主、贵族、男爵、骑士们是世界上最富有的人。”[1] 塞浦路斯出口的货物不仅有东方出产的珍品（丝绸制品、锦缎、黄金、胡椒、香料），还有岛上自产的产品（谷物、棉花、蔗糖、铜、造船用木材、拉纳卡的盐、酒、桶装腌制雪鸡[2]、帕福斯的瓷器、香水[3]、人称“塞浦路斯小鸟”的熏香）[4]。这些新奇的物品与新的宫廷准则发生碰撞，制造了越来越多的流行趋势。骑士不仅要勇敢，贵妇不仅要漂亮，他们还都要有取悦对方的欲望：除了温文尔雅的举止和谈吐，还要有高贵的妆容和饰品[5]，奢侈和浮夸在 15 世纪达到了顶峰[6]。

整整两个世纪，地中海成了奢侈品贸易的载体，而封建社会也在奢侈品的影响下被彻底改变了。西方世界在伊斯兰世界（东方或伊比利亚）的生活艺术影响下焕然一新，在 15 世纪末，它也已经准备好继承古希腊和拜占庭的遗产。西欧在两种文明的碰撞下受益匪浅，获得了经济和技术上的巨大优势，让地中海东部的国家难以追赶。地中海的复兴导致了欧洲新一轮的城市化、广场和集市的激增、理财学的发展和精英阶层财富的不断积累，地中海的主题又由对抗转为交流。自那之后很长一段时间里，地中海的财

1　《朝圣路上》（*De itinere Terrae Sanctae*）收录在《东拉丁档案》中，Paris, 1884, t. II, p. 336. 虽然年代更晚（1340），但此文的描写与 14 世纪前 10 年当地的情况完全相符。

2　将雪鸡按照当时的酸甜口味腌渍在醋里。

3　菲利克斯·法布（Félix Faber）在 1480 年参观完尼科西亚后写道：“这里有来自世界各地的商人，包括基督徒和异教徒。大而富有的店铺在香料商的帮助下，将来自黎凡特的芳香植物转变成奢侈品。这些芳香的植物在岛上随处可见，尼科西亚商店的产品将它们卖向全世界。”

4　这场经济复苏并没能让拉丁人受益，因为天主教徒在教会的阻止下无法与异教徒贸易，于是利润便流向了叙利亚人、亚美尼亚人、希腊人和景教徒手中。

5　在这点上争论一直存在，15 世纪道路的发展可能让来自中国或蒙古的黎巴嫩高帽（tanur）在欧洲广为流传，马格里布犹太人戴的 sarma 帽可能也是由此演变而来，安达卢西亚的梳子也类似，不过它是插在后脑勺而不是头顶前部。

6　见林堡兄弟（Limbourg brothers）的《贝里公爵的豪华时祷书》（*Riches Heures du duc de Berry*）。

富逐渐流向西欧的天主教势力。从史前时期开始，由东至西的潮流就将人、财富、思想和宗教输送到西方，而接下来的几个世纪，这股潮流将会逆向而动。西方势力崛起后，东方却后继无人。

但事情总有它的两面性。有一种观点认为，蒙古大军在1346年攻打黑海的热那亚贸易站卡法（Caffa）时将中亚的腺鼠疫传播给了城中居民。热那亚的船只又将病毒四处传播：君士坦丁堡、梅西纳、热那亚，1347年病毒到达科西嘉和马赛，次年（1348）又扩散到比萨、斯普利特（Split）、希贝尼克（Šibenik）、拉古萨[1]和威尼斯。1348年，亚力山卓和开罗也未能幸免，随后病毒向北（巴勒斯坦、叙利亚[2]）和向西（马格里布、西班牙）传播。1348年，整个地中海都被波及，鼠疫杆菌在这片区域肆虐。1349年，瘟疫继续蔓延[3]至摩洛哥、不列颠群岛[4]、西欧的日耳曼国家[5]和乌克兰。1350—1351年，斯堪的纳维亚、波罗的海和莫斯科大公国成了新的受害者。据估计，1348—1353年，欧洲因鼠疫死亡的人数达2400万，约为欧洲总人口的四分之一[6]。这场恐怖的灾难对西欧的社会和风俗产生了深远的影响。国王、教士和穷苦大众、农奴与乞丐一样在疾病面前都无能为力。这件可怕的悲剧也通过艺术的形式得到表达，死亡之舞和斯克拉法尼宫（Palazzo Sclafani）中那张惊人的壁画《死神的胜利》[7]就是最好的例子。然而在人口数量急剧下降之后，随之而来的结婚率和出生率高峰给西欧又注入了一针强心剂，在

1 今斯普利特、希贝尼克和杜布罗夫尼克。

2 叙利亚丧失了三分之一（约40万）的人口。在疫情最严重的时候，大马士革每天死亡人数达到1200。

3 传播速度约为每天75公里。

4 英国损失了40％的人口。

5 马格德堡损失了一半的人口，汉堡、不莱梅人口分别减少65％和70％。

6 为了让比较更直观，第一次世界大战头四年死亡的人数（包括平民和军人）约为欧洲总人口的20%。

7 创作时间更晚（1446），这幅画现藏于阿巴特利斯宫（巴勒莫）的西西里画廊。亨利·卢梭于1894年将这幅画植入了自己的作品《战争》。

这场严重的政治[1]和社会危机过后，新兴的社会中劳动力的缺乏让农民和散工们能够获得更高的自由度和薪水。经历了很长时间发展的旧社会在疾病的作用下以更快的速度倒塌，从发展速度上来说，孕育而生的崭新活力让地中海东南部与北部的差距越来越大。

1　扎克雷起义。

第十四章

Le triomphe des États européens

欧洲的胜利

1243—1260	蒙古人控制了小亚细亚，并占领巴格达和埃及。小亚细亚的突厥塞尔柱苏丹国和埃及的阿尤布苏丹国覆灭。
1262	教皇让卡佩家族入驻西西里取代霍亨斯陶芬家族。
1302	阿拉贡—加泰罗尼亚王国占领西西里（卡佩家族保留那不勒斯），将影响力扩展至地中海。
1347—1393	奥斯曼土耳其攻占了欧洲部分领土。
1401	帖木儿占领阿勒颇、大马士革和巴格达。
1402	帖木儿在安卡拉击败了奥斯曼苏丹巴耶济德一世（Bayezid I），奥斯曼帝国的扩张暂时停止。
1414—1448	奥斯曼人占领巴尔干半岛。
1453	奥斯曼人占领君士坦丁堡，拜占庭帝国覆灭。
1459—1489	在占领了整个东地中海盆地（罗德岛除外）之后，奥斯曼人成了欧洲新的威胁。

1.陆上的野心：霍亨斯陶芬家族（Hohenstaufen）和卡佩家族（Capé tiens）

除了获取经济利益，各国的君主更想在地中海风云变幻的环境中建立自己的帝国。

最早开始有所行动的是腓特烈二世（Frederick Ⅱ）。腓特烈二世的父亲是神圣罗马帝国皇帝亨利六世，外公是 1198 年成为西西里国王的鲁杰罗二世（Ruggero Ⅱ）。他的父亲让诸侯选举年幼的腓特烈为罗马人民的国王（1196），企图实现王位世袭，但是教皇不想让教皇国处于日耳曼帝国（西西里和意大利南部）的包围之中，在 1211 年前一直为他的即位设置障碍。在 1212 年加冕以后，他为了取悦教皇便正式将西西里的王位交给了自己的儿子亨利并承诺参加十字军。然而在 1220 年当选罗马人民的国王之后，腓特烈二世明确表示不希望将母亲的遗产西西里和父亲的遗产德意志分开。在将西西里重新组建为一个集权国家之后，他又颁布了《麦尔菲宪法》（*Constitutions of Melfi*，1231）并以此为基础让整个意大利臣服，在 1229 年他还自任耶路撒冷国王。教皇终于忍无可忍将他开除教籍，并宣布向所有与之作战的人授予十字军身份。在意大利，教皇派和皇帝派之间的血腥斗争一直持续到 14 世纪初。

他的继任者们在位的时间也非常短。1262 年，教皇将西西里的王位授予了卡佩家族的一位成员，同时也是路易八世的小儿子，圣路易的弟弟查理・安茹（Charles d’Anjou，1227—1285）。在与雷蒙・贝伦格尔四世

（Raimond- Bérenger Ⅳ）之女 1246 年结婚之后，他就成了普罗旺斯伯爵，随后他在 1268 年成为西西里和阿尔巴尼亚沿岸地区的统治者。在王朝联盟的支持下，他开始准备建立一个包括亚该亚[1]（Achaea）、伊庇鲁斯、科孚在内的地中海帝国，如此强大的实体应该能够形成对第勒尼安海、亚得里亚海以及君士坦丁堡的控制。米海尔八世（Michael Ⅷ Palaiologos）出于避免危险的目的向教皇建议重新合并东正教与天主教教会（1273），而查理在新任教皇的支持下向拜占庭发起进攻（1278），但却遭到惨败（1281）。1282 年 3 月 30 日，西西里晚祷战争导致岛上的法国人被疯狂屠杀，阿拉贡的佩德罗三世（Pedro Ⅲ de Aragón）控制了西西里。查理・安茹的儿子查理二世[2]（1254—1309）于 1285 年加冕西西里特奈科里亚王国国王（或那不勒斯国王），将西西里的统治权留给了阿拉贡（1302）。从此以后，那不勒斯王国的历史就开始与意大利和欧洲大陆的斗争联系在了一起。

2. 阿拉贡 - 加泰罗尼亚

在收复失地运动中，阿拉贡也是受益国之一。1137 年，阿方索一世（Alfonso I，1073—1134）的女儿佩德罗尼拉（Petronella）嫁给了巴塞罗那伯爵拉蒙・贝伦格尔四世。1164 年，他们的儿子（纯洁的）阿方索二世（Alfonso II el Casto）是阿拉贡王国第一个统一了阿拉贡、加泰罗尼亚、鲁

1 伯罗奔尼撒北部。

2 他在查理一世去世时沦为阿拉贡家族的阶下囚，在巴塞罗那被关押四年后在那不勒斯称王（1289 年）。

西隆和普罗旺斯（一段时间）的君主。大约一个世纪以后，征服者海梅一世（Chaime I，1208—1276）又将蒙彼利埃王国、塞尔达尼（Cerdagne）、巴伦西亚王国和马洛卡并入自己的国家。13 世纪，人们见证了阿拉贡 - 加泰罗尼亚扩张政策的转向。阿拉贡与卡斯蒂利亚在 1179 年就签署过和约，将阿拉贡向南扩张的边界定位巴伦西亚地区。1213 年，西蒙 · 德 · 孟福尔（Simon de Montfort）在米雷之战（Battle of Muret）中的取胜彰显了法国向比利牛斯山南部扩张的野心，而阿拉贡向北发展的愿望也成为泡影。扩张只可能通过海洋来实现[1]。1229 至 1230 年，征服者海梅一世对巴利阿里群岛的占领与“加泰罗尼亚和巴利阿里群岛海事领事馆”的建立，标志着其海外扩张迈出了第一步，在圣路易流露出占领西西里海峡非洲海域的意图后不久，海梅一世也不再掩饰自己的野心。1246 年，他曾给教皇写信请求下令正在备战的十字军不要攻打突尼斯，因为远征是一趟“商业欲望[1]、政治勾当和心灵寄托[2][2]以奇怪的方式交织在一起的旅程”[3]。在他去世（1276）后，次子海梅（Jaume）得到巴利阿里群岛、蒙彼利埃、鲁西隆和塞尔达尼，长子佩德罗（Pedro Ⅲ，1240—1285）迎娶了神圣罗马帝国皇帝腓特烈二世的私生子曼弗雷迪（Manfredi）的女儿，成为阿拉贡 - 加泰罗尼亚的国王。他通过 1282 年对西西里的占领[3]完成了加泰征服的第二步，西地中海的政治版图从此改变。只用了几年时间，阿拉贡的国王们就粉碎了路易九世和他

1 1271 年，哈夫斯和阿拉贡君主签订了一项贸易条约。

2 当时出现了一种思想：伊比利亚柏柏尔人联合起来可以结束基督教和伊斯兰教之间的宗教冲突，这种精神上的隔阂不可能用战争来填补，而必须通过重建人与人之间的关系来解决。在此影响下，西班牙经历了一个短暂的活跃期。突尼斯的哈夫斯君主拥有一支基督教民兵，即使面对圣路易也不例外，而参与的阿拉贡人是由巴伦西亚大教堂的长老雇用的。

3 征服西西里的计划似乎在 1265—1266 年就已经开始了，那些对霍亨斯陶芬家族最忠实的拥护者（也是最敌视法国的人）跟随康斯坦斯女王来到了佩德罗三世的宫廷。1275 年，乔瓦尼 · 德 · 普罗奇达（Giovanni de Procida），即后来西西里晚祷的组织者，从海梅处得到西班牙的土地。

的兄弟查理·安茹想要在西地中海分一杯羹的意图，这片海域由阿拉贡王国独享。无论在继任时王权是否分开[1]，加泰罗尼亚人较之西西里人似乎总有优先权。虽然西西里贵族对这种帝制很失望，但也从未采取过有效的反对措施。在西西里晚祷后不久，巴勒莫总督就降低了关税，给予加泰商人低价购买西西里小麦的权利，这样到了13世纪末期，加泰罗尼亚人就垄断了岛上所有的海洋活动。在占领了马耳他（1283）、梅诺卡岛（1287）和撒丁岛（1323）后，巴塞罗那的阿拉贡王国大有占领整个西地中海之势，而对雅典公国的控制（1315—1388）又为加泰人打开了东方世界的大门[4]。

3. 新的东方地缘政治及其影响

蒙古人，埃及和叙利亚－巴勒斯坦

十字军并不是近东政治平衡的破坏者。他们造成的直接后果之一就是塞尔柱突厥人对该地区的入侵。在曼齐克特大捷中击败了拜占庭人（1071）之后，以科尼亚为中心建立的罗姆苏丹国从1284年起便开始走下坡路了。事实上，从1230年起，一股新的势力在中亚崛起，这就是蒙古伊儿汗国[2]。1243年，他们占领了小亚细亚，罗姆、特拉比松和亚美尼亚王国纷纷臣服，他们在安纳托利亚的统治史称“蒙古治世”，这段时间黑海的走私贸易被

1　在佩德罗三世去世（1285）后，他的儿子阿方索三世继承了阿拉贡、巴塞罗那和巴伦西亚。海梅二世得到西西里，并在他哥哥死后将这几处地盘整合起来（1291）。

2　他们占领了呼罗珊和阿塞拜疆，在攻打伊拉克之前又攻克了波斯、亚美尼亚、格鲁吉亚。

有效抑制。1258年，他们占领了巴格达，并在伊斯兰势力的漠视下处决了阿拔斯最后一位哈里发，随后攻占了叙利亚（1260）。就这样萨拉丁最后的血脉被斩断，阿尤布王朝灭亡。早在1250年第七次十字军东征时，阿尤布苏丹就被自己的马穆鲁克奴隶亲卫队[1][5]夺了权。逃到大马士革的苏丹宁可投降蒙古也不愿屈膝于马穆鲁克，然而后者在战胜蒙古后彻底宣告了阿尤布王朝的末日。在拥戴了阿拔斯王国的幸存者为哈里发以后，马穆鲁克苏丹就能够名正言顺地统治埃及、阿拉伯世界和伊斯兰圣地，掌控从印度洋经红海而来的商队和穆斯林的朝圣活动。

但是在第三次拉特朗公会议（1179）以后，教会便禁止去穆斯林的领地售卖能够增强对方实力的物资（武器、铁、木材）[6]。1229年，禁销物品增加了马匹和食品。总之，教皇也根据与穆斯林，尤其是伊比利亚半岛穆斯林的敌对程度在禁售清单上增加一些特例商品。此外，整个13世纪，教皇对这些禁令的反复强调，证明大家常常会冒着被宗教惩罚的风险去获得商业利益。在阿卡陷落（1291）之后，近东地区最后的拉丁势力也被驱除了，教皇将他的禁令范围扩展至“亚力山卓和其他巴比伦苏丹的领地”，也就是所有开罗马穆鲁克政权统治的地区[7]。14世纪地中海的主要贸易势力对这些新的禁令反应也不尽相同。威尼斯可以接受将贸易范围缩小至黑海的贸易站点、奇里乞亚亚美尼亚王国或塞浦路斯，所以他们也整体上遵守教皇的禁令。但是与本都地区并无贸易往来的加泰罗尼亚人只能从叙利亚或埃及进口香料，所以他们经常游走于禁令之外。由于贸易的收入非常

1　白人奴隶兵，说阿拉伯语，随后皈依伊斯兰教。这些常被黑海附近买主雇用的士兵很快就在海外建立起自己的贵族阶层，虽然他们人数比较少，但由于掌控着政治和经济权力，他们的实力也相当强大。与他们针锋相对的是乌理玛这股宗教势力，这些学者拥有话语权（传道、授业……），与奴隶兵不同的是他们都是当地人。

可观，他们宁可向教皇国支付罚金[1]来避免受罚，这样做为阿拉贡统治者和教皇带来双赢的结果。

1340年以来鞑靼人对克里米亚的袭击毁坏了欧亚之间的商业通道，“蒙古治世”带来的实惠不复存在，这让人们开始重新审视禁令执行过程中各方表里不一的行为。贸易（尤其是威尼斯贸易）只能通过海路来延续，但这种做法是被教会明令禁止的。1344年，威尼斯和加泰罗尼亚获得了与开罗的苏丹国进行贸易的许可，虽然可以肯定这些许可证是暂时的，但它们数量众多且的确由教皇国颁发；尽管如此，铁、木材这些可用于造船的材料还是绝对禁止的。“1344年以后，巴塞罗那的公证文书中再一次通过清单的形式标注了叙利亚和埃及的目的地，而威尼斯定期往来于亚力山卓的船队（Muda）[2]在第二年才投入使用，到了16世纪又被禁止了。”[8]

耶路撒冷的圣约翰医院骑士

在阿卡陷落之后，医院骑士们来到塞浦路斯，并主要通过种植甘蔗为岛上经济的腾飞贡献了自己的力量。14世纪初，仍然坚持十字军和收复失地理念的教皇允许医院骑士们武装他们的船只（1301）。这个陆上的骑士修会逐渐演变成一支海军的神奇过程就是从那时开始的。1306年，阿马里克（Amaury de Lusignan）在热那亚人和圣殿骑士们的帮助下，成功篡夺了亨利二世（Henri Ⅱ）的王位。在此形势下，医院骑士们认为离开塞浦路斯是更好的选择，于是他们攻占了拜占庭帝国的罗德岛作为安身之所。教皇

1　对轻罪进行赦免规定的发展证明了违反者数量的庞大。起初，只有教皇才有权勒令开除教籍，免罪的金额也相当于商人利润的总和。后来，罗马教廷的赦罪院中普通官员都有权发布赦免令，而处罚金额也从利润的1/2降到了1/5。到最后，居住在西方港口的教士、僧侣都拥有赦免权。

2　Muda，大型船队。

克雷芒五世[1]（Clément V）是亨利二世的支持者，篡位发生以后他将圣殿骑士团的行为写入了申诉清单并于1312年最终将他们解散，留下的巨额财产（不包括伊比利亚半岛上的财产）也转移到了医院骑士们的名下。在新的行政中心定居下来以后，他们又相继占领了科斯岛（1315）和士麦拿（1334），从此以后，医院骑士团就成了一股常规的海洋势力，他们的军事行动也转变为与穆斯林商船和军舰的海上对抗。就这样到了14世纪初期，几乎所有的基督教国家都将注意力转移到寻找商业利益上，但这样一支被罗马教廷看作十字军先锋的宗教部队，仍在东地中海与星月帝国对抗。

帖木儿与奥斯曼

11世纪，在塞尔柱人建立罗姆苏丹国，定都尼西亚（伊兹尼克）后迁都至伊康（科尼亚）期间，他们在苏丹国和拜占庭之间设立了一些小公国[2]（beyliks），即缓冲区，分封给统治者家族的一些突厥部落。1243年败于蒙古之后（虽然苏丹国仍然坚持到1307年），这些公国便再无顾忌，纷纷独立。1330年前后，16个公国瓜分了安纳托利亚半岛内陆，沿海一带还在特拉比松这个与拜占庭帝国及其腹地的色雷斯平起平坐的王国统治下。然而在安纳托利亚西部，瑟于特（Söğüt）与布尔萨（Bursa）之间的小片区域内有一个奥斯曼土耳其人统治下的公国开始在欧洲扩张，蚕食拜占庭的领土。1347年，他们占领了在欧洲的第一块地盘——加里波利半岛（Gallipoli）后，1360年又攻克了阿德里安堡（埃迪尔内），连战连捷的奥斯曼人继续扩张，在科索沃战役（1389）中一举击败了塞尔维亚王国，1393年又占领了保加利亚：拜占庭被四面包围，其实际统治区只剩下东部的小部分地区

1　贝特朗·德·高斯（约1264—1377），1305年被选为教皇，是第一位常驻阿维尼翁（1309）的教皇。

2　这些国家由乌奇贝伊（Uç Beyi），一位马格雷夫（字面意思指边关守将）统领。

的皇帝无奈只得于 1373 年向奥斯曼苏丹称臣。在亚洲，奥斯曼公国的领地从马尔马拉海北部扩展至黑海之滨的阿玛斯拉（Amasra）。此时自恃勇武的奥斯曼开始向其他公国下手了，等待它们的只能是被征服或者被降服。

但此时奥斯曼人的扩张不得不停滞，因为他们遇到了帖木儿[1]率领的来自近东和中东的突厥－蒙古大军。在占领了阿勒颇、大马士革和巴格达（1401）后，帖木儿继续入侵安纳托利亚并在安卡拉击败了奥斯曼苏丹巴耶济德一世（1402），让饱受奥斯曼威胁的拜占庭获得了几年的喘息。在占领了以弗所（Ephesus）并击败医院骑士团占领士麦拿[2]（1402）后，帖木儿便放弃了这片土地转而向格鲁吉亚挺进，留给小亚细亚的是满目疮痍的土地和血流成河的城市。奥斯曼人的日子也不好过。整整十年（Fetret Devri，奥斯曼帝国大空位期），巴耶济德一世的四个儿子为了争权夺利互相争斗，最终，四子穆罕默德・切莱比[3]（Mehmed Çelebi）与拜占庭皇帝曼努埃尔二世・帕里奥洛格斯（Manuel Ⅱ Palaiologos）联手将其他三人击败，自立苏丹并定都埃迪尔内（1413）。奥斯曼的权力范围逐渐在两个大洲扩展：欧洲（鲁米利亚）和亚洲（安纳托利亚）。穆罕默德一世的这个决定产生了相当深远的影响。包括塞尔柱和奥斯曼在内的所有突厥部落在此之前都是在亚洲大陆攻城略地。定都在埃迪尔内这个离君士坦丁堡不远，且与保加利亚、色雷斯交界的巴尔干中心城市，让土耳其人成了欧洲和东地中海政治的主要参与者之一。在安纳托利亚重建奥斯曼政权（1414）以后，瓦拉几亚（Wallachia）在次年（1415）俯首称臣。1422 年，奥斯曼大军继续西进占领了多瑙河口的多座港口和多布罗加（Dobrogea）：黑海至

1 帖木儿（跛子帖木儿），河中地区的埃米尔，建立了以撒马尔罕为首都的帝国。在 1398 年占领印度之后，他开始觊觎西方的穆斯林领地。

2 他们随后驻扎在哈利卡那索斯（今博德鲁姆），从 1404 年起，他们就在那里建造了一座坚固的要塞，即圣皮埃尔城邦，建造的石材全都采自摩索拉斯王陵墓。城堡在 1437 年和 1494 年被重修和扩建。

3 穆罕默德一世于 1387 年前后出生在埃迪尔内，1421 年去世。

多瑙河之间的整条海岸线都在奥斯曼人的控制之下。穆罕默德一世在 1421 年去世后，其子穆拉德二世（Murad Ⅱ，1404—1451）虽然在 1422 年和 1440 年分别进攻君士坦丁堡和贝尔格莱德未果，但他成功占领了伯罗奔尼撒（1422）、马其顿（1430）、塞尔维亚（1439）、色萨利和伊庇鲁斯，并逼迫阿尔巴尼亚成为其附属国。1448 年，整个巴尔干半岛都被奥斯曼人收入囊中。然而在 1444 年发生了一件重要的事，穆拉德二世决定远离政治并传位给自己的儿子穆罕默德二世[1]（Mehmed Ⅱ），这位年轻的继任者登上苏丹之位初期表现并不出色，给基督教国家的君主们，尤其是拜占庭皇帝制造了一个假象。

自天主教会大分裂[2]以来，教廷一直努力试图将教会重新统一。相关的原则在佛罗伦萨大公会议（1438—1439）上已经被讨论确定，虽然大部分教士对此都持保留态度，拜占庭皇帝约翰八世·帕里奥洛格斯[3]（John Ⅷ Palaiologos）仍然相信能够得到西方的支持，帮助他维护政权。然而刚剿灭安纳托利亚突厥叛军回国的穆罕默德二世就与新继任的皇帝君士坦丁十一世[4]（Constantine Ⅺ）发生了冲突。1452 年，穆罕默德二世在欧洲海岸建造了如梅利堡垒（Rumeli Hisar），与其曾祖父巴耶济德一世建立的安纳托利亚堡垒（Anadolu Hisar）隔海相望。博斯普鲁斯海峡东、西两岸皆被封锁，对君士坦丁堡形成包围之势。在发生了几艘威尼斯商船被击沉，水手被残

1　绰号“征服者”的穆罕默德二世（1432—1481）12 岁就因他父亲的退位继承了苏丹之位（1444）。但由于自己的儿子缺乏经验，穆拉德二世不得不在 1446 年回归重新执掌朝政，直到 1451 年去世。

2　1378—1417 年拜占庭帝国出现了严重的政治和宗教危机，随后危机逐渐扩大甚至威胁到了封建统治。其具体表现在同时进行选举的教皇和伪教皇，教会在面对现代化、新国家和提倡改革的异教徒时，重要性变得大不如前。

3　曼努埃尔二世·帕里奥洛格斯之子，生于 1392 年，在 1425—1448 年任拜占庭皇帝。

4　君士坦丁十一世·帕里奥洛格斯也是曼努埃尔二世的儿子，人称德拉加斯（他母亲的名字），1405 年出生，1448 年继承其兄约翰八世成为拜占庭皇帝，此前曾担任米斯特拉斯（伯罗奔尼撒）总督。1453 年落城后战死。

忍杀害的事件后，不仅威尼斯对自己的贸易表示了担忧，热那亚也害怕自己在加拉塔（Galata）的殖民地和黑海的贸易站受到报复而不敢挑衅土耳其人。教皇认为土耳其人形成的迫在眉睫的威胁创造了重新统一教会的绝佳机会，便派遣使节在武装保护下进入了君士坦丁堡。虽然双方的贵族和普通百姓之间仍存在深深的对立情绪（当时流传着这样的口号——“宁要土耳其的头巾，也不要罗马人的帽子”），但并不妨碍使节于 1452 年 12 月 12 日在圣索菲亚大教堂宣布与罗马重新合并。自 1204 年被十字军占领和劫掠已经过去了两个半世纪，仇恨在不断累积，考虑到双方的势力对比，君士坦丁堡的陷落虽然不能直接归咎于人民之间的怨恨，但这个因素让所有希望通过谈判来获得西方支持的努力都付诸东流。1452 年，奥斯曼舰队出现在了马尔马拉海，同年 10 月，穆罕默德二世占领了摩里亚专制国以切断所有可能的救援行动，1453 年 5 月 29 日星期二，奥斯曼军队成功杀入君士坦丁堡[1]，并在城中劫掠了三日。君士坦丁十一世也在城防战中战死。在被围困了 54 天之后终被破城，从此东罗马这个屹立了 1125 年的帝国就此灭亡。穆罕默德二世进入圣索菲亚大教堂，毁掉祭坛后背诵了一段伊斯兰教的祈祷词；这座几个月前见证了东、西教会统一的教堂此后成了清真寺。随后他迁都君士坦丁堡（虽然他本人继续住在埃迪尔内），并颁布诏令将其改名为伊斯坦布尔[2]。不久，穆罕默德二世自封罗马皇帝（Kayser-i Rûm）并完成了对巴尔干半岛和拜占庭文化领地的征服。接下来的几年，在吞并了塞尔维亚（1459）、摩里亚专制国（1460）、特拉比松帝国（1461）和波斯尼亚（1463）以后，他开始进攻威尼斯（1463—1479）和热那亚，意图将他们赶出东欧。1470 年，他的军队占领了黑桥（哈尔基斯），全城居民

1 土耳其人从金角湾附近、君士坦丁七世宫殿旁边的科克波塔门攻入，不知是由于疏忽还是因为叛徒，此门没有完全关闭。

2 希腊人称伊斯坦布尔为“城里”，εἰς τὴν Πόλιν（发音为 is tin bolin），这也是伊斯坦布尔的由来。

4000 多人，无论男女老幼全都被屠杀。在击败了最强大的突厥部落（1473）并占领了安纳托利亚的大部分地区之后，下一个目标就是热那亚的殖民地克里米亚（1475）。1477 年，他又从威尼斯手中夺取了几座亚得里亚海上的岛屿，迫使对方于 1479 年签署和约。在第一次过招之后，这两个海洋共和国就明白它们的对手是一个东地中海的真正强敌，遂只能放弃对抗寻找其他出路。热那亚从此开辟了国际金融的道路，而威尼斯转为陆路扩张。1480 年，虽然穆罕默德二世没能成功占领罗德岛[1][9]，但他的军队却登陆意大利并对奥特朗托实施了（Otranto）屠城。奥特朗托和黑桥的两次屠杀让欧洲人明白，他们的共同敌人不再是撒拉逊人，而是突厥人。虽然所有的君主起初都不太担心那不勒斯和教皇国防御，但他们似乎也清楚，突厥人意欲占领罗马、意大利或者更多地区，此时穆罕默德二世的突然死亡（1481）延缓了突厥人的扩张脚步。

在东地中海，拉丁人唯一的土地就是成功抵御了奥斯曼入侵[2]的医院骑士团驻地罗德岛和塞浦路斯。在塞浦路斯，曾和威尼斯结盟一统对付热那亚的吕西尼昂家族的最后一位国王雅克二世（Jacques Ⅱ）于 1473 年去世，他在 1462 年迎娶威尼斯贵族之女凯瑟琳·科尔纳洛（Catherine Cornaro）即位，但随即被共和国统治者架空，由她的叔叔们掌控了实权。1487 年，笼罩在奥斯曼威胁下的威尼斯先让塞浦路斯成为自己的保护国（1487），随后逼迫科尔纳洛退位（1489），并任命了一名君主和两名参事，直接向元老会效忠[3]。

1 罗德岛围城是 15 世纪被大肆宣传最多的事件之一。

2 菲利普·康斯塔明（Philippe Contamine）将此称为“欧洲事件”。

3 塞浦路斯为威尼斯人提供了丰富的小麦、棉花、糖和盐。每年能为岛上带来 36 万杜卡托的收入。

第十五章

Un nouveau face-à-face

新的对决

1410—1458	阿拉贡统治西地中海（攻占那不勒斯，1442）。
1453	英法百年战争结束，英格兰仍不是一个陆地强国。
1469	阿拉贡的费尔南多二世迎娶卡斯蒂利亚女王伊莎贝拉一世。
1482	普罗旺斯成为法国领地：法国从此在地中海有了马赛和土伦两座大港。
1492	格拉纳达埃米尔国灭亡，发现新大陆。
1497—1510	西班牙人登陆北非建立驻防地。
1499—1503	奥斯曼占领了威尼斯在伯罗奔尼撒地区的要塞。
1516	查理五世（Charles V）成为西班牙、那不勒斯和西西里国王，奥斯曼人占领叙利亚和黎巴嫩，巴巴罗萨兄弟占领阿尔及尔。
1517	奥斯曼人占领开罗、麦加和麦地那，开罗的哈里发将最高权力让与苏丹，自 1258 年以来，逊尼派伊斯兰国家的统治者第一次同时手握政治和宗教权力。
1518	面对西班牙人在马格里布的反击，巴巴罗萨兄弟宣布臣服于苏丹奥斯曼帝国，派兵援助奥斯曼，与西班牙第一次正面对决。
1521	苏莱曼一世（Suleiman I）占领贝尔格莱德。
1522	苏莱曼一世占领罗德岛，将耶路撒冷圣约翰医院骑士赶走。
1529	苏莱曼一世兵败威尼斯。
1538	苏莱曼一世占领摩尔多瓦，奥斯曼人统治了黑海和地中海东部。

地中海东部激起的湍流也对西地中海造成了难以估量的影响。自13世纪以来就苦苦支撑的封建制度，最终还是被西欧国家放弃。封建制度在西欧的加速灭亡不是由于爆发了什么新的事件，而是新思想运动的结果——文艺复兴。文艺复兴是一个渐进的过程，兴起于意大利，随后蔓延到法国、西班牙和英格兰，但日耳曼国家却几乎未受到影响。思想和艺术的空前繁荣也无法掩饰当时社会的极端暴力，当旧的社会结构已经消失，而新的还未成形时总会发生这样的事。

在见证了罗马帝国灭亡和奥斯曼帝国崛起的同时，西欧这个曾经受拜占庭影响的地区也自愿成为土耳其、伊斯兰环境下的拜占庭文化习俗的继承者，也在经历深刻的变革。用费尔南·布劳岱尔的话说，在海洋跨国贸易的推动下，地中海成了一个由热那亚和威尼斯控制和组织，遵循资本主义商业原则的“经济世界”。凭借遍布欧洲的银行和金融网络，地中海世界无须借助皇室、贵族和宗教的力量就能够自己焕发生机[1]，而意大利这个最富有、最现代化的地区就是地中海的神经中枢。但由于意大利国家众多，也很容易成为大国眼中的肥肉，那些志在开疆扩土、网罗财富的国家自然而然来到地中海，会集到意大利。

1. 法国在地中海的势力

自从1429—1431年圣女贞德激发了法兰西的斗志以来，查理七世（Cherles Ⅶ）重新占领了诺曼底（1450），奎恩（Guyenne）也在1453年7月17日正式回归法国。在君士坦丁堡陷落后约两周，英法百年战争也结束了。这场战争的主要影响是，两国都建立了各自截然不同的身份。英格兰丢掉了欧洲大陆上所有的领地［除了加来港（Calais）］，只能偏安在岛上[1]，依靠海运进行贸易，因此它不大需要强大的统治者和贵族来确保乡村和道路的安全。由于出口羊毛和牲畜困难重重，英格兰便开始转型生产床单和服装。手工业者和城市的地位也因此变得越来越重要。在思想上，人们也越来越倾向于非专制的政权，自由主义思想也在这个时期萌芽。但在法国这个以内陆属性为主的国家，良好的气候条件对农业非常有利，整个社会也建立在稳定的农业结构之上。城市、商业的发展和乡村的稳定一样都需要足够强大的政权来保证贸易的安全性。法国王室通过重视中产阶级、打压封建势力，建立常备军和现代的行政、税收系统来实现稳定的统治。法国和英国之间除了政治和经济上的隔阂，文化上也产生了差异。

总之，有一件事让法国终于能够直接踏入地中海。夺回诺曼底和奎恩，为法国人打开了进入英吉利海峡和大西洋的通道，但此时法国在地中海只有艾格莫尔特这唯一一个港口，而通往海港的航道也经常被淤泥堵塞。

1　盎格鲁-诺曼底语已在1361年被完全抛弃，英语成为官方语言。

1480年，那不勒斯和西西里国王、安茹公爵、普罗旺斯伯爵勒内一世（René Ier d'Anjou）去世，而他的后嗣中没有男性。于是他的继承权争夺战就在其孙洛林公爵勒内二世（他女儿的儿子）和他的侄儿——体弱多病的查理五世（他兄弟安茹的查理四世的儿子）之间展开。狡猾的路易十一通过承认男性继承人优先原则，让普罗旺斯的新公爵安茹的查理（Charles d'Anjou）迫不及待地在1481年去世之前将自己的国家献给法国。1482年1月14日，普罗旺斯与法国以平等的身份组成国家联盟，但事实上，从16世纪初开始，虽然普罗旺斯仍保有一定的自主权，但与一个独立国家相距甚远，法国对待它的方式与对待其下辖的省份无异。在兼并普罗旺斯后，法兰西最大的收获是从此在地中海拥有了两座大型港口——马赛和土伦，让这个大国终于可以在海上大展拳脚。

此外，这件事还重新点燃了法国染指意大利的野心。1442年，从安茹家族分裂出去的那不勒斯王国被阿拉贡国王占领。法国国王查理八世（1483—1498年在位）和他的侄儿路易十二（1498—1515年在位）都志在收复那不勒斯。这种企图直接导致了1494—1559年法兰西与阿拉贡两国的十一次战争。虽然查理八世短暂占领过那不勒斯（1495—1496）并幻想将此地作为日后进军君士坦丁堡的基地，而路易十二也继承了他征服意大利的意志，但那不勒斯王国最终也没有脱离阿拉贡王朝。

2. 阿拉贡的扩张

1410年，阿拉贡国王马丁一世（Martin El Humano）驾崩，未留下合法的继承人。在天主教大分裂之后，他就为伪教宗本笃十三世[1]（Antipope Benedict XIII）提供庇护，而此时他也被委任在乌尔赫尔伯爵、安茹公爵路易二世、普罗旺斯伯爵和卡斯蒂利亚国王胡安二世（Juan II de Castilla）之中选择一人继承阿拉贡王位。这位教皇为了照顾各方政治势力，最终选择了卡斯蒂利亚国王的叔叔特拉斯塔马拉的费尔南多一世继任成为阿拉贡国王费尔南多一世[2]（Fernando I）。他的头衔数量十分惊人：阿拉贡、巴伦西亚、马洛卡、西西里、撒丁岛国王，巴塞罗那、鲁西隆和塞尔达尼公爵。他死后，他的儿子（宽宏的）阿方索五世[2]（Alfonso V el Magnánimo，1396—1458）继位。作为文艺复兴时期一位强大的君主，他对意大利半岛和地中海中部有着非常浓厚的兴趣。继位之初的1416年，他就成功将西西里纳入王国版图，1420年和1421年，他分别占领了撒丁岛和科西嘉岛；1442年，他击败安茹家族并占领了那不勒斯王国（西西里特奈科里亚），西西里王国一分为二的状态成为过去。在成了地中海中西部最强势力之后，阿拉贡联合阿尔巴尼亚，准备伺机攻打巴尔干和叙利亚，但他没能实现理想就去世了，死前他正在为教皇庇护二世[3]（Pius II）选举后不久提出的攻占君士坦丁堡的计划做准备。在他死后，西西里王国的统一的状态却没能被保留：他的兄弟胡安二世（Juan II，1398—1479）继承了伊比利亚、撒丁岛和西西里岛，而他的私生子费兰特（1423—1494）成了那不勒斯国王斐迪南一世（Ferdinando I di Napoli）。

---

1 原名佩德罗·马丁内斯·德·鲁纳（Pedro Martinez de Luna，1329—1423），阿拉贡主教。1394年被选为阿维尼翁教皇。他想要结束教会分裂的意愿被罗马教廷拒绝，伪教皇也拒绝退位。在自己的宫殿被囚禁了五年之后（1398—1403），本笃十三世逃到了阿拉贡巴伦西亚地区的佩尼伊斯科拉（Peniscola）。即使在康士坦斯大公会议（1414—1418）后，他和其他两位对立教宗一样拒绝退位。

2 费尔南多一世出生于1380年，1412年继位，但在1416年就去世了。

3 原名恩尼亚·席维欧·皮可洛米尼（Enea Silvio Piccolomini，1405—1464），他于1458年当选教皇。

随着 1479 年费尔南多二世[1]（Fernando Ⅱ）的即位，伊比利亚半岛进入了一个快速发展的阶段。1469 年，卡斯蒂利亚女王伊莎贝拉（1451—1504）不顾其兄恩里克四世（Enrique Ⅳ）的反对选择与费尔南多二世结婚，虽然在当时的追求者中费尔南多并不是最强大或最富有的那个。在夫妻双方的宫廷意愿下，这场低调的婚礼被证明是一个精明的政治决策[2]。1474 年恩里克四世去世后，伊莎贝拉便即位成为卡斯蒂利亚女王，而费尔南多在 1479 年也成了阿拉贡国王，而此时的威尼斯已臣服于奥斯曼。虽然这对夫妇共同执政，但两个王国并没有合二为一，但这并不妨碍这个双君主国成为欧洲第一大海军势力[3]。经过 10 年的攻打，格兰纳达埃米尔国终于在 1492 年被攻占，收复失地运动就此完结，在伊比利亚半岛上生存了 8 个世纪的伊斯兰势力也不复存在，两位统治者也因为这项功绩在 1494 年被教皇授予“天主教双王”的称号[4]。他们的目标是实现民族和领土的统一，铲除侵扰商船队的海盗并保证阿拉贡和卡斯蒂利亚出海口之间有一片长 500 公里的海岸隔离带。消除了后顾之忧，他们二人开始实行扩张政策。伊莎贝拉一世同意资助热那亚人克里斯托弗·哥伦布的远洋探险，他也不负众望，以卡斯蒂利亚女王的名义在 1492 年发现了西印度群岛。另外，费尔南多并没有把查理八世和路易十二放在眼里，执意在 1503 年攻下了那不勒斯。尽管如此，天主教的国王们都一致同意将收复失地运动的范围继续扩大到

1　费尔南多二世（1452—1516），胡安二世（Juan Ⅱ）的次子。胡安二世与纳瓦拉的布兰卡一世所生的长子在 1461 年去世，死因成谜。胡安二世与卡斯蒂利亚元帅胡安娜·恩里克斯（Juanas Enriquez）的第二段婚姻所生的儿子费尔南多就成了继承者。

2　更不可思议的是，教皇对他们的表亲关系（他们的爷爷们是兄弟）下达的豁免谕旨是胡安二世下令伪造的。

3　自 12 世纪起，卡斯蒂利亚就拥有一支海军，基地在塞维利亚。此外，该国在弗兰德斯的贸易也因在百年战争期间英法的衰落和 1463—1479 年突尼斯与奥斯曼之间的争夺而获益良多。

4　同年，他们开始驱赶西班牙的犹太人，后者在奥斯曼帝国找到了容身之所。

非洲[3]：1497 年攻克梅利利亚（Melilla），1505 年占领凯比尔港（Mers El Kébir），1508 年进驻戈梅拉岛（Peñón de Vélez de la Gomera），1510 年夺取布吉（Bougie）和的黎波里，一连串的胜利让阿尔及尔和突尼斯不得不宣布成为基督教君主[1]们的附属国。西班牙人随后在北非实行驻防地政策，沿着地中海岸建立要塞，作为基督教向伊斯兰地区扩张的跳板[4]。

但是阿拉贡 - 卡斯蒂利亚的扩张热情有可能被法国人的入侵浇灭。即便费尔南多成功地在意大利南部阻止了法国人的前进步伐，但法国人在意大利北部仍有实力，且不断从普罗旺斯进入地中海，可能成为西班牙的竞争对手。费尔南多试图通过与法国的敌对势力联姻的方法来孤立它：他于 1496 年将女儿胡安娜嫁给了神圣罗马帝国皇帝马克西米利安一世（Maximilian I）之子哈布斯堡的费利佩（Felipe de Habsbourg），而他此前钦定的继任者胡安则娶了奥地利的玛格丽特为妻（1497）；他还通过将两个女儿伊莎贝拉和玛利亚先后嫁给葡萄牙国王曼努埃尔一世来建立与该国的联系；最后，他的女儿凯瑟琳于 1501 年嫁给了亚瑟·都铎（Arthur Tudor），在其死后又嫁给了他的兄弟，也就是后来成为英格兰国王的亨利八世（Henry Ⅷ）。这项联姻政策在最初貌似并没有奏效。因为胡安和费尔南多的女儿伊莎贝拉在结婚之后不久（1497、1498）就相继去世了。而在伊莎贝拉一世去世后，继承卡斯蒂利亚王位的不是她的丈夫费尔南多，而是她的女儿胡安娜（1479—1555），但仅过了两个月，胡安娜的丈夫费利佩也去世了；1516 年，费尔南多二世死后，胡安娜也继承了阿拉贡王位，两个国家的统治权第一次合而为一。但是胡安娜却患有精神疾病，于是她的儿子查理（1500—1558）便提出与她共同治国，同时他也成了“卡斯蒂利亚、莱昂、阿拉贡、那不勒斯、西西里……”的主人。1519 年，他也成了祖父神圣罗马帝国皇帝马克西米利安一世继任候选人之一。其他继位的

1　他们没能在 1510 年占领杰尔巴岛，1511 年夺取克肯纳群岛的行动也失败了。

竞争对手包括萨克森公爵乔治、亨利八世[1]和实力强劲的弗朗索瓦一世。经过耗资巨大的地下交易[2]，查理五世成了神圣罗马帝国国王（1519），并在次年改称皇帝（1520）。整个西欧除了法国、英格兰、威尼斯和几个教会国家都在他一人统治之下，西地中海和北非沿海地区也在他掌控之中。

3. 奥斯曼帝国

1520—1533	建立阿尔及尔行政区，巴巴罗萨的第一个摄政区。
1530	查理五世将马耳他分封给圣约翰医院骑士团。
1534	巴巴罗萨兄弟占领突尼斯。
1535	西班牙人夺回突尼斯并建造拉古莱特要塞。
1536	弗朗索瓦一世和苏莱曼大帝缔结盟约。
1536—1539	巴巴罗萨率领海盗势力控制地中海。
1541	西班牙攻占阿尔及尔的行动失败。
1550	西班牙占领马赫迪耶，海盗德拉古特（Dragut）驻扎杰尔巴岛。
1551	德拉古特从医院骑士团手中夺取的黎波里并建立第二个巴巴罗萨摄政区。

1　亨利八世忌惮法国日益扩大的影响力。他获得了马克西米利安一世的同情，后者曾经还想将继承权授予他，教宗利奥十世将他招募以对抗另外两国的包围，即北方的法国和南方的西班牙。

2　为了买通七位选帝侯，弗朗索瓦一世花费了1.5吨的黄金，成功获得了美第奇家族和里昂的意大利银行的支持。而查理则花费了两吨黄金，主要来源于奥格斯堡的银行家和美洲。

1560	西班牙人短暂占领杰尔巴岛后又被赶走。
1565	马耳他之围，奥斯曼和巴巴罗萨军败走。
1571	神圣联盟在勒班陀海战中获胜。
1574	西班牙人被赶出突尼斯，第三个巴巴罗萨摄政区建立。

占领君士坦丁堡之后，奥斯曼苏丹首先巩固了自己的权力，随后便重拾扩张政策。对于他们来说，世界上的地区分三种：第一种是苏丹统治下的“伊斯兰地区”（dâr al-islâm，即真主的土地）；第二种是向苏丹进攻的臣国（dâr al-’或 dâr al-suhl’即休战协定区）；剩下的都归为第三种“战争区域”（dâr al-harb）。突厥民族人口总数非常有限，正因如此，苏丹国不可能不接受外来民族。然而奥斯曼帝国有信仰的自由，但非穆斯林还是必须履行两项义务。第一是两项特殊的税：向非穆斯林达到参军年龄的男子（dhimmi）征收的人头税吉兹亚（奥斯曼文写作 cizye）和地产业主支付的房产税（奥斯曼文写作 haraç）；第二是血税，即德夫希尔梅（土耳其语写作 Devşirme，或称为“儿童税”，希腊语为 παιδομάζωμα），一部分 8—18 岁的基督教男孩被从家里强行带走，他们被改名、改宗入伊斯兰教，优秀的人才会被任命为军事或民事官员：御前总管、政治管理、宗教事务，或进入耶尼切里（yeni çeri，新军）或成为骑兵（kapikulu sipahi，朴特侍卫骑兵）。那些无能力支付这些税收的穷人（奴隶、亚美尼亚人、茨冈人甚至犹太人），和那些不愿意支付的人只能皈依伊斯兰教，整个社群都改宗的现象也屡见不鲜。此外，德夫希尔梅不仅对于被选中的“苏丹之子”是一个提高社会地位的手段，而且对于他们的家庭来说，如果皈依伊斯兰教，则不会被当作“改宗者”来区别对待。这项政策不仅反映出苏丹们想要减少国内非伊斯兰教徒数量的意愿，而且透露了他们想要将权力分散给有才之人，而不是那些对帝国存在威胁的土耳其大家族。所以奥斯曼帝国的公

民虽然大多都信奉伊斯兰教，但突厥人却并非多数。

由于巴耶济德二世（Bayezid Ⅱ，1481—1512）的统治一直被他弟弟和儿子们搅得动荡不堪，他除了对付马穆鲁克人（1491）和匈牙利人（1503）也再无余力。但是帝国还有一支由希腊和米蒂利尼的阿尔巴尼亚归化穆斯林海盗或水手组成的海军，著名的奥鲁奇（土耳其语Baba Oruç，“巴巴罗萨”这一名号就是由此而来）也在其中。此时的苏丹急切想要除掉眼皮子底下的威尼斯人，虽然他们在希腊的统治区只剩下纳瓦林［皮洛斯（Pylos）］、“共和国之眼”迈索尼和科罗尼、莫奈姆瓦夏（Monemvasia），但塞浦路斯确实还在他们的掌控之下。巴耶济德二世于1499年占领了勒班陀（Lepanto），随后在1500年占领了迈索尼、科罗尼和纳瓦林，成功控制了伯罗奔尼撒半岛和亚得里亚海的出口。到了1503年，耗尽国力及人力物力资源的威尼斯被迫与奥斯曼签订和约，它的巅峰期已一去不复返：威尼斯人只能保留凯法利尼亚岛（Cephalonia）和莫奈姆瓦夏，但他们可以通过在奥斯曼帝国经商来获利[5]。不久以后，威尼斯人又和教皇儒略二世（Jules Ⅱ）起了争端，后者请求神圣罗马帝国皇帝马克西米利安一世和法国国王路易十二助阵，在安那迪劳战役（Battle of Agnadello，1509）中大败威尼斯。与奥斯曼帝国和法国的对抗让威尼斯在地中海丢失了大量的贸易份额，共和国开始走下坡路。以“我们首先是威尼斯人，其次才是基督徒”（“Siamo Veneziani, poi Cristiani”）这句箴言自豪的威尼斯人于1512年掉转船头驶向埃及[6]，这个同样深受奥斯曼帝国威胁和新航路开辟（葡萄牙人将贸易转向大西洋和印度洋）影响的国家。两国联盟的目的是为了将地中海的商业中心重新拉回到亚力山卓。通过开普敦的航路的确可以减少装卸的麻烦和一系列（亚丁、麦加、西奈半岛、亚力山卓）关税，而且经非洲南部运回的货物也比阿拉伯人售卖的要便宜：大西洋沿岸的港口数量也不断增长，与新大陆贸易的增加也损害了地中海的商业，热那亚人、比萨人、罗马人都更愿意从葡萄牙人手中购买商品。

因此，这次联盟只持续了很短的时间。在逼迫其父巴耶济德二世退位之后，冷酷者塞利姆一世（Selim I[er]）决心彻底根除什叶派势力，于是他开始攻打伊朗的萨非王朝（1514）。萨非王朝沙阿与开罗的马穆鲁克人结成联盟，但塞利姆苏丹以迅雷不及掩耳之势占领了叙利亚和黎巴嫩（1516），随后在1517年攻克了开罗、麦加和麦地那[7]。马穆鲁克苏丹被处死，而阿尤布王朝最后一任哈里发可能已经同意将信士的长官（Amir al-Mu'minin）的头衔和哈里发的权力移交给塞利姆[8]。在巴格达的阿拔斯王朝覆灭后（1258），塞利姆是第一个将政治权力和哈里发的宗教权力集于一身的人。如果说在倭马亚或阿拔斯时期，是哈里发的神圣权威让政治权利合法，那么在奥斯曼帝国统治下，是由掌握政治权力的人披上宗教的外衣，突厥人有着与阿拉伯人不同的逻辑。将全部精力致力于统一安纳托利亚和征服埃及的塞利姆将海上的行动全权委托给奥鲁奇·雷斯（Oruç Reis）、海雷丁（Hayreddin Barbarossa），虽然奥斯曼帝国为两兄弟提供后勤帮助，但却从来没有承认过。在先后占领了杰尔巴岛（1503）和拉古莱特（La Goulette，1504）作为他们行动的基地之后，巴巴罗萨兄弟声名大振，很快就有其他海盗慕名来投。巴耶济德统治时期，他们就袭击过西西里岛利古里亚的意大利海岸和一些欧洲商船队，但真正让他们在伊斯兰世界声名鹊起的事件，是1504—1510年，他们从安达卢斯的格兰纳达阿米尔国运送了很多愿意移居北非建立联合社群的难民，而这些人后来成了当地的经济和文化精英。在塞利姆统治时期，巴巴罗萨兄弟在1516年从西班牙人手中夺取了吉杰勒（Jijel）和阿尔及尔。奥鲁奇·雷斯在赶走特莱姆森王国苏丹以后，自封为阿尔及尔的贝伊[1]，并继续将领地扩大至麦迪亚（Médéa）和提奈斯（Ténès）。强大的西班牙海军也没能将他们赶走，随后查理五世便亲自来到瓦赫兰（Oran），派遣部队与奥鲁奇在特莱姆森（Tlemcen）对峙。虽然

1 奥斯曼帝国时期对长官的称谓。

阿尔及尔的贝伊最终死于这场战斗，但他已将城中的权力移交给了出兵攻打阿尔及利亚西部的弟弟海雷丁，于是在士兵和海员们的拥护下，海雷丁成为新的贝伊。海雷丁明白自己无法独立面对西班牙大军，便宣布臣服于奥斯曼苏丹。塞利姆一世不想让他的征服半途而废，便派遣了 2000 名携带火炮的土耳其近卫军和 4000 名步兵增援。1518 年，地中海经历了一次动荡：西班牙军事介入领土以外的地盘以保护它在北非的驻防地，因为奥斯曼土耳其人已经有吞并此地的念头。西班牙与奥斯曼之间的冲突就这样开始了。

1520 年，在塞利姆一世死后，他的儿子苏莱曼一世（1494—1566）继承王位。在他的统治下，奥斯曼帝国的经济、军事、政治和文化势力皆达到顶峰。这位在西方被称作苏莱曼大帝，在东方则被誉为立法者［卡努尼（Qânûnî）］苏莱曼的苏丹是欧洲文艺复兴时期最卓越的君主之一。1521 年，他占领了贝尔格莱德，打开了奥斯曼帝国通往西欧的通道。1522 年，经过 5 个月的围城，他迫使医院骑士们投降并离开罗德岛，除掉了帝国的一个心腹大患[9]。击败了匈牙利大军之后（1526），他占领了布达（Buda），却没能攻下维也纳（1529）。但在 1538 年，他成功控制了罗马尼亚侯国的摩尔多瓦。奥斯曼帝国的势力已经强大到能允许他们的船只在黑海和东地中海畅通无阻地航行。

对抗

“土耳其人对西欧基督教领地的入侵和对欧洲主权国家体系的冲击是中世纪与近代之间的过渡时期发生的最重要、影响最深远的事件之一。”[10]

巴巴罗萨·海雷丁的时代（1518—1546）

起初，奥斯曼帝国在马格里布的处境并不稳妥。海雷丁不仅要对付西班牙人，更棘手的是防止本地柏柏尔人的骚扰。1518 年，一场暴风雨对前来的西班牙舰队造成了严重的伤害，阿尔及尔也因此逃过一劫。但是在1520年，他却在对抗柏柏尔苏丹库库（Koukou）和突尼斯哈夫斯王朝苏丹组成的联军时遭到了失败。此役过后，海雷丁不得不放弃阿尔及尔退守吉杰勒，这件事成了他海盗生涯（1520—1525）的转折点，这座城市也被打造成他日后聚集财富的基地。他并没有放弃征服的意愿：1520年占领科洛（Collo），1521年攻取君士坦丁（Constantine），1522年夺下安纳巴（Annaba），随后的1525年，他从柏柏尔部落手中夺回了早已民不聊生的阿尔及尔。阿尔及尔和周边地区，不管是否在控制之下，都成了奥斯曼帕夏的管辖区，巴巴罗萨的国家也成了土耳其的行省之一。1529年，他占领了戈梅拉岛并将岛上的西班牙堡垒拆毁，利用拆下的石头搭建堤坝将阿尔及尔与周边的小岛连接起来，让港口停泊的海盗船处于绝对安全的状态。1531年，在又一次击败西班牙舰队之后，他将距离的黎波里20公里的塔朱拉（Tadjurah）改造成一个新的海盗基地，随后由此出发洗劫了意大利和普罗旺斯沿岸的一些地区。他的授勋仪式在1533年举行，苏莱曼大帝授予他海军元帅（qapidan paça）、贝勒贝伊（beylerbey）的称号和北非群岛（包括北非、爱琴海群岛和希腊半岛）的行政长官。阿尔及尔的贝伊就成了奥斯曼海军的第一统帅。

随着哈夫斯王朝持续了半个世纪的家庭内斗翻开新的篇章，在地中海西部的战火也被重新点燃。1526年，在西班牙和奥斯曼入侵下，穆罕默德四世（Muhammad Ⅳ）在惊慌失措中一命呜呼。他未获继承权的小儿子哈桑（Hasan）处死了他的两位兄弟，成功夺位，自称为穆罕默德五世（Abu ‘Abd Allah Muhammad V al-Hasan）。但穆罕默德四世的三子拉希德（Rachid）成功逃脱并躲避在阿尔及尔，海雷丁劝说他一同前往伊斯坦布尔向苏丹申诉。到了伊斯坦布尔以后，贝勒贝伊却将他囚禁在监狱，并在苏莱曼的授意和资助下率军征讨突尼斯。1534年，海雷丁率领9000名士兵在拉古莱特（哈克阿瓦迪）登陆。不知情的民众以为是拉希德回来了，便冲入宫中想要抓捕篡位的穆罕默德五世。虽然没能抓到他，但海雷丁的军队还是成功上岸，占领了城堡［卡斯巴（Al-qasabah）］，宣布了哈夫斯王朝的覆灭和奥斯曼苏丹的统治权，并派遣两支守卫队分别进驻突尼斯和凯鲁万。

穆罕默德五世逃到了查理五世处，请求这位大国国王为自己申冤，而查理也确实对奥斯曼帝国在马格里布地区的扩张十分忌惮。出于保护本国在西西里的舰队和监控地中海东、西向航行的目的，查理五世在1530年将西西里群岛的两个岛——马耳他、戈佐以及的黎波里港[11]分封给驻扎在罗德岛的医院骑士团，希望依靠他们的力量在的黎波里塔尼亚开辟一块领地。

皇帝亲自指挥一支由400多艘舰船、2.7万多名士兵组成的庞大海军，在深受土耳其人之苦的当地居民帮助下，成功占领拉古莱特和突尼斯（1535年7月）。但此后查理五世却下令劫掠城市三日，并逼迫哈夫斯人在1535年8月6日签署了耻辱性的条约，并在强占的拉古莱特建立了一处堡垒。面对如此强敌，海雷丁本人也不得不逃到安纳巴（波尼）。1536年，他重新干起了海盗的老本行，并一举占领了梅诺卡岛的首府马翁（Mahon），获取了大量的战利品。这次突袭之后，他离开了阿尔及尔，先后让自己的养子哈珊阿加（Hasan Agha）和儿子哈珊帕夏（Hasan Pacha）继承他的管辖权。在从北非的扩张战役中脱身以后，他随即又投入海战之中：1537年，他劫掠了意大利海岸和伊奥尼亚诸岛，但没能占领科孚；1538年，苏丹向教皇和皇帝的盟友威尼斯宣战，并在普雷韦扎海战（1538年9月28日）中将安德烈亚·多里亚（Andrea Doria）指挥的由西班牙和威尼斯组成的神圣联盟舰队击败。这场海战让奥斯曼和巴巴罗萨海军拥有了对地中海的绝对控海权，因为被迫签订和约（1539）的威尼斯决定从此以后保持中立。也是从那时起，查理五世也无力再组织一支能与其抗衡的海军了。在16世纪40年代，西班牙和它的盟友们不得不放弃与奥斯曼及其附属国巴巴罗萨对抗，因为后者在海军上的绝对优势让西欧国家遭受了惨痛的失败。

为了限制奥斯曼帝国在北非的扩张，查理五世着手起兵夺取阿尔及尔（1541年10月），但西班牙人主导的围城战却演变为一场灾难，因为暴风雨将大部分的船只都摧毁了。阿尔及尔军一鼓作气先在1542年攻克了东方的库库苏丹国（Kingdom of Kuku），然后率军向西占领了特莱姆森王国（1543，1550）。1547—1558年，阿尔及尔军重创前来攻打穆斯塔加奈姆（Mostaganem）的西班牙军，驻扎在此的奥斯曼人不仅频繁骚扰安达卢西亚，而且还在1555年占领了布吉，但他们却在随后攻打瓦赫兰和凯比尔港（1563）的战斗中败下阵来。奥斯曼帝国对马格里布的控制也从此得到了巩固。

在西班牙人和奥斯曼两大势力焦灼对抗之际，另一位国王也想趁乱搅局，他就是法国国王。在1525年柏菲（Pavie）被查理五世击败以后，弗朗索瓦一世就一直各处寻找盟友袭击报复。这两位对手对奥斯曼帝国入侵欧洲和地中海有着不同的看法："在弗朗索瓦一世看来，奥斯曼人的袭击主要针对独霸一方的哈布斯堡王朝，是自己的敌人们在互相残杀；而对于查理五世来说，这就是一场异教徒的军事入侵，目的在于摧毁基督教。"[12]这就解释了为什么1528年法国国王愿与苏莱曼一世建立同盟。1533年和1534年，联盟确实取得了有效的成果，苏莱曼也确实命令海雷丁接受法国国王调遣去对付意大利，尤其是热那亚的哈布斯堡舰队。在1535年突尼斯被查理五世攻陷后，法国国王和奥斯曼苏丹于1536年签署了《领事裁判权条约》（*Capitulations*），标志着两国正式结盟。这是一纸无限期条约，只有在签字的一方灭亡以后才会失效[13]。条约允许一方的国民能够自由地在另一方的土地上进行贸易，征收与当地居民相同的税收。虽然条约看似平等，但正如各领事馆裁定民事、刑事纠纷和犯罪的条款所证实的那样，主要的受限者还是在奥斯曼帝国领地上做生意的法国人。为了避免因"与穆斯林结盟"受到指责，弗朗索瓦一世辩称盟约是为了保护身处奥斯曼帝国的基督教徒，但类似的保护条约在17世纪才得到法律承认。1536—1537年，法国和巴巴罗萨海军联手在伊比萨（Ibiza）、科利乌尔（Collioure）和亚得里亚海发起军事攻击[14]。但是法国、奥斯曼联军在1543年却没能成功占领尼斯，巴巴罗萨·海雷丁的舰队在土伦度过了一个冬天，并一度将那里的大教堂改造成了清真寺。这个“不圣洁的联盟”[15]虽然没有造成太多令人深刻的影响，但它确实减轻了查理五世施加给法国的压力，也让马赛的贸易能够正常运转，1535年后，法国与东地中海的关系取得了突飞猛进的发展。

16世纪40年代中期，虽然历史舞台仍然风起云涌，但各国的疆域并未发生多少变化。除了在马格里布中部的阿尔及尔驻军，奥斯曼人参与的战役“虽然收获颇丰，但既没有值得一提的胜利，也没有占领大片土地。突尼斯仍在西班牙人手中”[16]，但哈夫斯王朝的统治者穆罕穆德五世很快就被愤怒的民众赶下了王位，因为他是依靠天主教国家的帮助才上位的。

德拉古特的时代（1544—1565）

1537年，突尼斯苏丹再次向查理五世求援镇压苏塞和凯鲁万的暴动，但西班牙远征军的行动不仅没能成功，自己还损兵折将。被臣民唾弃的穆罕默德五世固守突尼斯不出，任由斯法克斯（Sfax）、莫纳斯提尔（Monastir）、苏塞和古莱比耶（Kelibia）弃他而去。1542年，他再一次前往欧洲寻求帮助，将国家统治权留给早已迫不及待掌权的儿子艾哈迈德（Ahmad）。西班牙人想借此机会一举夺下突尼斯，便派遣部队在拉古莱特登陆。直到1547年前，西班牙人都向苏丹征收驻军费用，此举也在国家内部激起了不满。随后，西班牙人又决定与艾哈迈德三世重新修好，后者虽然不太情愿，但最终还是同意签署友谊和平条约（1547，1548，1550）。

艾哈迈德三世的统治地位比他的父亲穆罕默德五世更加岌岌可危。他不仅要处理与西班牙人的关系，还要防备阿尔及尔的奥斯曼人，此外还有一位土耳其海盗也不能小觑，他就是横行在大、小苏尔特湾的德拉古特。

德拉古特（1485—1565）是奥斯曼海军中少有的土耳其人，后来投靠海雷丁，成了他的部下。1540年，他被安德雷亚·多利亚（Andrea Doria）

的侄儿吉安尼汀诺·多利亚（Giannetino Doria）所擒，成了苦役犯，直到四年以后的1544年，西班牙人才在收到赎金后将其释放。重获自由后，他将杰尔巴岛作为自己的基地，并控制了突尼斯中部和南部的主要城市，成了包括苏塞、凯鲁万、加夫萨（Gafsa）在内的伊夫里基亚（首府马赫迪耶）名副其实的统领。1550年，在苏莱曼刚刚任命德拉古特为北非行政长官之后不久，西班牙人再次袭来。正值奥斯曼海军席卷西班牙沿岸之际，西班牙人则攻占了马赫迪耶（北非）并在那里坚守至1554年。德拉古特匆忙回防，在杰尔巴岛整顿完毕后决定先除掉医院骑士团，因为他们“持续不断的军事行动”[17]为奥斯曼帝国的敌人提供了不小的帮助。1551年7月，在锡南·帕夏（Sinan Pacha）提供的舰船和士兵的帮助下，苏莱曼大帝的海军登陆马耳他，但此行目的不是为了占领该岛而是为了测试下骑士们城防的坚固程度。随后大军拥向戈佐，城内所有居民（5000—7000人）都沦为奴隶。随后锡南和德拉古特转向朝的黎波里驶去。经过六天的炮击，骑士们无力反抗，只得在8月15日这天向奥斯曼大军投降，但在法国大使的个人介入下，骑士们得以回到马耳他，虽然锡南和德拉古特想要将骑士团连根拔除，但碍于与法国之间的盟约只好作罢。自1536年起就担任塔朱拉（Tadjurah）长官的穆拉德·阿迦（Murad Agha）随即被任命为的黎波里的贝勒贝伊，这让德拉古特十分恼火。穆拉德·阿迦上任后立即加固的黎波里的和塔朱拉的城防，以应对骑士们可能展开的反扑。1553年，苏莱曼大帝为了缓和这次内部危机将两人分别升任帕夏和贝勒贝伊，在1556年穆拉德·阿迦死后德拉古特也被晋升为帕夏。德拉古特就此成为查理五世在位时期北非势力最强的人，但他也看到了西班牙为占领突尼斯南部所付出的巨大经济支出，所以他决定放弃马赫迪耶，临走之前还将所有可能被他人利用的防御工事全部摧毁（1554），而此时查理五世已退位，巨大的哈布斯堡王国被他的弟弟斐迪南和儿子腓力瓜分。他在皮阿里帕夏（Piali Pasha）的协助下于1558年占领了雷焦卡拉布里亚（Reggio di

Calabria)、埃奥利群岛(Isole Eolie)、阿马尔菲、索伦托(Sorrento)、那不勒斯海岸、托斯卡纳海岸和梅诺卡岛。腓力二世(Felipe Ⅱ de España，1527—1598)这位文治武功都不如其父的国王面对这些袭击难以保持冷静，便在1560年开始组建新的神圣联盟，其成员除了西班牙以外还有教皇国、威尼斯和热那亚共和国、萨瓦公国和马耳他医院骑士团。1560年3月，他决定夺取的黎波里[18]，梅迪纳塞利(Medinaceli)公爵、西西里总督胡安·德·拉·塞尔达(Juan de la Cerda)奉命征讨并在未遭遇任何抵抗的情况下占领了杰尔巴岛。但此后的糟糕天气将西班牙人困在岛上。在的黎波里的德拉古特利用这个间隙向苏丹报告了西班牙人意图占领地中海南部海岸的野心。杰尔巴岛的丢失切断了阿尔及尔和的黎波里这两个奥斯曼帝国领地之间的联系，苏丹立即下令皮阿里帕夏的舰队夺回的黎波里，打了还没来得及在杰尔巴岛停泊的西班牙军一个措手不及(1560年5月)。当时仅有几艘船有时间起航，其他船只还停泊在岸边。很快，奥斯曼军队就占领了西班牙军队驻地，5000西班牙人被俘，沦为奴隶。

杰尔巴岛的这场大胜让奥斯曼帝国信心倍增。依靠强大而有效的海军、海盗联军，奥斯曼人决定强势进入西地中海并占领西西里群岛，尤其是击溃马耳他岛上屡次与奥斯曼帝国和巴巴罗萨作对的骑士们。马耳他骑士团大教长让·帕里索·德·拉·瓦莱特(Jean Parisot de La Valette)受到罗马教皇和西班牙国王的命令，让他尽可能久地坚守岛上，以防止奥斯曼舰队占领西西里[19]。1565年5月19日，海军上将皮阿里帕夏和将军拉拉·穆斯塔法帕夏(Lala Mustafa Pasha)率领3.8万和50门大炮率先登陆，德拉古特的海盗大军紧随其后。第一个目标是大港圣埃尔姆(Saint-Elme)要塞，当时的守军只有100名骑士和500名民兵而已。在围城的36天中，守卫军面对强敌几乎战至最后一人。此后，奥斯曼人继续攻打骑士团的城堡和总部比尔古(Birgu)。在瓦莱塔(La Valette)，人们号召所有的基督徒去帮助被困的骑士，但由于宗教冲突，最后只有600人(先遣救援队)去帮助被围困的守军。土耳其人利用欧洲人之间的分歧在 1565 年 7 月 15 日这一天向骑士堡垒发动了最后进攻。令所有人都没想到的是，马耳他骑士竟然将土耳其人击退了。这场胜利激励了欧洲的贵族。同年 9 月 7 日，由 9000 人组成的大救援队登陆马耳他。奥斯曼军营内部也出现了分歧，1565 年 9 月 8 日，土耳其人解散了包围。马耳他大围攻也被称为“15 世纪的凡尔登”，与 1916 年的那场双方都没有占得任何便宜且都付出了巨大代价的凡尔登战役相比，马耳他之围一方面成功阻止了奥斯曼人咄咄逼人的势头，让西班牙人看到了希望；另一方面，这场英勇事迹也在由于政治、宗教、社会和军事变化[20]备受打压的欧洲贵族中再一次燃起了骑士精神的火种，虽然持续的时间并不太长。从此以后，人们称医院骑士们为“马耳他骑士”[21]。

1546 年海雷丁和 1565 年德拉古特的去世让巴巴罗萨人为奥斯曼苏丹统一北非的梦想破灭了。随后西班牙人考虑夺回北非，而奥斯曼帝国则显得并不积极。

勒班陀战役，最后的正面交锋

勒班陀战役的胜利主要归功于威尼斯政策上彻头彻尾的改变。在此之前，威尼斯和西班牙作为与奥斯曼帝国“相辅相成的敌人”（费尔南・布劳岱尔语），还在各自单独行动。曾经威尼斯还相信能够通过支付巨额费用换取和约（1480、1503、1540）的方式将自己的命运与西班牙联系在一起，以此来维持自己的商业利益，保留塞浦路斯和克里特这最后两块地盘，延缓本国的衰退。威尼斯明白，也相信自己主要的贸易对象是奥斯曼帝国[21]。但 1570 年，酒鬼塞利姆（Selim the Drunkard，1524—1574）出于“地理位置相邻影响安全”的原因，要求威尼斯共和国放弃塞浦路斯。在遭到总督阿尔韦塞一世・莫塞尼格（Alvise I Mocenigo）的拒绝以后，奥斯曼的海军在穆斯塔法帕夏的率领下登陆拉纳卡（Larnaca）并将其占领。经过 50

天的围城后，尼科西亚在9月9日沦陷，丹多洛（Dandolo）总督被斩首，城中居民不是被屠杀就是成为奴隶，教堂和修道院尽毁。但这还不是最糟的：1571年，土耳其军队包围了法玛古斯塔。1571年8月6日由于城中无粮，居民被迫投降；2万名威尼斯人和希腊人被斩首，总督马克安东尼奥·布拉加迪诺在被残酷折磨之后死去。整个西方世界都对此报以极大的同情，然而庇护五世发动十字军的号召却无人响应。尽管如此，教皇还是与腓力二世一道组成了新的神圣联盟，成员有威尼斯、西班牙、马耳他骑士团、教皇国、热那亚和萨瓦，查理五世的儿子奥地利的唐·胡安（Don Juan de Austria）担任总指挥。进攻战略也是由他来安排：1571年10月7日，神圣联盟与奥斯曼帝国的舰队[23]在柯林斯湾入口的勒班陀（纳夫帕克托斯）遭遇。基督教阵营这边，舰载重型火炮和鸟铳步兵的使用在对抗奥斯曼桨帆船中发挥了巨大的作用，虽然双方都付出了巨大的代价，但神圣联盟终究取得了胜利。这是天主教国家第一次击败奥斯曼舰队。勒班陀一战确立了西班牙在西地中海的霸权，也阻止了奥斯曼帝国向西扩张的步伐，此役在基督教世界引起巨大反响，也在伊斯坦布尔散布了恐惧的气氛。"塞利姆二世可能已经将自己的财产、妻妾和男性子孙转移到了布尔萨。他本人马上就要逃到埃迪尔内，同时伊斯坦布尔的城防也加固了。穆斯林可能也会逃离首都，那里只会留下希腊人和法兰克天主教徒。"[24]

事实上，勒班陀战役只是过时的军事体系的最后一次表演，它在自身的重压下完全崩溃了。总体来说，围绕地中海世界的各地区都相当贫瘠，居民数量也不多。穆斯林和基督徒都意识到他们无法再组织必要的人力、物力资源来发动战争了。如果说战争的时代已经过去，17世纪除了零星的海上冲突整体相对平静的话，勒班陀战役也是为骑士精神奏响了安魂曲。从意大利战争到马耳他围城期间迸发出的骑士精神，和米格尔·德·塞万提斯喜剧小说人物堂吉诃德的英雄梦一样化为乌有，虽然塞万提斯本人也作为骑士参加了1571年的战斗，负伤左手残废并且被巴巴罗萨军关押了五年（1575—1580）。

西方的狂喜和土耳其人的惊恐弹指之间便烟消云散。土耳其人很快就卷土重来，这次的入侵欧洲比此前任何一次都要迅速：“在马耳他围城和勒班陀战役之前（1565—1571），土耳其人似乎势不可当。但在这两场极其艰难的战争过后，西地中海不再是奥斯曼土耳其人优先进攻的目标。”[25]

事实上，几十年来，设备性能越来越强的远洋船队改变了欧洲贸易：一方面，美洲的发现使北欧成为世界贸易的中心；另一方面，从非洲南部到达印度和远东的新路线让人们放弃使用中东和近东的旧路线。此消彼长，西方的崛起必然伴随着奥斯曼帝国的衰落。

在勒班陀战役过后数年，奥斯曼帝国似乎已经恢复了元气，准备再次发起进攻。西欧人还是怀有戒备之心的，尤其是马耳他岛上的骑士们筑起深沟高垒，在地中海中部这艘永不沉没的战舰上重建了瓦莱塔城。奥斯曼帝国也要感谢基督教同盟国家之间的分歧，如果它们乘胜追击直逼达达尼尔海峡甚至伊斯坦布尔那就大事不妙了。“15世纪末，几个大国的崛起（奥斯曼帝国、西班牙和法国）让威尼斯沦落为二流国家”[26]，虽然不可否认威尼斯的商人在西欧与奥斯曼帝国的贸易中仍然占有重要的立场，但这种重要性在逐步减弱。共和国在1540年就选择了中立的地位。由于勒班陀只是一次未能完成的尝试，被其盟友抛弃的威尼斯认为与其空费钱粮去尝试收回失去的领土，不如保住现有的商业地位。奥斯曼大维齐尔也确实正式警告过威尼斯：“攻占你们的王国如同割断一只臂膀，击败我们的舰队如同刮掉我们的胡须。断臂不能重生，而胡子会越长越浓密。”神圣联盟的胜利中断了威尼斯赖以生存的贸易，共和国也认为没有必要再去攻打塞浦路斯来实现这场战役的初衷。就这样，1573年，威尼斯与奥斯曼帝国签订和约。认清了残酷现实的威尼斯决定承认奥斯曼帝国对塞浦路斯的主权，并答应三年内支付10万杜卡托作为赔偿，以换取贸易上的优先权。东地中海的地盘从此悉数落入奥斯曼帝国之手（克里特、基克拉迪群岛、伊奥尼亚群岛仍属于威尼斯），而威尼斯也解除了武装，一心一意投入到贸易中。这场让威尼斯付出沉重代价的冲突只是冰山一角，因为“威尼斯之所以表现得如此理智，不仅是由于世界的贸易路线正在从地中海慢慢转移到大西洋，民族国家的壮大的影响也不可忽视。从16世纪开始，威尼斯在发展道路上就遇到了一个又一个难缠的对手：除了怀揣帝国野心的西班牙、法兰西，还有正在崛起的土耳其帝国，它开启了一个伟大的时代，同时也让威尼斯的国力耗尽”[27]。在16世纪最后二十五年中，威尼斯的贵族们将经济基础转移到远洋贸易上，而且投资的方向也以农业优先。曾经的地中海霸主如今只能像一个没落贵族一样靠以前积攒的田产勉强维持[28]。从16世纪末期开始，威尼斯经济的基础开始变化：虽然丝绸领域未受太多影响，羊毛贸易则在质量略逊但价格低得多的北欧呢绒的竞争下急转直下；世界经济已经被殖民地贸易所主导，威尼斯顺应潮流，依靠手工制品（印染、丝绸、瓷器、玻璃制品）依然维持着繁荣。

西地中海也经历了一个躁动的时期。西班牙和土耳其人的冲突点仅限于对突尼斯的争夺。处在柏柏尔人、阿拉伯人、拉古莱特的西班牙人和德拉古特的巴巴里人四方势力夹缝中的突尼斯统治者艾哈迈德三世在1569年又迎来了一个强劲的对手——阿尔及尔的贝勒贝伊乌卢克·阿里（Uluj Ali），他成功将艾哈迈德三世赶下台并在突尼斯重新建立了奥斯曼帝国的统治，但由于势单力薄，在面对拉古莱特的西班牙人时还是无能为力。腓力二世想要消灭让他颇感不安的阿尔及尔势力，但随着年龄的增长，他也和查理五世一样，认为长期战领北非海岸不切实际，那会损害西班牙的经济和政治利益。他想将拉古莱特、突尼斯和其他沿岸城堡处的所有防御工事拆毁，以防止被其他人利用，也方便自己的管理。1573年，这项任务落到了腓力二世同父异母的兄弟，因勒班陀大捷而备受赞誉的奥地利的胡安肩上。但这位基督教世界的大英雄有更大的野心——想要建立突尼斯王国，而在他身后也有教皇国和马耳他骑士们的支持。胡安不仅没有听从国王的命令，反而加强了拉古莱特的防御，并在突尼斯派驻了4000名士兵，将统治者艾哈迈德三世赶下台，让其兄穆罕默德六世成为傀儡君主，听命于西班牙。但不到一年，政府的监管和西班牙士兵对当地穆斯林习俗的不尊重，在民众之间激起强烈不满。塞利姆二世抓住机会派遣科查·锡南·帕夏（Koca Sinan Pasha）和海军上将乌卢克·阿里一道组成了一支几万人的军队准备重夺突尼斯。在的黎波里和凯鲁万的士兵也加入了这支军队，当地的西班牙总督也明白想要处处设防不太现实，于是他下令将比塞大（Bizerte）的部队撤到拉古莱特去加强防守。但为时已晚：拉古莱特和突尼斯湖中央的彻克里堡（Chekli fort）此时已经落入土耳其人手中，1574年9月3日，突尼斯要塞也失守了。就像勒班陀战役的胜利并未改变塞浦路斯的命运一样，被奥斯曼帝国夺取突尼斯也没有让西班牙人产生太多过激反应。

此外，西班牙和奥斯曼帝国都在逐渐退出地中海的舞台。腓力二世的霸权政策为他从美洲带来大量的黄金和白银，让他迅速有了铸币、扩军的资本。1575年9月1日，负债累累的西班牙宣布破产。在西班牙统治下的尼德兰，反叛的士兵占领了安特卫普（10月3日）。西班牙人对抗北方加尔文省份的战争就此开始，最终在1581年尼德兰脱离西班牙的统治而独立（通过《誓绝法案》）。在尼德兰发生的事情又将西班牙卷入了与英格兰的战争（1585—1604）中，于是它从地中海调遣军队北上，因为此时的奥斯曼土耳其人的威胁已经不在。此时的土耳其人忙于在欧洲对抗奥地利（1593—1606）和在亚洲与波斯萨非王朝交战，此外各地的叛乱也时有发生。

奥斯曼帝国在非洲的统治（1574—1591）

1574—1587	伊斯坦布尔政权将三个巴巴罗萨省重组成奥斯曼省（Eyalet），由苏丹直接指派三马尾帕夏管理：突尼斯（1574）、的黎波里（1577）、阿尔及尔（1587），当地的主要活动就是海上劫掠。

1591—1671	土耳其近卫军和首领夺权，并选出了自己的迪伊：突尼斯（1591）、的黎波里（1612）、阿尔及尔（1671）。

在哈布斯堡王国和奥斯曼帝国的正面冲突之后，两国陷入一种“冷战”的局面。但是奥斯曼帝国没有离开地中海的舞台：西班牙人明显在短时间内不会介入北非，所以他们重新建立了三个新省份，即阿尔及尔、突尼斯和的黎波里。

科查·锡南·帕夏在突尼斯拆除了拉古莱特的要塞和彻克里岛上的城堡，在返回伊斯坦布尔之前，他对当地的行政和管理机构进行了重组。伊夫里基亚是奥斯曼帝国的二级行省（province），由头衔为二马尾帕夏[1]的瓦利（wali，或称总督）管理。重组以后，它成了一个维拉亚特（wilâya，或称 iyâla，土耳其语为 vilayet 或 eyalet），意为“地区”“行政管辖区”。帕夏以伊斯坦布尔苏丹的名义掌管该地区，土耳其语里的 eyalet，在意大利语和法语中分别翻译为 reggenza 和 régence。帕夏任期为三年，拥有一支 4000 人的军队，分为 40 个 100 人组成的小队，每个小队由一个百夫长（buluk-bashi）率领。虽然帕夏拥有突尼斯城的最高权力，但军队［土耳其近卫军（odjaq）］却听命于阿迦（agha），虽然理论上阿迦是听从帕夏的命令行事，但由于帕夏任期仅为三年，他们很难在当地的军事势力面前树立威信。阿迦在做出重要决定前，由百夫长们组成的议会（diwan）给出相应的意见。很快，阿迦和百夫长们就组成了真正的行政管理机构。

这股新的军事势力很容易就控制了突尼斯和该地区有守军驻防的大城市，但在腹地的情况却完全不同，大量反对奥斯曼统治的部落的存在造成很多地区纷争不断。对这股势力的不满也存在于士兵中，而且很快民兵中也产生了愤怒的情绪。最初这些民兵是由土耳其人组成的，但后来越来越

1　帕夏们佩戴一条、两条或三条马尾来显示他们的权力和地位。一马尾帕夏叫法历克（ferik），二马尾帕夏叫米里米兰（miri-miran），三马尾帕夏叫穆希尔（mouchir）。

多的土耳其混血[1]（kuloghlu 或 koloughli）甚至黎凡特阿拉伯人也加入了。1591 年 10 月 18 日，突尼斯的土耳其近卫军实在忍受不了当地的残暴统治，决定除掉军官们。他们占领了阿尔卡斯巴（Al Qasba），抢夺了武器并将军官们屠杀，顿时尸横遍野。经帕夏首肯，大家一致决定让土耳其近卫军推选一位“迪伊[2]”（dey）来领导民兵，所有军官也必须听从他的命令。三尾帕夏不能继续以苏丹的名义参加该地区的行政事务，其权力也被限制在第二等级。迪伊将所有权势集于一身，在议会成员的谏言下执政。在这样的军政权统治下，民兵推选迪伊参加所有行政决议。

但对于伊斯坦布尔的中央政权来说，三尾帕夏制度虽是一种普遍应用的模式，但自 1580 年起，奥斯曼帝国的衰落为柏柏尔人的自治提供了有利条件。从博斯普鲁斯海峡到阿尔及尔的航程至少需要七十二小时，正因如此，苏丹起初将总督的权力交给贝勒贝伊，后者就是当地的实际统治者，其权力之稳固，让他能够放心地将权力留给副手（哈里发）。但他们需要面对两股主要势力：近卫军民兵（odjaq）和劫掠团体（泰法 taifa），他们拥兵自重，实施对他们有利的政策[3]。此外，在 1587 年乌卢克·阿里死后，苏丹不再指派贝勒贝伊，取而代之的是三年任期的帕夏，与突尼斯的制度无异。他想让现存的三种管理模式实现最终的统一，并整合进帝国的行政组织之内。但是三尾帕夏在各自的行省内没有任何势力支撑，只得将权力让与近卫军阿迦。各省的情况慢慢变得和突尼斯一样，帕夏成为一个代表苏丹宗主权的虚职。执行权实际落入军队首领阿迦之手，但由于阿迦每次任期仅

1 字面意思是指奥斯曼奴隶的儿子，即土耳其人与当地妇女所生的孩子。

2 土耳其语中 dey 的意思是舅舅。在土耳其母系氏族体系中，在父亲死后，是由母亲的兄弟取而代之。迪伊指的是父系苏丹死后的继承人。

3 1556 年，近卫军拒绝接受奥斯曼苏丹指派的贝勒贝伊。1561 年，海雷丁的儿子哈桑，手戴镣铐被摄政区的士兵押解回伊斯坦布尔。1580 年，近卫军也见证了饥荒之中，阿尔及尔人毫不犹豫地将乌卢克·阿里指派的哈里发哈桑·威尼西亚诺（Hasan Veneziano）赶走，他们无法再忍受其统治。1582 年，乌卢克·阿里指派的哈里发被军人们选出的船长们所取代。

为两个月，所以在这片无政府的土地上最终权力还是由近卫军民兵执掌。

在的黎波里，情况也类似，在贝勒贝伊管理20多年（1551—1577）后，苏丹派遣一位三尾帕夏接任其职（1577—1612）。从1612年开始，当地的近卫军民兵效仿突尼斯选举出了迪伊，其助手贝伊通常负责管理昔兰尼加[1]。

在16世纪下半叶的阿尔及尔、突尼斯和的黎波里，苏丹指派的官员彻底成为一个被架空的形象，这些军事集团对待当地穆斯林的傲慢态度，与欧洲贵族对待平民的态度无异。传统意义上的伊斯兰社会是由三部分组成的：军人（ahl al-sayf）、文人（ahl al-qalâm）和庶民。但在北非的奥斯曼领地，掌权势力是外地雇佣军。而这些军人中，由帝国禁卫军组成的贵族势力（kapikulu）秉持主要权力，当地招募的近卫军（yerliyya）地位略逊。此外，一些马穆鲁克骑兵也被雇用来担任行政或军事上的职务。很快，这种雇佣兵制度就被废弃，马穆鲁克骑兵的工作由那些被称为“伊斯兰教信徒[2][29]”的改宗者担任。但是，文人全部由当地乌理玛（‘ulâma）组成。这群文人不构成一个阶层，他们更像是一种团体[3]，与原先欧洲的神职人员很相似，而且他们只在宗教布道、传授知识、传播文化和施行法制的时候才集中在一起。庶民的组成比较多样，包括以大商人为主的上层资产阶级和手工业者、商人组成的中产阶级。这些操着阿拉伯方言的人多来自当地，由于各民族通婚已经几百年了，所以种族优势的概念也不存在。此外一直处于社会最底层的安达卢西亚人也从来没能真正完成融合，主要人口还是阿拉伯化的柏柏尔人和周边地区的移民。在马格里布地区唯一受压迫的民

1　1632—1672年，贝勒贝伊制度被重新采用。

2　直到19世纪初期，“土耳其人”（Turc）一词（正如今天的“阿拉伯人”一样），就是穆斯林的代名词。成为土耳其人也就是指皈依伊斯兰教，声称自己是土耳其人也就表示信奉伊斯兰教。

3　这是一个数量庞大、边界模糊的团体，成员包括法官、教士、教学人员、学生、神职人员、神秘会和谢里夫行会（先知的后代）负责人。

族就是犹太人，在第二次散居之前有部分犹太人定居在此。

16世纪末，近卫军在上述三地实施的不仅仅是殖民政策，更是一种军事、经济和社会的全方位控制。由于新军是为了战争而设立，他们完全不擅长劳动和经商；在他们眼里，夺取别人的财产比自己生产要更加光荣。奥斯曼帝国和西班牙之间正面交锋的终结有利于劫掠活动的长期进行。费尔南·布罗代尔称海上行劫是一种“亚战争”，而这种隐性的战争也是一种以掠夺为唯一手段的低等经济。与海盗相反，劫掠是在国际法框架内由国家授权（私掠许可证）的一种行为。这些奥斯曼帝国摄政区在16世纪末成了海盗的巢穴，整个地中海都笼罩在不安的氛围中，在这片贸易频繁的海域让劫掠者能够获取丰厚的利益。劫掠的目的主要有两个：一是将基督教船只运送的货物占为己有，二是将船上的水手和乘客当作奴隶贩卖。作为奥斯曼帝国摄政区唯一的收入来源[1]，劫掠这种经济行动的复杂性也催生了新的统治势力——海盗船长（拉依）。船长和船主们很快就在此树立了威信[2]，成了一股非常重要的政治势力。但是，他们中的大部分人都曾是基督徒，后因为利益驱使才变成海盗[3][30]。几个世纪以后，皮埃尔·丹这样写道：“可以肯定地说，是那些改宗的基督徒将巴巴里海盗的实力推向巅峰，成了我们今天所看到的样子；如果没有这群人的加入，阿尔及利亚、突尼斯、塞拉、的黎波里这些共和国的无耻之徒能不能维持对摩尔人和本国人的统治，海盗行为能不能继续下去都很难说，因为当时最好的战士、水手，大部分船

1 摄政区按比例收取一部分战利品；船主、船长、船员和参与劫掠的近卫军都按照事先签订的合同分享剩余的份额。

2 他们必须为船只装载武器和补给。在摄政区社会的各个阶层（帕夏、迪伊、近卫军、富有的个人）都有船主的身影。

3 16世纪末17世纪初主要是英国人和荷兰人，比如约瑟夫·沃德（Joseph Ward）成了优素福船长，参孙·丹瑟（Sanson Danser）成了阿里船长。后来加入的普罗旺斯人、科西嘉人、撒丁岛人、热那亚人、里窝那人、卡拉布里亚人和西西里人将土耳其人、摩尔人和安达卢西亚人挤到了末等的地位。

只都来自改宗者和穆斯林[31]。”与普遍印象截然不同的是，在夹缝中生存的海盗们并没有将海洋贸易摧毁。不仅如此，他们还促进了一种新型贸易的形成。大部分海盗船的武器装备都是在欧洲购置，而且虽然有战略物资禁运的存在，但大部分战利品仍然通过犹太人和巴巴里人之间的关系被重新卖往欧洲，主要的几处出货地包括里窝那、阿姆斯特丹、伦敦甚至马赛。正如威尼斯人乔万尼·巴蒂斯塔·萨尔瓦戈（Gio-Battista Salvago）所说，海盗行径之所以能够存在主要是因为赃物有销路[32]。

日益猖獗的海盗活动主要产生了以下影响。首先在摄政区内，本地精英的出现导致当地人和外来人与伊斯坦布尔的“奥斯曼”苏丹之间的关系逐渐淡化，一切都围绕着地中海的劫掠活动运转。此外，单一的海盗行为让欧洲经济如鲠在喉，于是欧洲国家也组织起了“反劫掠[1]”。由帆桨战船组成的舰队不断需要新的桨手，被罚划船的奴隶或犯人们的重要性也提升了。柏柏尔人这边，对奴隶的需求让他们更频繁地劫掠商船、打击敌方舰队甚至上岸掠夺。地中海不仅仅是一处战争频发之地，各类冲突和征服也在不断上演。欧洲这边，虽然奴隶制度并不会遭到蔑视，但桨手的缺乏让基督徒们不得不将这种行为写入法律：首先是死刑犯被罚做桨手[33]，随后那些犯轻罪的人也会遭到同样的处罚。法律的武器也开始为地中海这种新的需求服务。

而且，船型的选择也在发生改变。这种体积庞大、船底扁平的帆桨战船能够在无风的状态下航行，虽然这种船很容易下水，但海上最小的波澜都会让航行速率大幅度下降[2]，于是大家都更愿意选择水手需求较少的小型船（圆帆船、双桅横帆船、三桅帆船），以便在追击和逃跑中都可以保持高速。上述原因让人们把火炮搬上了帆桨战船，这也是16世纪最大的突破

1　参与者除了马耳他，还有美第奇家族科西莫一世创立的圣史蒂芬骑士团以及法国皇家海军。

2　16世纪中叶，奥斯曼帝国已无法在突尼斯以西的海域航行，他们必须在冬天风暴来临之际返回港口（这也解释了为什么他们在1565年9月要放弃马耳他围城）。

之一——基督教徒和穆斯林两方阵营都陷入了高额支出的泥潭，安装更多的火炮不仅需要更多的炮手，还需要更多的桨手，搬上船的补给也要相应增加，这就造成了那个时期物价飞涨。帆桨战船之间短兵相接的代价变得越来越高昂。此外，欧洲的海员，无论是商人还是战士都在发生变化。长船向多层甲板的战舰转变过程中的过渡性船只就是威尼斯帆桨大战船，这种船在勒班陀战役中发挥了巨大的作用。随后圆船或帆船开始驶入大西洋和地中海。高层甲板立刻就体现了它的优势：划桨的船只在靠近时无法登船[1]。巴巴里海盗们也明白改造海军的必要性，于是在改宗者们的帮助下，他们复制了一些多层甲板战舰并在上面安装了阿拉伯帆，在有风的时候能够更快起速（武装商船、地中海浦六甲三桅船）。

从 16 世纪末开始，劫掠已不再出于军事目的，这种行为对于北非的奥斯曼摄政区的巴巴里人和马耳他人来说，已经成了一种重要产业。这个困扰地中海长达两个世纪的难题严重阻碍了贸易，并对一些欧洲国家，尤其是法国的政治造成了影响。

1　1550 年，德拉古特的圆帆船在包围了一艘威尼斯武装商船三天后不得不放弃——出于高度的原因无法登船。

第十六章

La domination française en Méditerranée

法国人
在地中海的统治

1536	弗朗索瓦一世和苏莱曼大帝缔结盟约。
1580	奥斯曼帝国与英国签订条约。
1590	阿尔及尔人摧毁法国船只。
1591	亨利四世派遣萨瓦里·德·布雷韦（Savary de Brèves）前往伊斯坦布尔。
1604	法国与奥斯曼帝国签订新的盟约，法国的垄断，对威尼斯和英格兰人实施垄断。
1605	萨瓦里·德·布雷韦与突尼斯签订条约：巴巴里贸易从此受到法国保护。
1613—1620	阿尔及尔危机。
1624	黎塞留创建皇家海军。
1626	红衣主教派遣桑松·拿波伦去阿尔及尔。
1628	摄政区签订条约。
1631	突尼斯出现了新的势力——贝伊。
1633—1637	阿尔及尔海盗劫掠法国。
1640	法国与阿尔及尔签订新的条约。
1659	签订《比利牛斯条约》，西班牙丧失大国地位。
1661—1666	对阿尔及尔采取军事行动（吉杰勒）。
1665	法国与突尼斯签订条约：法国获得最惠国条款。
1667—1669	干尼亚战争，威尼斯失去克里特。
1671	在阿尔及尔，民兵推选了一名迪伊。
1673	路易十四告知马耳他骑士团大团长，基督教反劫掠行动不再是巴巴里海盗复仇的借口。
1680	阿尔及尔与荷兰、英格兰签订条约，路易十四炮击的黎波里海盗。
1682—1684	第一次阿尔及尔战争。
1685	第二次炮击的黎波里。
1685—1688	第二次阿尔及尔战争。
1693	法国与的黎波里签订和约。
1699	法国签订卡尔洛夫奇条约，威尼斯收回伯罗奔尼撒（第六次威尼斯土耳其战争）。

1. 法国，地中海的新势力

法国在 1481 年将普罗旺斯收入囊中。出于对抗劫掠者的原因，马赛这个商业港口很快就变成了一座军港，国王在这里建造了一座帆桨战船船坞来支撑法国在地中海的野心[1]（1496）。1536—1543 年，法国和奥斯曼帝国联合展开了一些行动对抗西班牙。亨利二世即位（1547—1559 年在位）后，瓦卢瓦王朝对意大利采取的传统政策并未改变，主要考虑怎样通过对抗查理五世、儒略三世、美第奇家族或热内亚共和国的盟国来削弱各帝国的势力。1551 年，法国军队前往意大利去救援深受儒略三世威胁的帕尔马；1554 年，法国人又支持锡耶纳对抗其统治者佛罗伦萨的暴动。不过，法国主要的行动还是在 1553 年与科西嘉的起义军联盟：在借助土耳其人的战舰登陆以后，法国陆军占领了这座当时对于西地中海双桅战船舰队[2]至关重要的岛[3]。亨利二世死后爆发的宗教战争让扩张行动有所放缓。但在巴黎主政的亨利三世仍然对马耳他的局势非常关心，并采取了对骑士团内部施加影响的政策。在医院骑士团内部实际上一直都有两个主要派别：亲法派和亲西派[1]。自从骑士们在马耳他驻扎下（1530）以后，八任骑士团长中有五任都是法国人，只有一位是西班牙人。既不信任瓦卢瓦人也不想看到马耳他这座西

1 骑士团起初分成了五个语言区（法语区、西班牙语区、英语区、德语区和意大利语区），但为了对每个民族都保持尊重，语言区的数量很快就上升到八个，每个语言区在选举大团长时都有投票权。法国拥有三个语言区（普罗旺斯、法国和奥弗涅），伊比利亚半岛有两个（卡斯蒂利亚和阿拉贡）。

西里的前哨站落入他国之手的腓力二世在1581年成功煽动了宫廷政变，大团长让·德·拉·卡希尔（Jean de La Cassière）被罢免。法国立即派遣外交官前往教皇额我略十三世（Gregory XIII）处施压，这位教皇与腓力二世素来不和，便命令骑士团投票推选一位忠于瓦卢瓦王朝的候选人，即于格·德·弗尔达尔[4]（Hugues de Verdalle）。最终没能控制科西嘉岛的法国人虽然无法占领西班牙统治下的马耳他，但能让听命于自己的骑士团来掌管该岛也不失为一步好棋。

与巴巴里摄政的第一次接触

然而亨利四世的和解宽容政策让一切都变了。与奥斯曼帝国及其北非行省的关系整体上仍按照1536年签订的盟约在维持；涉及北非摄政的盟约第七条规定，法国人可继续在阿尔及尔、突尼斯海域按照以前规定的用途捕捞珊瑚，然而风险仍然存在。波旁王朝在1591年恢复了与奥斯曼帝国的关系，并派遣萨瓦里·德·布雷韦（1560—1628）前往伊斯坦布尔担任大使，接替他的父亲雅克·萨瓦里·德·兰蔻（Jacques Savary de Lancosme）这位已担任该职位十年的外交官。这位杰出的东方学者成功获得了艾哈迈德一世（1603—1617年在位）苏丹的信任，在经过了数年的努力后，他终于在1604年让两国签署了贸易联盟条约。自瓦卢瓦王朝和奥斯曼土耳其签订第一批协议以来，法国以自身的优势地位，利用旗帜和领事为很多在奥斯曼帝国做生意的大商人提供了帮助。奥斯曼在与威尼斯的交锋中失败以后，不得不允许后者悬挂自己的旗帜并设立领事馆；随后在1599年，英国人不仅获准悬挂自己的国旗进行贸易，还可以为其他想要在黎凡特地区进行贸易的国家提供保护。布雷韦无法重新树立法国的垄断地位，在1604年的协定条款中也将威尼斯和英格兰排除在外。但其他基督教国家的商人还是必须悬挂法国国旗，由法国领事管制，也受到法国大使馆的保护。处在法国经济复兴的关键时期，让他国商船悬挂法国国旗的决定非常重要，此举使普罗旺斯，尤其是马赛的经济受益匪浅。此外，摆脱了枷锁的法国人也担负起保护黎凡特、巴勒斯坦基督教朝圣者和耶路撒冷教士的职责。面对威尼斯和英格兰这两位竞争者，法国虽然已不再是奥斯曼人眼中最重要的合作对象，但萨瓦里·德·布雷韦还是希望离法国最近的几处奥斯曼行省能够遵守曾经签署的条约。法国国王确实加强了与迪伊掌控下的突尼斯摄政区的关系。1593 年，一个名叫奥斯曼［卡拉·奥斯曼迪伊（Kara Osman Dey）］的人夺取了统治权（1595—1610），并控制了近卫军和议会。1605 年 6 月，萨瓦里·德·布雷韦来到突尼斯，请求当地的摄政遵守最新签署的协议。然而正在此时，摄政区已建立了新的平衡。这位法国大使对新帕夏的任命自信满满，相信后者在上任之后一定能够让议会落实苏丹的政策。但是奥斯曼迪伊早在 1598 年就限制了帕夏并掌握了实权，此次，他也否决了帕夏和议会的意见。于是萨瓦里不得不重新与迪伊谈判，最终双方在 1605 年 8 月签署了条约，规定突尼斯海盗船不能袭击悬挂法国国旗的船只，且不能登船检查船只、船主、货物的国籍，法国籍的奴隶需尽快释放。但奥斯曼也得到了丰厚的补偿：马赛的突尼斯奴隶也重获自由，装运在法国船只上的突尼斯货物也可以免于受到马耳他、佛罗伦萨和西班牙的侵扰。最后这项条款对于法国，尤其是普罗旺斯和马赛的贸易至关重要，从那时候起，法国就为在奥斯曼帝国领地内做生意的大商人提供了通融船旗。

但是，法国与阿尔及尔统治者的关系却没有那么好。根据 1536 年的协定，已经在马赛安顿下来的科西嘉伦西[5]（Lenche）家族又于 1550 年从阿尔及尔处取得了在安纳巴附近海域捕捞珊瑚的权利[1]。亨利二世和查理九世都默许了这种垄断性的捕捞行为，于是伦西家族于 1552 年在卡拉附近

1 红珊瑚被用于加工首饰或在黎凡特地区作为货币使用。由于其颜色鲜红，当时的医学认为它对发育异常和伤口流血都有抑制功效。一斤珊瑚当时在渔民处的买价为 0.5 利弗尔，在法国的卖价高达 6 利弗尔。

设立了名为“法兰西堡”的贸易站。繁荣很快降临，作为法国和阿尔及尔之间黑市贸易无法回避的中转站[1]，法兰西堡的贸易量甚至达到了马赛的四分之一。然而自1590年以来，该贸易站曾数次被阿尔及尔的帆桨战船舰队和安纳巴的民兵摧毁，亨利四世和苏丹的官员根本无法约束阿尔及尔的阿迦，因为后者已足够强大，不再听命于伊斯坦布尔。被屡次重建和接连不断出现的问题弄得焦头烂额的托马·伦切（Thomas Lenche）在1619年将法兰西堡的所有权卖给了普罗旺斯总督——海军上将吉斯公爵[2]（duc de Guise）。于是从17世纪初开始，摄政区不断开始给法国和欧洲其他势力带来麻烦，这种情况一直持续了两个世纪。以集权和法律为基础的欧洲国家与苏丹建立外交联系，并希望后者能够让奥斯曼行省的势力遵守达成的协议。但行省的这些与伊斯坦布尔渐行渐远的军阀却认为这些协定只是封建君主带来的灾星。在与突尼斯的迪伊商谈的过程中，亨利四世不幸打开了潘多拉的盒子。在他之后，欧洲的君主们接连与摄政的掌权人签署条约，希望能够通过外交条款保护本国利益，而这些当地的军阀非常清楚，有权与他国签订条约的人只有苏丹。因此，这些被欧洲人视为条约的文本在他们眼里只是一种他们自愿签署的暂时性协议。这种误会给地中海的历史带来了深重灾难，情况直到19世纪初才有所好转。欧洲国家对摄政区反复采取软硬兼施的态度，但收效甚微。

此外，法国对地中海的态度也模棱两可。与西班牙、葡萄牙、英格兰和荷兰不同，法国从来没有海洋文化。无论是经商还是探险，从事航海的法国人绝对是小众群体[3]，他们中最幸运的人才能聚集财富成为有产者、官员或成为贵族。对于普通法国人来说，居住在海边就是贫穷的象征，而且

1 虽然遭到教会的反对，法国还是为贝勒贝伊提供军事物资。

2 洛林的夏尔一世（1571—1640），第四位吉斯公爵。依附于亨利四世以后，国王任命他为普罗旺斯总督和黎凡特海军元帅（1594—1636）。

3 法国从事捕鱼这个最重要的海洋产业的人数只占总人口的0.5%。

海盗和沉船事件的时有发生也让大海成了一个令人不安、神秘莫测的边缘世界，鱼则常常与贫瘠和宗教斋戒的观念联系在一起。法国在西地中海缺乏战舰的事实让巴巴里人更加肆无忌惮。1613—1621 年，法国和阿尔及尔海盗之间的危机已上升到临界点[1]。1613 年，玛丽·德·美第奇（Marie de Médicis）摄政下达了与阿尔及尔贸易的禁令，并勒令对方停止建造战船，但这项苍白的禁令不仅没有收到任何效果，阿尔及尔的反制政策还让法国的商业和私掠都大受影响。于是 1626 年，黎塞留再一次派遣桑松·拿波伦[2]（Sanson Napollon）这位杰出的谈判专家到阿尔及尔，力争达到停战和恢复贸易的目的。1628 年，他成功与阿尔及尔签署了《关于法国与阿尔及尔议会和民兵间的贸易条约》，由于这不是一项强制条约，法国人最终也不得不接受一些黎塞留认为不可接受的条件[3]。很明显，红衣主教介入海洋事务的行为已经让法国从根本上改变了对海洋贸易，尤其是对地中海贸易的设想。在此之前，人们还认为与黎凡特的贸易成本太大回报太低，而且买入的都是一些少数人使用的奢侈品。黎塞留很快明白“贸易必须由强大的海洋实力做支撑[6]”，他在概括法国实施地中海政策的原因时说：“所有了解黎凡特贸易的人一定知道我们挣的不是法国而是西班牙的钱，我们通过非法买卖来自西班牙的黎凡特商品而获利：这一点十分值得注意。他们知道扩大与黎凡特之间的贸易会给马赛带来巨大的财富；法国仅靠转运丝

1　这件事双方都有错。由于吉斯公爵不愿意归还从一位阿尔及尔船长处缴获的两门铜炮，在八年的时间里，巴巴里海盗夺取了 253 艘法国船只（抢劫了价值 500 万利弗尔的财物），让不少船员沦为奴隶（包括圣文生·德·保禄）。侯赛因帕夏和吉斯公爵在 1619 年签订条约，出于对一艘被劫掠的普罗旺斯船只的报复，愤怒的马赛居民将阿尔及尔使节杀害（1620）。

2　桑松·拿波伦（1583—1633）出生于热那亚统治下的科西嘉岛，1599 年随自己担任马赛皇家舰队兵工厂捻缝工的叔叔们来到马赛定居。他的女儿在 1541 年嫁给了托马·伦西乌并在 1609 年加入法国籍。此后他还担任阿勒颇领事（1615）、马赛自由港总督（1620），路易十三还任命他为官内侍从，并让他以士麦那领事的身份（1623）到奥斯曼帝国完成相应的任务。

3　比如，奥斯曼人可以搜查法国船只，确认船上没有给敌国运送的物资。

绸、棉布这些来自黎凡特的主要商品就可以获取相当于成品买价 10% 的利润；这样的贸易可以为大量的手工业者提供生计，也让法国能留住许多水手以备战争之需 [7]。”法国的政治第一次将商业贸易纳入考虑范畴，导致法国必须组织一支足够强大的舰队来同时应付邻国和在地中海上横行的海盗 [8]。

与西班牙的冲突

1624 年，黎塞留正式宣布组建皇家海军，废除了海军上将的职位，取而代之的是负责统领和监督法国航海和贸易事务的海军大臣。1635 年，他颁发给贡迪（Gondi）家族海军大将头衔并为他们买下了耶合群岛（îles d' Hyères），让土伦的战舰从这里启航 [9]。黎塞留作为首相掌权的 18 年间，法国的海军实力突飞猛进。1642 年红衣主教去世时，法国在地中海已经拥有 60 多艘战舰和 20 多艘帆桨战船。由于私掠对贸易影响极大，对于路易十三和他的首相来说，首要问题是夺回西地中海的掌控权，因为在三十年战争（1618—1648）的背景下，只能通过打击热那亚来切断西班牙和德意志之间的联系。海军元帅苏尔蒂 1（Sourdis）大主教取得了一系列胜利［芒通（1636），莱兰群岛（1637）］，而随后在历史上最后一场大型桨帆船战役——瓦度海战（Battle of Vado）中的获胜完全阻断了热那亚和巴塞罗那的联系。1642 年在巴塞罗那城下取得的大捷也拉开了攻陷佩皮尼昂和鲁西隆（1659）的序幕，随后马耶－布雷泽 2（Maillé-Brézé）在加塔角（Cabo de Gata）痛击西班牙和那不勒斯的舰队，让法国也基本上控制了西地中海。

1 亨利·德埃斯库本·德·苏尔蒂（Henri d' Escoubleau de Sourdis，1593—1645），波尔多大主教，海军副元帅。

2 让－阿尔芒·德·马耶－布雷泽（Jean-Armand de Maillé-Brézé，1619—1646），黎塞留的侄儿，1639 年被任命为舰队指挥官。

征服阿尔及尔的尝试

黎塞留对阿尔及尔实行“胡萝卜加大棒”政策，这样的政策也就定义了西方国家和巴巴里摄政区的关系。虽然双方都对1628年的条约不甚满意，但双方在一开始仍然佯装遵守。一个月过后，阿尔及尔的帕夏以苏丹的名义赠予桑松·拿波伦两件荣誉皮里长袍[1]。另一层面，路易十三交给拿波伦约30万里弗尔用于赎回奴隶和亲善盟友[2]，而正是这笔多余的钱让地中海南北的关系陷入敌对。桑松·拿波伦为了采集珊瑚用剩下的钱将法兰西堡、卡拉、安纳巴的贸易站全部重建，并在玫瑰角（Cap Rose）建造了新的贸易站进行小麦的买卖。1631年，路易十三向法兰西堡派驻了一名总督，意在直接由国王接管该站点的贸易，但国王的愿望由于拿波伦在热那亚人袭击站点的过程中被杀而落空（1633）。海盗们因和平状况被打破而愤怒不已，从那以后，他们重拾劫掠的老本行，首先袭击了普罗旺斯海岸[3]，随后在1637年舰队指挥官阿里·比赫宁[4]（‘Alî Bichnîn）领导下，为了维护海盗船长和大奴隶贩子的利益，劫掠了所有法国贸易站，释放法国奴隶一事也就自然而然搁浅了。黎塞留随即做出了回应，让苏尔蒂率领舰队不断在阿尔及尔海岸游弋；被法国人强硬回击击溃的海盗们也不甘示弱，随后占领并摧毁了法兰西堡，殖民者被奴役，领事被关押。1640年，从未放弃剿

1 授予卡夫坦（皮里长袍）是奥斯曼帝国的无上荣誉。苏丹通过向摄政区统治者发放卡夫坦的形式承认他们的合法性。

2 这本是一项自愿的慷慨行为，随条约的签署给予的无偿捐赠，捐赠随后成了进贡的一种形式，而摄政区的统治者们也以贡品的多少来衡量西方国家的诚意。贡品一般为实物（织锦、毛毯、马匹、首饰……以及蜜饯和其他食品）。

3 那时只在昂蒂布（Antibes）、卡西斯（Cassis）、拉西约塔（La Ciotat）、圣特罗佩（Saint-Tropez），当时也建有少量作为防御工事的建筑，保护人们免遭劫掠，被贩卖为奴之苦。

4 原名为皮契尼或皮契尼诺的意大利叛教者，在他1645年去世之前一直是船业行会的首领。

灭巴巴里海盗的黎塞留还是和阿尔及尔达成协议，但他至死没能彻底解决这个难题。

2. 路易十四的时代

1644—1647年，马扎然（Mazarin）不断向意大利和加泰罗尼亚发动海战，但他也不得不考虑日益空虚的国库。不过，法国想要维持从西班牙手中艰难夺取的西地中海控制权。从1647年开始，海军主要在骑士保罗[1]（Chevalier Paul）等人的率领下实施游击战，弱化西班牙、那不勒斯、奥地利海军的实力，并切断热那亚与那不勒斯之间的补给。无论是马扎然还是路易十四亲自主政时期，法国采取的政策都是为了实现两个主要目标：一是除掉西班牙和那不勒斯这两个竞争对手，二是消灭对贸易威胁越来越大的巴巴里海盗。

西班牙的衰落

葡萄牙，这个被腓力二世吞并（1581）的国家自1640年起就一直困扰着哈布斯堡家族统治下的西班牙。腓力二世死后，葡萄牙和西班牙的关系变得越来越紧张。1630年以后，想要为西班牙树立新敌人的法国怂恿葡萄牙反叛。紧接着三十年战争（1618—1648）后爆发的葡萄牙王政复古战争

1 让－保罗·德·苏梅尔（Jean-Paul de Saumeur，1597—1667），马耳他骑士团海盗（他的事迹让他在1637年获封骑士称号），在黎塞留的招安下加入法国海军。1654年晋升为黎凡特海域海军副元帅和总长官。

（1640—1668）最终让葡萄牙重新获得独立。与此同时，另一场独立战争——收割者战争（1640—1659）在加泰罗尼亚爆发了。《威斯特伐利亚和约》（*The Peace of Westphalia*）（1648）的签署宣告了欧洲新秩序的建立，也标志着哈布斯堡王朝的衰落和西班牙影响力的下降，八十年战争（1568—1648）结束后尼德兰七省独立，而三十年战争也让西班牙的财政捉襟见肘。在敌国法兰西和英格兰的帮助下，葡萄牙和加泰罗尼亚爆发叛乱，而在 1658 年又于法兰德斯吃到败仗的西班牙人不得不签订《比利牛斯条约》（*Treaty of the Pyrenees*）（1659）。法国人承诺不再为葡萄牙和加泰罗尼亚提供支持，西班牙割让鲁西隆、瓦勒斯皮尔（Vallespir）、塞尔达尼给法国，并将腓力四世的女儿玛丽·泰蕾莎（María Teresa）嫁给路易十四。这份条约成了西班牙衰落和法国在欧洲崛起的标志：波旁王朝也最终将哈布斯堡王朝甩在身后。

巴巴里人的顽抗

法国人成为西地中海霸主，而巴巴里的三个政体各异的摄政区也在不断发展，试图摆脱奥斯曼帝国的统治成为独立的国家实体。

1591—1640 年的突尼斯，实际权力掌控在近卫军推选出的迪伊手中，而苏丹指派的帕夏只是当地名义上的最高长官。这种军政权内部的“民主”制度很快就演变成个人独裁，让地区的管理变得困难重重。虽然在突尼斯城中迪伊确实握有实权，但这种权力在乡村和主要的游牧民族聚集区会受到限制。奥斯曼迪伊（‘Uthmân Dey，1595—1610 年在位）意识到有必要委任一位军中的行政官员率领小股机动部队（mahalla）来负责监督内政事务和税收，于是贝伊（bey）就出现了。第一位是拉马丹贝伊（Ramadan Bey），在他 1631 年去世后，优素福迪伊（Yûsûf Dey，1610—1637 年在位）选择了穆拉德贝伊[1]（Murad Bey）作为继任者。这位贝伊是一位了不起的人物，在其近二十年的工作中，他一次又一次粉碎了腹地爆发的起义，并总是能够完成国库下达的税收任务。他的这些才能得到了苏丹的赏识，1631年，他被任命为帕夏并兼任贝伊之职。作为贝伊，他听从迪伊的命令；而作为帕夏，他的地位又在迪伊之上。但由于年事已高，他放弃了他的职位，并在临死前一年（1631）将优素福迪伊委任的头衔传给了自己的儿子哈穆德（Hammûda）。就这样，第一个贝伊王朝穆拉迪王朝（Mouradites）成立了。

尽管如此，贝伊在很长一段时间内还是听命于该地区唯一的长官迪伊。1637年11月30日，优素福迪伊死后，乌斯塔・穆拉德[10]（Usta Murad）这位在海盗界声名赫赫、热那亚改宗者[11]出身的海军统帅被民兵选为继任者。这位新统治者将劫掠视为突尼斯经济的唯一来源。在了解到纳杜尔山脚聚集了很多欧洲的“猎物”之后，他首先建造了一座堡垒，随后又兴建了一座港口，并将安达卢西亚的摩尔人安顿在此，法里纳港（加尔米勒赫Ghar al-Malh）就这样成了一处令人闻风丧胆的海盗基地。在他之后的三位迪伊仍然任命哈穆德（1631—1662年在位）为贝伊。这样的延续性一方面让贝伊的权力不断增加，另一方面当地的大商人（尤其是安达卢西亚人）也表达出想要发展其他经济来源的意愿，虽然没有人否定劫掠的重要性。这直接促成了1662年与英国和荷兰[12]、1665年与法国之间贸易和约的签署。哈穆德随后也被伊斯坦布尔任命为帕夏（1658），于是他在突尼斯给自己修建了一座与迪伊宫（dar al-dey）截然不同的贝伊宫（dar al-bey），和一座乡村宅邸（巴尔杜）。1662年，他也退居幕后，将贝伊之位传给儿子穆拉德（Murad）。1665—1675年在位的迪伊们不断挑战贝伊的权力，1673年，穆拉德贝伊率军队围攻了突尼斯，要求以后迪伊不再由民兵选举，而是由贝伊指定。但这种权力君主化的举措并没有让摄政区受益，因为穆拉迪王

1 真名雅克・桑蒂（Jacques Santi），出生于科西嘉，9岁时被拉马丹贝伊买下当作儿子抚养并积攒了不少财富。

朝内部出现了对抗。内部饱受分裂之苦，外部的阿尔及尔也虎视眈眈，王朝最后一任统治者于 1702 年被暗杀，1705 年，侯赛因·伊本·阿里建立了新的贝伊王朝[1]。

在邻邦阿尔及尔，由苏丹任命任期三年的帕夏也在 1659 年被剥夺了最后的权力。议会将执行权赋予每两个月选举一次的民兵指挥官阿迦。制度的改革造成了一种完全的无政府状态，这也正是近卫军想要的结果。1671 年，这里发生了与突尼斯类似的事，一位由船长和近卫军军官们选出的无限任期的迪伊采用非和平手段[2]取代了阿迦之位。尽管如此，两个摄政区的情况也不是完全一致。在突尼斯，手握绝对权力的贝伊成了世袭势力，他成功平衡了仅从事劫掠的土耳其民兵[13]和主要从事与安达卢西亚地区贸易的本地中产阶级商人之间的关系：本地经济已初现雏形，且并不完全受奥斯曼帝国的监管。在阿尔及尔发生的状况却不尽相同，由于近卫军首领和海盗舰长们掌管了绝对的权力，当地的经济也由单一的海上劫掠构成，所有的投资、农耕、商贸活动仍处于萌芽阶段。

事实上，两个摄政区唯一的共同点就是劫掠，虽然劫掠的程度不同，但参与的主要人员都是外来的奥斯曼军事贵族，他们鄙视当地居民，对经济的理解也仅限于对其他国家的掠夺和征税。在勒班陀海战后经历了一段相对平静的地中海时期，由于 16 世纪初期劫掠活动的成倍增加（一边抢劫货物，一边贩卖奴隶）让人再次感到不安。由于大规模海战已不复存在，双方的海员、军人、军官也很少被抓捕沦为奴隶。商业的复苏让主要海洋贸易路线上随处可见各类人群（商人、船坞老板、商船海员）。人们对被抓捕的贵族、士兵与被抓捕的海盗的态度截然不同，因为后者的职业本来就被认为必须承受这样的风险。大部分不幸沦为奴隶的人是不可能通过支

1　该王朝一直维系到 1957 年共和国成立。

2　阿尔及尔经历了一段不稳定时期，迪伊的选举总是伴随着暴力。1683—1700 年，就产生了八位迪伊。

付赎金的方式获得解救的，普通人家与贵族或（基督徒或穆斯林）君主无法相提并论，他们一般不会赎回对自己无用的人。在基督教世界和伊斯兰世界，出现了一些新的慈善团体，他们和已有的慈善团体[1]一道筹集善款，用于赎回沦为奴隶的同胞。为了能够在信徒中成功造势，一些煽动性的文章[2][14]故意将教友们描写成他们买主手下的受害者，营救这些人也是为了防止他们叛教。因此，17 世纪的海盗行为虽然给贸易带来了不便，但在军队和外交干预下似乎仍然是可控的。但是，抓捕庶民为奴在当时已被视为一种让人难以接受的行为，虽然这种态度肯定是出于宗教道德，但它确实为在下个世纪出现的自然法则奠定了基础。

此外，伴随着劫掠和赎回这两项活动的持续，出现了中介人这种职业，他们比宗教慈善团体的工作要更细致一些。他们首先来到个人或群体奴隶买主处，了解奴隶亲属的住址，然后通过写信或亲自上门拜访来告知需支付的赎金金额。在基督教世界，马耳他人在这个影响法国贸易的丑行中担当了斡旋者的角色。奥斯曼帝国已经接受法国作为拉丁基督教徒保护国的地位，同时也得出结论，法国人必须对他们的暴行负责。因此，17 世纪中叶以后，由于海盗劫掠和马耳他“救援者”活动越来越频繁，各地发生了针对在黎凡特地区做生意的法国大商人的暴动。

---

1 在基督教世界，十字军时代成立的两个修会因赎回被穆斯林关押的基督徒囚犯而再度活跃起来，一个是 13 世纪由彼得·诺拉斯科（Peter Nolasco，1628 年封圣）创立的仁慈圣母修会（Order of the Blessed Virgin Mary of Mercy），另一个是 12 世纪由让·德·马塔（Jean de Matha）和斐理斯瓦洛亚（Felix of Valois）建立（1671 年封圣）的圣三位一体修会（Trinitarian Order 或 Order of the Most Holy Trinity and of the Captives）。

2 圣三位一体修会教士皮埃尔·丹（Pierre Dan）撰写的将海盗国家描绘成基督徒地狱的《巴巴里和海盗历史》有三个法语版本（1637、1646、1649）和一个弗拉芒语版本（1684），其中弗拉芒语版本中带有 25 张插图，大部分表现的是奴隶们遭受酷刑的场面。

干尼亚战争，最后的“十字军东征”

路易十四通过帮助威尼斯对抗奥斯曼而军事介入地中海只是借口，目的是为了亲近威尼斯的盟友教皇，增加法国在罗马的影响力。威尼斯与奥斯曼帝国的对抗从 1645 年就开始了，奥斯曼人想要对马耳他骑士团完成复仇[1]。早就觊觎克里特的苏丹，开始借故加罪于威尼斯人。土耳其海军佯装要攻打威尼斯人，但实际上却驶向了克里特，占领了干尼亚（Canea）。威尼斯人无力在陆地上抵抗奥斯曼大军，但他们率领的由帆船和桨船组成的舰队却非常强大，而奥斯曼舰队则统一是桨帆船。于是土耳其人便向新教国家（英格兰、荷兰）租用了一些武装商船。1646—1654 年，威尼斯人采用了封锁达达尼尔海峡，阻断土耳其补给和援军的策略，但他们无法救援 1648 年就陷入围困的干尼亚（伊拉克利翁）。奥斯曼帝国在 1654 年得到了突尼斯和的黎波里摄政区的军事支持，虽然威尼斯和马耳他联军因此没能取得决定性胜利，但还是成功阻止了对手前进的步伐。只要战争的平台仍位于海上，冲突的结果就很难一锤定音。但到了 1657 年，大维齐尔穆罕默德·科普鲁律（Mehmet Koprülü）集中所有兵力，将局势扭转并形成了反封锁。长期无法进行贸易活动的威尼斯人渐渐不堪重负便开始试探对手的意向，但土耳其人要求他们放弃克里特岛，未能达成一致的双方战火重燃，此时正逢西、法战争结束，威尼斯共和国希望法国人能给自己提供支援。1661 年，路易十四也的确让骑士保罗派遣了第一批援军。

这位逐渐开始独立执政的年轻君主和他的大臣柯尔贝尔都希望能够通过这次行动保障法国商船队在地中海的自由航行。同时，他还派遣了一支联军（马耳他骑士团、英格兰、荷兰）去攻打阿尔及尔摄政区。在国王的

1　1644 年，四艘帆桨战船夺取了两艘从亚力山卓驶向君士坦丁堡满载去麦加朝圣者的船只。一部分骑士被关押在易卜拉欣一世（1640—1648 年在位）苏丹与其子及其母的后宫。

表兄博福尔公爵[1]（duc de Beaufort）的率领下，远征军在1664年成功在吉杰勒（Jijelli）这个位于阿尔及尔和突尼斯正中的港口登陆，并在此建造了海军基地为日后对抗周围两个摄政区做准备。对于法国来说，此举就是为了在北非分到自己的一杯羹，与英国人在丹吉尔[2]，西班牙人在瓦赫兰建立殖民地[3]的性质别无二致，但由于无法派遣援军（土伦暴发了瘟疫），这个基地在1664年秋季被毁坏被抛弃。但在第二年，博福尔公爵在歇尔谢尔（Cherchell）和突尼斯城下烧毁了阿尔及尔海盗的舰队，于是在议会的请求下，双方于1666年签署和平协议。但是在东部盆地，局势刚起了变化。在卷入了与巴尔干人的争斗中后，奥斯曼人也没有精力为克里特提供支援。1664年争斗结束，土耳其人才腾出手来巩固自己的势力。1667年春，4万名土耳其士兵被派往克里特，散发重金，企图收买关于叛徒[4]的消息。

交锋随后上升到欧洲层面[5]，成了一个背负强烈意识形态的事件：欧洲的反应带有浓厚的十字军、“正义之战”[15]的色彩。极力想要讨好天主教群体的路易十四宣布派遣由博福尔公爵率领的42艘战舰和6000名士兵前往援助，为了不损害与奥斯曼帝国的同盟，这支军队战斗时竖教皇国旗。但这

1 弗朗索瓦·德·波旁-旺多姆（François de Bourbon-Vendôme，1616—1669）是塞萨尔·德·波旁-旺多姆的儿子（César de Bourbon-Vendôme），亨利四世的孙子（合法化）。1650年，他接任了父亲的职位，1665—1669年负责监督法国的海上贸易。在此之后，由于该职位被取消，他的职位变更为海军司令。

2 1471年前，一直在葡萄牙占领下的丹吉尔作为布拉干萨的凯瑟琳（Catherine of Braganza）与查理二世的嫁妆带到了英国。直到1684年之前这里一直处于英国管辖，1679年穆雷·伊斯梅尔（Moulay Ismail）对丹吉尔实施包围，英国人在1684年不得不放弃此地。

3 海洋共和国瓦赫兰，居民主要为逃离西班牙的格兰纳达人，后成为对基督徒极其厌恶的海盗们的聚集地。西班牙人于1505年再次登陆，1509年占领此地，但在1791年将其让与阿尔及尔摄政区。

4 指的是安德雷亚斯·瓦罗西斯（Andreas Varotsis）将军，他在1666年11月撤走军士，并向围城军队告知要塞的弱点。

5 威尼斯、神圣罗马帝国、汉诺威、条顿骑士团、法国、巴伐利亚和斯特拉斯堡都派出了援军。

支部队并没能扭转战局，弗朗索瓦·德·旺多姆（François de Vendôme）还在战场上丢了性命。威尼斯和法国之间的紧张关系导致法国人在1669年8月撤军，而干尼亚也随即投降，9月，所有的基督教徒几乎都被赶出了城。作为在地中海纵横了四个世纪的海洋强国，威尼斯彻底丢失了克里特，只被允许保留三座港口[苏达（Souda）、史宾纳隆加（Spinalonga）和格拉姆武萨（Gramvoussa）]。但是威尼斯也没有全线溃败：在达尔马提亚前线，威尼斯人就痛击了奥斯曼军队，夺回了大片领土，根据1669年签订的和约，威尼斯人在达尔马提亚的领土面积扩大了两倍，能够保证他们对亚得里亚海的控制。尽管如此，他们在陆地上取得的成果也无法弥补丢失克里特这个最繁荣殖民地带来的损失：此时的威尼斯国库空虚（干尼亚的防御消耗了400万杜卡托），其在地中海贸易上的优势地位也受到很大的冲击。共和国对未来还抱有憧憬，但许多人却已经懂得面对现实，就像这位威尼斯商人在1667年留下的一段言语："树枝和树冠的花儿还在绽放，但泥土之下的根早在17世纪就已经腐烂。"[16]经历了这场长达二十年的战争，奥斯曼帝国也不可能毫发无损：战争所造成的损失和消耗直接导致了帝国在17世纪末的衰退。

英国人的诡计和巴巴里海盗的劫掠

当地中海的几股主要势力互相争斗之时，英格兰人也在悄然进入这块地盘。英国女王伊丽莎白一世（1559—1603年在位）开始觉得教皇对本国的禁令已经淡化，便开始发展与奥斯曼帝国、摩洛哥人和巴巴里人的商业和贸易关系。在维持了一段时间书信联系以后，穆拉德三世（1574—1595年在位）向英国提出联盟的建议[17]，在地中海的商业利益的驱使下，英国在1578年同意与奥斯曼帝国建立外交关系。1580年，双方签署了贸易条约，随后创建了土耳其公司（1581）和威尼斯公司（1583），但让欧洲天主教国家不安的是，英国将战争所需的金属铅、锡卖给了奥斯曼帝国。在英、西战争期间（1585—1604），女王甚至准备和奥斯曼帝国采取联合行动，此外英国的海盗也常常和巴巴里海盗一起袭击天主教国家的船只。1592年，她将上述两公司通过契约融合，建立了黎凡特公司；1600年，她同意了摩洛哥萨阿德王朝苏丹艾哈迈德·曼苏尔（Ahmed al-Mansour，1578—1603年在位）的联盟建议，一同对抗西班牙[1]。17世纪，重振旗鼓的斯图尔特王朝无法从损害自身利益的英法联盟中脱身，各国的执政官主导影响力斗争也日趋白热化。

虽然西班牙的衰落让法国通过签订条约刺激商业获得了巨大的利益，1620年以后，法国与摄政区关系的变化决定了其贸易的起起落落。英格兰人和荷兰人将贸易组织得井然有序，他们知道如何用最小的代价获取与海盗势力的联盟，让他们在保障本国舰队安全的同时骚扰敌国舰队，两国商人以里窝那为中心排挤竞争对手[18]。但是，在柯尔贝尔掌权之后，法国贸易在地中海四分五裂的现象成为历史，他尤其对黎凡特诸港实施更加细致的管理[2][19]。1681年颁布的法律命令王国各地的正、副领事必须负责同时维护国家和自身的权力，实施国家制定的法律和规章制度，并与宰相保持联系。这种君主掌控制度对马赛的商会影响很大，虽然商会自1687年起就由普罗旺斯总督负责，但它仍然代表了统治者的利益[3]。

在突尼斯，法国不断通过外交和海上示威演习的方式阻止海盗活动，让马赛成为与摄政区贸易的优先港口。1665年，一纸规范海盗活动的条约让普罗旺斯的商人们能够享受最惠国条款，路易十四也因此在外交上走在了英国人的前面。在突尼斯，法国的领事在与荷兰和英国领事的交锋中占得先机，由于最惠国条款和垄断机制，法国在当地的经济优势让英、荷两

1 但两位统治者的先后去世让这项协议成了一纸空文。

2 地中海东岸诸港或黎凡特诸港（在法语中写作 les échelles）是人们对16世纪下半叶享有特惠权的欧洲商人长期聚集的黎凡特城市和港口（主要是港口）的总称。

3 指的是马赛商会在黎凡特分部的总管。

国毫无可乘之机[20]。

在17世纪前十年，英国与荷兰对阿尔及尔[1]采取的是恫吓的政策。1669年，路易十四建议阿尔及尔摄政区与其他欧洲国家断交并专注于与法国的联盟，为了杀鸡儆猴，法国还攻打了突尼斯并逼迫其签署和约[2]（1670）。为了让巴巴里人陷入困境，他于1673年写信请求马耳他骑士团大团长尼古拉·科东内（Nicolas Cottoner，1663—1680年在位）对海盗实施监视，以此限制基督教的反劫掠行动[3]。1671年阿尔及尔爆发革命，成立了迪伊领导的制度，但这次事件却导致与法国谈判的中断，正在法国外交处于茫然之际，意识到武力威胁无用的英国人和荷兰人终于找到了机会[4]。1680年，荷兰人和阿尔及尔签订条约，承诺提供绳索、桅杆、火药等物，1682年，英国人也如法炮制签订了类似的条约。法国人也采取了措施阻止英、荷势力向自己的对手提供军事物资的行为，但不仅没有收到成效，反而适得其反：欧洲国家之间的斗争让阿尔及尔的巴巴里人更加自信，他们桀骜不驯的态度让对手们争相拿出更高的筹码以换取联盟或中立的外交关系。他们做出咄咄逼人的行为：阿尔及尔人截获了数艘法国船只，的黎波里人也劫掠了普罗旺斯。

的黎波里：第一次炮击（1681）

1680年3月28日，路易十四向海军将领迪凯纳[5]（Duquesne）下达命令：

---

1 1620年，詹姆斯一世对这里展开了炮击，无果。1621—1624年，荷兰人成功激起了民众的恐惧并解救了在此地为奴的同胞。1655年，英国人也对当地人施加威胁并赎回了自己的同胞。

2 突尼斯海盗不得不归还所有掳掠的法国船只并释放300名奴隶（包括53名马耳他骑士）。

3 事实上，马耳他人的劫掠行动通常被巴巴里海盗们当作袭击的借口，后者认为他们的行动只是出于报复。

4 英国人在1668年、1672年和1678年对阿尔及尔实施了三次炮击，荷兰人也在1671年采取了同样的措施。

5 亚伯拉罕·迪凯纳（Abraham Duquesne，1610—1688）。

率领舰船驶向的黎波里，逼迫该摄政区签订新和约，并阻断该地区与热那亚和威尼斯之间的贸易；完成任务后，这支舰队随后前往阿尔及尔，并勒令摄政区也按照法国的要求签订条约。这支舰队在1680年到达的黎波里后，便跟随当地海盗进入了奥斯曼的领地希俄斯湾（1681年7月）。当地的总督遵守盟约拒绝驱逐舰队并向法国人表达了善意，但法国舰队却炮击了阻挡自己前进的防御工事[1]。出乎所有人的意料，惶恐的奥斯曼苏丹与法国重新签署了条约，并从中斡旋，让法国和的黎波里在1681年10月签署了和约。与此同时，一场令人“窒息”的战役也已经打响，拥有强大武装力量的法国海军中爆发出重建摄政区、重建秩序的声浪。在地中海的事务中，法国的地位从来就不明确：依靠着强大的国家和与其他国家坚实的外交关系，法国政治倾向于发动军事报复；但大商人们的代表却认为，出于报复在地中海发动战争不仅无用，还会导致普罗旺斯的商业停滞，水手们也会因为惧怕被抓捕为奴而不愿出海。

阿尔及尔：第一次战争（1682—1684）

1681年10月，阿尔及尔在没有任何预兆的情况下开始了敌对行动。为了防止海盗武装的壮大并防止突尼斯的巴巴里人前来支援，迪凯纳迅速前往阿尔及尔。路易十四对成功与的黎波里签署和约之事非常满意，如今他可以集中力量对付阿尔及尔，于是他命令迪凯纳将整座城市焚毁。1682年7月23日，由15艘军舰、15艘桨帆船和5艘武装圆帆船[2]组成的法国舰队进入了阿尔及尔湾，两侧火炮齐鸣。第一次炮击持续了三天（8月30日至

1 法国军舰共发射了5000枚炮弹，击沉了6艘海盗船（共8艘），200多穆斯林丧生，希俄斯市中心的房屋和清真寺被摧毁。在伊斯坦布尔做生意的法国商人不得不支付了8万克朗来平息奥斯曼人的怒火。

2 由贝尔纳·雷诺（Bernard Renaud）设计，埃利萨加雷（Elissagaray）建造的武装圆帆船是一种装备有两门臼炮的圆形船只，在阿尔及利亚第一次使用，后多用于炮击行动。

31日，9月3日至4日，9月4日至5日），308发炮弹散落在城市的各个角落[1]。在此之后，迪凯纳认为目的已经达到，便在阿尔及尔海岸留下四艘战舰，自率大军回土伦去了。10月11日，国王给迪凯纳写信，对没能取得更大的成果表示遗憾，而阿尔及尔也没能完全被摧毁，但他还是断定："此次尝试让朕宽慰，所有的安排都恰到好处造就了这次行动的成果，我们可以期待一场更大的胜利。"由此看出，法国人想要得到的远不止于此。

而摄政区也丝毫没有退让的意思，海盗们的劫掠还在继续。1683年6月，迪凯纳再次率领12艘战舰、7艘武装圆帆船、2艘三桅战舰、3艘放火小船、5艘补给舰、3艘小艇与7艘武装小型护卫舰和1艘医疗船远征阿尔及尔。6月27日，第二次炮击开始。在炮击中，包括阿尔及尔迪伊巴巴·哈桑[2]（Baba Hassan）的宅邸和许多大型店铺被毁，七八百人丧生，不计其数的货物付之一炬。28日，当地紧急召集议会：有人提议与法国签署条约，但巴巴·哈桑拒绝屈辱地投降并决定派遣密使到对方阵营提议停战，迪凯纳则派遣宗座代牧勒·瓦歇尔主教（père Le Vacher）和几位阿尔及尔随从下船到摄政区，向迪伊告知法国的条件。在他们临走前，迪凯纳向使者示意，将在押的法国奴隶毫发无损地释放是达成和平协议的前提。6月29日至7月3日，700多名被释放的奴隶登上了法国的战船。而阿尔及尔正处在暴乱的边缘，因为被迫将奴隶释放的奴隶主们并没有得到补偿，而他们购买这些奴隶却花费了一大笔钱，迪凯纳让人把人质的名单列出，然后挑选了对谈判更有价值的贵族们。其中一个曾任船长行会首领名叫梅佐摩尔多[3]（Mezzomorto）的人成功劝说迪凯纳让自己回到岸上，承诺不用像巴巴·哈

1 许多房屋被轰塌，大清真寺和法国领事馆也遭到了部分破坏，民众损失惨重。

2 在1681年的第一次炮击中，1671年当选的第一任迪伊的狡猾者哈吉·穆罕默德（Hajj Muhammad）将其位传给了自己的女婿巴巴·哈桑（1681—1683），自己逃离了的黎波里。

3 哈吉·哈桑·梅佐摩尔多（Hajj Husain Mezzomorto）是一位来自马略卡的改宗者。他在1695年成为奥斯曼帝国的卡皮丹帕夏（Qapidan Pasha）统领群岛。在他1701年去世之前，他启动了对奥斯曼帝国的海的改革。

桑迪伊说的那样需要两周，自己只需一天就能说服议会答应所提出的条件；但他下船后立马就派人刺杀了迪伊，掌握了权力，背弃自己的承诺转而重新与法国对抗。

法国人在 1683 年 7 月 27 日做出了回应，第三次炮击比之前更加密集，1000 间房屋被毁，受害者的尸体装满了 12 条船。法国领事馆被洗劫一空，勒・瓦歇尔主教被推上海岸，绑在炮口上然后炸成了碎片，其他 16 名法国人也遭受了相同的命运[1]。8 月 7 日，法国军舰又向阿尔及尔发射了 8200 枚炮弹，整座城市已到了崩溃的边缘。然而，炮击还在继续，2000 多幢房屋被损毁，1200 多人丧命。1683 年 9 月 1 日，博须埃（Bossuet）在宣读玛丽－泰蕾兹女王（Marie–Thérèse）葬礼的悼词时曾警告阿尔及尔："如果阿尔及尔拒不退让，那么这个靠掠夺基督教世界发横财的国家的结局只能是被征服。它那贪婪的内心也许在说：我的海洋我做主，其他国家都是我利爪下的猎物。虽然你们孱弱的船只给了你们自信，但你们面对的将是铜墙铁壁。你们已经释放了奴隶。陛下已经解开了你束缚在他子民身上的枷锁，荣耀的法兰西臣民天生就应拥有自由。你们的房屋不过是一堆乱石垒砌的废墟。在无情的狂怒下，不要再跟自己过不去，你们不知道如何发泄自己的懦夫般的狂热。但我们会见证劫掠的终结。"

居住在凡尔赛的国王命令迪凯纳返回土伦，并派遣图维尔骑士[2]（chevalier de Tourville）前往阿尔及尔顶替他的位置。与此同时，宣传机构也在散布谣言说法国正在准备第三次远征，而这次将携带 3 万枚炮弹。面对如此巨大的威胁，阿尔及尔议会终于在 1648 年答应与原非洲租界总管

1　这门被阿尔及尔人戏称为"领事炮"的火炮于 1830 年被运往法国布雷斯特（Brest），成了港口入口武器广场的装饰品。

2　安内・德・科斯坦丁（Anne Hilarion de Costentin），图尔维尔伯爵，1647 年成为马耳他骑士。他在与阿尔及尔的冲突中担任法国海军中将，1689 年受封为黎凡特海军副司令，随后在 1693 年晋升为海军上将。

德尼·杜索（Denis Dussault）领事讨论和解事宜。虽然皇帝给出了明确的旨意（释放所有法国奴隶，不得附带任何要求），但杜索还是在 4 月 25 日签署了一份期限为“一百年”的和约，规定：释放所有法国奴隶，确认非洲租界的特惠权，并释放所有法国桨帆船上的穆斯林奴隶。最后一条是与法国国王的意愿相左的。阿尔及尔方面，迪伊、议会和民兵承诺派遣一名大使[1]去法国，请求路易十四原谅巴巴·哈桑的野蛮行为并签署条约。

热那亚（1684）

第一次阿尔及尔战争造成了一个连带的受害者——热那亚共和国。其实，法国与热那亚的争端是由多方面因素造成的。这个“最尊贵共和国”曾经开放港口为法国的敌人——西班牙提供桨帆船支援[2]。此外，在得到了奥斯曼帝国给予的新的贸易优惠政策后，它成了法国人在地中海不可小觑的对手。而且在法国人攻打了阿尔及尔后，它还为巴巴里人提供武器。迪凯纳率领和阿尔及尔远征军相同规模的海军，于 1684 年 5 月 18 日至 22 日夜间炮击了热那亚。遭遇沉重打击的热那亚不得不屈服，其总督为了保住自己的位子，不得不在 1685 年 5 月前往凡尔赛缴纳一笔不菲的罚金。

的黎波里：第二次炮击（1685）

虽然在 1681 年希俄斯炮击后与法国签署了和约，但的黎波里人在次年（1682）就重启对法国的劫掠。就这样，该摄政区的法国奴隶总数在 1685 年就达到了 700 人。趁着攻打阿尔及尔和热那亚的余威，路易十四派遣德·埃

1 哈吉·贾费（Hajji Jaffer）指挥官于 1684 年 6 月 26 日抵达凡尔赛。在参观完圣克卢（Saint-Cloud）、特里亚农（Trianon）后，他在 7 月 4 日被公开接见。

2 重盟战争（1683—1684）是法兰西王国为收回被神圣罗马帝国、西属荷兰（阿尔萨斯、卢森堡、萨尔）发动的战争。

斯特雷[1]（Jean comte d' Estrées）元帅前往的黎波里，向对方提出极其苛刻甚至不可能实现的要求，如此便有了炮击城市的借口。事实上，的黎波里是所有摄政区中最弱的一个，法国国王就是想用强硬手段给巴巴里海盗们最后的警告。炮击[2]从1685年6月22日开始，的黎波里的迪伊只坚持了一天就不得不前来求和。和约在6月29日签署：摄政区迪伊还更新了1681年签署的条约，同意支付50万里弗尔作为对曾经实施劫掠的赔偿[3]，同时释放了所有法国籍和悬挂法国旗船只上抓捕的奴隶。此外，迪伊还请求法国派遣领事，自己也决定派遣两名官员到法国表明自己臣服的态度（1687年5月）。

随后，路易十四让埃斯特雷率领他的圆帆船队前去炮轰突尼斯。这个摄政区完全处于一种无政府状态，因为当地的迪伊和受到阿尔及尔迪伊支持的穆拉迪家族迪伊之间的争斗一直在持续。但是英国人趁乱通过签署条约在卡普尼格（Cap Nègre）获得了几处租界，而这些地盘以前都属于法国人。1685年，被法国的军事军队吓破了胆的突尼斯两派分别与法国签订合约[4]，将黑岬的独有权[5]间接让与了法国[6]。法国人不仅可以在这里自由捕捞珊瑚、种植小麦、实施所有商品的贸易垄断，还可以在北部禁止该地区原来的主人热那亚人做生意。马赛人成了突尼斯摄政区无可争议的统治者。

---

1 德·埃斯特雷伯爵（1624—1707）是海军元帅弗朗索瓦·阿尼拔·德·埃斯特雷的儿子。博福尔公爵的表兄，叙利（Sully）的小外甥。在军队服役了一段时间（1647—1668）之后，他加入了海军并担任中将。1669年，他成了拉波勒（le Ponant）舰队指挥官，随后晋升为法国海军元帅。

2 造成了300人死亡和100多间房屋被摧毁。

3 的黎波里人不得不拿出妻子们的首饰、犹太教堂的银器、近卫军制服上的配饰来进行赔偿。

4 迪伊在突尼斯，贝伊在苏塞。

5 为捕捞珊瑚设立的马赛贸易站［菲乌马拉萨拉塔（Fiumara Salata）、卡普尼格（Cap Nègre）、红角（Cap Roux）］在泰拜尔盖（Tabarka）没能抵挡住（1576、1588、1591、1627）强大的热那亚劳米里（Lomellini）家族的竞争。

6 为避免让突尼斯人认为法国人要占领该摄政区，贸易站被让与一位马赛商人让·戈蒂耶和锡（Gautier & Cie）。

阿尔及尔：第二次战争（1685—1688）

自诩为“无敌民兵”的阿尔及尔近卫军也不得不第一次在炮火面前承认失败，但在他们眼中，条约最多只是一种停战协定，而且让海盗们无事可做的话，他们也会公开抱怨。但是1686年1月，梅佐摩尔多被奥斯曼苏丹任命为帕夏，而新选举的迪伊易卜拉欣·忽察（Ibrahim Khodja，1686—1689年在位），为了自身的安全，任由民兵们违反与法国签署的条约。在普罗旺斯人的抱怨声中，一支舰队在1686年又被派往了阿尔及尔，但这次，迪伊只是敷衍地释放了几名法国奴隶。1687年，海盗们又开始重操旧业，而法国则采取反劫掠政策，许诺奖赏那些抓捕海盗或击沉海盗船的人。迪伊听闻这个消息之后便把法国领事抓了起来，将372名法国人当作奴隶卖掉，扣押停留在港的11艘船以及所有的物资和人员。

1688年6月，刚征服的黎波里的埃斯特雷元帅再次前往阿尔及尔，于1688年7月16日展开了新一轮的炮击[1]。接下来发生了一系列惨不忍睹的暴行：法国的领事被愤怒的平民处以私刑，宗座代牧在经过惨痛的折磨后也被处死，其他的法国人则被绑在大炮上被炸得血肉模糊。海上的埃斯特雷元帅在面对阿尔及尔的敌人时也采取了同样的残酷手段，他将与受害的法国人相等数量的巴巴里人在一艘小艇上吊死。面对着冷酷的对手和被夷为平地的城市，迪伊仍然顽固地拒绝和解。然而到了7月18日，法国海军副元帅率军驶离了阿尔及尔：头号威胁已不再是海盗，而是不久前通过革命就任英格兰国王的奥兰治亲王，他与荷兰舰队一起进入地中海。路易十四独霸一方的时代结束了。法国人迎来新的对手，比起使用力量，这些人似乎更喜欢通过谈判解决问题。

1　1万发炮弹袭击阿尔及尔，清真寺、迪伊的宅邸、马提福（Matifou）要塞、兵营、苦役场和码头被摧毁。全城1万幢房屋只有800幢没有倒塌。梅佐摩尔多帕夏两次负伤，耳朵也被削掉了一部分。

法国的新政策

拥有无上权力的国王始终对北欧保持着戒心，1685 年《南特敕令》的废止让新教国家的君主们团结了起来。神圣罗马帝国、西班牙、瑞典、德意志各国以及后来加入（1689）的荷兰和新国王奥兰治的威廉三世统领的英格兰组成了奥格斯堡同盟。想要集中海上力量的路易十四迫不及待地想要结束与阿尔及尔海盗们的纠缠。于是谈判的任务落到了海军专员纪尧姆·马塞尔（Guillaume Marcel）的身上。在 1689 年 9 月 19 日到达阿尔及尔之后，他只用了六天便达成了和约。此次对 1684 年的条约进行了更新，关于奴隶赎回、传教士[1]救济被买走或被关押的法国奴隶的条款被略微修改。但是新和约的限制条件却让海盗船长和近卫军们非常不满，这些从海盗活动中受益的人群[2]开始起义。梅佐摩尔多帕夏偷偷逃离到伊斯坦布尔，而迪伊易卜拉欣·忽察也为了自保远走突尼斯。民兵们很快就选出了新的迪伊——哈吉·恰班（Hadji Chaban，1689—1695 年在位），但这位新主却迫不及待地接受了相同条件的和约。1690 年 1 月 15 日，议会庄严地宣誓与法国和平相处[3]。在凡尔赛，杜索数年来一直坚持的对于摄政区武力束缚无用论最终得到了证实。1690 年 11 月 6 日，庞恰特雷恩伯爵[4]（comte de Pontchartrain）成了新的海军大臣。他明白与巴巴里人彻底断绝关系对于法

1 除了赎罪教（仁慈圣母修会）的神父们，1625 年文生·德·保禄（Vincent de Paul）批准成立的新遣使会（拉匝禄会）的神父也包括在内。

2 他们掠取了不少财物和船员，在阿尔及尔的苦役场里有 1033 名法国奴隶。

3 恰班紧急派遣手下录事（baş defterdar）穆罕默德·艾明（Mehemet el-Emin）作为大使到法国处理谈判事宜，并赠予他六匹柏布马（1690 年 7 月）。

4 路易·菲里波（Louis Phélypeaux），莫勒帕和庞恰特雷恩伯爵（1643—1727）。他是布列塔尼议会第一任主席（1677），财政大臣（1660—1714）、海军大臣（1690—1699）。1690—1693 年，他还担任过东印度公司的总管。

国的贸易是非常危险的，而且无论是反劫掠还是炮击都无法根除这项罪恶的活动。法国与北非海盗的和平一直维持到1792年[1]，一旦海盗活动再次出现，法国便会请求马耳他骑士去拦截巴巴里人的船只，整个过程“不会流露任何法国人参与的痕迹[21]”。

整个谈判过程持续了将近一年（1691），如此旷日持久是因为路易十四不仅想结束与阿尔及尔海盗间的战争，而且还想让对方断绝与英国的关系[2]。另外，在里窝那的英国人、荷兰人和西班牙人正借助摄政区犹太群体[3]的力量组织一场虚假信息战，由于法国支持基督教徒赎回奴隶，犹太人对凡尔赛自然充满敌意。法国随后还是成功地笼络了的黎波里，1693年两国重新签署条约后，的黎波里便向英、荷宣战。虽然阿尔及尔也经常与法国更新和约（1695、1698），但从来不与任何势力建立唯一的联盟，因为与法国人不同，英国人和荷兰人为了彰显自己的宽容和慷慨对阿尔及尔囚犯一贯采取释放的态度。无论局势如何，法国和阿尔及尔之间的和平被艰难地维持着，这种状态慢慢变成了一种常态。

阿尔及尔战争发生在1682—1689年，这也是路易十四执政期内最长的一段没有对欧洲大国发动战争的时期。但是这场战争的激烈程度、长度、重要性、采用的技术和军事手段、经济后果使法国国库入不敷出，而且就欧洲各国对法兰西的不信任感这一点造成的负面影响更是难以估量。法国人的错误在于，在战争过程中，他们没有发现本国与摄政区实际上拥有相同的利益：法兰西国王想要教训这帮狂妄的法外之人，维护地中海贸易的自由；而海盗们不得不实施劫掠，因为这是他们唯一的收入来源。参战的

1　1696年，拉西顿（Lacydon）水域停靠着42艘双桅战船。财政的拮据让这些船只逐渐被法国政府抛弃。由于这些船只在最近海战中的角色越来越次要，此后它们也很难被委以重任。1748年，所有马赛的双桅战船都被混编入停靠大型军港土伦的舰队中。

2　他向迪伊承诺，只要向英国发起对抗行动，便给予1.2万银圆作为奖赏。

3　里窝那犹太人是在这里居住的葡萄牙犹太人的后代，他们也因此被称为Gourni（复数为Grâna）。欧式的穿着打扮让他们很容易与东方的犹太人区分开。

双方都低估了对方的决心，也从未相信对方的诚意，导致双方关系长期处于不信任的状态。而且战争期间，阿尔及尔名义上的统治者奥斯曼苏丹并未表明他的态度。

第六次威尼斯土耳其战争，威尼斯最后的胜利

事实上，在法国攻打巴巴里摄政区期间，奥斯曼帝国保持善意的沉默原因有两个。一是法兰西国王懂得拿捏分寸，知道如何才能避免激怒奥斯曼统治者。迪伊恰班曾这样对庞恰特雷恩伯爵说：“如果阿尔及尔消亡，那么突尼斯、的黎波里和埃及都将在短时间内脱离奥斯曼帝国的控制。”但这种明显的趋势也被法国人用作外交上的筹码。二是在第二次土俄战争（1676—1681）胜利之后，土耳其人占领了乌克兰西部，将边境线向东扩展到了第聂伯河右岸。解除了后顾之忧的苏丹决定开始对付哈布斯堡王国。于是他决定与那个野心勃勃，想要东进铲除利奥波德一世（Leopold I，1655—1705 年在位），对西方也实行兼并政策[1]的路易十四结盟。路易十四却告知穆罕默德四世（1648—1687 年在位）法国将在奥地利与土耳其的争端中保持绝对中立。相反，教皇国努力施展外交手腕，组成了对抗奥斯曼土耳其人的联盟。波兰国王扬三世·索别斯基（Jan Ⅲ Sobieski）加入了哈布斯堡阵营，威尼斯人却犹豫不决，害怕土耳其人进攻自己在达尔玛提亚的领地。然而维也纳战役（1683 年 7—9 月）的胜利也让波兰、匈牙利、马耳他、托斯卡纳和威尼斯共和国组成了以神圣罗马帝国皇帝和教皇为首的新神圣联盟（1684）。在一场争夺对多瑙河的控制权的行动中，威尼斯舰队对疏于设防的土耳其阵营实施了骚扰。1684 年，威尼斯人占领了与伊奥尼亚岛隔海相望的海岸，以及沃尼萨（Vonitsa）、普雷韦扎（Preveza）

1 他鼓励匈牙利的起义军继续抗争，不要向神圣罗马帝国皇帝妥协。

的要塞。1685 年，他们又攻占了科罗尼、麦西尼亚（Messinia）、马尼半岛（Mani Peninsula），随后大军继续高歌猛进，于 1686 年夺取了纳瓦林、迈索尼和战略要地纳夫普利翁（Nafplio）。到了 1687 年，威尼斯人在攻下佩特雷（Patras）、里翁（Rio）、安迪里翁（Antirrio）、勒班陀、柯林斯和米斯特拉斯以后，控制了伯罗奔尼撒半岛。完全占领半岛以后[1]，威尼斯人大步迈向安提卡：虽然在 1687 年攻克了埃莱夫西纳和雅典[2]，但威尼斯大军在 1688 年攻打内格罗蓬特（Negroponte，埃维亚岛上的哈尔基斯）和 1689 年进攻莫奈姆瓦夏（Monemvasia）两场战争中的失利也让威尼斯人没能更进一步。在伊斯坦布尔，穆罕默德四世（Mehmed Ⅳ）在遭遇了一连串失败以后丢掉了自己的王位（1687）；他的继任者苏莱曼二世（Suleiman Ⅱ，1687—1691 年在位）正准备应战之时，哈布斯堡联盟又向法国宣战（1688），导致一部分奥地利士兵被转移到西欧前线。从那时起，威尼斯人的攻势［莱斯沃斯岛（1690），希俄斯岛（1695），安德罗斯岛（1696），利姆诺斯岛（1697），萨莫色雷斯岛（1698）］全部被奥斯曼军队或马尼的海盗击退。但在巴尔干败于奥地利大军后，奥斯曼帝国被迫签署卡尔洛夫奇条约（1699）：条约确认了威尼斯对凯法利尼亚岛（Cephalonia）、埃伊纳岛（Aegina）和伯罗奔尼撒半岛的所有权，这片区域也按照威尼斯法律被分为四个行省[3]，直到 1715 年奥斯曼人将它重新征服。

1　1690 年占领的唯一一座城市是莫奈姆瓦夏（Monemvasia）。

2　土耳其人逃到了雅典卫城的要塞中，并被围困了六天，其间帕特农神庙也被炸毁。

3　罗马尼亚（纳夫普利翁）、拉科尼亚（莫奈姆瓦夏）、麦西尼亚（纳瓦林）、亚该亚（帕特拉斯）。

第十七章

Le temps des appétits multiples

充斥着欲望的时代

1705—1711	巴巴里海盗摄政区实施君主制（1705 年：突尼斯建立新贝伊王朝；1710 年：阿尔及尔迪伊摆脱了伊斯坦布尔的控制，驱逐了其帕夏；1711 年：的黎波里迪伊被贝伊取代）。
1702—1713	西班牙王位继承战争。法国仍是欧洲大陆上的第一强国，但英国在海上具有绝对优势，而且占领了梅诺卡岛。
1719	神圣罗马帝国港口的里雅斯特（Trieste）宣布成为自由港。
1723	马耳他成为地中海的免税区和货物集散地。
1731	波旁王子成为帕尔马公爵。
1735	帕尔马公爵成为那不勒斯国王。波旁家族统治了地中海的西部沿岸。
1761	波旁家族的西班牙国王卡洛斯三世与法国国王路易十五签订家族同盟条约。
1756—1763	地中海霸权追逐之战——七年战争。英国成为所有海洋的主人。
1768	热那亚共和国将科西嘉岛卖给法国。
1769	法国用武力征服了科西嘉岛。
1770	俄国煽动希腊起义［奥尔洛夫（Orlov）革命］的阴谋失败，但俄军歼灭了奥斯曼土耳其的舰队（切什梅海战）。
1774	《库楚克·凯纳吉（Küçük Kaynarca）和约》。奥斯曼帝国接受俄国对克里米亚半岛的控制及其作为东正教徒保护国的地位。

1. 巴巴里摄政区的发展

在政治层面上，从17世纪下半叶开始，越来越多的欧洲国家，无论大小都采用凡尔赛集权模式实施统治[1]，但这并未使得奥斯曼行省免于巴巴里人的劫掠，却使得其行省选举或世袭产生的总督的权力越来越大，他们与帝国苏丹的关系也越来越疏远。

在经济层面上，18世纪初期似乎出现了全新的经济，与上世纪完全脱节。海上行劫带来的巨大的财富让商业充满活力，从而导致手工业被降到了次要地位。虽然手工业曾在巴巴里世界的政治和城市发展中发挥了重要作用，但随后却经历了一段时间的停滞。工业革新不再，商业墨守成规，这两个局限于行会和市场僵化规则中的产业仅立足于满足国内市场，为了出口而进行多余的生产被认为完全没有必要。实际上，在17世纪最后20多年至18世纪初路易十四组织的海军示威演习的这段相对平和的时期，欧洲的商业已成功渗透到当地，进口的新产品也使当地贸易受益。但是，从18世纪的前几十年开始，这些与本地产品形成竞争关系的欧洲商品改变了这里的商业结构。奥斯曼帝国马格里布地区以及黎凡特地区成了欧洲人的市场：欧洲人在这里获得优质的原材料，然后将其加工的产品重新在这里出售[1]。

在阿尔及尔，法国选择了因地制宜的政策，这样做虽然十分劳神，但

1　这些改变伴随着少数派人群，尤其是犹太人的发展，他们充当中间人的角色方便商品进入本地市场。

远比炮艇外交要实惠。没有人想要打破1690年谈判换来的脆弱平衡。收敛锋芒的凡尔赛，不再要求赔偿，亦不期冀获得赔偿，以避免所有可能扰乱法国贸易的冲突。法国随后采取了使其劳心伤神的政策——按照事件的不同而随机应变，在坚定但不失礼节的政治表述中不断调整政策，避免局势失控和做出多余的赔偿。这一政策的三项基本原则是：保障法兰西国王的尊严；维护商业利益；让阿尔及尔与英格兰断交。但是，在17世纪末18世纪初，由于地中海的商业贸易国家越来越多，所以海上行劫受到的阻力越来越大。起初，阿尔及尔人为了能够继续开展他们的主要活动，确保本国不与所有国家同时处于和平状态；此外，为了维持各盟友之间的平衡，他们对欧洲的外交政策始终处于变化之中。在第二阶段，虽然阿尔及尔人付出了努力，但是海上行劫收益的下降让迪伊们陷入绝境，为了稳定躁动的军队，他们只得向已不再从事海上劫掠，且因贸易获利颇丰的邻国突尼斯宣战。但突尼斯摄政区是法国的盟友，后者在该地区，特别是卡普尼格（Cap Nègre）拥有巨大的商业利益，于是凡尔赛不得不十分谨慎地向突尼斯的贝伊们提供援助，同时避免引起阿尔及尔迪伊们的怀疑，由此滋生了新的纠纷和外交摩擦。但是，统治摄政区的迪伊们唯一的共同特征就是唯利是图。如果没有定期收到礼物，或发现礼物不符合胃口或不够昂贵，迪伊们就会公开表示不满。虽然每个迪伊的掌权时间都不长，他们各异的性格导致国家的盟友也不断变化，但他们却深知如何利用欧洲国家之间的分歧挑起“捐赠者之战[1]”，在竞相争宠过程中法国人提供的好处也常常不如英国人。虽然阿尔及尔摄政区带来的利益不如突尼斯，但它可能造成的危害却是巨大的。1710年，阿尔及尔的政治形势发生了变化。阿尔及尔的迪伊不愿意采用与

1　1694年，即阿尔及尔与突尼斯交战期间，英国领事公开向阿尔及尔提供2500万银圆和一些枪支弹药，法国则向突尼斯提供支持。但为了保持与阿尔及尔的盟友关系，法国人在1695年也提供了相同数量的援助。到了1715年两国关系恶化，因为法国路易十五即位后没有给该国赠予任何礼物，但英国乔治一世加冕时赠送的礼物数量丰厚。

突尼斯和的黎波里一样的世袭制度，而且也不愿意将自己的权力分给苏丹的代理人帕夏。1729年，被阿尔及尔的众多要求弄得筋疲力尽的法国得知摄政区的权力重回帕夏之手，但事实上，伊斯坦布尔派去任职的帕夏甚至没能上岸，近卫军还威胁要炸毁运送他的船。尽管如此，迪伊从来没有与法国断绝联系，虽然他不止一次表示出自己对更慷慨[1]的英国人和荷兰人的偏爱。

1702年，突尼斯最后一位穆拉迪家族的贝伊被刺杀，新当选的贝伊易卜拉欣·阿尔·沙里夫(Ibrahim al-Sharif)不久后就被苏丹赐予了迪伊的头衔，此后在1704年他还获得了帕夏的称号。这是摄政区历史上第一次，由同一人兼任所有的要职，手握一切权力。

1705年，他的继任者侯赛因·本·阿里（Husayn bin 'Alî，1705—1740年在位）建立了一个新王朝，这位出身近卫军的统治者的爷爷是一位克里特改宗者，父亲是卡夫的突尼斯人，这样的身世让他更容易被当地社会所接受。总之，他和他的继任者们为了不被家族势力束缚手脚，便按照奥斯曼传统在俘虏中选取他们的妻子。也正因如此，一场家庭危机也即将到来。由于没有子嗣，他指定自己的侄儿阿里为继任者，但后来他却和一位热那亚奴隶育有三个儿子，分别是穆罕默德、马哈穆德和阿里。在重新指定自己的长子为贝伊之后，他向苏丹申请将帕夏之位给自己的侄儿作为补偿。自1726年起，阿里帕夏就由于政见不合逃亡阿尔及尔并在那里一直待到1735年，其间，阿尔及尔的迪伊不断要求他介入邻国事务。1735年，阿里在阿尔及尔军队的帮助下，占领了突尼斯，他的叔叔侯赛因逃亡凯鲁万和苏塞。摄政区在接下来的一整年中处于两个政府的统治下，两方的经

1　1726年，荷兰人以每年进贡金钱和武器弹药为条件与摄政区签订了和平条约。1727年，迪伊确认了英国人在奥兰（Oran）的优先经营权（1708年从西班牙人手中夺取），此举让他们能够在没有竞争对手的情况下，以低廉的价格为马翁和直布罗陀的港口提供补给。1729年，英国人和荷兰人要求取代法国人掌握在非洲的特许权。

济战给当地带来了毁灭性的打击[1]，1736年，侯赛因被斩首，阿里顺理成章地成为突尼斯唯一的主人。他下令拆毁凯鲁万的城墙，让这里成为一座空城，城内唯一的居民就是“猫头鹰、乌鸦和老鼠”[2]。他甚至没来得及巩固自己篡夺的王位，就迫不及待地想要重振在最近五年的战争中遭受严重打击的经济。1741年，他从热那亚手中夺取了塔巴卡岛，摧毁了岛上的防御工事并将岛上居民放逐到突尼斯。随后，他马不停蹄攻打位于卡普尼格的法国贸易站。随后他也采取同样的措施，拆除房屋，没收财产，将居民流放到突尼斯。法国国王为了保护身处突尼斯的法国人，便让他们逃到的黎波里以免遭受阿里的报复。此外，凡尔赛还派遣了6艘战舰在突尼斯附近游荡形成震慑。当然，迫于压力的贝伊还是在1742年更新了1720年签署的条约，但在他的臣民眼中，他成功将外国人赶出了突尼斯的土地。然而在1742年和1754年，阿里也因儿子们的争权夺利变得痛苦不堪。1755年，支持侯赛因之子重夺迪伊之位的阿尔及尔趁此机会入侵了突尼斯西部。被围困在突尼斯的阿里与马耳他骑士团签订条约：以10万银圆的价格请骑士们派遣三艘船到拉古莱特，供战败的突尼斯统治者逃亡[2]，但到了1756年8月，他还是被阿尔及利亚和侯赛因之子的部队擒住。在处死了阿里一众后，侯赛因之子穆罕默德成为新的贝伊（1756—1759），之后其位由他的兄弟阿里二世（1759—1782年在位）继承。侯赛因家族还成功创立了一个真正独立于奥斯曼帝国的“国家”君主制度，而当地行政机关的强化主要体现在对经济领域的介入。自1729年开始，贝伊就专注于向欧洲出口当地急缺的谷物和油。在宗教狂热分子的煽动下，侯赛因决定不要将“战略性”粮食卖给

1 当时侯赛因与马耳他骑士团签订条约。此前骑士们与奥斯曼帝国连年征战，这是第一次马耳他与摄政区签署和约，此后马耳他船只便可以自由地在苏塞进行贸易。此外，在马耳他舰队的保护下，一支苏塞的舰队也对那些承认阿里帕夏的城市的船队实施劫掠。同时，苏塞和莫纳斯提尔的船队也会遭到对方的袭击。

2 由于这种行为，阿尔及利亚人出于蔑视给了他一个绰号——马耳他人阿里（‘Alî al-Malti）。

基督徒，而是将谷物、油和蔬菜干囤积起来。就这样，他成了摄政区内最大的批发商，掌握着销往欧洲的大宗商品流。他的继任者通过限制欧洲批发商，让他们只能按预定数量购买农作物的方式将这项制度应用到极致。这种专制的贸易政策虽然让贝伊变得更加富有，但负面影响是欧洲各国，尤其是法国和英国的不满也日益增长，因为这些国家从此以后进口商品的价格和数量都会随订单而波动。如此一来，贝伊自认为能够加强国家的独立性，但实际上自身的利益与欧洲联系得更紧密了。摄政区的经济原本与黎凡特地区的联系就有限，新政策实施后不仅使其影响力被局限于当地，而且主要依靠国外进口商品的支撑。在阿尔及尔摄政区，出于政治结构的原因，近卫军和海盗船长仍然在继续从事海上劫掠；而突尼斯的商业活动可以弥补海盗活动减少带来的损失，这让它成了欧洲这个强大的军事、经济实体安放在北非的特洛伊木马[1]。

在的黎波里，经历了六任贝勒贝伊（1551—1577）和九任奥斯曼帕夏（1577—1612）之后，权力仍然落到了近卫军选出的迪伊（1612—1711）手中。这种个人集权的强化也经历了一番变化：贝勒贝伊制度在1632—1672年重新回归，其间迪伊常常由拥有一定权力的贝伊辅佐[2]。从1701年开始，倾向独立的民兵和唯恐的黎波里落入突尼斯之手的伊斯坦布尔政权之间的对立造就了一段动荡时期。1711年，在二十个月内任命了四位迪伊之后，民兵选举了一位土耳其海盗和阿拉伯妇女的儿子艾哈迈德·卡拉曼里（Ahmad Qaramanli）作为贝伊。卡拉曼里联合自10世纪起就生活在的黎波里塔尼亚

1　法国领事巴泰勒米·德·塞齐乌（Barthélemy de Saizieu）曾在1773年写道：“王国的产品吸引了不计其数的船只和各国商人，他们不仅带来了大量的金银，也让这些奥斯曼港口和城市成为黎凡特贸易最繁华的地区，这种情况至少维持了四年。但这种情况只有在欧洲粮食不足需要从巴巴里进口时才能持续，贝伊们倚仗着自己的特权从出口中获取了大量的利益。”

2　1679—1686年，穆罕默德·阿尔·马耳提（Muhammad al-Malti）这位马耳他叛教者连续辅佐了三位迪伊。

和昔兰尼加的阿拉伯部落，废黜了帕夏，处死了所有土耳其官员，并下令奥斯曼士兵必须在二十四小时之内离开的黎波里。苏丹在对方的软硬兼施的要求下，只得任命他为新的帕夏，并允许其采取世袭制度。与其他摄政区的长官相比，卡拉曼里通过与当地妇女联姻展现出自己独特的一面。他给自己的统治区赋予了一种其他两个北非奥斯曼行省所没有的特殊身份，不仅让王朝拥有更深刻的本地烙印，也使自身与伊斯坦布尔政权的关系更加疏远。虽然奥斯曼帝国以劫掠为主要行业，但与突尼斯和阿尔及尔不同，的黎波里将重心放在自己的腹地费赞（Fezzan）。

这个是通往中部非洲博尔诺王国（乍得）、加奈姆（Kanem）和豪萨地区（尼日尔）的必经之路。阿瓦德·穆罕默德[1]（Awlad Muhammad）统治下的费赞的首府迈尔祖格（Murzuq）是“中非、的黎波里塔尼亚、昔兰尼加和埃及的中转站”，“它在欧洲甚至与通布图[3]齐名”。的黎波里的奥斯曼人从1551年起就试图占领该地区。为了实现这个目的，此地战争连年[4]（1577—1732），虽然其间也时有间歇，但的黎波里的实力却不断在增强。1732年，的黎波里的政治实力通过击败费赞和苏丹而得到增强，此消彼长之下后者的地位一落千丈降为普通的总督（酋长）。的黎波里摄政区明显不同，虽然劫掠活动的重要性仍不可忽视，但在与奥斯曼帝国、埃及或欧洲的贸易（主要是黑奴[2]）中同样扮演着重要角色，从民兵被驱逐，实权落于与走私商人相交甚密的奥斯曼王朝之手这些事件上可以印证这一点[5][3]。

虽然没有大型战争发生的地中海似乎失去了从前的狂躁，但海盗不断发起的小型武装冲突和敲诈勒索也让波澜时有发生。巴巴里世界无论

1　16世纪由虔诚的菲斯谢里夫·穆罕穆德（Muhammad al-Fasi）建立。

2　在博尔努8银元购买的奴隶，在费赞可以卖24银圆，而到了的黎波里，卖价上升为40—60银圆。

3　主要是犹太人和叛教者。

是在行事作风还是在与欧洲国家的关系上都没能实现“文明”；这里仍保留着原始的捕猎型经济，当地人只懂得在地中海新经济体出现的情况下，他们应该做的是与一部分势力结盟去劫掠另一部分势力。这种法律允许的暴行虽然对各方影响程度不同，但相比组织武装力量，欧洲国家还是更愿意向帕夏、迪伊、贝伊付钱来消除航行中的恐惧。在法国各大使馆看来，与摄政区的关系只能通过金钱或武力来获得，如果不断许以金钱，最终还是不可避免地导致兵戎相见。但只要西方势力之间的冲突没有停息，这种有利可图的劫掠暴行就不可能被单一势力彻底根除。加入地中海贸易的新国家也确实让法国努力创造的和平状态变得难以维持。马赛的大商人们非常清楚普罗旺斯和马格里布之间的联系对双方都非常重要，这也是为什么自己遭受的袭击会比初来乍到者少的原因。一篇马赛于 1729 年完成的匿名报告这样写道：“我们觉得将巴巴里海盗一网打尽并不符合我们的利益，因为（在这种情况下）我们和意大利人、北欧人的地位将别无二致。”

2. 地中海的新势力

英格兰、奥地利和萨瓦

由于 1665 年卡洛斯二世（Carlos Ⅱ，1661—1700）的健康状况一直十分糟糕，所以他在即位不久就开始与大使馆商讨王位的继承问题。而作为西班牙最年轻的分支的奥地利的哈布斯堡家族认为应由他们来继承西班牙。而路易十四作为先王的后代和女婿[1]，认为自己也拥有同样的继承权。而英国人和荷兰人既不想看到查理五世的哈布斯堡王朝被重建，也不想看到法国和西班牙联合。西班牙国王希望保持西班牙殖民帝国的完整，于1700年将王位传给了法兰西王储路易的小儿子安茹公爵腓力，路易十四也接受了这样的决定。大不列颠、荷兰、葡萄牙和教皇国都在第一时间承认腓力五世为西班牙国王，但几个月后，哈布斯堡家族取得了军事和外交上的双重胜利，并与海牙签订了盟约（1701年9月）。1702年，英国、荷兰、奥地利和神圣罗马帝国同时向法国和西班牙宣战，1703年葡萄牙也加入了对抗法兰西的行列。双方的军事交锋主要集中在荷兰的西班牙领地和意大利北部之间的地区，但荷兰与英国的海军努力控制伊比利亚半岛各港口，封锁直布罗陀海峡，方便在西地中海采取海上军事行动对抗法国。1702年，英荷联合舰队在维戈（Vigo）重创法西舰队，随后在1704年，乔治·鲁克（George Rooke）将军率领的舰队又以哈布斯堡王朝继承者的名义占领了直布罗陀海峡。1712年，腓力五世（停战）通过一系列胜利拯救了自己的王位，精疲力竭的交战各方决定签署停战条约。西班牙继承权之战后，《乌得勒支和约》（1713）和《拉什塔特和约》（1714）被签署，欧洲也迎来了历史的转折点。虽然西班牙从此被纳入了波旁王朝[2]，但它只能算是二等强国。虽然法国保住了自己的国土，但还是不得不将部分美洲领地[3]和西班牙殖民地的贩奴特许证（asiento）让与英国；虽然从政治、人口和军事上看法国仍是欧洲大陆的第一大国，但它的海洋霸主地位已被英国人夺去，后者也从此成了一

1 路易十四的母亲，奥地利的安娜是查尔斯二世的姑姑，他的妻子奥地利的玛丽亚·特蕾西亚则是后者的姐姐。

2 路易十四不得不接受腓力五世放弃本人及其子嗣继承法兰西王位的权力，虽然自己的儿子们都已不在。

3 阿卡迪亚（Acadia）、纽芬兰岛（Newfoundland）和哈德逊湾（baie d' Hudson）。

路新的欧洲豪强。而在地中海，英国人不仅巩固了直布罗陀海峡占有权，而且还从西班牙人手中得到了梅诺卡岛，西西里岛短暂归属了萨瓦公爵，撒丁岛和那不勒斯王国则被纳入维也纳的哈布斯堡家族[1]。

这三股新的势力开始逐鹿地中海。英国拥有梅诺卡岛、西地中海最重要的海盗巢穴巴利阿里群岛，并掌握出入地中海的咽喉直布罗陀海峡。萨瓦在获得了卡利亚里和撒丁岛后，摆脱了被法兰西城市尼斯和热那亚共和国奥内利亚（Oneglia）封锁的状态。奥地利在成功获取地中海中心的西西里–那不勒斯地盘后，在1735年后又将托斯卡纳[2]纳入版图，从此拥有了地中海最繁忙的港口之一里窝那。此外，1717年奥地利还获得了在亚得里亚海自由航行的权利，虽然面对着当地势力威尼斯，但它在签署了《帕萨罗维茨条约》[3]之后更是获得了巨大的利益：的里雅斯特（Trieste）成了威尼斯最大的竞争对手，1719年宣布成为自由港让这里更具优势。

1　萨瓦的维托里奥·阿梅迪奥二世（Vittorio Amedeo Ⅱ，1675—1730）和神圣罗马帝国皇帝查理六世（1711—1740）进行了岛屿交换。萨瓦公爵成了撒丁岛国王，而兼任那不勒斯国王（1714—1738）的神圣罗马帝国皇帝成了西西里国王（1720—1735）。

2　腓力五世和埃丽莎贝塔·法尔内塞（Isabel de Farnesio）之子卡洛斯王子于1731年在最后一位美第奇家族成员死后成为帕尔马和托斯卡纳公爵，但到了1734年，卡洛斯占领了两个西西里王国。为了巩固新的统治，他同意将托斯卡纳的权力让与洛林公爵，而洛林公爵则将自己的领地让与波兰国王斯坦尼斯瓦夫·莱什琴斯基（Stanislas Leszczynski）。公爵迎娶了哈布斯堡的玛丽亚·特蕾西亚并成了弗朗茨一世。他们的儿子利奥波德（Leopold）成了哈布斯堡-洛林王朝第一位托斯卡纳大公。

3　1718年签署的该条约标志着威尼斯和奥斯曼帝国之间的战争结束。战争于1714年打响，1716年神圣罗马帝国也参战了。虽然威尼斯站在胜利者一方，但仍不得不接受奥斯曼帝国占据希腊、奥地利人占领巴尔干塞尔维亚地区的事实。

斯堪的纳维亚势力[6]

1721 年大北方战争[1]结束后，瑞典开始施行通过大力发展贸易和航海振兴经济的政策。具体说来，瑞典逐步建立的地中海政策包括与奥斯曼这个能有效牵制俄国扩张的国家建立联盟，在地中海发展密集的领事网络用于保护航行安全和充分获取商业利益[7]。与其他国家不同，这项史无前例的领事政策的基础是，瑞典政府给所有的领事派发薪水，这些领事的首要角色是政府官员，其次才和法、英、荷领事一样是批发商。中立性是瑞典的另一项优势。欧洲大陆战争频发，便宜又安全的瑞典海运船只能够保障交战各方物资的运输。这也是为什么一直在打击竞争对手的英国人和荷兰人支持瑞典势力进驻地中海，挂有瑞典国旗的船只能够很容易地完成商品贸易。于是在英、荷势力的帮助下，瑞典人与阿尔及尔摄政区签署了条约，用贡品换取海上航行的安全，由于欧洲各国冲突不断加剧，瑞典船只的数量也不断增加；在 1736 年和 1741 年，瑞典又分别与突尼斯和的黎波里签订了条约。瑞典本国与摄政区相对较低的交易量也说明船主的收入主要来源于船只的租用[8]。直到 18 世纪 80 年代末[2]，瑞典依靠外交手段成功避免了与摄政区的冲突。

几年以后，丹麦国王弗雷德里克五世（Frederik V，1746—1766）即位，并将本国的势力扩展到了地中海。他继承了其父克里斯蒂安六世（Christian Ⅵ，1730—1746）发展经济的理念，创建了数家大公司，其中最兴旺的要属丹麦东印度公司。他努力促成了多项条约的签署，尤其是与巴巴里摄政区的条约让丹麦商人能够涉足地中海[9]。和瑞典一样，丹麦的国籍旗主要

1　瑞典王国对抗俄罗斯、丹麦—挪威、波兰—立陶宛、萨克森、汉诺威、普鲁士联军的大北方战争（1700—1721），最终以瑞典人的失败而告终。战后俄国人和瑞典人在波罗的海的影响力此消彼长。

2　该国的贸易额在 1788 至 1790 年瑞俄战争间遭遇了断崖式下降。

也用于掩护那些未和巴巴里摄政区签订条约的邻国（如汉堡）。虽然摄政区与丹麦的关系并不如瑞典那么和谐[10][1]，这两个斯堪的纳维亚国家在很长一段和平时期内都享受着英、法这两个地中海强国争斗带来的福利。

马耳他，地中海经济的新灯塔

路易十四的要求（1673）对马耳他经济造成了不可忽视的影响[11]。骑士团在马耳他定居（1530）并随后在勒班陀海战中击败了奥斯曼土耳其（1571）后，骑士们唯一的角色就是地中海警察，他们在地中海实施反劫掠政策，以基督教海军的名义报复打击巴巴里海盗。这个对欧洲经济至关重要的角色很快给马耳他骑士带来了益处，因为骑士团创建之初秉持的十字军理念已经过时了：这里成了一个为欧洲贵族青年设立的海军学校，向欧洲君主提供经验丰富的学员。这些行为让这座岛拥有了自己的经济活动。虽然骑士团的收入大部分来自完成欧洲大陆势力下达的军事任务而获得的佣金（responsions），但统领舰队的大团长仍然可以从战利品中获取部分提成[12]。骑士甚至团长们都成了船主，在16世纪、17世纪，不少欧洲（主要是普罗旺斯）的士兵前来投靠，马耳他海盗之岛的形象也这样被树立起来。这些来自岛外的群体组成了马耳他富有的中产阶级，带来了经济的飞跃，骑士团长们就像巴巴里迪伊和贝伊一样，与自己的名义上的君主西班牙国王越来越疏远。岛上以外来人口为主的港区最后联合起来组成了一个由地方政府领导的“国家”，区域内的本地人都无一例外地被驱逐[2][13]。路易十四对马耳他反劫掠行动下达的禁令在奥斯曼港口掀起了报复法国人的浪潮，动摇了马耳他的经济基础。法国人很清楚这样做的后果，他们还尝

1　1769—1772年以及1795—1797年丹麦分别与阿尔及尔和的黎波里交战。

2　1590年，港口人口占总人口的33%，而当时的首都姆迪纳（Mdina）的人口只占7.5%。到了1716年，两项数据分别为50%和3.5%。

试通过将马耳他纳入马赛和普罗旺斯的贸易圈来将对劫掠活动加以限制在军事层面，任何以贸易为目的的劫掠都被禁止。在所有法国人推出的计划中，有一项让安东尼奥·曼努埃尔·德·维列纳大团长（Antonio Manoel de Vilhena， 1722—1736）颁布了1723年的海关制裁诏书[14]。几乎没有任何产业的马耳他需要进口大量的物资，为了维持日常开销，所有进口和出口的产品都被征收了高额关税；但是岛上的大港区之所以能成为地中海的仓库，主要是依靠极低的关税：存储的商品关税率为0.33%，转运商品税率则为1%。马耳他很快就成了“东、西地中海之间的货物仓库”[15]。1720年后的一段时间，约翰·罗[16]（John Law）控制下的法国经济政策陷入深深的质疑中，马赛也由于瘟疫[17]来袭而暂时退出了地中海舞台，马耳他人利用这个机会赚得了不少利益。许多大商会（加泰罗尼亚、意大利，但大部分都来自普罗旺斯）都在岛上拥有仓库和受托人。位于地中海中心的马耳他优越的地理位置为贸易线路的规划提供了方便，此外该岛还通过限制运输成本降低了商品的价格，利润得到增长。来自黎凡特的船只将谷物、椰枣、无花果、葡萄干、油、棉花、丝绸、麻、缆绳和皮毛（原材料和加工品）运到这里。而来自西方的主要货物有谷物、木材、呢绒、羊毛和经加工的产品。岛上的存储能力很快就达到了上限，于是大团长曼努埃尔·平托（Manoel Pinto，1741—1773）开始打造拥有19座大型仓库的新港口[18]。虽然这项改革并没让骑士团直接获益，但却带动了中产阶级致富，这群从事海上贸易的人再也不需要靠打劫为生。马耳他就此成了地中海最重要的贸易点，由此带来了双重影响：一方面，岛上繁荣的商业吸引了巴巴里海盗们的注意；另一方面，当时的马耳他更像一个商业实体而不是军事实体，那些想要控制地中海贸易路线的势力开始将这座岛视为实现自己野心的绊脚石。但是，法国人最大的愿望就是维持现状。《乌得勒支和约》（1713）规定大港区的军舰数量不得超过四艘，所以马耳他在任何情况下都不能被当作军港来使用。在康布雷会议[19]（1722—1725）上，不仅英、法两国作为中介来调解西班牙和奥地利之间的矛盾，还确定了马耳他的中立国和受基督教势力保护的身份；而该岛也不能接受任何保护国敌国船只靠岸的请求。这种中立身份实际上只是为了起到遏制作用，因为凡尔赛不愿意改变马耳他作为马赛前哨站的角色。

这座岛也确实吸引着越来越多想在地中海获取军事、经济利益的势力，其中就包括俄罗斯，但最积极的还是英国。从16世纪末17世纪初开始，英国人就在地中海建立了大量的领事馆[1]。斯图尔特家族重新掌权以后，骑士团为了收回亨利八世曾经代为保管的财产，便允许英国在马耳他建立领事馆[20]。1749年，这批财产的持有者是一位出生于里窝那的英国人约翰·多茨沃斯（John Dodsworth），此人私下与平托达成一致，在大港建立仓库。但此举却遭到了法国人的阻挠，他们提醒大团长岛上不应允许新教势力驻扎。这座地中海上的小岛从此成了英国人和法国人交锋的场所，直至1814年，马耳他都是动摇欧洲外交关系的一个因素。

七年战争（1756—1763）及其影响

这场战争是复杂的，由日益强大的英国和普鲁士挑起，在整个过程中各方联盟形势剧变，冲突的范围不仅在欧洲大陆，还包括美洲的殖民地和印度。法国结束了与奥地利的百年对抗，双方组成联盟，随后与普鲁士敌对的俄罗斯也加入了法、奥联盟[2]，而英国则站在普鲁士一边。王朝的争斗深深改变了外交的平衡。如果说1714年汉诺威选帝侯在安妮女王死后成了英格兰国王[3]，那么按照1718年的《伦敦条约》，最后一位法尔内塞家族成

1 欧洲的马拉加、阿利坎特、马赛、热那亚、里窝那、比萨、威尼斯和扎金索斯，奥斯曼帝国的加里波利半岛和突尼斯。

2 1762年西班牙也加入了。

3 詹姆斯一世的曾孙，在信奉新教的人选中他与安妮女王关系最近。

员死后（1731），帕尔马公国[1]将由腓力五世的儿子卡洛斯继承。1735 年，卡洛斯成了那不勒斯和西西里这个独立王国的国王。到了 1759 年，他登上了西班牙王位（卡洛斯三世），将那不勒斯交给了自己的小儿子费迪南多。就这样，英格兰的势力就通过其君主扩散到欧洲大陆上的德国，波旁家族实现了卡佩家族的梦想，统治了西地中海沿岸的广大地区。

即便在 1756 年 4 月（正式宣战前一个月）法国占领了英国在地中海第二重要的据点梅诺卡岛，西地中海也没有成为大规模军事冲突的舞台；作为报复，在这片海域游弋的英国海盗和他们的梅诺卡同伙不仅有效地拦截了与马格里布做生意的法国商船，还攻击前往黎凡特的船只。凡尔赛从 1757 年便开始利用自己在马耳他骑士团的优势地位：法国国王派遣事务官到大团长身边，专门负责搜集英国海盗的信息和航行路线。法国的领事，尤其是里窝那、卡利亚里和摄政区的领事，都必须向国王报告海盗的名字、行踪、船只信息和武装信息。事务官也会尽快将信息传达给马赛的商会、土伦的海军指挥部和凡尔赛[21]。

1763 年签署的《巴黎和约》标志着这场残酷的七年战争的结束，英格兰和普鲁士联盟成了最后的胜利者。控制了北美洲和印度的英国不仅控制了世界上所有的海洋，也是全球最强大的势力。在地中海，英国人仍然控制着直布罗陀海峡并准备伺机夺回梅诺卡岛，而在西班牙人撤出葡萄牙后，英国人在葡萄牙国内更是畅通无阻。首先，英国慢慢开始建立一条中继航线，让本国海军能够轻松往返于英伦三岛、北非奥斯曼摄政区和黎凡特，也能为商人们提供补给点。1768 年，英国殖民地专员公署成了名副其实的国家事务办公室。

欧洲两强法国和奥地利的势力被削弱。虽然两国采取的反击手段不尽

1　1738—1748 年有一个间断期，这十年间公国并入了哈布斯堡王朝的意大利统治区。1749 年，那不勒斯国王卡洛斯三世的小弟波旁的菲利波成了帕尔马公爵，并于 1739 年迎娶了路易十五的女儿伊丽莎白公主。

相同，但都是依靠联盟和联姻的方式来实现。1761 年，法国与西班牙和帕尔马公国[1]签订了《家庭协定》（*Family Compact*），目的是为了扳倒在地中海占据优势地位的英国海军，而玛丽亚·特蕾西亚女王（Maria Theresia）则通过建立同盟来强化波旁和哈布斯堡家族之间的联系[2]。然而到了 1768 年，科西嘉岛再次爆发反对热那亚统治的起义，法国人害怕英国人乘虚而入像占领直布罗陀、梅诺卡那样夺取科西嘉，不得不许给热那亚人继续统治该岛十年的权力[3]。

俄罗斯

起初，俄罗斯只在偶然登陆奥斯曼统治下的希腊地区时才会对地中海产生兴趣。1699 年，沙皇彼得大帝将他的族人鲍里斯·舍列梅捷夫[4]（Boris Cheremetiev）派到马耳他，不仅为了向骑士们学习海军和守城技术，也为了尝试在此建立海军基地来实现对土耳其人的反攻。

在斯坦尼斯瓦夫·奥古斯特·波尼亚托夫斯基击败法国和叶卡捷琳娜大帝支持的候选人于 1764 年成功登上波兰王位之后，凡尔赛便开始劝说奥斯曼帝国和法国人统一战线，派兵阻止可能发生的俄罗斯对波兰的入侵。

1　那不勒斯以国王以少数势力为由拒绝并入。

2　约瑟夫二世 1760 年娶了波旁 - 帕尔马公主，其妹嫁给了后来的西班牙国王卡洛斯四世（1765）。玛丽亚·卡洛琳娜女大公于 1767 年嫁给了那不勒斯国王费迪南多，她的妹妹玛丽亚·阿玛利亚（Maria Amalia）于 1769 年嫁给了帕尔马的费迪南多一世，另一个妹妹玛丽·安托瓦内特（Marie-Antoinette）在 1770 年嫁给了后来的路易十六。

3　虽然该岛被归还给热那亚，但后者必须偿还法国人花费的一切费用。1778 年，热那亚武力偿还超过 3000 万利弗尔的费用，法国便将该岛视为王国的一部分。1789 年，热那亚请求继续向法国偿还欠款，但是巴黎发生的事让科西嘉最终成了法国的行省。

4　鲍里斯·彼得洛维奇·舍列梅捷夫（Boris Petrovitch Cheremetiev，1652—1719）伯爵一生担任军职，同时也被委以外交任务（1685—1687 年在波兰，1697—1699 年在波兰、奥地利、意大利和马耳他）。

准备发动战争的叶卡捷琳娜二世想要组建一支与自己盛名相符的海军，于是她在1764年请求大团长派遣两位骑士来帮助俄罗斯操练桨帆船舰队。遭受法国强烈谴责的大团长平托在1765年冲突消散后便含糊其词地答复了女王的请求。但到了1768年，发生了乌克兰军队跟随波兰人越过了土耳其边界的事件，随后奥斯曼帝国便向俄罗斯宣战。

梦想重建拜占庭帝国的叶卡捷琳娜二世[1]（1762—1796）在11月向安科纳派遣了一艘战舰，去评估建造一座后方海军基地的可能性。为了实现自己的野心，她在1769年组织了一次十字军去对抗“圣十字永远的敌人”，并请求马耳他骑士们允许俄国战舰停靠大港，卡瓦尔卡博侯爵[2]（Cavalcabo）被人们称为驻马耳他大使。法国提醒西班牙和那不勒斯注意这个出现在地中海的新势力，如果沙皇成功将土耳其人赶走，随之产生的贸易后果可能会很严重。在英国领事的授意下，平托只承认卡瓦尔卡博侯爵的使节身份，而并没有将他视为俄国大使。由于马耳他人没有回应叶卡捷琳娜二世的请求[3]，1770年3月，两艘俄国舰船袭击了一艘挂有英国旗帜的船只，但仍然克制地没有驶入港口。事实上，俄罗斯一直希望打着东正教的旗号帮助希腊人起义。从彼得大帝时期俄国人就开始对本国的教堂和修道院进行装饰，希腊东正教徒和俄国东正教徒之间的这种隐秘的联系最终让希腊相信，俄罗斯是自己的保护国。安娜一世（1730—1740年在位）和伊丽莎白一世女王在任期间（1741—1762年在位）曾试图煽动伯罗奔尼撒半岛上的希腊人起义，前者的目标是色萨利，后者则为泰格特（Taygete）和马尼半岛。宠臣奥尔洛夫兄弟联系了一些不知名的散兵游勇，后者承诺如果俄

1 她给她的两个孙子取名为亚历山大和康斯坦丁，曾想让长孙继承俄罗斯王位，小孙子则统治君士坦丁堡。

2 乔治·安德烈·卡瓦尔卡博侯爵1717年出生在特伦特（Trento）附近，1767年被叶卡捷琳娜二世纳为贵族，随后经允许在法国定居，享受俄国俸禄。

3 “马耳他永远中立，而又从未中立。”

国人能够提供战舰和武器，他们就能组织起 10 万人的武装。叶卡捷琳娜二世轻信了他们的话，让阿列克谢·奥尔洛夫[1]率领一支由 7 艘战船和 4 艘三桅战舰组成的部队，1769 年 9 月从圣彼得堡向西出发[2]。在米斯特拉斯取得成功后，希腊人起义的火种在伯罗奔尼撒半岛和柯林斯湾沿岸蔓延，但在阿列克谢·奥尔洛夫的煽动（1770 年 5 月 2 日）下执意摆脱奥斯曼土耳其人压迫的起义军最终只收到俄罗斯人派来的 800 人援军，寡不敌众的希腊人终在奥斯曼军队的打击下迅速溃败。土耳其人出于报复，派遣大批阿尔巴尼亚人到爆发起义的地区，面对随后发生的大规模屠杀俄罗斯人也无意做出任何回应[3]。“奥尔洛夫革命”就这样在血腥的屠杀中结束了，伯罗奔尼撒半岛从此被阿尔巴尼亚团伙[4]占领。同年 5 月，爱琴海上出现了一支由苏格兰人埃尔芬斯通（Elphinstone）[5]率领的军队。由于不愿与其正面交锋，奥斯曼舰队便驶向了希俄斯海峡进行回避，但英国人却紧随其后。虽然海军副将哈桑帕夏[6]英勇奋战，但苏丹的舰队还是在切斯马海战（Battle of Chesma）中遭到俄罗斯人放火烧船的袭击，全军覆没。但是俄罗斯人并没有巩固自己的优势，而且英国人也对势态的迅速发展有所忌惮，随后便召

1 阿列克谢·格里戈里耶维奇·奥尔洛夫（Alexei Grigorievitch Orlov，1737—1808），俄罗斯海军指挥官，与他的兄弟，叶卡捷琳娜二世的宠臣格里戈里·格里戈里耶维奇（Grigori Grigorievitch，1734—1783）一道策划了废黜彼得三世的阴谋。

2 大部分海员都是英国人。在马翁补给后，三艘舰船离开舰队前往马耳他。

3 被奥尔洛夫的情感冲昏头脑的女皇给伏尔泰写信：“他们（希腊人）如果不听从我派遣的英雄给出的建议，他们将一败涂地。”

4 源于土耳其语（Arnavut），意为阿尔巴尼亚人。

5 约翰·埃尔芬斯通（1722—1785）是阿列克谢·奥尔洛夫的参谋之一。

6 哈桑帕夏是海军指挥官（Qapidana Bey），祖籍希腊，他曾在近卫军和阿尔及尔海军服役，其间赢得了绰号“阿尔及尔人”（Cezayirli）。谨慎起见，伊斯坦布尔也在弗朗索瓦·德·托特男爵（François Baron de Tott，1733—1793）这位匈牙利裔的法国人的指挥下布防。

回了自己的海军和官员。俄罗斯舰队也远去[1]，任由伯罗奔尼撒和克里特淹没在血泊之中："造成如此巨大惨剧的俄罗斯人，并没有表现出任何的同情。"[22]奥斯曼帝国继续不断用兵，希望夺回丢失的领土，但到了1774年7月，土耳其人不得不签署《库楚克开纳吉和约》，结束了这场长达六年的战争。战后克里米亚汗国名义上独立，但实际上落入俄罗斯人的掌控之下。悬挂俄罗斯国旗的船只能够自由出入博斯普鲁斯海峡、达达尼尔海峡和所有奥斯曼帝国在黎凡特的港口。俄罗斯被公认为是所有居住在奥斯曼帝国和东部多瑙河沿岸（从摩尔多瓦到瓦拉几亚）那些臣服于苏丹的侯国内东正教徒的保护国（虽然伊斯坦布尔的东正教大牧首并未发声），沙皇也为教会和贵族们提供了保护。

这份条约意义重大。东地中海的平静也由于新势力的闯入而变得激荡[2][23]，奥斯曼帝国也逐渐走向衰落。但最重要的是，它树立了一种新观念——可以用人道主义为借口干涉其他国家的内部事务[24]：条约赋予俄罗斯人法律的武器，让他们能够打着宗教的旗号干涉巴尔干事务。此外，条约带来了重要的经济影响：希腊诸岛的商人、船主[3]甚至海盗如今都在俄罗斯的保护之下。伊德拉岛的商人们挂起俄罗斯国旗，将贸易范围扩展到克里米亚、安科纳和里窝那之间的大片地区。这群当时被称为"希腊莫斯科人"的人群开始在地中海大显身手，为19世纪希腊经济的崛起打下了基础。

1　马耳他，1774年5月，新任大团长弗朗西斯科·希梅内斯（Francisco Ximenes，1773—1775年在位）得知，俄罗斯特使卡瓦尔卡博侯爵正在尝试煽动马耳他居民对抗骑士团。同年7月，他在法国的支持下开始对海岛布防，然而俄土战争没能让这次反叛行动发生，过了不久，叶卡捷琳娜二世将这位特使召回国内。

2　法国驻士麦拿领事斐松尼（Peyssonnel）这样写道："俄罗斯舰队正在整装离开这座岛；他们会很难摆脱那些希腊人和阿尔巴尼亚人，因为自己欠他们三四年的饷，而且他们多次摆出要起义的架势。这群乌合之众的离去会让群岛处于强盗肆虐之下，这里比任何时候都更需要皇家海军来维护秩序。"

3　主要是伊兹拉岛（Hydra）的船主。这座岛因为没有参加"奥尔洛夫革命"，所以没有遭到奥斯曼人的报复。

在干涉希腊事务的同时，俄罗斯人也抓住机会试图介入埃及。1767—1770年，阿里·卡比尔贝伊[1]这位马穆鲁克骑兵出身的统治者实力日益增长，于是想要按照摄政区模式发展埃及。他也剥夺了奥斯曼帕夏的权力，让后者只是空有头衔，然后除掉了其他马穆鲁克贝伊，在名叫 Aziz Misr（强大埃及）的钱币上将自己的头像刻在苏丹的旁边。虽然他为了表明自己对奥斯曼帝国的忠诚，曾于土俄战争初期派遣了增援部队，但他还是很快引起了苏丹和重宗教、轻国家认同感的埃及人民的怀疑。战争不可避免，于是阿里贝伊开始寻求那些在埃及有商业利益的欧洲人前来帮忙。威尼斯提供了少量资金。法国虽然支持埃及，但它无意与伊斯坦布尔为敌而损害自己的商业利益[2]。但是在欧洲顾问的帮助下，他还是成功召集了一支强大的军队，力图占领巴勒斯坦和叙利亚[25]。大军过境，受到了什叶派埃米尔、基督教徒、黎巴嫩的德鲁兹教派穆斯林和饱受大马士革统治者横征暴敛之苦的民众的欢迎，但是在成功占领了大马士革五天之后，埃及军队却不知因何故而撤退了，被抛弃的叙利亚和巴勒斯坦地区很快重新被奥斯曼帝国的帕夏们夺回。到了切斯马海战（1770 年 7 月）后，阿里贝伊与俄国缔结盟约。随后他再次攻打叙利亚，俄军向杜姆亚特派遣了四艘军舰对埃及的反对派形成震慑，并向海法沿岸布防了 20 多艘舰船。1772 年，数千名俄军和 40 多名军官来到阿卡增援埃及军队。埃及人虽然取得了暂时的胜利，但能否更进一步完全取决于俄军的援助情况。和伯罗奔尼撒的情况类似，俄军

1　阿里·卡比尔贝伊（‘Alî Bey al-Kabir，1728—1773），父亲是一位格鲁吉亚牧师。他曾被当作马穆鲁克售卖，在 1760 年被选为当地的统治者（shaykh al-bilad）。

2　弗朗索瓦·塞巴斯蒂安·玛德琳·德·马丁·德·阿米拉（François Sébastien Madeleine de Martin d’Amirat，1721—1796），法国领事建议马耳他骑士团采用隐蔽的方式向阿里贝伊提供武器。

的增援极其有限[1]。事实上，在与奥斯曼帝国签订合约之后，埃及看不到与俄国结盟能够带来什么好处。叶卡捷琳娜二世，确切地说是奥尔洛夫，再一次错失良机："可以肯定的是，如果俄罗斯当时派遣了那支并不强大的增援部队，阿里贝伊可能取得完胜并加冕埃及国王。不可否认，埃及对俄国并没有心存感激，因为它既没有分享东方领土的贸易机会，也没有让出红海和地中海的港口。这两国之间的联盟本可以改变东地中海的时局。"[26]

就这样到了1770年年初，所有人都清楚地看到在奥斯曼帝国的那些非土耳其人为主的地区，苏丹的影响已被严重削弱了：以希腊人和斯拉夫人为主的巴尔干、以阿拉伯人为主的麦加和大马士革之间的地区、以埃及人和摩尔人为主的北非。当时的西方人却错误地认为奥斯曼帕夏们的倦怠和泄气是为了摆脱苏丹。

1　1772年，他曾向圣彼得堡派遣密使，但奥尔洛夫只增派了两名教官，提供了三门大炮和一些武器弹药，这些援助让埃及人能够坚守一段时间，但没办法反击获取胜利。随后他在与奥斯曼军队的战斗中身负重伤，回到开罗后不久就病逝了（1773）。

第十八章

Le temps des turbulences

喧嚣的年代

1770	法国－突尼斯战争。
1775	西班牙在与阿尔及尔的军事对抗中失败。
1778—1783	美国独立战争，海盗活动在地中海复苏。
1779	的里雅斯特几乎获得独立。
1783	俄罗斯吞并克里米亚。

地中海世界进入了长时间的混乱局面，东、西两个区域都没能幸免。除了亚得里亚海地区以外，西地中海的地缘政治几乎没有变化。但是，正如七年战争一样，英国与西班牙和法国关于美洲殖民地的争夺（1778—1783）在地中海也有所体现：虽然三国之间大部分战争都发生在大西洋，但英国海盗在地中海的活动也日渐频繁。在东地中海，第二次土俄战争（1787—1792）不仅体现在两国的军事行动上，“希腊莫斯科人”数不胜数的劫掠行为也同样不容忽视。在这两次交锋中，法国都采取了整合舰队的政策，即国王派遣战舰护卫所有的商船队。欧洲大陆上这种无序的状态让巴巴里、阿尔巴尼亚和达尔马西亚的海盗们觉得有机可乘，他们在整个地中海兴风作浪，阻碍了东地中海的贸易，让人们开始从宏观上审视海盗的问题。

1. 从法国－突尼斯战争（1770）到西班牙攻打阿尔及尔

在商业层面上，法国对突尼斯的意图和要求已经忍无可忍。在发生了突尼斯取消在卡拉的法国人在突尼斯水域捕捞珊瑚的许可和无理由粗暴地对待法国的船长这两件事情之后，法国就决意要采取措施对付突尼斯，现在只缺一个借口。在此之后，有几艘科西嘉船只遭到了摄政区海盗的扣押。事实上，从 1768 年开始，法国就没有再强调对科西嘉船只的所有权了，但此次凡尔赛却要求突尼斯归还船只，而贝伊的拒绝随即就成了宣战的借口。领事及其家属、商人和在突尼斯的法国船长们都提前得到了秘密通知，所有这些人都在 1770 年 5 月逃到了三艘封锁拉古莱特的军舰上。到了 6 月，7 艘法国舰船和多艘马耳他军舰 [1] 前来增援。贝伊对法国人下达的最后通牒熟视无睹，于是法国舰队对法里纳港和比塞大进行了两天的炮击，两地几乎全毁，随后同样的事情又发生在苏塞和莫纳斯提尔上。奥斯曼土耳其出面调停，1770 年 9 月 2 日，贝伊接受将科西嘉与法国本土同等对待的要求，释放了扣押的船只和船员，将法国人捕捞珊瑚的许可延长五年，对亚非里加公司和法国实施战争赔偿。

这场战争在短时间内并未造成任何政治（除了当地人对贝伊个人的崇拜有所降低）或经济上的影响。1765—1775 年，突尼斯的小麦和大麦获得了大丰收，而西西里则遭到了食物短缺 [2]。谷物的出口促进了贸易甚至整体经济的发展，当地的统治者通过售卖出口许可获得了大量的财富。但是

1775 年以后，收成在很长一段时间内都不理想，

作物产量再也没有回到 1774 年的水平。从 1775 年起，恢复了独裁性质的政府不得不进口小麦来应对粮食短缺：18 世纪的最后 20 多年中，突尼斯在经济方面的重要性变得越来越微乎其微[1]。

在法国人攻打突尼斯之际，西班牙人也在准备派遣军队对付阿尔及尔。国王于 1775 年任命了一位爱尔兰裔的将军亚历杭德罗・奥莱利（Alejandro O' Reilly）统领远征军。面对声势浩大的西班牙大军（2.2 万名士兵，300 艘船只），迪伊发动了摄政区所有的部队迎战，结果西班牙人遭到惨败。遭到迎头痛击的他们退到马格里布中部，再次占领了 1732 年丢失的瓦赫兰后，西班牙在 1780 年尝试与英国人谈判，用瓦赫兰为筹码与直布罗陀进行交换，结果未能成功。几年以后，瓦赫兰在一次地震中化为瓦砾，于是 1792 年西班牙国王将这片地盘重新还给了迪伊。在 18 世纪的最后几年里，突尼斯的衰落步伐逐渐加快，而阿尔及利亚人则对自己“无敌民兵”的称号深信不疑。

2. 美国独立战争的影响（1778—1783）

1778 年 2 月 6 日，路易十六和本杰明・富兰克林签署了一份贸易条约和一份盟约。两年来，法国人一直在等待英国人的失误，好趁机正式采取行动。6 月 17 日，英国战舰“埃图萨号”（Aethusa）对法国战舰“雄鸡号”

1 农业的衰退导致与它息息相关的出口量自 18 世纪起就开始下降，此外有限的手工业经济和工业的匮乏让 19 世纪摄政区的发展严重不平衡，而同时期的欧洲经济取得了巨大的成功。

（Belle-Poule）发动的攻击被视作是战争的导火索，两国海军之间的暗斗从此转变为明争。西班牙和荷兰分别在1779年和1780年加入了法国人的阵营。双方大部分的海战都发生在大西洋，极少部分对抗在英吉利海峡，而地中海未能见证这次争斗。从1779年6月到1783年2月，西班牙和法国联军包围了直布罗陀海峡，但未能成功将其占领[1]。事实上，英国总督艾利奥特[2]已下达命令允许所有的悬挂英国旗的战舰和海盗船随意攻打西班牙和法国船只。如此一来，劫掠活动不仅在西地中海出现，而且由于巴巴里人和英国投机者的加入让其发生的次数较之以往成倍增加。路易十六决定实施舰队护卫政策，即派遣军舰陪同保护商船队，并在本国主要的贸易出海口设立常备军以防御海盗的侵袭。

在这场新的事件中，法国重新在马耳他任命了事务官负责与大使、领事、马赛港、马赛商会以及土伦海军保持书信联系。这个曾经负责提前处理商会事务的官员从此以后也要掌管海军的相关事务。这个职位的第一要务是负责军需，具体职责包括在马耳他雇用水手和炮手、给船只做补给、管理舰队并为船长们提供相应的情报。在一封1780年寄给事务官的信中，马赛商会的档案管理员伊斯纳尔这样写道："我刚从德·萨丁[3]先生那里听说您一直想要了解关于马赛港、地中海武装、舰队尤其是那些对马耳他至关重要的信息。这位大臣建议我准确地向您告知您应该知道的相关信息。"[3]这个迅速出现的且像赛斯特·科蒙骑士[4]（chevalier de Seystres-Caumont）

1　支持法国的士兵想要毁坏英国人的名声，指责他们与摩洛哥苏丹穆罕默德三世（约1715—1790）结盟。

2　乔治·奥古斯都·艾略特（George Augustus Eliott，1717—1792）在1777—1790年担任直布罗陀总督。

3　安托万·德·萨丁，阿勒比伯爵（1729—1801），1774—1780年任海军国务秘书。

4　欧仁·奥利维尔·德·赛斯特·科蒙，1739年9月6日出生，1746年加入普罗旺斯修会，在1778—1783年和1785—1793年负责法国和马耳他之间的事务。

一样发展迅速的编外职位，与卡斯特里元帅[1]非常相似。虽然领事也同事务官一样尽力搜集情报，但他们这么做的目的是希望他们的工作能让自己获益，且收到这些情报的官员能够按照他们的要求，在强大的主君面前为他们争取更多的利益。

从1782年起，英国，尤其是马翁地区的劫掠者在1782年2月梅诺卡岛被法、西联军夺回以后[2]就销声匿迹了。1783年，《巴黎条约》的签订标志着美国独立战争的结束：在击败了英国海军之后，法国海军似乎报了七年之战中失利的一箭之仇。虽然直布罗陀仍在英国人手中，梅诺卡则已回归西班牙：西地中海的海盗威胁虽然已经消除，但巴巴里人的威胁并未消除。

3. 奥俄对抗土耳其的战争（1787—1792）

当西欧国家的目光都聚焦在美国的独立战争而对东欧的事务保持中立之时，奥地利和俄罗斯吞并波兰和土耳其领地的野心也在与日俱增。两国在瓜分奥斯曼土耳其的问题上有着共同的利益，自1782年起，叶卡捷琳娜二世就向约瑟夫二世提出瓜分土耳其的建议。

1719年，奥地利人宣布的里雅斯特和阜姆（里耶卡）为自由港。1775年，哈布斯堡人决定为所有拥有继承权的国家创建“贸易区”，贸易区内实行统一关税[4]。的里雅斯特就这样成了“德意志的大仓库”[5]，映射出哈布斯

1 夏尔·欧仁·加布里埃尔·德·拉·克罗瓦（Charles Eugène Gabriel de La Croix），卡斯特里侯爵（1727—1801），1727—1781年任海军国务秘书。

2 该岛在1789—1802年才回到英国人手中。

堡王朝快速发展的经济状况。此外，神圣罗马女王玛丽亚·特蕾西亚（Maria Theresia）让阜姆处于几乎自治的状态（Corpus separatum，独立个体），让此地的经济与马扎尔而不是克罗地亚的经济联系起来，阻挡叶卡捷琳娜二世提倡的泛斯拉夫主义在巴尔干地区的蔓延。虽然奥地利人和俄罗斯人确实是盟友，但维也纳很清楚，如果塞尔维亚和波斯尼亚得不到发展，他们在经济上的努力最终会被几乎封闭的亚得里亚海所限。

至于叶卡捷琳娜二世，在建立地中海基地的计划失败之后，便急切希望控制黑海北部。1777 年土耳其人来到克里米亚，赶走了当地的鞑靼人和各诸侯，攻击当地的俄罗斯人并扶持亲土耳其的可汗取代了亲俄的可汗，但俄罗斯人重新组织军队后不久亲俄可汗就重新上位。俄罗斯人于 1779 年要求克里米亚独立，被奥斯曼土耳其断然拒绝。1783 年，在土耳其人的威胁下，可汗向自己的保护国俄罗斯求援，俄军直接单方面吞并克里米亚（1783）并在上面建立了塞瓦斯托波尔要塞，结束了奥斯曼帝国在此长达三个世纪的统治。1787 年，苏丹正式接受了克里米亚被吞并的事实，鞑靼人只得背井离乡，将大片肥沃的土地让给了德意志农民。叶卡捷琳娜二世于 1787 年开始了在“塔夫里（Taurida）的旅行”，同年她将格鲁吉亚收编为自己的保护国并在黑海建立了一支舰队。奥斯曼帝国苏丹便以此为借口向俄罗斯发起进攻，第七次俄土战争就此爆发。虽然奥地利人在这场战争中置身事外[1]，俄罗斯人仍然占有优势，但沙皇在地中海的强势崛起却让远方的英国提高了警惕。1791 年，交战双方签署了停火协议，并随后于 1792 年 2 月在雅西（Iaşi）签署了合约：奥斯曼帝国承认克里米亚归属俄罗斯，并将布格河与德涅斯特河（叶迪山）之间的土地让与后者；作为交换，俄罗斯不得以东正教保护者的名义干预奥斯曼帝国事务。

1　在约瑟夫二世去世（1790）后，他的兄弟利奥波德二世（Leopold，1790—1792 年在位），想要专注于对抗在荷兰和匈牙利传播的革命思想，在 1791 年签订了独立合约，归还了几乎所有被奥地利占领的原奥斯曼帝国土地。

但叶卡捷琳娜二世还有后招对付奥斯曼帝国。在失去占领埃及的黄金机会后十五年，她与土耳其人完成礼貌性的沟通后，于 1788 年向开罗的贝伊处派遣索尼斯男爵（baron of Thonus）——这位前亚力山卓领事乘坐着古利埃尔莫·洛伦齐（Guglielmo Lorenzi）的海盗三桅战舰，满载着武器和礼品前来上任。然而这艘船遭到了奥斯曼帕夏的拦截，从男爵身上还被搜出了一封俄国女皇写给贝伊的信，信上说一旦与奥斯曼帝国签订了合约，女皇将承认埃及的独立，这件事不仅让男爵本人遇害，也给俄帝国的计划带来了致命打击[1]。

然而这场本应局限于双方争夺区域的战争却在整个地中海引起巨大反响。奥斯曼帝国是 18 世纪西方国家主要的谷物供应商，而法国又是最大的谷物买家[6]。虽然黎凡特的城市和港口各异，但它们的主要活动都是为马赛的商船供应小麦。领事们常常用钱买通当地的势力，让他们优先给自己的国家供货。但是在战事频发的 1768—1774 年和 1787—1792 年，土耳其苏丹为了满足军粮供应限制了小麦的出口。在第七次俄土战争期间，不仅出口数量遭到限制，大批的海盗也让商船队很难运作。俄罗斯人直接或间接颁发了大量的劫掠许可证。直接招募的对象是传统的希腊海员，其中最杰出的兰普罗斯·卡特索尼斯[2]（Lambros Katsonis）曾担任俄罗斯上校。

1 伊斯坦布尔曾要求帕夏拦截索尼斯男爵。贝伊们对此举表示反对，他们一方面害怕俄军出于报复向埃及海岸进攻，另一方面害怕伊斯兰的敌对势力联合起来展开行动。倒霉的领事在被关进监狱后被处死，然而对外却宣称他是因病而去世。

2 兰普罗斯·卡特索尼斯（Λάμπρος Κατσώνης）在 1770 年奥尔洛夫革命时崭露头角，是一支由 70 艘战舰组成的海盗军的头领。法国人在马尼将他击败，随后他便退回到自己在克里米亚利瓦季亚（Livadia）的基地。

间接招募是通过安通尼奥·佩萨罗[1]（Antonio Psaro）这个叶卡捷琳娜二世1784年派遣到马耳他任职的希腊人[2]来为俄罗斯网罗人力。在马耳他岛上，他努力说服当地和外来的（科西嘉和达尔玛提亚[3][7]）雇佣兵接受俄国颁发的私掠许可证去袭击奥斯曼土耳其及其东方盟友的舰船。出乎所有人意料的是，法国的商船也没能躲过海盗的劫掠，于是法国国王不得不在帕特雷、马尼半岛和士麦拿周边地区[4][8]建立站点。深受地中海动荡局势之苦的普罗旺斯船长们再一次习惯性地将自己的船头转向了摄政区，首先是重拾突尼斯的贸易，随后逐渐延伸到的黎波里和阿尔及尔，当地的迪伊也明白与法国人进行贸易能够带来新的利益[5][9]。法国人的贸易路线开始改变，黎凡特的重要性缓慢地但不可逆转地降低了，人们将更多的精力投入到非洲海岸。此外，掌握阿尔及尔和的黎波里摄政区实权的奥斯曼官员开始效仿突尼斯，发展乡村经济和贸易，但同时这些地区的军事势力并未放弃赖以生存的劫掠活动。从那时起，三个摄政区的贝勒贝伊在贵族阶层（与民众相比大多是外来人）的支持下，完全独占了摄政区的政治和经济权力。这些集政治

1 他在俄罗斯的成功很大程度上归功于他以俄罗斯之名帮助马尼起义（1769—1779）做出的贡献。他于1735年出生于米科诺斯（Mykonos），自1764年起就与奥尔洛夫保持着联系，并率米科诺斯一众加入了俄罗斯舰队，他也成了舰队的高级指挥官。在被阿列克谢·奥尔洛夫委任负责米斯特拉斯的防务后，他组织了“斯巴达军团”，虽然没能占领特里波利斯（Tripolitsa），但是在击败奥斯曼帝国的切什梅战役中有所表现。随后，奥尔洛夫任命他为基克拉泽斯总督（1771—1772）。此后他还于1784年被派往马耳他，1787年离开。

2 俄国对法国采取的间谍行动表明俄国人的诡计比表面上看起来更低级。

3 最重要的科西嘉雇佣兵是古利埃尔莫·洛伦齐（Guglielmo Lorenzi），最令人闻风丧胆的达尔玛提人是 尼古拉·米特洛维奇（Nicola Mitrovich）和彼得罗·泽拉利奇（Pietro Zelalich）。

4 事实上，俄国很快觉察到法国不是真正保持中立地位，贸易站的法国舰队不断给奥斯曼帝国提供军火。由于不能正面与法国皇家海军作战，俄国人开始授意海盗攻击与法国商业利益有关的地区。

5 在18世纪的最后30年，阿尔及尔向马赛出口的谷物总量，占1710—1829年阿尔及尔谷物总出口量的65%。

和经济大权为一身的摄政区统治者认为自己在西方人眼中有着无法取代的地位，所以对待西方的态度也就更随性。虽然从经济层面来看，他们的这种看法并不错，但北非统治者们却没有意识到欧洲的文艺复兴带来的巨大变化：自由贸易以及导致了美国和法国大革命的自由个体理念却无法在此地复制。欧洲人准备再一次惩罚蛮横无理的巴巴里人了[10]。

1788年，法国驻威尼斯大使秘书埃蒂安·德·海宁（Étienne d'Hénin，1755—1841）出版了《关于欧洲列强对巴巴里摄政区实施的和平与战争政策的陈情书》[11]，这本书毫无疑问是在法国外交部的授意下完成的。1784—1786年，威尼斯海军在杰洛·伊莫（Angelo Emo，1731—1792）将军的率领下击败了突尼斯海盗，夺回了被劫持的突尼斯商船。随后，海军炮击了苏塞、比塞大和拉古莱特，在经历了三年的武装冲突以后，威尼斯不得不在1787年与突尼斯开始谈判[1]。对海宁来说，用贡品换来的和平几乎与军事干预换来的和平代价相同，可以肯定地说两种方式都是无用的，因为“永不满足”，但巴巴里人永远会侵害他人的利益，“所有和约都会被他们破坏”。奥斯曼帝国的其他地区实施开放型市场经济，但巴巴里地区还是维持着无政府状态，虽然在摩洛哥和突尼斯势态已经开始发生了微弱的变化。他建议取消所有的运送贡品的船只，让摄政区能够融入贸易圈子，改变当地人的思想。总之，“欧洲永远的敌人”巴巴里人还是拒绝和平，欧洲人不得不联合起来向北非摄政区宣战将他们消灭。能够延缓北非海盗灭亡的只有法国大革命和奥斯曼土耳其的战争。

1 由于摄政区在谈判中表现强硬，和约直到1791年才签署。海军上将在启程返回威尼斯时去世（1792）。这位威尼斯最后的杰出将领的去世也预示着国运衰退的开始。

第十九章

Le maelström des temps nouveaux

新时代的旋涡

1793	欧洲国家联盟对抗法国。
1796—1797	法国煽动意大利北部革命。
1798	法国占领马耳他，远征埃及。英格兰在阿布基尔（Aboukir）击败法国舰队并占领了梅诺卡和马耳他。
1802—1805	美国 - 的黎波里战争。
1802	法国与英国签订《亚眠和约》。
1803	《亚眠和约》破裂，英法两国重新回到敌对状态。
1805—1809	法国占领西地中海和亚得里亚海沿岸国家。
1811	美国舰队远征阿尔及尔。
1815	拿破仑溃败：重新恢复原有的地缘政治版图，阿尔及尔与美国签订条约。
1816	英国舰队远征阿尔及尔。
1821	希腊人开始暴动。
1822	希腊宣布独立。
1827	法国、英国和俄罗斯在纳瓦林击败埃及 - 奥斯曼舰队，法国向阿尔及尔宣战。
1830	法国占领阿尔及尔，奥斯曼帝国在该地区长达三个世纪的统治结束。
1831	埃及的穆罕默德·阿里（Muhammad Ali）向苏丹宣战。
1832	穆罕默德·阿里占领叙利亚 - 巴勒斯坦。
1835	为了避免继续被分割的命运，奥斯曼苏丹提前废除了的黎波里的贝伊，让伊斯坦布尔政权直接对该摄政区实施统治。

首先，在法国发生的大革命让所有的地中海势力大吃一惊。受影响最深的是法国在黎凡特所占领的城市和港口。指券的发行和这种纸质货币的崩溃让人们对法国商人的信任降至冰点。1780 年年末，法国人和外国人都希望结束这个突发事件并期待推出一项措施，重新唤醒已陷入瘫痪的贸易。1791 年，路易十六国王在各方压力下退位向西逃匿，但他在瓦雷讷被抓捕的事件产生了灾难性的后果。法国社会内部由此产生了严重的分裂，忠诚于王权的一派对抗新思想派，但这种情况让外部势力对法国的看法发生了改变。虽然路易十六想假装接受改革，但改革并未如期而至。从出逃开始，他放弃改革的意图就不言自明，但没有一个国家想和这位问题国王扯上关系。随着 1792 年战争宣言的发表，欧洲各国联合起来对付法兰西。其次，巴巴里各势力也没有落在欧洲人之后，他们认为法国国王已不复存在，而且法国领事们在最近两年一直在故意欺骗他们，在英国人的鼓励下，他们甚至威胁撕毁签署的协议。随着共和国宣布成立，新政权的政策也安抚了局势；因为虽然它向所有的王国宣战，但和奥斯曼帝国仍然保持着同盟关系，因为四面楚歌的法国需要通过这些摄政区来获得谷物。从那时候起，法国和英国都避免利用武力介入与巴巴里人进行漫长而又周而复始的战争，但是两国成功控制了地中海的一些小岛作为驿站和商船、战舰的补给和海员轮换点。从那时候起直到帆船战舰退出历史舞台，法国与英国的争斗就集中在岛屿（科西嘉、巴利阿里群岛、伊奥尼亚群岛）的争夺上，因为这些岛屿既可以形成岛链，又能对地中海相应区域实施封锁。

1. 防御战与宣传战（1792—1800）

用亨利·格雷瓜尔（Abbé Grégoire）的话来说，“欧洲的绅士们对抗野蛮人的战争”最终让法国人的优势地位荡然无存。新共和国成立后，埃罗·德·塞舍尔（Hérault de Séchelles）宣布：“让我们团结起来，但自由不可放弃！”[1]在法国大革命的最初五年，关于理念的争论总是比经济需求要更激烈。

这种全新心态的出现让立法机构紧急将位于法国的马耳他骑士团解散（1792年9月19日），并将其财产充公[2]，而此时距离骑士团计划离开的时间只有两天。虽然这件事似乎只是一段小插曲，但它造成的后果还是相当严重。在国家议会，各商会尤其是马赛的游说团体成功制止了一项对贵族和神职人员充满偏见的命令。不久之前，法令的报告人加缪向法庭宣告说“利益至上的观点”不应该影响那些最重要的原则[3][1]。但在随后的一段时间，法国人并没有做出更出格的事情，马耳他人也继续保持自己的中立和观望者的地位[4]。由于制宪议会想要输出革命的意愿和1793年国王被处决

1　1793年8月2日制宪会议上发表的演讲。埃罗·德·塞舍尔（1759—1794），玛丽·安托瓦内特的年轻宠臣，曾担任塞纳河畔弗兰议会（1791）和制宪会议（1792）议员。

2　马耳他向所有的封地收入征收10%的税，总额相当于骑士团年度预算的一半。

3　阿尔芒·加斯顿·加缪（1740—1804），曾担任宗教修会律师。作为虔诚的法国教信徒，他以与教皇的单一联系为由向骑士团提起公诉。

4　大团长希望巴黎的动乱尽快结束，法国害怕看到马耳他落入英国和俄罗斯这“两位暴君之手”（塞蒙维尔侯爵语），否则对马赛的贸易来说将是一个打击。

这件事的发生，同盟的反应变得更加激烈：在英国之后，整个欧洲都向法国宣战（1793 年 2 月）并封锁了其进口小麦的渠道，作为报复，法国向渴望对抗英国人的马赛海员颁发私掠许可证。

西地中海的局势瞬间就变得对贸易非常不利，这里的对抗不是发生在经济层面，而是发生在思想层面。对于制宪议会一手遮天的处事方式，各大商业城市和海港（里昂、尼姆、阿维尼翁、马赛、土伦）在 1793 年 5 月爆发了起义。在 8 月占领了马赛之后，保皇派控制的土伦也向盟军（英国、西班牙、那不勒斯、皮耶蒙特）求助，虽然盟军的部队在 8 月 29 日[1]进驻了该城，但在同年 10 月不得不在共和军的围困下离开，而指挥围城战的正是年轻的拿破仑·波拿巴。在此之前的 1793 年 10 月 5 日，不顾热那亚共和国的中立地位，英国人在此袭击了三艘法国舰船，屠杀了其中一艘船［三桅战舰（La Modeste）］上的部分船员，导致雅各宾派在意大利起义的计划遭到延迟[2]。1794 年，想要尽可能在地中海围堵法国出海口的英国人，在英属科西嘉王国（1794 年 6 月至 1796 年 4 月）的帕欧里（Paoli）的要求下展开了干预行动。

向新教势力靠近的马耳他从此不能再与法国保持联系。它开始寻求新的靠山。首先想到的是英格兰，但其控制着一座离土伦和马赛更近的岛，找不到与马耳他合作可以带来什么利益；虽然英国首都有影响力的派别已经觉察到马耳他这个中继点可能带来的好处，但一直致力于对抗法国人的英国海军却认为科西嘉、巴利阿里群岛和西西里的优势更大。英明的统治者于是向已成为美国人的前英国商人表示，愿意为他们在地中海提供仓储

1 路易十七即位，舰队和兵工厂都归属海军。

2 事实上，这些都不是船员，只是一群由法国驻热那亚事务官让·提利（Jean Tilly）召集上船的意大利雅各宾派，他们在筹划一起针对贵族政府的起义。

服务[1]，最后，他们与俄国人也取得了联系，在经过了漫长的谈判[2]后产生的结果出人意料。在此期间，法国军队已经占领了意大利北部，这片区域在1796—1797年完成了向共和国的转变。首场意大利战役见证了波拿巴将军的凯旋，他独自决定签署《坎波福尔米奥条约》(*Treaty of Campo Formio*，1797年10月18日)。条约决定将威尼斯共和国的领土划分给奥地利[3]，法国获得了伊奥尼亚岛屿[4]，并没收了威尼斯的海军和贸易舰船。法国及其意大利的盟友们由此占领了整个地中海北部，即利翁湾到热那亚湾之间的地区。希腊人一旦以恢复民主的名义(起义不再打着复兴东正教的旗号)发动起义[2]，法国人就可以从伊奥尼亚介入。在这期间，拿破仑的部队在1797年2月收到了来自沙皇保罗一世的信，俄罗斯同意给马耳他骑士团一笔贷款。虽然法国人没能占领撒丁岛，但他们却将圣彼得岛掌握在手中[5]。在这样的情况下，最重要的是不能让马耳他落入他人之手：按照法国督政府的话来说，马耳他必须"属于法国或听命于法国"。在俄罗斯提供了新的帮助以后，督政府在1797年7月听到了新大团长当选的消息，而这位名叫斐迪南·冯·洪佩施(Ferdinand von Hompesch，1744—1805)的新任团长是一位德国人。危险看似迫在眉睫，但法国人不太愿意使用武力。1797年9月，身在帕西拉诺的拿破仑给塔列朗(Talleyrand)写信问道："为什么我们不去

1　1786年就已经开放，华盛顿将军没有回复1794—1797年的信件。

2　在1793年第二次瓜分波兰的框架下，骑士团愿意放弃在白俄罗斯的封地，但希望俄罗斯国王能够给予一定的经济补偿。

3　1797年7月，国际关系部部长德塔列朗(Talleyrand)下令夺取奥地利在亚得里亚海所有的出海口。

4　成了科孚、伊萨基和爱琴海三省。

5　发生在1793年和1796年，经历了1793年的失败，法国人相信该岛恢复和平是一项很艰巨的任务。他们拒绝帮助撒丁岛的革命党乔瓦尼·玛利亚·安焦伊(Giovanni Maria Angioy，1751—1808)并在凯拉斯科(Cherasco)与维托里奥·阿梅迪奥三世(Vittorio Amadeo Maria Ⅲ)签订条约，后者放弃尼斯、萨瓦和撒丁岛南部的圣彼得岛并同意法国军队在该地区有自由通行的权利。

攻打马耳他？”仿效皇家海军的方法，他采取了虚线战略[1]，“统治撒丁、马耳他和科孚等地的国王将圣皮埃尔让给我们之后，我们将成为整个地中海的主人，我们甚至可以考虑占领埃及”。这就是总督们采取的计划，他们考虑的首要问题不是攻城略地而是尽可能远离这位充满激情而又深受人民爱戴的将军。1798年6月12日，在一场突袭演练结束后，马耳他向法国投降并驱逐了骑士团。拿破仑在岛上待了六天，通过颁布一系列法律[3]将马耳他按照自己的组织方式和《共和三年宪法》融入法兰西共和国。

这项举措是法国在地中海犯下的最严重的错误。法国想要通过避免马耳他落入竞争对手之手来保留本国的商业利益，但是赶走骑士团取而代之的做法使该岛失去了中立的地位，让它的残暴野心不再受束缚。这场武力干预为随后的你争我夺打开了通道。1798年秋季，沙皇保罗一世串通几位官员，宣称自己是马耳他骑士团大团长并有权对该岛行使权力。与此同时，英国人也前来救援无法长期独立对抗法国人的马耳他人。1800年12月，他们在岛上安顿下来并开始驱逐法国人和亲法的人。

1798—1800年，向埃及发动的远征也开始了。1798年6月22日，拿破仑·波拿巴在对抗埃及人之前发表的战争宣言中透露出了法国的真正意图：“将士们！你们将开始一场征服，这场征服对文明和贸易的影响将是不可估量的。让英国人尝尝我们强有力的进攻吧，最后他们终将被一举击溃。”但到了1798年7月，在金字塔战役中大败开罗贝伊的大军之后不久，法国人就在尼罗河河口海战中遭遇惨痛失败，英国皇家海军从此控制了东地中海。更糟糕的是，这场对奥斯曼行省的不宣而战让法国与奥斯曼帝国之间维持了百年的同盟关系毁于一旦，将苏丹推向了英国人的阵营。1798年11月，苏丹下令巴巴里贝伊断绝与法国的关系：法国侨民都遭到牢狱之灾，他们的财产也被洗劫一空。仅仅几个月的时间，法国在西地中海的

1 这些岛屿之间的距离几乎相等（约700公里），地形对狩猎战术有利，但不利于正面交锋。

贸易完全停滞了。1799 年年初，法国在东地中海的贸易也不复存在。叙利亚的杰查帕夏[1]（Djezzar pacha）占领了叙利亚－巴勒斯坦边境的一处沿海军事要塞，想要避免与奥斯曼军队进行大规模冲突的拿破仑开始向叙利亚派遣远征军。这位共和国的将领用历史上十字军时期的“圣战”来为自己取得胜利的战役命名（阿卡围城战、拿撒勒之战、推罗之战、塔博尔山之战），但获得英国海军支持的奥斯曼大军让拿破仑不得不放弃对阿卡的围城。虽然在阿布基尔取得了对抗土耳其的胜利（1799 年 7 月），拿破仑非常明白自己的势力不足以开展一场大规模的战役。由于非常清楚法国的政治和军事势力[2]，拿破仑将自己的军队留在埃及的克莱贝尔，自己悄悄回到法国（1799 年 10 月）。在英国与奥斯曼的联合攻势下，法国远征军不得不在 1801 年向对方投降。虽然身为第一执政官的拿破仑成功掌握了法国统治权，但是法国的势力却完全退出了地中海。在亚得里亚海，俄罗斯人围困了科孚（1798—1799），并在 1800 年 4 月占领三个位于伊奥尼亚的法国行省后成立塞普丁修拉共和国（Septinsular Republic），该国家名义上由苏丹统治，其实由俄罗斯沙皇保护。在意大利，在法国督政府意愿下成立的姐妹共和国[4]，只是昙花一现。除了利古里亚共和国[3]以外，这些占据第勒尼安海和亚得里亚海的盟国随着 18 世纪的到来全部消失不见：成立于 1797 年并统治拉韦纳的萨尔皮尼共和国（Cisalpine Republic）在 1799 年春奥－俄大军挺进意大利北部以后于当年灭亡了；卢卡共和国的生命力也同样短暂（1799）；两边都拥有出海口（安科纳和罗马）的罗马共和国于 1798 年 2 月建立，随后在英国－西西里的攻势下于 1799 年瓦解；最后是在 1799

1　艾哈迈德帕夏（绰号“杰查”，即屠夫），1708 年左右出生于波斯尼亚，然后作为马穆鲁克被卖到了埃及。他先后担任开罗和贝鲁特（1773）总督，苏丹在 1775 年任命他为阿卡帕夏，随后他在战场上被拿破仑击败，1804 年去世。

2　令人吃惊的是，在囚徒交换谈判中多亏了英国海军上将威廉·西德尼·史密斯（William Sydney Smith，1764—1840）他才能侥幸逃脱。

3　利古里亚共和国成立于 1797 年，1805 年利古里亚共和国并入法国成为该国行省。

年 1 月取代了那不勒斯王国的帕特诺珀共和国，在英国将军内尔森（Nelson）的支持下，该国对西西里的保皇派进行了血腥镇压，但也没能在同年 6 月逃脱崩溃的命运。法国对地中海的统治像流星一样稍纵即逝：继承了制宪会议的意识形态和实施不稳定政策的督政府统治者残破不堪的征服，法国没有任何手段来实现自己的野心。由于其支出远高于获益，所以对抗王室和贵族的劫掠战争不仅没能为法国财政提供资金，反而让国家越来越糟。在扩张领土方面，以自由十字军标榜的法国大革命被证明与中世纪十字军一样无用（其对经济和外交的损害比后者有过之而无不及）：法国成了孤家寡人，无论是在陆地上还是在地中海，面对它的都是英国、那不勒斯、奥地利、俄罗斯和奥斯曼帝国组成的奇怪联盟。但发生的一系列事件让拿破仑·波拿巴和雅各宾派看清了事实。在夺取了共和国的权力之后，他像此前亨利四世一样，成功平息了法国内部的对抗，重新提振了经济并恢复了地中海的贸易。

2. 法国和英国在地中海的角力

过去两个世纪中，地中海的主要冲突都是在北部的欧洲势力和南部的巴巴里势力之间展开，但如今，法国和英国为了占领大西洋与黎凡特之间的东、西向航路展开的劫掠成为该地区的主旋律。巴巴里人在英、法两国的争斗中扮演着旁观者的角色，并且时不时会趁机袭击两方船队。他们间歇性地袭击一方的行动会受到另一方的欢迎。这也是为什么在 1800 年后，法国和英国都没有任何攻击奥斯曼领地的意图。两国将所有的精力都投入到争夺地中海的霸权之中：土地的占领仅限于对东、西地中海中心岛链的争夺，黎凡特、埃及这些北非势力的中立态度任由大使们为了扩大影响你争我夺。

在地中海扩张的问题上，两大势力也有着各自的打算。英国已经完成了工业革命，蒸汽机取代了水动力机器；棉和羊毛制品的产量显著提高，也让工厂可以建立在远离河畔的地方。于是人们纷纷将工厂设立在原材料产地以降低成本，但打开新的贸易出口来消耗产能也迫在眉睫。英国的帝国主义为其经济的腾飞提供了有利条件。海峡对岸的法国仍处于工业革命的起步阶段，工业仍以短期盈利为目的，与18世纪无异：法国也想维护和扩张其现有的贸易网络，利用中央仓储让本国的商船拥有最大的流动性。

回到达杜伊勒利宫王位之后，第一执政官发现如今的政治版图和1797年已大不相同。地中海方面，科西嘉岛在1796年重回法国，英国人也在1798年重新掌控梅诺卡岛。撒丁岛仍然在萨瓦王朝的领地内，1798年被皮耶蒙特人[1]觊觎，而已经收回了西西里的波旁王朝仍不断尝试吞并马耳他[2]。但是英国人却以那不勒斯国王的名义实施阻挠，他们升起国旗在相关水域航行，展现出不让任何法国人或骑士团成员进驻的意志。作为俄国的盟友，英国人表面上未对保罗一世的所作所为提出任何反对。这位俄罗斯沙皇自称骑士团大团长，为了占领马耳他，在围城时投入了大量的人力、财力。俄罗斯人在此时对已成为七岛共和国（1800—1807）的伊奥尼亚行使保护国的权力。拿破仑·波拿巴的第一要务就是在马耳他重建法国的贸易统治地位，这是为此后布局希腊和埃及必须完成的关键一环。拿破仑在1800年10月告知作为反法联盟领袖的俄罗斯沙皇，他承认马耳他属于俄罗斯。由于英国人拒绝让保罗一世指派的执政官掌控马耳他，沙皇宣布与伦敦分道扬镳，整合北方势力成立武装联盟来对抗英国人在波罗的海的贸易企图。1801年2月、3月，奥地

1 撒丁岛国王在1799—1800年重新恢复了在都灵的王位。1800年，法国人再一次占领了皮耶蒙特并在此地成立南阿尔卑斯共和国，在1802年并入法国之后被划分为六个省。

2 1530年的忠诚证书规定如果医院骑士团成员离开马耳他，马耳他必须回归西西里。

利、俄罗斯、佛罗伦萨大公国和那不勒斯王国与法国签订和约。1801年2月，英国做出了回应，任命亚历山大·鲍尔[1]（Alexander Ball）为马耳他总督，此人曾帮助马耳他人在1798—1800年击败了法国人，但这一次他的任务却是让马耳他人遵守英国的法律。马耳他人认为自己已经摆脱了骑士团和法国人的控制，但实际上只是换了主人。英国人想法的改变让威廉·皮特（William Pitt）离开了政府，被亨利·阿丁顿（Henry Addington，1757—1844）取而代之。英国作为马耳他的支持者不断推进战争，目的是为了将法国人彻底摧毁并赢得出货口来弥补丧失美洲殖民地的损失，而地主阶层则在连年战争中不堪税收重负[2]，希望尽快签署合约。与伦敦的和谈在1801年3月21日展开[3]；在俄国盟友的支持下，拿破仑认为自己能够主导谈判，但在3月23日，保罗一世被刺杀[4]，其子亚历山大一世重新与英国缔结盟约。第一执政官只得委托他的哥哥约瑟夫·波拿巴[5]（Joseph Bonaparte）与阿丁顿委派的康沃利斯侯爵（Lord Cornwallis）进行谈判。1802年3月27日，双方成功签署和约，由于谈判导致的大量商业利益的丢失，感到被羞辱的英国人群情激昂，重新表现出对战争的支持。然而，和约做出的让步确实微不足道：退还给西班牙和法国的都是次要殖民地，而法国人必须撤出那不勒斯和罗马。事实上对于拿破仑·波拿巴来说，该条约最重要的是第10条，规定将马耳他归还给耶路撒冷圣约翰医院骑士团，在所有法国和英国骑士都离开之后，马耳他仍然是西西

1 内尔森（Nelsen）指派亚历山大·约翰·鲍尔（Alexander John Ball，1757—1809）指挥围城战，对抗在马耳他的法国人。鲍尔得到了马耳他商人的大力协助，曾经这些商人也与法国人走得很近，但后来由于法国人想要垄断棉花贸易，双方不欢而散。鲍尔与马耳他人非常熟，他也介绍了与伦敦贸易可以获得的利益，于是他被马耳他人选为首领。在1799至1801年担任总督期间，他确实在当地拥有至高无上的权力。在1801年被召回之后，他在1802年又再度被派往马耳他，因为他是能够帮助骑士团驻防抵御法国人或俄罗斯人的入侵的唯一人选。

2 15年内发行了25次债券。

3 法国人军事占领马耳他的计划告一段落。

4 在路易十八看来，“保罗一世是宫廷阴谋的牺牲品，幕后主使是英国人”。

里的臣国。所有人都明白，第一执政官的想法就是重塑法国马耳他保护国的地位，像从前一样。法国人和英国人的野心最终让重建马耳他骑士团的尝试落空：1803年5月16日，两强宣战。

双方采取不同的手段去追逐相同的利益。在英国人看来，商业规模与强大的海洋实力密不可分。他们意图在全世界维持自己的海洋霸权来巩固本国在世界各地贸易中的垄断地位。地中海是通向海洋霸权的必经之路，而马耳他又是控制地中海的关键。如果丢失了地中海，法国人就会像风暴一样袭来[6]。而他们的对手拿破仑是个强大的征服者，但在殖民上却没能展现出才能：他虽然明白经济的重要性，但他的亲信约瑟夫·菲埃魏[1]（Joseph Fiévée）却常常这样谏言："法国是一个荣耀的国家，如果不是集各种荣耀为一身，法国不可能在欧洲有如此重要的地位。当经济学家们开始抛出那些无用的数据，当贸易思想在法国传播的时候，我们的国家就会陷入无序的状态，只有战争的荣耀能够将之解救。"

法国与英国之间的对抗从地中海转移到陆地。虽然拿破仑一世将主要的军事行动集中在北欧，但他对地中海的兴趣从未消退。他想要建立一整块陆地实体作为一个政治帝国和法国产品的单一市场，将所有的英国产品都驱逐出去。法国旨在建立的陆地封锁实际上是一个欧洲的关税联盟，周边围上无法逾越的保护壁垒。所有类似的政策都有致命缺陷：走私和第三方贸易。于是这位法兰西皇帝开始着手占领地中海沿岸的事务，将利古里亚共和国（1805）、伊特鲁里亚（1808）、教皇国、达尔马西亚和伊利里亚海岸（1809）变为法国行省，并控制了伊利里亚诸岛（1807），让自己的亲属成了那不勒斯（1806）和西班牙（1808）国王。正如13世纪的卡佩王朝和18世纪的波旁王朝一样，他让地中海成了王朝的内湖。

---

1 约瑟夫·菲埃魏（Joseph Fiévée，1767—1839）是法国公报的评论员，1800—1803年任拿破仑的间谍，主要负责报告英国的动态。

3. 奥斯曼帝国的动荡

摄政区的掠夺

在《亚眠和约》破裂、冲突再起之后，英国人重新亲善在地中海拥有广大势力的奥斯曼帝国，同时在断绝了殖民关系后，与美国重新建立了联系。1803 年 3 月，不再担心法国人回归的英国人按照 1799 年签署的伊斯坦布尔协定撤出了埃及。奥斯曼世界也不再惧怕西方人：摄政区继续向法国提供谷物，同时也与英国人保持良好的贸易联系 [7]。

但是，原英属美洲殖民地的英国商人并没有断绝与地中海的贸易联系。1783 年，在独立后不久，这些打着奥斯曼人所不承认旗帜的商船队不再受到英－奥条约的保护，于是经常受到海盗的攻击，船员被抓捕为奴。阿尔及尔、突尼斯和的黎波里向这个新成立的国家索取数额巨大的金钱以换取贸易条约的签署和船员的释放，而美国则将个人贸易自由和自由行事作为本国政治的基石：两种理念的碰撞由此产生。起初，约翰·亚当斯（John Adams）曾在国会支持谈判解决问题，这种观点压制了托马斯·杰斐逊（Thomas Jefferson）倡导的借助美国海军武力解决问题的思想。总之，上述事实并不妨碍摄政区展现出它们躁动的情绪，而一心想要让美国人远离地中海的英国人则在幕后推波助澜。就这样到了 1794 年，议会修改政策并决定组建一支海军来维护本国在地中海的利益[1]，但直到 1800 年他们才真正采取了强硬手段。美国驻突尼斯领事随后指出了西方世界不合逻辑的处事方法，而美国的地位也渐渐开始对欧洲人产生影响："只有恐惧才能消除这些蛮横无理的要求，美国人的慷慨只会被视作软弱。向一个没有能力独立制造舰船的王国提供用于制造海盗船的材料，而海盗船攻打的对象又是自己，这件事是多么荒唐。在这些荒唐的国家中，美国首当其冲！"[8]1802 年 2 月，国会向的黎波里摄政区宣战，因为后者对美国的利益造成了最严重的威胁。接下来的一整年内，只发生了小型的武装冲突，1803 年 10 月，的黎波里人截获了"费城号"三桅战舰，300 名船员和军官沦为奴隶。为了避免战舰为敌所用，美国人于 1804 年 2 月将其焚毁。这次特殊的行动受到了整个欧洲的赞赏，内尔森也不例外。随后那不勒斯国王也向摄政区宣战，各国组成的联合舰队包围了的黎波里并实施了炮击，但当地的帕夏并没有丝毫退让。也就在此时，国会投票通过了美国驻阿尔及尔和突尼斯领事提出的建立海军陆战队[2]的提议，正是这支军队在 1805 年 4 月 27 日攻占了昔兰尼加的德尔纳（Derna）。这支"海军"[3]一出马便震惊了优素福帕夏（Yusuf Pacha），后者同意让悬挂美国国旗的船只在地中海航行，而且不用缴纳任何供品。趁着这场战争的胜利，美国海军驶向突尼斯，当地的贝伊也接受了和的黎波里同样的条件。

此外在 1801 年，拿破仑也对阿尔及尔实施威胁，要求它降低劫掠频率。欧洲和美洲的态度发生了转变，劫掠这种强盗行为已经无人能容忍[4]。

---

1 当时马耳他大团长建议将岛上港口租借给新组建的海军。

2 除了统领分队的副官，只有八名海军陆战队队员是美国人。部队是由一千名阿拉伯人和一些意大利、希腊、英国士兵组成的。

3 1879 年创作的美国海军军歌讲述了其历史上参加的头两场战役，即 1802—1805 年的的黎波里战役和 1846—1848 年的美墨战役："From the Halls of Montezuma / To the Shores of Tripoli [...] / We are proud to claim the title of United States Marine."

4 此时，第一执政官给德塔列朗写信："我要消灭这群匪徒，他们的存在是欧洲的耻辱。"

到了19世纪初，三个摄政区的行动有所收敛，至少在面对美、英、法三国的时候是这样。在这段喘息期内，英国也为了自己独享利益与奥斯曼的迪伊和贝伊建立了良好的关系。相比于自己的竞争对手法国人、美国人采取的恫吓手段，英国人选择了利诱的方法与摄政区交往，尤其是针对阿尔及尔。他们采取了与对的黎波里一样的手段，向阿尔及尔也指派了一位领事，这位拖家带口常驻摄政区的领事并不是欧洲统治者的代表，而更像是摄政区统治者的亲信。从1783到1793年，理查德·塔利领事和他的家人与阿里·卡拉曼里[9]（Ali Qaramanli）保持着很亲密的关系。1806年，英国人又将亨利·斯坦尼弗·布兰克利（Henry Stanyford Blanckley）和他的家人派往阿尔及尔常驻[10]。与塔利一样，布兰克利也与马耳他非常亲近，而且自己也拥有很大的活动权限，他采取的政策往往符合商人们的利益，虽然这些政策有时候与政府的意愿背道而驰，但在被怀疑之前仍会以贸易为重。当时由于阿尔及尔的贸易被内夫塔利·布斯纳赫（Nephtali Busnach）和雅各布·巴克里（Jacob Bacri）这两位犹太商人主导，穆斯塔法迪伊（1798—1805）非常亲近法国，而当布兰克利来到阿尔及尔时，这位迪伊却在一场反犹太人的暴动中被杀。在这样的情况下，被选出的继任者艾哈迈德·霍嘉（Ahmad Hodja，1805—1808年在位）对待犹太商人和他们的主要客户法国只能采取敌视的态度。1806年，由于没有受到来自法国的登基贺礼，加上英国领事在耳边煽风点火，于是余怒未消的新迪伊将原属于法国人的贸易站点以十年为期限租给了英国人。从那时候起，“他们来自马耳他的三桅帆船自由停泊在港口，所有英国人的财产都得到当地人的尊重，迪伊将他们视为朋友；几个英国商人甚至在此定居……”，布兰克利领事甚至在1807年租下了卡拉并获得了该地区的珊瑚开采权[11]。但在1808年11月艾哈迈德·霍嘉的统治期结束以后，英国人的影响也不复存在。虽然英国人仍相信能够与新任迪伊搞好关系，但实际上这位统治者明白法国在西班牙和第五次反法同盟的消耗下已无力对阿尔及尔形成任何威胁，所以他许诺给英国领事的权利也与其他欧洲国家领事无异。伦敦不得不接受这样的后果，在1812年将他召回，同年，第二次独立战争[1]（1812—1815）打响。

拿破仑战争和英美战争给巴巴里人创造了机会，于是他们重操旧业干起了劫掠西方国家商船的勾当，但这也导致了1811年美国做出停止向阿尔及尔摄政区进贡的决定。1815年后，西方国家的冲突已经平息，同年3月，美国国会允许派遣两支海军舰队[2]远征阿尔及尔。对此忧心忡忡的奥斯曼苏丹向当地的迪伊发出停止劫掠的命令。但事实上，当地武装的维持费用几乎全部来自劫掠。此战，让阿尔及尔的舰队消失在地中海，面对美国的强大海军，迪伊被迫于1815年7月签署条约，规定双方交换俘虏且美国完全享有该区域自由航行的权利[12]。

而欧洲列强只在滑铁卢战役后才腾出手来处理北非的事务。1816年，埃克斯茅斯子爵[3]（Lord Exmouth）率领一支舰队驶向奥斯曼统治下的非洲，要求对方释放欧洲的奴隶并停止洗劫西班牙、法国和那不勒斯的海岸。突尼斯和的黎波里的贝伊当机立断接受了提议，释放了3万名欧洲人。阿尔及尔的迪伊虽然表面上接受了欧洲人强加的条件，但在英国舰队离开后不久就处决了200名在监狱做苦役的从科西嘉、撒丁岛和西西里来的渔民。如果放弃劫掠外国商船，摄政区根本没有替代的经济来维持当地奥斯曼武装的军费，迪伊就是军队操控的傀儡，在18世纪就有一位迪伊这样说道："我是一群强盗的首领，因此我的工作就是索取而不是付出。"此后，英国派遣埃克斯茅斯子爵南下，此次新成立的荷兰王国也加入了讨伐大军。英荷

1 这场争斗的起因是经济问题。为了应对陆地上的封锁，英国人对法国的港口实施禁运，此举让美国贸易损失惨重。1802—1810年美国在该地区的贸易额翻了一倍，成了英国强有力的竞争者。两国在美洲大陆和大西洋上都发生了交火，直到1814—1815年《根特条约》签订后才回到了战前状态。

2 两支舰队的统帅分别是威廉·班布里奇（William Bainbridge，1774—1833）和史蒂芬·迪凯图（Stephen Decatur，1779—1820）。

3 爱德华·佩柳（Edward Pellew），第一位埃克斯茅斯子爵（1757—1833）。

联军要求阿尔及尔无条件释放基督教奴隶，归还撒丁王国和那不勒斯王国已经缴纳的赎金，废除奴隶制度并与英荷签订和约。在迪伊断然拒绝这些要求以后，联军舰队在1816年8月27日炮击了阿尔及尔：炮火中巴巴里人的舰队被完全摧毁，阿尔及尔城也在火光中灰飞烟灭。在土耳其议会的要求下，迪伊接受了最后通牒（1816年8月30日）。1200名奴隶被释放，奴役天主教徒的传统被废弃，已收取的赎金也被退还。仅仅过了一年（1817年9月），迪伊就被手下的军队以懦弱罪名处死，劫掠活动也变得比以前更加频繁。

希腊

在鲁米利亚，当地的统治者的地位自17世纪起就开始不断增加。苏丹不断地征税让手下的官员的贪欲不断增加，基督教徒成了日益繁重赋税的受害者，而血税——德夫希尔梅（土耳其语写作Devşirme，希腊语为paidomazoma）也严重伤害了这个人群。到了18世纪下半叶，大量的巴尔干居民在绝望中改宗伊斯兰教。许多不愿改宗的基督教徒逃到深山，由于收入不稳定，他们经常前往主干道实施抢劫，成了强盗（klephtes，希腊语为κλέφτες）。他们埋伏在峡谷和隘路，采取游击战术（klephtopolemos），主要对奥斯曼人实施打击。这些游离于奥斯曼法律之外的人主要是东正教徒。虽然在伯罗奔尼撒半岛上希腊文化占主导地位，人们说着源自拜占庭的语言，但居住在北部的品都斯地区的基督教徒来自阿尔巴尼亚部落，大家说托斯克方言[1]。1787—1792年的俄土战争结束后，对帝国的混乱负有主

1　阿尔巴尼亚语由阿尔巴尼亚、科索沃、塞尔维亚南部说的盖格语（Gheg），阿尔巴尼亚南部、伊庇鲁斯、马其顿地区的托斯克语（Tosk），以及阿伯莱什语（Arbereshe），一种本地化的意大利语，使用人口主要集中在意大利南部和西西里。

要责任的苏丹下令雅尼亚［约阿尼纳（Ioannina）］帕夏台佩莱纳·阿里[1]（Tepedelenli Ali Paşa）去剿灭最初盘踞在苏利（Souli）地区伊庇鲁斯高地的东正教叛军。苏利人虽然顽强抵抗了 11 年，但在 1803—1804 年还是到了走投无路的境地，这群人宁死[2]也不愿落入奥斯曼人的手中。希腊的东正教徒受到两股势力的影响。第一股来自俄国，因为苏丹承认了俄罗斯沙皇东正教徒保护者的地位（1774）：叶卡捷琳娜二世的使者与东正教神职人员取得了联系，由此产生了以君士坦丁堡大牧首为中心的希腊复兴计划。这个非常难以实现的计划的基石，是 1783 年俄土商业协定的签署带来的经济腾飞。按照协定，东正教船只可以悬挂俄罗斯旗帜在地中海和黑海航行，并且在俄罗斯帝国领土，尤其是克里米亚建立贸易站。来自伯罗奔尼撒半岛周边小岛（伊兹拉岛、斯佩察岛）、安纳托利亚海岸（普萨拉岛）、基克拉迪群岛（米科诺斯岛等）和多德卡尼斯群岛（卡索斯岛）的船员组成了一股强大的海洋贸易势力，这些船只在独立事件爆发之后，超过半数的俄罗斯商船都是希腊人在运营。第二股来自法国大革命。事实上，只有少部分希腊本土的东正教徒受到影响，大革命波及的主要是移民维也纳、的里雅斯特或马赛的希腊中产阶级。对于各个群体来说，新思想和共济会的理念使英国能够实现希腊的复兴，重建伟大祖先发明的民主制度。里加斯·费拉伊奥斯[13]（Ρήγας Φεραίος, 1757—1798）是这段时期最活跃的人物之一，受到法国宪法的启发，他着手起草本国的法律，第一篇文章就是仿照 1789

1 阿里（约 1750—1822），出生于阿尔巴尼亚的台佩莱纳（Tepelena），在不断与其他阿尔巴尼亚部落争权夺利的过程中，他在 1784 年被选为帕夏，他的成功主要得益于背后的盟友威尼斯。1798—1799 年，他率军击退了法国人。在战胜了苏里奥人（Souliotes）之后，他的两个儿子也受封为两个邻省的统领，于是他的势力范围便从阿尔巴尼亚南部扩展到阿尔塔湾（Golf of Arta）。从那时起，法国人和英国人便向他表达了善意。1820 年，自认为拥有足够实力的他揭竿而起对抗奥斯曼帝国，但在 1822 年被莫雷帕夏的部队击败。

2 在普雷韦扎附近有一处为纪念扎隆格之舞这一感人事迹而竖立的纪念碑（1961），走投无路的妇女和儿童们跳起法兰多拉舞，为了免受侮辱，大家互相鼓励，最终跳下悬崖（1803）。

年《人权宣言》影响撰写的《新人权宣言》。宪法意在建立一个以投票比例为基础的民主共和国，保障所有人的权利（人民平等、国家和个人自由、言论自由、思想自由、宗教自由、尊重财产、反抗暴力和不公），为所有的儿童提供义务教育，无论男女。另一位重要人物是阿扎曼蒂奥斯·科莱斯（Adamantios Korais，1748—1833），作为美国独立战争和法国大革命的崇拜者，他主要致力于古希腊图书的重新编纂工作，让只会说现代希腊语的人们也能够读懂经典。

1814 年，敖德萨的希腊商人建立了一个秘密社团——友谊社（Filiki Eteria，Φιλική Εταιρεία），社团成立以后很快就吸引了 500 名成员，有商人、行政人员和学者，这些希腊裔的东正教徒中三分之二都来自伊斯坦布尔、俄罗斯、摩尔多瓦、瓦拉几亚以及伊奥尼亚和爱琴海诸岛，剩下的三分之一来自伯罗奔尼撒。这是一个由不少希腊裔奥斯曼官员（法那尔人[1]）参与的效应网，他们主要听命于多瑙河沿岸的侯国，也服务于俄罗斯（如卡波季斯第亚斯和伊普斯兰提斯[2]）。1820 年，约阿尼纳的阿里帕夏为了摆脱苏丹的统治独立，宣称自己是“希腊人的解放者”，并开始与友谊社成员亲近。友谊社决定煽动罗马尼亚境内的侯国发动起义，虽然这些国家名义上受苏丹统治，但实权却在当地希腊裔大公手中。1821 年 3 月 6 日，伊普斯兰提斯（Ypsilantis）煽动多瑙河畔的公国揭竿而起，但他在经济方面的诉求让富有的希腊人和普通的弗拉赫农民都感到不满。此外，他在起义宣言中提到神圣同盟的创立者沙皇亚历山大一世会提供援助，在沙皇看来，武装起

1　留在君士坦丁堡的希腊人大都居住在灯塔区（Phanar）的东正教会附近，故有此名。

2　卡波季斯第亚斯伯爵［爱奥尼斯·卡波季斯第亚斯（Ἰωάννης Καποδίστριας, Ioánnis Kapodístrias），1776—1831］。出生于科孚，1802 至 1807 年任七岛共和国总督。1808 年他开始从事俄罗斯外交事务并在 1816 至 1822 年担任亚历山大一世的外交部部长。亚历山大·伊普斯兰提斯（Alexandre Ypsilantis，Αλέξανδρος Υψηλάντης，1792—1828），出身于法那尔希腊人家庭，瓦拉几亚大公之孙，在沙皇亚历山大一世的帐下效力，后担任秘密组织友谊社（Hetaireia）的军事长官。

义并不是为了推翻政权，而是为了正义进行改革，而且他自莱巴赫会议[1]以来都否认参与起义，也不赞同伊普斯兰提斯本人的观点（1821年5月）[2]。伊斯坦布尔的大牧首猛烈抨击了友谊社，因为其所作所为已经将东正教会置于危险境地：传统的希腊人对希腊复兴持怀疑态度。

1821年天神报喜节（3月25日）这天在卡拉维塔（阿哈伊亚）的清真寺，传言奇迹般逃脱了奥斯曼军队追捕的帕特拉斯大主教慷慨陈词，他认为希腊人应该在不借助外部势力的帮助下独自争取自由，并强烈主张与土耳其人对抗。在纯正的希腊和宗教背景下，这次行动完全取代了独立战争。事实上，最初的起义行动发生在马尼半岛，“自由或死亡”（Eleftheria í thánatos, Ελευθερία ήθάνατος）的起义口号也与法国大革命非常相似。起义的火种不断蔓延到麦西尼亚（Messinia）、阿卡迪亚（Arcadia）乃至整个伯罗奔尼撒半岛[3]。希腊起义军[4]在塞奥佐罗斯·科洛克特罗尼斯[5]（Theodoros Kolokotronis）的率领下攻占了伯罗奔尼撒和特里波利的首府。在其他地方，奥斯曼人的堡垒（雅典、勒班陀、利瓦季亚……）也接连被攻克。此外，爱琴海诸岛的商船队也被改装成战舰，在海上封堵奥斯曼人的补给线。1822年1月1日，起义军占领地区的59名代表齐聚埃皮达鲁斯（Epidaurus），宣布希腊独立。但这次独立取得的成果却由于主教和船主支持的“政治派”

1 在特拉波会议（1820）上，俄罗斯、奥地利和普鲁士力主采取一致行动镇压革命。随后这些国家的代表在卢布尔雅那再度碰面（1821年1月至5月），讨论那不勒斯的皮耶蒙特家族碰到的问题。虽然沙皇认为意大利革命与希腊暴乱之间有紧密联系，于是他的外交部部长卡波季斯第亚斯伯爵给伊普斯兰提斯写了一封信，信中只谴责了暴乱的方式，心照不宣地承认了独立战争的合法性。

2 沙皇谈论了人们对那个时代的赞誉，以及一位草率而又缺乏经验的年轻人。梅特涅似乎制造了一些假象让沙皇对伊普斯兰提斯失去信任，还指责后者与巴黎的自由派有联系。

3 在帕特拉斯大主教为起义造势时，一支军队已经被组织起来。

4 1821—1825年独立战争中的希腊或阿尔巴尼亚士兵。

5 塞奥佐罗斯·科洛克特罗尼斯（Θεόδωρος Κολοκοτρώνης，1770—1843），绿林出身，后加入伊奥尼亚到的英国军队。

和倡导自由主义国家主权的“军事派”之间的分歧被逐渐削弱。

分歧导致希腊政治一分为二，在 1824 年成立了两个对立的政府。苏丹趁机组织反击，并邀请土耳其的臣国埃及来参战（1822）。与此同时，奥斯曼帝国采取了暴力的反制措施，将稍微流露出不满情绪的希腊人一律屠杀（伊斯坦布尔、埃迪尔内、塞萨洛尼基、士麦拿、塞浦路斯、希俄斯），神职人员的下场也同样悲惨，东正教大牧首被公开处死。这次大屠杀让所有欧洲国家的舆论[14]都非常愤怒，但正如希腊独立战争中发生的事情一样，这次亲希腊主义也是出于两种完全不同的初衷。对于自由派来说［拜伦（Byron）、法布维尔（Fabvier）和梅颂（Maison）］，这是一场帮助希腊人获得自由和主权的行动；对于保皇派［夏多布里昂（Chateaubriand）、维克多·雨果（Victor Hugo）］来说，这次行动的意义在于让基督教徒摆脱穆斯林的枷锁。亚历山大一世统治下的俄罗斯和查理十世统治下的法国都站在了英国人一边，与梅特涅反对打破欧洲平衡的举措相对抗。欧洲如今成了古代幻想的受害者[15]，正如夏多布里昂所说：“一族人，突然揭竿而起，在找寻斯巴达和雅典荣光的过程中将自己弄得晕头转向。”[16]

穆罕默德·阿里的儿子易卜拉欣帕夏在对抗希腊人的战争中取得了决定性胜利（1824—1827），于是俄国人、英国人和法国人出面调停，虽然希腊人对此热烈欢迎，但土耳其苏丹却拒绝接受。联合海军在里尼元帅（amiral de Rigny）的率领下在纳瓦林（皮洛斯）集结，在没有任何预兆的情况下于 1827 年 10 月 20 日全歼了埃及－奥斯曼舰队。从那以后，“希腊自由了，拜伦也会在坟墓中为纳瓦林的胜利鼓掌”[1]。法国军队从摩里亚登陆，俄罗斯人则占领了埃尔祖鲁姆（Erzurum）和阿德里安堡（埃迪尔内）。英国人害怕俄国人的实力变得太强，便加速外交斡旋。三份条约（1829 年的《阿德里安堡条约》、1830 年的《伦敦条约》和 1832 年的《君士坦丁堡

1　维克多·雨果《东方诗集》。

条约》）确定了希腊的独立，这个新国家覆盖整个伯罗奔尼撒，从鲁米利亚到阿尔塔－沃洛斯连线南部[1]。没能解决国内分歧的希腊人无法依靠自己的力量实施统治，于是各保护国共同决定由巴伐利亚国王路易一世的小儿子奥托·维特尔斯巴赫[2]（Otto Wittelsbach）担任希腊国王。

奥斯曼帝国不仅失去了鲁米利亚行省，也在欧洲三强支持的犹太－基督教起义军[3]面前颜面尽失。从此以后，国内的非土耳其穆斯林人口（阿拉伯人、埃及人、北非的摩尔人）对统治者的不信任开始让苏丹举步维艰，被视为具有浓重民族主义和排外主义的土耳其势力在国内少数派群体（基督徒、犹太人、亚美尼亚人、阿拉伯人）和西方列强的攻势下陷入瘫痪。而当西方人意识到希腊海军的规模能够在地中海对自身构成竞争后，他们开始致力于维持该国受保护国的状况。1827 年成为希腊统治者的爱奥尼斯·卡波季斯第亚斯（Ioannis Kapodistrias）曾尝试在这个新成立的国家进行现代化改革，但英、法两国却以他是俄国人的代理人为由百般阻挠，煽动了当地人（伊兹拉、马尼）起义，直到卡波季斯第亚斯被暗杀才作罢（1831 年 10 月）。

1　在几年后建成的雅典新城的市中心，欧摩尼亚（协和）区的街道都以在这场运动中为希腊提供支持的人的名字命名，包括 Karolou［查理十世（Charles X）］，Kaningos［坎宁（Canning）］，Gladstonos［格莱斯顿（Gladstone）］，Vyronos［拜伦（Byron）］，Mezonos［梅松元帅（Maison）］，Favierou［法布维尔上校（Fabvier）］，Satovriandou［夏多布里昂（Chateaubriand）］，Viktoros Ougko［维克多·雨果（Victor Hugo）］，Veranzerou［贝朗热（Béranger）］，Poukevil［普克维尔（Pouqueville）］。

2　奥托一世（1815—1867），17 岁即位之际就不得不面对敌视的希腊、英国、法国和俄国。由于没有自然继承人，他在 1862 年被迫流亡。继承王位的是一位丹麦人，石勒苏益格－荷尔斯泰因－索恩德堡－格吕克斯堡的乔治（Georges of Schleswig-Holstein-Sonderburg-Glücksburg）。

3　奥斯曼帝国的基督徒和犹太人。

对巴巴里人的惩罚

在拿破仑战争最终结束以后，西地中海的政治版图并没有经历太大的改变：热那亚共和国并入了皮耶蒙特－撒丁王国，若阿尚·缪拉（Joachim Murat）统治的那不勒斯王国重新回归波旁王朝，西西里国王费迪南多一世成为两西西里王国的第一任国王。英国成为最大的受益者：在击败了葡萄牙之后，英国占领了直布罗陀海峡和马耳他，正式成了伊奥尼亚群岛共和国的保护国。此外，英国人还在 1813 年驱逐了玛丽亚－卡洛琳娜女王（Marie–Carolina），将费尔南多国王和他后来的儿子弗朗切斯科一世统治下的西西里收为保护国。在英国人眼里，地中海俨然成了大英帝国的内湖。在亚琛会议（1818）上，当神圣联盟（英国、奥地利、普鲁士、俄罗斯和新加入的法国）迫于英国的压力要求对抗地中海劫掠行动时，由于俄罗斯拒绝英国增加其地中海舰船数量，最后决定派遣（1819）一支英－法舰队向迪伊们宣告欧洲诸强禁止奴隶制度和“海盗行为”。

在 1814 年签署《巴黎条约》和 1815 年签署《维也纳条约》后，法国的实力已经回到了大革命之前的水平，波旁王朝不愿意将自己的外交范围局限在欧洲。从 1816 年开始，夏多布里昂就提议占领摄政区，完成马耳他骑士们未完成的使命：“虽然我们不再是骑士，但我们可以成为杰出的公民；哲学可以分享战争成功所带来的荣耀，以在这个启蒙运动的年代完成了黑暗时代宗教未能完成的尝试而自豪。”[1]1818 年，亚琛会议上各国决定惩戒阿尔及尔海盗，克里斯托弗·达瓦洛斯（Christophoro d' Avalos）说：“平息并让这群无耻匪徒恢复理智的唯一手段，就是将他们消灭……从正义性和人道主义的角度来看，这次行动都将带来前所未有的荣光，成为文明欧洲战争史上伟大的功绩……其他任何决定都无法更好地保障人权。他们必

1　1816 年 4 月 9 日夏多布里昂在贵族院的演讲。

须为他们的事业付出代价，这群欧洲的耻辱必须被永远地消灭掉。”[17]但1824年，一支英国舰队没能让迪伊臣服，后者接受释放西班牙奴隶的请求，但要求必须将英国领事驱逐。这让一直寻找机会在国际舞台上东山再起的法国看到了机会。1823年1月召开的维也纳会议上，法国被允许介入西班牙内政，帮助西班牙国王费尔南多七世稳定局势。但法国已等不及介入北非事务了，从1795年开始，各方就在对抗阿尔及尔的问题上争论不休。自督政府时期以来，法国的小麦进口就在很大程度上依赖内夫塔利·布斯纳赫和雅各布·巴克里这两位阿尔及尔的犹太商人，但不知道迪伊们也对这项贸易有着浓厚的兴趣。督政府了解到这两位中间人同时也为英国提供几乎等量的粮食供应之后，决定不再偿还法国的债务（数额接近250万里弗尔），只和与自己拥有专属关系的势力做生意。在远征埃及时切断了与北非摄政区的联系以后，第一执政官明白了布斯纳赫和巴克里两人对迪伊们的重大影响以及他们与英国的关系，在1802年派遣战舰对迪伊实施威胁以后，他下令计算债务，而此时它的数额已经超过了800万法郎。在恢复了关系之后，双方在1819年同意将债务数额降为700万。作为法国人的债主，巴克里将收到的一部分欠款存了起来，迪伊并不知情。1827年4月30日，法国领事前去迪伊处庆祝开斋节，由于后者没有被告知具体的还款日期，一怒之下用苍蝇拍打了领事。这种明显的侮辱行为激怒了查尔斯十世，于是国王下令撤回所有的法国人。在1827年6月完成撤侨之后，法国向摄政区宣战。在迪伊极端不妥协的态度面前，所有的提议都没能被接受。

但是，地中海的国际局势正朝着向法国有利的方向发展。1829年，当波利尼亚克亲王朱尔（Jules de Poligna）就任议会主席之后，俄罗斯在战胜奥斯曼帝国后前来讨论希腊的处置方案。正在波利尼亚克为英国人争取利益时，查尔斯十世却让他在《阿德里安堡条约》谈判中支持俄国人。沙皇尼古拉一世从那时开始采取一些预防性措施。1829年发生了阿尔及尔炮兵向法国舰船开火的事件，两国关系顿时陷入紧张。埃及的穆罕默德·阿里帕夏在接受了法国的物资援助后建议让三个摄政区回归理性，但他很快就被笼络而听命于英国人，后者一直害怕法国将这三个地方变成殖民地。沙皇非常清楚奥地利和英国出于防止俄国在地中海和巴尔干地区扩张的原因不想铲除苏丹，同时他也不想让苏丹对阿尔及尔摄政区发生的事情做出回应。此外，沙皇还告知法国大使，“为了地中海的航行安全”，俄国将会监督法国在阿尔及尔驻扎时的一举一动。一个强大的俄罗斯插足地中海对英国人十分不利，同时反穆斯林情绪也在不断滋生。尼古拉一世向法国国王提议双方士官可以就“对抗穆斯林”交换信息，因为“在波斯还是在土耳其的其他地区进行的围城战中，各种族的士兵都传递出的源于相同宗教信仰的狂热情绪”[18]。欧洲人做出了一切努力来帮助奥斯曼帝国的基督徒实现独立，而以奥斯曼帝国为靠山的穆斯林群体，尽管大部分都不是土耳其裔，也由于他们的宗教信仰被视作一个文化阵营。伊斯兰第一次展现出宗教以外的一面，它俨然成了一种文化现象。

1830 年 6 月 14 日，法国军队包围了阿尔及尔，并在 7 月 5 日成功占领了此城。迪伊被驱赶至那不勒斯[1]，2500 名近卫军战士被扣除两个月的军饷，并转移至士麦那。短短的几天时间，阿尔及尔就从长达三个世纪的奥斯曼统治下被解放了出来：土耳其的军事贵族不复存在，因土耳其人的独裁而远离权力的摩尔人和柏柏尔人，如今开始面对刚刚凯旋的西方军队，而这支军队与中产阶级犹太人关系紧密。

埃及

奥斯曼帝国的埃及行省没能从拿破仑入侵后的状态中恢复，不断涌现的马穆鲁克贝伊的敌对势力让这片土地在 18 世纪长期处于无政府状态。

1　他获得了 27 万法郎和不少武器、毛毯、织物作为补偿。他曾表达前往马耳他的愿望，但法国不希望他投靠英国人。

法国军队的退出并没有在此地造成权力真空。相反，奥斯曼帝国的帕夏成功夺权，而势力被削弱的马穆鲁克贝伊们则伺机东山再起。为了帮助帕夏重新执掌埃及，苏丹在1801年派遣了一支阿尔巴尼亚志愿军，其中一位指挥官就是希腊－马其顿裔的阿尔巴尼亚人穆罕默德·阿里（Muhammad Ali）。由于自己的妻子是埃及马穆鲁克人[1]，他利用这支阿尔巴尼亚军队来增加自己的威望。1805年，在乌理玛们的鼓动下，厌倦了马穆鲁克和帕夏之间争斗的开罗贵族请求帕夏让位于穆罕默德·阿里。苏丹采取了与其他行省相同的政策：只要能够保障和平和税收，他同意变更帕夏的人选。在民众强有力的支持下，他用计诛杀了马穆鲁克人，至此存在了六个世纪之久的埃及马穆鲁克王朝灭亡。在达到目的之后，穆罕默德·阿里开始施展两面派伎俩。他对埃及实施了现代化改革，使该国成了当时最大的棉花产地之一；他还设立了征兵制，并计划将地中海和红海联系起来。他不仅相信奥斯曼帝国的快速崩塌已不可避免，而自己也想重现古代埃及法老们的辉煌，重新占领幼发拉底河和底格里斯河之间的广袤地区。虽然本国奉行独立自主的政策[2]，但他并不想特立独行地与奥斯曼帝国断绝关系，仍然表现得像一位忠实的仆从一样。1811—1818年，他以个人的名义镇压了瓦哈比的埃米尔德拉伊耶[3]（Dariya）企图在阿拉伯半岛建立一个反奥斯曼帝国

1 穆罕默德·阿里，约1769年出生于马其顿地区卡瓦拉的一个阿尔巴尼亚贵族家庭，他在1787年迎娶了埃及已故马穆鲁克统治者阿里·卡比尔贝伊（Ali Bey al-Kabir）的遗孀艾明·诺斯拉蒂（Emine Nosratli，1760—1773）。

2 他更愿意自称为赫迪夫（Khedive），即总督（波斯语），而不愿采用瓦利（Wali）——阿拉伯语中的“总督”。

3 18世纪，穆罕默德·伊本·阿布多·瓦哈比（Muhammad ibn Abd al-Wahhab）这位讲道者希望通过重拾先知时代的宗教仪式来完成伊斯兰逊尼教派的净化。但他倡导的这种传统且严格的做法并不被广大民众所接受，但到了1740年，阿拉伯半岛中部德拉伊耶绿洲的埃米尔穆罕默德·本·沙特（Muhammad ibn Saud）召见了他。为了传播伊斯兰教义，沙特参与到圣战活动中。1801年，什叶派的圣城之一卡尔巴拉（Kerbala）沦陷并被洗劫一空，随后伊斯兰教的其他两座圣城麦加和麦地那也遭受了同样的命运。

的叛乱。经过了三次远征，沙特首都被夷为平地，瓦哈比的伊玛目被击杀，埃米尔被擒后送往伊斯坦布尔，苏丹下令将其斩首[1]。1824—1828年，阿里还参加了镇压希腊独立的战争。出于对他的这种表忠心的行为的奖赏，苏丹允许他的子嗣继承其位，这样埃及就和的黎波里的卡拉曼里家族、突尼斯的侯赛因家族一样拥有了王朝属性。不满的种子也在此时种下。出于控制撒哈拉以南的非洲东部出海口的目的，占领了努比亚和上尼罗河盆地以后，他建立了新的埃及殖民地——苏丹（Bilad al-Sudan，黑人国度），都城定于喀土穆（Khartoum）。1831年，他开始卷入与苏丹的战争，其子易卜拉欣帕夏在占领了巴勒斯坦和叙利亚后向伊斯坦布尔进军，并在科尼亚大败土耳其军队（1832）。虽然在法国和英国的干预下埃及军队停止了前进，但叙利亚－巴勒斯坦地区还是在开罗总督的控制之下（1833）。事实上，穆罕默德·阿里和他的儿子易卜拉欣第一次有了建立一个阿拉伯国家，将美索不达米亚、阿拉伯半岛和埃及的阿拉伯人全部聚集起来的念头。

1830—1833年，16世纪奥斯曼帝国建立的地中海网络开始分裂，但苏丹对此却无能为力：在丢失了阿尔及尔摄政区之后，奥斯曼勉强将阿拉伯的几座圣城留在了领土内，但现在它不得不面对坐拥叙利亚－巴勒斯坦的新势力——埃及。如果奥斯曼帝国不采取行动，它将失去整条非洲海岸线。

的黎波里

事实上，苏丹可能没有想到，最初的分裂势头不是来自阿尔及尔或埃及，而是来自的黎波里。从18世纪末开始，卡拉曼里王朝见证了血雨腥风的内部争斗。

1786年，贝伊的长子哈桑在瘟疫的侵袭下失去了所有的子嗣，这让

1　但是，沙特家族的一位成员在1824年建立了另一个瓦哈比政权，定都于利雅得，该政权一直维持到1892年。

他的两个兄弟艾哈迈德和优素福继承的可能性大增[1]。1787 年，阿里贝伊突发血栓，从此半身不遂。摄政区的阿拉伯部落趁机摆脱政权的控制，不再向贝伊进贡。优素福利用当下的混乱形势与叛军联手，于 1790 年 7 月杀害了自己的哥哥并将其父围困在的黎波里。摄政区发生危机让奥斯曼苏丹不安，1793 年 7 月，正在优素福将要攻陷的黎波里之际，一支奥斯曼舰队来到了的黎波里海滩，为首的是苏丹指派的新贝伊——阿里·布格（Alî Burgul）。他的到来迅速引起了摄政区犹太人（势力很大）和阿拉伯部落的不满，于是在 1795 年 1 月末，的黎波里人为优素福·卡拉曼里打开了城门，这位新的统治者也用铁腕手段恢复了秩序。然而这场胜利维持的时间并不长，虽然成功对付了奥斯曼人，但面对 1805 年后接踵而至的美国人和欧洲人他也不得不做出妥协。1816 年以后，他的统治在内部发生的暴乱中摇摇欲坠，他与西方国家签订的条约产生的后果开始显现：由于无法开展劫掠，船主和船长们只能四散谋生，而废除奴隶制度的做法也切断了当地第二大经济来源——撒哈拉以南地区的黑奴贸易。1832 年，优素福也成为自己儿子野心的牺牲品，被迫让位给其子阿里二世，但事实上后者也没更好地掌控局势。奥斯曼帝国害怕法国人采取对付阿尔及尔的手段对付的黎波里，于是在 1835 年向该摄政区派遣战争大臣，驱逐了卡拉曼里，让的黎波里由伊斯坦布尔直辖。当地的最高长官是苏丹任命的瓦利（地方总管），土耳其军队也对旧王朝的支持者图阿雷格部落进行了镇压。

突尼斯

突尼斯摄政区长期以来都具有一种特殊性。由于安达卢西亚食品集市的存在，当地的经济类型更加多样。除了劫掠，当地的农业[19]和工业也具

1　二子艾哈迈德无能、堕落，三子优素福残暴且野心勃勃。

有相当大的规模，当地生产的小圆帽更是出口到奥斯曼帝国的各个地区[20]。它与阿尔及尔摄政区的最重要的区别体现在近卫军的组成上。在阿尔及尔，近卫军主要由出生在苏丹统治区的贵族阶层[21]组成，而在突尼斯，寇尔斡里斯（Kouloughlis），即奥斯曼帝国内非洲省份的土耳其男人和北非女人所生的子女，由于数量上的优势排挤了奥斯曼贵族，当地王朝的建立者就是一位寇尔斡里斯。这群人在1811年发动起义对抗哈穆达帕夏（Hammuda Pacha，1777—1814年在位），1816年又与马哈茂德贝伊（Maḥmdû Bey，1814—1824年在位）发生冲突。从那时候起，贝伊们决定军队不能只招募土耳其-突尼斯血统的寇尔斡里斯，这样做会威胁到自己的统治。侯赛因二世（Husayn II，1824—1835年在位）的即位为摄政区带来了深刻的变化。为了履行臣国的义务，他在1827年不得不派兵前往纳瓦林加入土耳其—埃及的舰队，但他的舰队却悬挂着独有的旗帜[1]，这面旗帜也在1831年成了突尼斯国旗。在对奥斯曼进行了一番试探之后，他在1828年宣布解散近卫军——这个摄政区历史（自1593年起）上最重要的军事团体；他们想要建立一个国家的象征，而与奥斯曼苏丹的关系也仅停留在敬重其哈里发头衔的层面。在法国与阿尔及尔交战期间，倾向于保持中立的突尼斯贝伊在1830年与法国签订条约，同意废除奴役基督徒的制度，放弃海上劫掠行为，允许外国人前来开展自由贸易，不再强制收受任何贡品和礼物，并在迦太基境内建立一处圣路易的纪念碑。

19世纪前30年在的黎波里塔尼亚以外发生的这些事让奥斯曼帝国江河日下。面对巴尔干地区的困境，奥斯曼帝国的巴巴里、埃及行省和阿拉伯地区认为自立门户的时机已经成熟。独立后的小国家实力大打折扣，它们不知道“同魔鬼一起吃饭”就应该预备一把很长的勺子。由于被宗教戒律所限制，这些仅靠税收维持的政权在脱离了奥斯曼帝国这个维持了三个世

1　他重新开始使用奥斯曼哈里发一直保留到1453年的星月旗（拜占庭的标志），星月为红色，圆形底面为白色。

纪的共同市场后，它们不得不加强与欧洲的贸易。由奥斯曼行省转变为地区级别的国家之后，这些国家的重要性与其当年依附（虽然是名义上的）于奥斯曼帝国时相比，明显下降了。此时正逢西方的工业革命，技术的进步让欧洲各国遥遥领先于世界上的其他国家。就这样，原有的奥斯曼帝国行省并没能实现真正的自治或独立。

第二十章

La domination des économies modernes

现代经济体的统治

西欧的富足实际上与它们固有的文化或文明因素毫无关系，而是几个同时发生的事件[1]相互作用的结果。地缘政治实体几乎已在整个欧洲大陆被建立起来，它们不仅确保了政治统一，为当地生产创造了一个足够大的市场，也将欧洲划分为一系列相互竞争、相互促进的小国，竞争也激发了科学和技术创新。正如爱德华·吉本（Edward Gibbon）在他的《罗马帝国衰亡史》[2]中所写的那样，这种物质进步体现在政治和道德上的进步上，“如今的欧洲被划分为十二个强大的但势力不均的王国，恐惧和道德观共同约束着统治者，让他们不敢滥用手中的专制权”，共和国获得了秩序和稳定，王权也被烙上了自由印记。因此，各国之间的对抗以及成功、失败的例子都有助于国家的改善。同样，它们之间的经济竞争也促进了知识和技术在各国内部的流通，这对各国的发展非常关键。最后，各国内部政治对抗宗教势力的胜利也极大地限制了教会，让它无法对创新形成控制和约束。

即便如此，也不能片面地将眼光局限于这一个领域。实际上，当文化和技术革新上升到一个更高的水平时，“国内”市场的规模就会证明过于狭小。市场的分裂已经被证明对人们接受新思想、新事物造成了严重阻碍，从17世纪起，特别是在18世纪，一个智慧的欧洲诞生了，它就像文学一样将所有欧洲民族汇聚在相同的启蒙运动理念下，从英国到俄国，从斯堪的纳维亚到地中海，莫不如是。但是，当新的技术发明改进了生产方式以后，那些盛产原材料、拥有强大的舰队和经济网的欧洲国家取得的进步使得它们与南欧国家拉开了差距，将世界上其他地区视为其活动的舞台。自美洲大发现和东亚开放以后，地中海沉积已久的潜力终于得到释放，迎来了加速发展时期。当然，经济发展对地中海罗马基督教地区和穆斯林地区的影响并不完全相同。

1. 现代欧洲的诞生

1830—1870 年，欧洲发生了翻天覆地的变化。几个世纪称霸的传统豪强沦为了二流国家，一些新的势力也跃上历史舞台。在这四十年中，1648 年诞生并在 1815 年被重新定义的欧洲平衡被颠覆了：在西方，工业革命为始于 18 世纪末的政治革命和 1848 年欧洲大革命的政治重组画上了句号，新兴的强大民族国家出现了；在东方的情况则相反，奥斯曼帝国的欧洲领土上爆发的起义导致了地缘政治的分裂[1]，导致那些没有经济基础的国家被迫实行被动外交[2]。与从前不同，获取更多原材料和销售市场的需求导致了两个残酷的后果：战争和殖民。

在后拿破仑时代的欧洲，大家的愿望首先是“与时俱进”，将前二十五年发生的事情抛在脑后并努力消除其影响。但是，法国大革命时期和帝国时期产生的政治热情无法继续掩盖它的理想：19 世纪 40 年代那场革命不仅比 1830 年的规模更大，而且承载着一个新的观念：每个民族都有权将自己的命运掌握在自己手中。这次运动的影响从西北欧朝四面八方扩散，发散轨迹与 13 世纪如出一辙：自中世纪起向市场资本主义开放的地区显然是最容易获取工业革命带来的红利的。相反，越是远离英国的地区，统治

1　彼时讽刺地将俄罗斯沙拉（或油橄榄沙拉）称为蔬菜马其顿（蔬菜什锦）。

2　希腊新王国正是如此。在巴伐利亚王朝（1832—1862）的统治下，该国只得借助于保护国（英国、法国、俄国）给予的贷款勉强维持，权力被瓜分（政党由英国人、法国人或俄国人把持）。这种情况一直持续到 1893 年希腊被金融监管为止。

者发表的言论就越局限于理论性的摸索，难以采取真正的政治措施。19 世纪中叶发生的事给了受上个世纪思想观念影响的空想理论家们一个深刻的教训，虽然他们对此并不承认：政治只有在不断壮大的中产阶级提供资本的情况下方可持久，而且它还十分依赖于繁荣的经济。政治自由主义和后来的自由民主主义，使得君主权力的神圣性变成一纸空谈，而经济自由主义和工业革命使得土地所有权和农业活动下降到次要地位。

可以看到英国在现代国家中首屈一指，紧随其后的是七月王朝和第二帝国的统治下的法国。在日耳曼地区和意大利，工业化程度最高的地区最终也获得了相应的政治权利，在普鲁士（1870）建立的德意志帝国，在皮耶蒙特（1860）建立的意大利王国都可以证实这一点。在其势力相继被驱逐出意大利（1860）和德国（1866）以后，奥地利帝国于 1867 年成为奥匈双君主制国家，也是欧洲最后一个与奥斯曼帝国一样的多民族国家。然而，这种政治经济结构的调整导致地中海的欧洲地区变得更加边缘化。在中世纪，许多刚独立的地中海岛屿的经济只能通过在政治上依附大陆王国才能得到维持。19 世纪，它们也同大陆王国一道逐渐落后于时代。意大利半岛的主人皮耶蒙特对撒丁岛的主权的诉求不再强烈，西西里也与那不勒斯王国断绝了关系，最终走向衰落。在本世纪前几十年内，西班牙失去了所有的南美殖民地，在随后发生的政治危机的打击下，这个传统强国也开始走下坡路，但正处于工业化进程中的加泰罗尼亚除外[1]。虽然两个欧洲半岛南部的发展与欧洲北部的差距越来越大，瓦伦西亚和罗马地区的经济却具有空前的活力，为殖民活动提供了帮助。特别是自 19 世纪中期以来，轮船的发明使航线中大量的补给港显得不如以前那么重要。经济扩张型国家不再

1 这种区域性崛起并不局限于经济领域，而是伴随着语言的复兴和文化领域的繁盛，即加泰罗尼亚重生（Renaixença）。

需要控制岛屿[1]和中途港口，可以集中精力控制陆地空间，以获取原材料、廉价劳动力和可殖民的土地。此外，欧洲沿岸国家小国数量已大大减少，法国、意大利、西班牙和希腊现在几乎瓜分了整个北地中海沿岸地区。

2. 奥斯曼非洲和黎凡特的情况

阿尔及利亚的殖民

1832	殖民阿尔及利亚。
1834—1847	阿卜杜·卡迪尔（Abd el-Kader）被选为阿拉伯人的埃米尔。
1848	对抗阿卜杜·卡迪尔之战。第二帝国宣布阿尔及利亚为法国属地。《克雷米厄法案》（Deéree Crémieux）规定阿尔及利亚的犹太人自动获得法国公民权，居住在阿尔及利亚的穆斯林可在其年满 21 周岁时提出申请。
1881	《土著法规》颁布。
1889	生活在阿尔及利亚的非法籍欧洲人自动获得法国公民权。

查理十世的计划是将奥斯曼帝国的势力彻底赶出阿尔及尔，让法国和欧洲船只免遭海上劫掠，船员不再承受沦为奴隶的威胁。在当地部署军队唯一的目的是防止海盗的再度兴起。然而，在占据阿尔及尔三周后，波

1　因此，马耳他无法再对英国提供巨大的商业利益，于是这座岛就转变为煤炭补给和英国船队的维修基地。同样，英国于 1864 年将伊奥尼亚群岛归还给希腊。

旁王朝被推翻，旁系亲属奥尔良公爵成为国王路易－菲利普一世（Louis-Philippe I）。新国王通过对北非的征服，很快让法国军队找回了拿破仑时期的荣耀。然而，阿尔及尔摆脱了土耳其之后，内陆的游牧部落以及麦迪亚（Médéa）、奥兰（Oran）和君士坦丁（Constantine）的贝伊们拒绝了七月王朝任命的总督以及他们以法国的名义提出的保护权。但是，由于缺乏政治经验和民族观念，贝伊们只是突尼斯贝伊、摩洛哥苏丹和随后而来的法国总督们的傀儡。在这方面法塔赫·阿巴斯（Ferhat Abbas）的话是很有意义的——“法国并没有殖民阿尔及利亚，而是创建了阿尔及利亚”[1]，因为正是殖民者采用军事手段将阿尔及尔摄政区变成了阿尔及利亚。1832 年召开的部落酋长大会上，酋长阿卜杜·卡迪尔[2]被选为“阿拉伯人的埃米尔”。受埃及的穆罕默德·阿里（Mehemet Ali）倡导的复兴阿拉伯思想的影响，阿尔及利亚的摩尔人和柏柏尔人第一次声称自己是阿拉伯人，当然法国人和其他西方人宣传的作用也不可忽视。穆斯林由为数众多的民族组成，在中世纪他们被描述成撒拉逊人，而在 16 世纪他们成了土耳其人，而在如今的日常语言中他们又被称为阿拉伯人，虽然他们对这个民族一无所知。

阿卜杜·卡迪尔立刻向法国人证明他有能力中断他们的补给，随后双方同意签署一项条约（1834 年 2 月），穆斯林与法国人之间的敌对行为暂时告一段落，自由贸易也得到恢复。但这种和平损害了那些以抢劫为生的部落的利益，于是这群人挑战埃米尔的权威，使他成了孤家寡人。然而，法国的将军们更愿意支持阿卜杜·卡迪尔，对他们来说此人似乎比那些难以驾驭的部落酋长更可靠。在法国人的支持下，这位埃米尔成功控制了这

1 费尔哈特·阿巴斯（Ferhat Abbas，1899—1985），阿尔及利亚独立后的首任总统，在 1936 年 2 月 23 日的 *Entente* 报上写下此句［夏尔·安德烈·朱利安（Charles-André Julien）在《前行中的北非：阿尔及利亚—突尼斯—摩洛哥》引用此句，1880—1952, Paris, Julliard, 1952 ; rééd. Omnibus, 2002］。

2 阿卜杜·卡迪尔（Abd al-Qadar，约 1808—1883），生于一个柏柏尔文人家庭，苏非派教徒。

片广袤的内陆行省（1836—1839），这个阿尔及尔地区第一个现代化国家定都于马斯卡拉（Mascara）。阿尔及利亚的国家结构与奥斯曼迪伊的政权统治下的阿尔及尔差别不大：埃米尔在议会的帮助下独自统领国家；唯一不同的是这个新国家设有一个由学者、法律专家（乌理玛）和内陆行省代表[1]组成的顾问委员会，以保证各种族、部落的政治权利得到尊重。摄政区统治者的支配权仅限于阿尔及尔，对腹地的统治仅体现在税收和经济层面上，但新成立的阿尔及利亚将柏柏尔人和阿拉伯 - 柏柏尔人摆在了重要的位置。

法国的支持使得埃米尔更为大胆，他不仅违反条约的规定，而且试图控制听命于法国军队的各个部落。1835 年年末，他的军队遭遇了一场失败，而他的对手，王位继承人奥尔良公爵[2]则通过此战名声大振。但是，阿卜杜·卡迪尔再一次成功将部落集结在他周围，而法国将军毕若[3]（Bugeaud）的军队则集中精力征服了君士坦丁省。为了避免腹背受敌，毕若将军与埃米尔签订了《塔夫纳和约》（*Treaty of Tafna*，1837），条约规定法国承认埃米尔在阿尔及尔的统治权，但不包括君士坦丁省、一些主要城市（阿尔及尔、布利达、奥兰、阿尔泽夫、穆斯塔加奈姆……）和米蒂贾（Mitidja）平原。坐拥阿尔及利亚三分之二的领土，卡迪尔继续巩固加强其权力，试图团结其人民反抗法国人，毕若尝试在朱古达（Jugurtha）对他实施笼络，但没能成功。但在他做出介入君士坦丁的决定之后，1839 年战火重燃。1842 年，被任命为阿尔及利亚总督的毕若采用了骚扰战术，让埃米尔只剩下一座流动的营地（Smala），营地内全部人口也只有数万人。1843 年，驻扎在高原

1　行省由哈里发代表，各省被分为由阿迦统领的区（aghalik），区又细分为县城（caidat），由一位县长（qadî）、法官和公证人管理。司法裁判采用伊斯兰教义。

2　斐迪南 - 菲利浦 · 奥尔良（Ferdinand-Philippe d’Orléans，1810—1842），沙特尔及奥尔良公爵（1830），法国王子。

3　托马斯 · 罗贝尔 · 毕若（Thomas Robert Bugeaud），拉皮孔纳里侯爵（1784—1849）。1844 年战役结束后受封伊斯利公爵。

的营地被欧马勒公爵[1]（duc d'Aumale）的部队占领。阿卜杜·卡迪尔（Abd el-Kader）转投同样与法国宣战的摩洛哥苏丹，以阻止法国对阿尔及利亚的殖民，但摩洛哥人也在伊斯利战役（Battle of Isly）中被击败（1844）。随后签署的《丹吉尔和约》确定了两国之间的边界，并宣布阿尔及利亚和摩洛哥通缉卡迪尔。虽然进行了顽强的抵抗，但大高原上的柏柏尔部落还是慢慢远离了卡迪尔，走投无路的埃米尔于1847年12月24日向欧马勒公爵投降[2]。

阿卜杜·卡迪尔的阿尔及尔梦破灭了，大约两个月后，奥尔良政权也崩塌了。然而在法国，殖民的思想不再局限于沿海，而是扎根于整个巴巴里地区。1848年的制宪会议通过宣布了一项具有深远影响的决议，宣布阿尔及利亚为法国属地，受特定法律约束。对于法兰西第二共和国来说，即便阿尔及利亚的外国移民数量（西班牙人，马耳他人，意大利人）超过法国移民数量，阿尔及利亚的殖民行动也有助于解决社会危机并大规模降低大城市的失业人口[3]和犯罪分子数量。按照战争部部长拉莫里希耶尔（Lamoricière）将军[4]的说法，殖民的目的就是在阿尔及利亚再建一个法国："过去，火药和刺刀在阿尔及利亚做了它们该做的，现在轮到铁锹和犁来完成任务了。"在路易－拿破仑·波拿巴执政（1848—1852）和随后的第二帝国时期（1852—1870），倡导东西方亲近的圣西门主义思想受到了广

1 亨利·奥尔良（Henri d'Orléans，1822—1897），路易－菲力浦·奥尔良（Louis-Philippe d'Orléans）与玛丽－艾梅丽·波旁－西西里的第五子。

2 埃米尔与其近百名家人和随从一起被囚禁，后被转移至土伦。路易·菲力浦逊位后，法国人将其移至波城和安布瓦斯。1852年，拿破仑三世将其释放，遂定居于奥斯曼帝国（布尔萨、伊斯坦布尔和大马士革）。1860年大马士革大屠杀时，卡德尔介入保护基督教徒。

3 改编自第二共和国国歌《吉伦特派之歌》，将"为祖国而死／这是最美丽的，最值得高贵的"改为"让我们离开，去阿尔及利亚／让我们减轻祖国母亲的负担"。

4 路易·朱乔特·拉莫里希耶尔（Louis Juchault de Lamoricière，1806—1865）参加了毕若的阿尔及利亚征服行动。1848年任战争部部长，在1851年政变后被流放。

泛的欢迎。拿破仑三世及其私人顾问伊斯马埃兹·厄本[1]（Ismail Urbain）计划在征服的领土上建立一个与法国联合的阿拉伯王国，由法国皇帝和当地统治者共治。1865年颁布的一纸元老院法令让阿尔及利亚人可以自由选择加入法国国籍，并保证加入后能够无条件地享有法国公民权。次年颁布了另一则法令，将在市政议会组织一次选举，选民被划分至四个选民团（法国人、穆斯林、犹太人和来自欧洲其他国家的人），法国人拥有三分之二的席位。

这项在当时是非常开明的法规展现出所有欧洲人在面对奥斯曼帝国的管理制度时遇到的困难。尽管仅通过国籍就能很容易地识别出西方国家的侨民，但原奥斯曼帝国国民却不可能做到如此，奥斯曼官员划分的标准是宗教。从叙利亚到阿尔及利亚，包括中间的巴尔干半岛各国，到处都有穆斯林、犹太人、东正教徒、天主教徒和科普特基督教徒……宗教信仰正在成为下一个时期判别身份的标准，不用再考虑语言、文化甚至种族等因素。

一般来说，西方人的想法是，基督教已被证明可或多或少地融入现代社会中，但如果伊斯兰教不改变，是不可能融入现代社会的。正如知识能让教会最终屈从于政治、道德和社会，进步的哲学学说认为在伊斯兰世界也会发生相同的事情。这就是吸纳“缺席”的阿卜杜·卡迪尔加入共济会时，亨利四世幕僚在演说时所要表达的意思[2][3]：“我们当初入会时所追求的以及我们今日所奉献的……就是在无知和狂热发源地建立的东方共济会；宽容的旗帜传递给高尚的人，经过重重考验的双手会将这面旗帜插在清真寺的顶端……与先知的军旗遥相呼应。对于我们来说，共济会的埃米尔就是嵌在巴巴里岩石中的楔子。”但在深入了解了共济会的基本理论之后，

1 托马斯·厄本（Thomas Urbain，1812—1884），又名伊斯马埃兹·厄本（Ismaÿl Urbain），圣西门主义者，阿拉伯文化研究者，妻子是一位阿尔及利亚人，阿卜杜勒·卡迪尔（Abd el-Kader）之友，倡导圣西门主义者，拿破仑三世的阿拉伯政策的鼓动者。

2 埃米尔不能返回法国，大东方共济会于1864年在亚历山卓（金字塔会所）接纳了埃米尔。

这位埃米尔彻底地反对共济会的世俗观念，在1865年宣布与其决裂。

在第二帝国灭亡后，这种进步主义思想与伊斯兰教习俗之间的决裂产生了深远的影响。第三共和国首先采取了与拿破仑三世相反的同化政策（姓氏的法国化，抑制伊斯兰习俗）。此外，新政权依托以色列群体，临时政府从1870年10月起正式将法国公民身份授予阿尔及利亚犹太人（《克雷米约法令》）。1889年，如此大规模的自动入籍开始适用于居住在阿尔及利亚的非法籍欧洲人。另一层面，1870年的另一项法令规定，当地穆斯林只有在他们年满21岁且明确提出申请后方可入籍。同时在种族、文化和宗教等标准上对穆斯林群体[1]采取歧视的态度在土著群体中造成了分裂，后果十分危险。1871年，阿尔及利亚爆发了最后一次大规模起义，但不久就被镇压了下去。最后在1881年，第三共和国受英国经验的启发颁布了《土著法规》（*Code de l'indigénat*）。法规将阿尔及利亚居民划分为两类：法国公民和法国庶民。后者虽然不能享有重大的政治权利，但仍受宗教戒律和习俗的约束。

虽然身处法国的殖民统治下，当地土著、城市生活的摩尔人或乡村的柏柏尔人发现自己所处的状况比起三百年来奥斯曼帝国统治时期并没有太大变化。这群二等公民没有任何在国家和民法框架下生活的经验，所以长期被认为是阻碍进步的罪魁祸首。

奥斯曼帝国现代化的尝试

1826	土耳其近卫军解散。

1 在1870年和1914年的两次战争之间，该群体人数从20万增至50万，移民从24.5万人增至75万人，主要是从阿尔萨斯-洛林地区迁移出的拒绝成为德国人的移民。

1839	《花厅御诏》（Hatt-i Sharif de G ü lhane）：宗教不再是划分奥斯曼臣民的标准。
1840	刑法。
1845	行政法。
1850	贸易法。
1856	哈蒂－胡马雍诏书（Hatt-i humayun）宣布奥斯曼臣民人人平等。

改革（坦志麦特，土耳其语为“Tanzimât”）从1839年开始一直持续到1876年。虽然领土在不断缩小，但奥斯曼的改革还是成功延缓了帝国的衰落[4]。自1830年阿尔及尔被法国占领后，苏丹马哈茂德二世（Mahmud II，1808—1839年在位）提出了一个新的政治观念：“我是这样区分我的臣民：清真寺里的是穆斯林、教堂里的是基督徒、犹太教堂里的是犹太人。除此以外他们没有任何区别。无论是在感情上还是在法律上，我对所有人都一视同仁，他们都是我的孩子。”[5]这是奥斯曼历史上第一次苏丹不再根据宗教信仰来分配国民享有的政治权利。此外，他还专注于他的军队的现代化，解散了土耳其近卫军[1]，并委任普鲁士人和英国人分别训练他的新军（Egkinci）和海军。其子阿卜杜勒·迈吉德一世[2]（Abdülmecid I，1839—1861年在位）在埃及总督之子、叙利亚－巴勒斯坦之主易卜拉欣（Ibrahim）帕夏进军伊斯坦布尔之际即位。相比于强大的阿拉伯人，一个弱化的奥斯曼帝国是欧洲人更愿意看到的。面对欧洲人的介入，奥斯曼帝国苏丹继承父亲改革的意志，艰难地维持着帝国的完整。1839年11月颁布的《花厅御诏》规定，国民不分宗教，其生命和财产都应得到保障，国家供养的公务

1 1826年6月，土耳其近卫军以反对军队改革为名反动叛乱，近卫军军营被炮击，幸存者被帝国处决。1826年6月16日被称为“幸运事件”（Vaka-i Hayriye）或鲁美利“惨剧”（Vaka-i Çerriyye）。

2 阿卜杜勒·迈吉德，生于1823年，16岁时即位。

员负责在议会（divan）的协助下完成税赋征收的工作，议会由九名穆斯林和四名基督徒（两名东正教徒、一名马龙派教徒和一名亚美尼亚人）组成。御诏还确定了即将实施的改革的主要内容。它实际上是受到欧洲实践经验启发后制订的一项翔实的帝国革新计划。国家成立了一个专门的司法机构，即立法委员会（Meclis–i Vâlâ–yı Ahkâm–ı Adliye）来实现既定的目标。苏丹在1840年发布了一份刑法汇编，并于1845年出台了行政法，这是帝国第一次成功组织了中央集权。最后在1850年，奥斯曼帝国颁布了第一部贸易法，旨在通过推广自由主义来促进经济的发展。

在拒绝了俄国对圣地和东正教徒行使保护权的要求后，奥斯曼帝国随后与法国和英国一道在克里米亚战争（1853—1856）中战胜了沙皇的大军。英、法两强的影响力促使苏丹颁布了《哈蒂－胡马雍诏书》（1856年2月），诏书规定奥斯曼帝国的臣民，无论宗教信仰如何，都在税收、教育、司法和兵役等方面享有平等权。同年，奥斯曼帝国在英国商人、巴黎银行和荷兰银行的资助下建立了第一家中央银行（1856—1831）——奥斯曼银行（Osmanli Bankasi）。在阿卜杜勒·迈吉德一世（Abdülmecid I）统治的最后几年中，一系列法典（土地所有权法、刑法、商业诉讼法）得以颁布。在他去世后，其弟阿卜杜勒·阿齐兹（Abdülaziz[1]，1861—1876年在位）继续实行改革政策：受法国省份划分的启发，帝国也实施了省级行政区划；创建奥斯曼国籍，建立国务委员会和加拉塔萨雷学院［在维克多·杜卢伊（Victor Duruy）的帮助下］；颁布海洋贸易法典；赋予外国人在帝国拥有产权的权利，以吸引欧洲人前来投资。

然而这些改革措施并没能实现帝国现代化的基本目标，历史上类似的事件也屡见不鲜：对一部分人来说，改革破坏了保护宗教和社会传统的壁垒，是危险的导火索；对于另一部分人来说，改革的力度尚不足以让“欧洲病

1 阿卜杜勒·阿齐兹，生于1830年，1876年5月30日遭民众反抗罢黜，五日后去世，可能是遭到了刺杀。

夫”实现现代化并阻止最坏的情况发生。同样，这种改革的意志遭遇到了强烈的抵抗，而帝国遭遇的破产局面则更让改革蒙上了一层阴影。在巴尔干半岛的各国揭竿而起，众多官员违抗命令的情况下，1876 年，俄大使遂与奥斯曼的内阁部长们一道逼迫苏丹让位于其侄——穆拉德五世[1]（Murad V）。另外，借鉴西方的经验设立的学校，对土耳其的知识分子和青年军官产生了长远的影响，这群人不仅在日后土耳其建国的过程中发挥了重要的作用，而且还深入那些名义上仍属于奥斯曼帝国的领地开展与坦志麦特（Tanzimât）类似的改革活动——阿拉伯文化复兴[2][6]（Nahda），而这些活动的性质是反对土耳其的。

阿拉伯复兴

在近东和中东，坦志麦特（改革）的反响首先表现在对伊斯兰世界落后于西方的原因的探究，以及对各地进行的殖民活动对传统价值观破坏的认知上。东方的阿拉伯、伊斯兰或基督教的思想家们相信引入现代技术的同时必须引入现代思想，于是他们开始将理性和全面参政这两个基本原则纳入自己的文化。在伊斯兰世界[3][7]，这股远离世俗化的背景的潮流扎根于宗教现代主义中。它希望通过借鉴（iqtibâs）充斥着新概念的现代学科使教学现代化，并通过背离绝对服从权威的仪式主义［泰格利德（taqlid）］让伊斯兰教的习俗惯例恢复生气，回溯教义本源并采用现代观点对其进行

1　穆拉德五世生于 1840 年，从 1876 年 5 月 30 日至 8 月 31 日在位执政。被废黜后，其弟弟阿卜杜勒·哈米德二世（Abdulhamid Ⅱ）被拥上王位（1876—1909），穆拉德五世于 1904 年去世。

2　Nahda 意为腾飞、起飞、复兴和上升。

3　埃及的穆夫提穆罕默德·阿卜杜赫（Muhammad Abduh，1849—1905），是缔造者之一。

表述。另外，在基督教、马龙派或麦尔基派[1]的世界里，人们对阿拉伯教育体系的现代化、国家的全面世俗化和妇女解放的态度明显更西方化。

但复兴最终还是失败了，尽管它为后代留下了积极的遗产。事实上，阿拉伯的文化复兴不像欧洲文艺复兴那样有着社会长期演变的沉淀作为基础，而是在意识到外部危险后突然迸发出的事件。面对排斥传统，却又没有真正接受欧洲文化的奥斯曼精英们，普通阿拉伯民众则表现出努力追赶先进的西方，同时却又不顾一切为保留自己的身份而坚持传统这一自相矛盾的态度。他们做不到在保留自身特点的情况下耐心地吸取现代文明的价值观。在面对无处不在的现代西方文明时无力反抗，在反对传统文化时又犹豫不决，这群人因此陷入了不做取舍地尊重传统的状态。

突尼斯

1840—1846	艾哈迈德一世（Ahmed I）改革。
1848	第一次向法国银行借款。
1857	颁布基本公约，宣布所有国民平等。
1861	第一部伊斯兰宪法。
1869	突尼斯破产。
1877	英法意委员会提议的改革失败。
1878	柏林会议允许法国介入突尼斯。
1881	巴尔多（Bardo）条约确定了突尼斯成为法国保护国。

1 马龙派教徒和麦尔基派教徒是叙利亚人，在迦克墩（Chalcedon）宗教评议会之后，他们承认了基督的双重性质。他们完全属于官方教会。12 世纪，马龙派教徒附属于天主教会。但直到 1724 年，一部分东正教叙利亚人才依附于罗马，于是人们用“麦尔基”这个名字来称呼他们。

以下就是突尼斯所处的境况。自1814年以来，侯赛因王朝的统治者的更迭常常伴随着动荡的发生。31岁登基的艾哈迈德一世（Ahmed I，1837—1855年在位）成了伟大改革家的代名词。这位新任贝伊带来的希望吸引了苏丹和路易－菲利普国王（Louis-Philippe）的目光。他在授职典礼（1838年）上的表现让苏丹的特使对他投以钦佩之情，他是第一位寻求加强与贝伊－苏丹之间臣属关系的奥斯曼元帅（1840）。路易·菲利普于1846年在法国接见了他，并以独立国家首脑之礼款待了这位客人，这让奥斯曼苏丹感到不快。贝伊惊叹于这里的现代化程度，决定开始向法国学习。他在大维齐尔之下设立了一些部长职位来处理王国的主要事务；创办了一所军事学校来为他梦寐以求的现代化军队训练军官[1]；筹集国家资本（纺织工业、制革厂、面粉厂、火炮铸造厂和武器工厂）；建造了一座"皇家"宫殿［穆罕默迪耶（Mohammedia）］，并在1846年废除了奴隶制。然而，这种改革意愿并未考虑到可能产生的财政后果，而部长们中饱私囊的行为也屡禁不止。面对这种情况贝伊采取的措施是加重税收，沉重的赋税激起了人民的反抗，不得已，他在1848年向法国银行申请贷款[2]。

1857年9月，他的堂弟同时也是继承人的穆罕默德（Mohammed）贝伊（1855—1859）在手下大臣赫伊雷丁（Kheireddine）帕夏[3]的影响下颁布了基本法：国民在法律和税收面前人人平等，使民众的财产、安全和信仰宗教自由得到保障。此外，在法国领事近乎威胁的干预下，那些拥有不动

1　他曾打算征服的黎波里塔尼亚。

2　贷款总额为3500万法郎金币，利率7%，而当时突尼斯的税收收入却不足500万法郎。

3　赫伊雷丁帕夏或赫伊雷丁·埃图西（Kheireddine Ettounsi，1822—1890），出生于切尔克斯，作为奴隶先后被贩卖给塞浦路斯的奥斯曼显贵和突尼斯贝伊艾哈迈德一世。在辉煌的军事生涯之后，随着土耳其的现代化进程和西方影响力的日益增长，赫伊雷丁负责驻伊斯坦布尔的外交使团。虽然他参加了1848年的巴黎贷款谈判，此后他继续为艾哈迈德的继任者们效力。1878年被苏丹阿卜杜勒哈米德二世（Abdulhamid Ⅱ）召见，成为大维齐尔，翌年去世。

产购置权且遵守突尼斯法律的外国人[1]也能享受这种自由的权利。与此同时，由于地中海贸易的增长，成为海军部部长（1857—1862）的赫伊雷丁帕夏对突尼斯、拉古莱特和斯法克斯的港口实施了革新举措以促使其现代化。

1861年4月，穆罕默德（Mohammed）贝伊的弟弟同时也是继承人的萨迪克（Sadok）贝伊（1859—1882）颁布了伊斯兰世界的第一部宪法。宪法重申穆斯林与非穆斯林（欧洲人或犹太人）享有平等的权利，促使又一批法国商人进驻突尼斯，当地甚至设立了基督教学校。最重要的是，宪法不仅规定了权力分离，让贝伊的权力受到限制，而且还建立了一种全新的现代司法体系。如今冒着引发骚乱的风险采取增加税收的措施来资助现代化和公共卫生的大型工程已无可能，摄政区只得通过新的贷款来偿还高额的现有债务。

1862年，法国人搬离了突尼斯的老货栈，并在海洋之门（Porte de la Mer）外设立了新领事馆。1869年，在突尼斯政府宣布国家破产后，一个英、法、意联合委员会奉命负责研究摄政区的财政问题。赫伊雷丁帕夏[2]在1873至1877年实施的改革虽然毫无疑问能够确保突尼斯的独立，突尼斯寡头和贝伊将改革措施否定为外国的干预敞开了大门。位于地中海东、西盆地连接点的摄政区，很快就被周边的法国人和意大利人视为战略要地。面临人口过剩问题的意大利一直梦想着殖民这一毗邻的土地。法国人则希望加强阿尔及利亚边境线，以防止自己在地中海东岸活动时后方受到意大利人的侵害。希望消除法国复仇思想的德国人以及需要在埃及获得支持以对抗意大利人的英国人都为法国提供了帮助。在1878年的柏林会议上，法国获准殖民突尼斯。突尼斯的哈罗米尔部落（Khrumirs）入侵阿尔及利亚成为法国入侵突尼斯的借口。1881年4月，法国军队在没有遭遇任何抵抗的情况下进入突尼斯；5月，受到废黜威胁的萨迪克贝伊被迫签署了《巴尔多（Bardo）

1 如果欧洲人，尤其是法国人，不再受本国法律的管辖，那么他们就可以离开自有的或被授予的飞地，此前这种行为是被禁止的。

2 他在1869年成为该国际财政委员会的第一任主席，负责管理突尼斯政府的收支。

条约》，突尼斯摄政区沦为法兰西共和国的保护国。

埃及

1839	埃及军队抵挡住了奥斯曼帝国军队的反击。
1840	《伦敦条约》：穆罕默德·阿里（Méhémet-Ali）不得不从叙利亚撤军，但他仍是埃及的合法统治者。
1848—1854	改革停滞，但英国棉纱厂主的影响力日益增长。
1854—1869	开凿苏伊士运河。
1864	英国银行面对债务的影响。
1870	伊斯梅尔（Ismaïl）不得不将其苏伊士运河的股份售予英国人。
1872—1882	阿拉比（Urabi）起义，对抗埃及王朝和欧洲人。
1882	英国完全控制埃及。

1831—1833 年第一次埃土战争胜利后，穆罕默德·阿里帕夏及其子易卜拉欣（Ibrahim）控制了叙利亚和巴勒斯坦。希望重新夺回这些领地的奥斯曼军队在 1839 年卷土重来，但还是只能吞下再一次战败的苦果（1839 年 6 月）。濒临崩溃的奥斯曼帝国让欧洲势力（英国、奥地利和俄国）再一次找到了实施干预的机会，它们反对法国的亲埃及政策，要求埃及与奥斯曼土耳其签订《伦敦条约》（1840 年 7 月）。在两艘奥地利军舰的协助下，一支装载了 7000 人的英国舰队炮轰贝鲁特，迫使埃及人撤出阿卡（Saint-Jean-d' Acre）。但法国却高调宣布已准备好出兵埃及并帮助穆罕默德·阿里保护他的国家。随后签署的《亚历山卓协议》（1840 年 11 月），虽然要求埃及撤出叙利亚并释放被俘羁押在亚力山卓的奥斯曼舰队，但仍承认穆罕默德·阿里及其继承者为埃及的合法统治者。事实上英国政府决策背后

的主要推手是棉纱厂主。他们已经采取行动让马耳他重归英国，但当他们意识到那里种植的棉花并不适合他们的产业时，他们的失望之情可想而知。此外，穆罕默德·阿里引入了海岛棉（mako）作为经济作物，其柔软丝滑的纤维成就了英国纱线上好的质量。

但是，随着穆罕默德·阿里因年老体衰而逊位（1848 年 3 月）及其摄政的长子易卜拉欣的去世（1848 年 11 月），埃及的现代化改革戛然而止。穆罕默德·阿里的孙子，阿拔斯一世（Abbas I，1848—1854 年在位）继任帕夏，他性情孤僻，反对改革，尽管他的权力是在英国人的帮助下获得，但他仍然亲近苏丹，热切希望重新成为奥斯曼帝国的臣国。但英国人在这个问题上没能让他如愿，这样的结果对他们至关重要。穆罕默德·阿里规划的现代蓝图实际上非常接近于波拿巴（Bonaparte）于 1798 年开罗演讲时描绘的设想：伟大的自由主义改革内容仅限于行政的合理化改革、社会改革、重大工程和一种民族政治意识的觉醒。在其他人眼里，他仍然是一个统治经济论者，军队、土地所有权和商业垄断都被牢牢攥在他本人和手下主要官员的手中。但是，盎格鲁－撒克逊世界遥遥领先于法国观念，其自由主义的观点不仅关乎政治层面，而且涉及经济层面。个人不仅因为社会身份得到褒奖，所拥有的财富也是一个衡量标准，这意味着干预主义和垄断在国家经济中不复存在。英国人实施经济自由主义，架空了帕夏的权力。帕夏非但没能兴起“民族”意识，反而在消灭旧的统治阶级的同时创造出一个精英阶层，这些人不仅与其本人或家族成员有关联，而且还并非本地族裔，更重要的是他们都接受过欧洲思想教育[8]。因此在 19 世纪，埃及为了维护本国的特殊身份，忽视了东方非奥斯曼地区向阿拉伯文化转变的事实。旧政权消亡时发生的一切再度重演，新的理想背离了宗教传统，而这些经历几个世纪构筑的宗教传统一直保护弱者免于受到强者贪欲的侵害。由于无法将对社会的不满情绪转移至土耳其人，最终人们只能打着伊斯兰的旗帜向埃及王朝和西方主义者发泄。

实际上到了19世纪中叶，帕夏所倚仗的土耳其－切尔克斯的军队和上层官员不断放任权力，充盈自身：一方面，他们通过进口外国产品从贸易中获利；另一方面，从他们夺取的土地上征缴地租，中饱私囊。在这种情况下许多土著居民都成为受害者：当地的手工业和小规模商业遭到破坏而消失殆尽，大部分农民被迫流亡。当地的中产阶级只能把谋求公职作为出路，统治者越来越被自己的民众视为外来人，特权阶层将在接下来的历史时期发挥关键作用。

1854年，穆罕默德·赛义德（Mohamed Saïd）帕夏登上王位。与他的前任不同，他重拾了王朝初期的现代化发展的方针，但为了让国家实现现代化发展，他不得不请求多个西方国家发放贷款。正是他在1854年授予斐迪南·德·雷赛布（Ferdinand de Lesseps）开凿苏伊士运河所需的土地。但英国出于自己利益的考虑阻挠项目开工，最终工程延迟到1859年才启动，1869年完工。但他的工程倡议耗费了巨大的人力和物力，让埃及背负了沉重债务。在他去世时，埃及债务高达2.5亿金法郎，在这样的情况下英国－埃及银行在1864年建立，伦敦对埃及事务的话语权也增加了。就这样他的侄子和继任者伊斯梅尔（Ismail）帕夏长期被英国人操纵，这使得他对苏伊士地峡开凿投入的热情远不如他叔叔。1867年，他被奥斯曼帝国任命为埃及总督［赫迪夫（Khedive）］并实施花费巨大的军事征服策略，入不敷出的国库因此破产。尽管新的借贷促使法国－埃及银行成立（1870），但该国已宣布无力偿还债务。伊斯梅尔不得不将其苏伊士运河的股份出售给英国人，并接受由法英委员会控制埃及的财政的建议。但赫迪夫的政策遭到双重反对。首先提出反对的是奥斯曼帝国，苏丹对其以主权国家的身份与西方国家交往感到恼火，并发出免职的威胁。另一股反对的声音来自一部分埃及本地军人，他们也是唯一能自我表述的群体。经历了阿比西尼亚（Abyssinie）的失败后，在西方金融机构强加的紧缩政策下最先受影响的群体就是军队。穆罕默德·赛义德（Mohamed Saïd）曾向埃及土著打开了从军入仕的大门，但伊斯梅尔却为了土耳其–切尔克斯人的利益百般阻挠埃及土著军官的晋升。这种回归马穆鲁克时代的做法引发了军队的骚乱，最终爆发了由阿拉比（Urabi）帕夏领导的起义（1879—1882）。法国人和英国人认为赫迪夫暗中利用这种不满来重掌大权并试图摆脱西方的影响，于是英国怂恿奥斯曼苏丹废黜伊斯梅尔（1879），并任命其长子穆罕默德·陶菲克（Tawfiq）为新总督（1876—1892）。艾哈迈德·阿拉比（Ahmed Urabi）随后加入改革派，谴责西方的干涉，要求埃及土著无论宗教信仰都享有平等的权利。反对的声音迫使埃及赫迪夫任命他为部长，随后出任总理（1882）。其创建议会的诉求被法国和英国政府视为民族主义的暴动。而此时的法国正由于本国内阁的动荡而陷入瘫痪，当阿拉比在1882年8月禁止英法舰队进入亚历山卓港之后，1882年9月英国独自采取武装干预并击败了埃及军队。从那以后，赫迪夫不得不将他国家的管理权交给英国总领事馆，虽然法国在其突尼斯保护国身份得到认可后，逐渐从内部不稳定的局面中恢复，但它在埃及，特别是在苏伊士运河上的影响力已经消失殆尽。

黎凡特

1822	基督教马龙派和伊斯兰教德鲁兹派之间在黎巴嫩爆发冲突。
1832	马龙派控制了经济与政治大权。
1840	土耳其苏丹流放了马龙派领袖。
1841	基督教区和伊斯兰教区的划分。
1845—1859	德鲁兹派欺压马龙派教徒。
1860	大马士革和贝鲁特的帕夏会同德鲁兹派首领谋划消灭基督教徒，派遣一支半数士兵为法国人的远征军。

1861	成立黎巴嫩第一届自治政府。

在黎凡特这片狭小区域内，所有带有土耳其特征和阿拉伯特征的运动都能在这里找到共鸣。这里最敏感的地区，是最多元化的黎巴嫩。黎巴嫩山区原属于当地封建家族的领土，其中势力最大的是马龙派和德鲁兹派。马龙派基督徒说阿拉米语，并使用阿拉伯语作为礼拜仪式语言，虽然他们崇尚东方礼仪，但与罗马教廷也有联系，因此对西方传统也持以开放态度。作为非传统穆斯林的德鲁兹派既不组织礼拜仪式，也不设清真寺，这群主张灵魂转世说，践行伊斯兰教神秘主义和宗教奥义，信奉波斯和印度宗教、诺斯底主义和新柏拉图主义混合学说的信徒已与伊斯兰教的两大教派——逊尼派和什叶派断绝关系，主流将他们视为异教徒。16 世纪初奥斯曼苏丹在征服叙利亚 - 巴勒斯坦之后仅在沿海地区建立了统治，而将内陆地区交给当地的德鲁兹王朝管辖，马龙派对此并无异议。但是从 18 世纪起，马龙派由于更多地受到西方思想的影响，开始对局限在德鲁兹派的封建主义和孤立主义体系之下的境况感到不满。1822 年，埃及帕夏穆罕默德 · 阿里与奥斯曼土耳其帝国之间的争端在该地区表现为两大最强势力间的冲突：马龙派的贝希尔 · 谢哈布二世[1]（Bashir Shihab Ⅱ）和德鲁兹派的贝希尔 · 琼卜拉特（Bashir Joumblatt）[2]。谢哈布的胜利和 1825 年琼卜拉特的死亡提高了马龙派的影响力：1832 年贝希尔 · 谢哈布二世在埃及帕夏的支持下成为黎巴嫩山区的总督，马龙派也因此从德鲁兹派手中夺取了政治和经济大权。由于英国人、奥地利人和俄国人都反对法国支持埃及帕夏的政策（《亚历

1　贝希尔 · 谢哈布（1767—1850）于 1788 年成为黎巴嫩山区的埃米尔和瓦力（行政官）。在波拿巴对外扩张时保持中立，1822 年与穆罕默德 - 阿里（Méhémet-Ali）结盟。

2　出生于阿勒颇的一个逊尼派家族，17 世纪定居黎巴嫩后成为德鲁兹派教徒。在飞黄腾达之后与亚兹巴基斯（Yazbakis）家族争夺德鲁兹派领袖地位。这两大家族的分裂成就了马龙派谢哈布（Chehab）的雄心抱负。

山卓公约》，1840 年），埃及最终只得从叙利亚撤军，奥斯曼帝国趁机重占黎巴嫩，俘虏并流放了贝希尔·谢哈布二世，重新将黎巴嫩整合至叙利亚行省，由大马士革帕夏统治。黎巴嫩在 1814 年被划分为两个教区：贝鲁特－大马士革以北的地区主要人口为基督教徒，由一位马龙派州长（凯马坎 kaymakam）管辖；而南部主要居民是穆斯林，由一位德鲁兹派凯马坎统治。早在坦志麦特（改革）初期，奥斯曼帝国就实施过一项地理宗教教派政策，导致宗教矛盾激化，被改革派的对手加以利用。实际上在州长统治期间，德鲁兹派将他们的权威强加于马龙派教徒身上。而在谢哈布统治期间，德鲁兹派固有的封建自尊受到羞辱，他们崇尚的宗教传统与马龙派从外国带来的现代的、进步的产物（公路、纺织厂……）格格不入，这滋生了不满的情绪。他们在最为狂热的奥斯曼人那里得到了倾诉的机会，而这些奥斯曼人对坦志麦特深怀敌意，认为改革最大的受益者是基督徒。1845 至 1859 年，德鲁兹派教徒在他们的领袖琼卜拉特的带领下对马龙派教徒犯下了较以往更甚的罪行，而奥斯曼帝国也没有对此进行干预。奥斯曼朴特认为德鲁兹派虽为穆斯林异端，但仍是帝国在黎巴嫩地区影响力最可靠的维护者。1860 年 3 月，大马士革和贝鲁特的帕夏会同德鲁兹派的首领们一起商议消灭基督徒的计划。这些凶手虽然被揭发，但并未遭到任何法律制裁。马龙派决定采取报复政策，对德鲁兹派来说，当前的局势已演变为针对基督教城市发动的有组织的战争。直到 7 月 5 日，大马士革当局才勒令双方停火，保证向基督徒提供保护，但前提条件是要求他们同意犯罪分子不受惩罚。7 月 9 日至 15 日，一场针对基督徒的猎杀将大马士革的街道染红[1]，连埃米尔阿卜杜勒·卡迪尔（Abd el-Kader）本人都感到震惊。在天主教界的推动下，拿破仑三世凭借其拉丁基督教徒保护者的身份，决定出兵干预，但为了不在外交上沦为孤立，他在巴黎召集了英国、奥地利、普鲁士、俄国和奥斯

1　这场屠杀中估计有 1 万至 1.5 万名基督徒遇害，仅大马士革就有 4000 至 6000 名基督徒遇害。

曼帝国的代表举行会议讨论相关事宜。1860 年 8 月 3 日，拿破仑三世决定派遣一支由半数法国士兵组成的远征军在黎巴嫩采取行动，帮助奥斯曼土耳其苏丹恢复其阿拉伯行省的秩序。然而此次欧洲势力的干预，准确说是法国出于人道主义目的以保护黎巴嫩基督徒为名采取的行动，实际上进一步切断了奥斯曼土耳其帝国与黎巴嫩山区之间的关系：1861 年，自治政府成立，行政长官必须由一位非黎巴嫩裔的基督徒担任，辅以一个由所有教派代表组成的委员会。然而，贝鲁特并不在黎巴嫩自治区的范围内，仍保留在大马士革帕夏管辖区（pachalik）。另外，由于此次事件，大批进步的基督教难民涌入贝鲁特港，带来了经济活力，建立了与法国和英国的海上联系，使贝鲁特港取代大马士革成为当地的贸易中心。

在 19 世纪的最后几十年中，地中海世界的地缘政治在一系列欧洲干预下发生了极大的改变，其中最后一次干预就是 1878 年签订的《柏林条约》，条约主要通过在巴尔干半岛上建立塞尔维亚、黑山、保加利亚、鲁米利亚和罗马尼亚等公国继续分裂奥斯曼帝国，希腊借此机会继续扩张[1]，奥匈帝国则占领了波斯尼亚－黑塞哥维那（名义上仍属于奥斯曼帝国）。虽然意大利获得了介入非洲的权利，但法国和英国是地中海最大的赢家：巴黎占领了阿尔及利亚，控制了突尼斯，在国际社会的承认下拥有保护黎巴嫩马龙派教徒的权力；而伦敦则实际上统治着埃及，并从奥斯曼苏丹的手中获得了塞浦路斯的临时监护权。《柏林条约》后的地中海世界暗流涌动，危险一触即发。

1　直至科孚至奥林匹斯山顶一线。

第二十一章

Colonisation et monde méditerranéen

殖民与地中海世界

1884—1885	为瓜分非洲召开的柏林会议。
1904	英法签署《诚挚协约》（*Entente Cordiale*）；法国承认英国对埃及的保护权，英国承认法国对摩洛哥的特权地位。
1911	阿尔赫西拉斯会议。虽然德国未发表意见，法国和西班牙都自视有权染指摩洛哥。
1911	意大利向奥斯曼帝国宣战，吞并的黎波里塔尼亚和昔兰尼加。
1912	第一次巴尔干战争，保加利亚、塞尔维亚、希腊和黑山通过侵吞奥斯曼帝国领地扩大国土。阿尔巴尼亚独立。
1913	第二次巴尔干战争，保加利亚失去了之前获得的所有利益。阿尔巴尼亚的独立使塞尔维亚丧失出海口，后者开始觊觎奥匈帝国手中的波斯尼亚和黑塞哥维那。
1914	“一战”开始。
1915	意大利参战。达达尼尔战役失利。
1916	协约国撤离，任由土耳其人封锁黑海。
1917	俄国后勤物资匮乏，俄国革命爆发，单独与德国签署条约。
1918—1919	签订合约，奥斯曼土耳其帝国和奥匈帝国解体。

1.“合法瓜分”

文化兼并

19 世纪，对地中海世界的文化掠夺已接近尾声。实际上，自 18 世纪以来，这片海域带来的商业、海洋或领土利益也吸引了除西欧以外国家的目光。1709 年在那不勒斯周边开始的挖掘工作一直时断时续，后来在西班牙国王卡洛斯三世（Carlos Ⅲ）的推动下才于 1734 年开始大规模地进行。波蒂奇（Portici）别墅的珍品陈列馆成为首座古董博物馆的雏形。1738 年和 1763 年先后发现的赫库兰尼姆古城（Hermulanum）和庞贝古城遗址吸引了众多学者的注意，其中就包括德国人温克尔曼[1]（Winckelman）。在他的影响下，受古代民主主义艺术启发的新古典主义与 18 世纪末期的自由理念融合在一起。对古代遗址的痴迷使得政治与新思想的结合更加紧密。一群受过良好教育的年轻人，尤其是那些毕业于英国大学的学生，不仅完成了对罗马的探访，还对那不勒斯地区、西西里岛和马耳他进行了实地调查。“壮游”（英语为 grand tour，德语为 Junkerfahrt）活动让这些社会精英阶层的游学者受益匪浅，正是他们为欧洲共同文化的定义奠定了基础。同时也出现了这样一种观点，即由于道德标准的弱化，古之遗风已荡然无存：希腊面对罗马人的进攻显得不知所措，罗马也在野蛮人的攻势下毫无还手之力。从那时起，

1　约翰·约阿辛·温克尔曼（Johann Joachim Winckelman，1717—1768），希腊艺术理论家。

道德、男子气概和权力这三个要素常常在欧洲社会的政治演讲中被联系在一起。为避免被其他势力所统治，占领文化制高点势在必行。

由于军事行动的增加，壮游者们追寻艺术、文化和西方文明根源的脚步，终被法国大革命和法兰西帝国的隆隆枪炮声止住，而拿破仑·波拿巴征服埃及以及随之而来的考古发现扩大了文化探索的领域。古董爱好者和各国政府都竭尽全力抢夺奥斯曼帝国手中的古代宝藏，并将它们运送到伦敦、巴黎或柏林的博物馆。正如前几个世纪一样，他们的所作所为已不仅限于将艺术珍品据为己有，而且将所有他们视为西方遗产的艺术品或建筑送回欧洲。不计其数的历史建筑、遗址、图书馆和档案馆被掠夺，与军事胜利之后的抢掠别无二致；此外，文物售卖与交换也时有发生。急于实现现代化的奥斯曼帝国由于缺乏资金，无奈只能将不属于本民族历史的文物出售或换取资金用于基础设施建设。舆论也随之而来，当时的流行趋势散发着对古代和东方的迷恋：18 世纪出现的回归古代风格的新庞贝主义以及 19 世纪的埃及风、希腊风都印证了这股东方热潮[1]。但是正如萨特所说，一些人眼中的美景在另一些人眼中只是平庸，虽然地中海在经济和航海上的重要地位给它加了不少分，但随着时间的流逝，它仍给人一种老旧和破败的印象。此外，各国大使馆也时不时借历史的名义，试图增加它们在奥斯曼世界中的影响力。

影响力陷阱

事实上，实力占有绝对优势的欧洲诸国在对奥斯曼帝国采取行动时，并不会过多地受到外交惯例的束缚。自 1869 年苏伊士运河开通以来，英国人就已意识到这条新航路对于帝国的重要性，而 1870 年在色当会战败北后就高举白旗的法国却没有其他选择，只能忘却耻辱，重新在地中海开创自己的命运。从 1884 年 11 月到 1885 年 2 月，西方诸国在柏林举行了一场关于瓜分非洲的会议[1]，会上制定了正式的殖民规则，标志着“瓜分非洲”（the scramble of Africa）的开始。这是一次系统的掠夺行动，殖民的唯一手段就是武力征服。在柏林会议上各国就瓜分撒哈拉以南的非洲的土地及其丰富的矿产资源产生了分歧：以德国为首的部分与会国家希望将撒哈拉以南的非洲变为一个自由通航的贸易区；相反，法国和葡萄牙等国则希望宗主国在其殖民地拥有商业垄断权。在这次会议的框架内签署的双边条约界定了各国的“势力范围”，这个新概念实际上就是划分各国的“狩猎区”，避免遭受其他国家的侵犯。的黎波里塔尼亚是唯一被涉及的北非领土：意大利自 1882 年与德国和奥匈帝国缔结为三国同盟[2]后，得到了占领的黎波里摄政区的机会。法国担心意大利会借道的黎波里入侵突尼斯[2]，而英格兰则担心意大利觊觎埃及[3]，两国因此要求意大利明确表达自己无意于突尼斯的态度，并承认英国对埃及的占领国地位[4]。

最终，由于英法之间的法绍达（Fachoda）冲突（1898）造成的紧张局势以及法国对摩洛哥的企图，意大利的势力未能介入的黎波里。

按照英国人的说法，法绍达（Fachoda）事件[5]在双重压力下爆发：一方面，各国很难再在非洲获取土地，非洲大陆的瓜分几乎已经完成；另一方面，强烈的民族主义浪潮让英、法两国内部都躁动不已。然而，英国和法国政

1　柏林会议聚集了德国、奥匈帝国、比利时、丹麦、奥斯曼土耳其帝国、西班牙、美国、法国、英国、意大利、荷兰、葡萄牙、俄国和瑞典 - 挪威王国。

2　1900 年，法国通过承认意大利在利比亚的权利使意大利退出三国同盟。

3　新意大利王国逐渐蚕食红海的东非一侧（1869—1882），在那里建立了厄立特里亚殖民地。然而，它向内陆的推进遭到阿比西尼亚帝国皇帝孟尼利克二世（Ménélik Ⅱ）大军的反抗（阿杜阿战役，1896）。

4　1887 年英意协定，以及 1900 年、1902 年和 1906 年的法意协定（阿尔赫西拉斯会议）。

5　法绍达（Fachoda），苏丹的埃及军事哨所，曾是阿拉伯走私商人的哨探点。法国人觊觎已久，希望通过此地保护其从大西洋至红海（达喀尔 - 吉布提）的商路，英国人也希望占据此地，以完成开普敦至开罗的铁路的修建。

府最终的克服了各自的情绪，经谈判达成了一项解决方案[1]（1899），为签署《诚挚协约》（1904年4月）铺平了道路。按照协议规定，法国承认英国对埃及的保护权，而英国承认法国对其保护国摩洛哥的特权地位。

事实上，在控制突尼斯和阿尔及利亚之后，法国的兴趣便转向了摩洛哥，而该国的大西洋沿岸显然比地中海沿岸更具吸引力。孔布内阁（1902—1905）外交部部长德尔卡塞（Delcassé）通过幕后交易让意大利承认法国在摩洛哥的权力，作为交换，法国支持意大利在利比亚的自由行动。对西班牙德尔卡塞如法炮制，承认其在德拉河（Drâa）以南的摩洛哥撒哈拉地区，以及北部从梅利利亚（Melilla）至拉腊什（Larache）地区的控制权，但丹吉尔及其周边不包括在内。最后，他成功让英国签署了《诚挚协约》（1904）。德国被孤立，德皇威廉二世（Guillaume Ⅱ）对丹吉尔的访问（1905）被视为对和平的威胁。在阿尔赫西拉斯（Algésiras）举行的欧洲会议（1906）正式授予法国和西班牙介入摩洛哥的权利。德国曾煽动摩洛哥人反抗（1911），但在巴黎承认德国在赤道非洲的干预权后，最终还是接受了阿尔赫西拉斯会议上做出的决定[2]。

至此，罗马政府再也不受约束。1911年9月底，意大利向奥斯曼帝国发出最后通牒，威胁如果意大利公民在持续的骚乱中得不到保护，将对的黎波里塔尼亚和昔兰尼加采取行动。由于没能得到满意的答复，意大利向奥斯曼帝国宣战，同时下令展开第一拨军事行动。10月4日至20日，的黎波里、德尔纳（Derna）和班加西（Benghazi）接连被意军攻克，到了1911年11月5日，的黎波里塔尼亚和昔兰尼加也落入意大利之手。此次行动在1912年获得了国际上的认可[3]，奥斯曼苏丹则允许该摄政区实施自治，对其只保留与其哈里发有关的权力。虽然的黎波里塔尼亚投降，但在昔兰尼加，强大的宗教

1 以尼罗河以及乍得湖支流为界，在赤道非洲，各国确定了各自的影响区。

2 1912年，在与西班牙达成一致后，法国将摩洛哥王国纳为保护国。

3 1912年10月18日签署的《乌希（洛桑）条约》。

团体塞努西教团[1]率领剩余战力立即开始了针对意大利占领军的反抗行动。

为了向奥斯曼苏丹施压，意大利人利用多德卡尼斯群岛[2]人民的独立情绪占领该岛（1912）。意大利人在利比亚和爱琴海的双重胜利鼓舞了巴尔干半岛上的四个基督教国家（保加利亚、希腊、门的哥罗和塞尔维亚），它们在俄国的支持下组成巴尔干联盟（1912），这令本就反对塞尔维亚扩张的奥匈帝国更为恼火。正当奥斯曼帝国与意大利商讨《乌希条约》（*Treaty of Ouchy*）时，这四个巴尔干国家向奥斯曼帝国宣战了（1912 年 10 月 8—17 日）。面对多国联军，受制于帝国组织结构的土耳其苏丹无法动员足够的力量[3]，这使得伊斯坦布尔和色雷斯直接处于保加利亚的兵锋之下[4]。欧洲五强（德国、英国、奥匈帝国、法国和俄国）为了防止巴尔干半岛各势力间的平衡被打破，决定与奥斯曼苏丹达成一致，向伊斯坦布尔派兵。1913 年《伦敦条约》的签订标志着第一次巴尔干战争的结束。原属奥斯曼的鲁米利亚（Rumelia），除了伊斯坦布尔及其周边区域外，均被四个战胜国瓜分。希腊获得了伊庇鲁斯地区、南马其顿和萨洛尼卡，战前由列强共管的克里特也回归希腊；保加利亚获得了马里查河（Maritsa）以南的南色雷斯全境；奥匈帝国为阻止塞维利亚获得亚得里亚海出海口而强加干涉，最终塞维利亚获得了北马其顿，领土

1　塞努西教团（Sanusiyya）是阿尔及利亚的阿拉伯宗教团体，创建于 1837 年。随后在阿尔及利亚、利比亚、埃及、苏丹和尼日尔迅速壮大。在利比亚，它在班加西、德尔纳、库夫拉和莫祖克势力较强。

2　受到 1821 年希腊起义的激励，群岛的行动在 1824 年被埃及人残酷镇压，未脱离奥斯曼帝国的统治。1908 年，群岛决定联合，以十二群岛之名争取自由。在它们的行动获得成功之前，意大利人趁机占领该岛。

3　保加利亚动员了 60 万人，塞尔维亚出兵 25 万人，希腊 12.5 万人。奥斯曼帝国拥有 2600 万人口，但仅有 600 万人居住在欧洲，其中只有 200 多万人是穆斯林，而只有这些穆斯林在这场冲突中才是可靠的战力。由于此时与意大利的战争仍在进行中，无法调回的黎波里塔尼亚或叙利亚的部队，奥斯曼帝国只能抽调出 20 万人。

4　但俄国暗中获得了法国和英国的承诺，英法承诺俄国，如果在与德国和奥匈帝国的战争中取胜，则支持俄国收回色雷斯和君士坦丁堡。

占据伊庇鲁斯的大部分地区的阿尔巴尼亚获得独立。希腊获得了奥斯曼帝国第二大城市，将其更名为塞萨洛尼基（Thessaloniki）。

领土层面上这次争端最大赢家是保加利亚，它对马其顿（萨洛尼卡）和色雷斯（埃迪尔内，伊斯坦布尔）还有更大的野心。实际上，保加利亚的统治者斐迪南一世（Ferdinand I of Bulgaria，1887—1918）这位敌视俄国的德意志王子采取同盟国政策，希望消除俄国在巴尔干半岛和爱琴海日益扩大的影响力。希腊、塞尔维亚和罗马尼亚组成的联盟成了保加利亚实现自己野心的绊脚石。在列强煽风点火下发起的第二次巴尔干战争（1913 年 6—7 月）以保加利亚的失败告终。终结战争的条约内容主要涉及的不是参战国，而是在它们背后暗箱操作的大国。虽然保加利亚几乎丧失了 1912 年获得的全部领土，并将东色雷斯[1]归还给了奥斯曼帝国，但俄国出于自身的利益，让保加利亚得以保留西色雷斯和北爱琴海的泽泽阿加赫港（Dedeağaç，今亚历山德鲁波利斯）。另外，奥匈帝国和意大利最终确定了与阿尔巴尼亚的边界，维也纳政权也希望由罗马控制这一新生的国家，使塞尔维亚失去出海口，进而控制奥特朗托（Otrante）海峡和亚得里亚海。然而，被挫败的野心却带来了灾难性的后果：被剥夺了出海口的塞尔维亚开始垂涎奥匈帝国手中的波斯尼亚 – 黑塞哥维那；被英、法、俄三国协约抛弃的保加利亚转投同盟国。而此时的奥斯曼帝国实际由强大的青年土耳其党人领导[2]，这些怀揣泛突厥主义思想的人虽与欧洲各大势力毫无瓜葛，但他们希望改变本国一直奉行的多宗教并存政策，消除基督教元素[3]并建立一个纯土耳其 – 伊斯兰帝国。1914 年 6 月，奥斯曼帝国与德国结盟对抗俄国。

第一次世界性大战的背景搭建完成。

·

1 沿马里查河（埃夫罗斯）直至埃迪尔内（阿德里安堡）。

2 实际上由三人掌握实权：陆军大臣恩维尔（Enver）帕夏、海军大臣杰马尔（Djemal）帕夏和内务大臣塔拉特（Talaat）帕夏。

3 这是 1915 年亚美尼亚种族大屠杀的原因，比 1894—1896 年的第一次大屠杀规模更大。

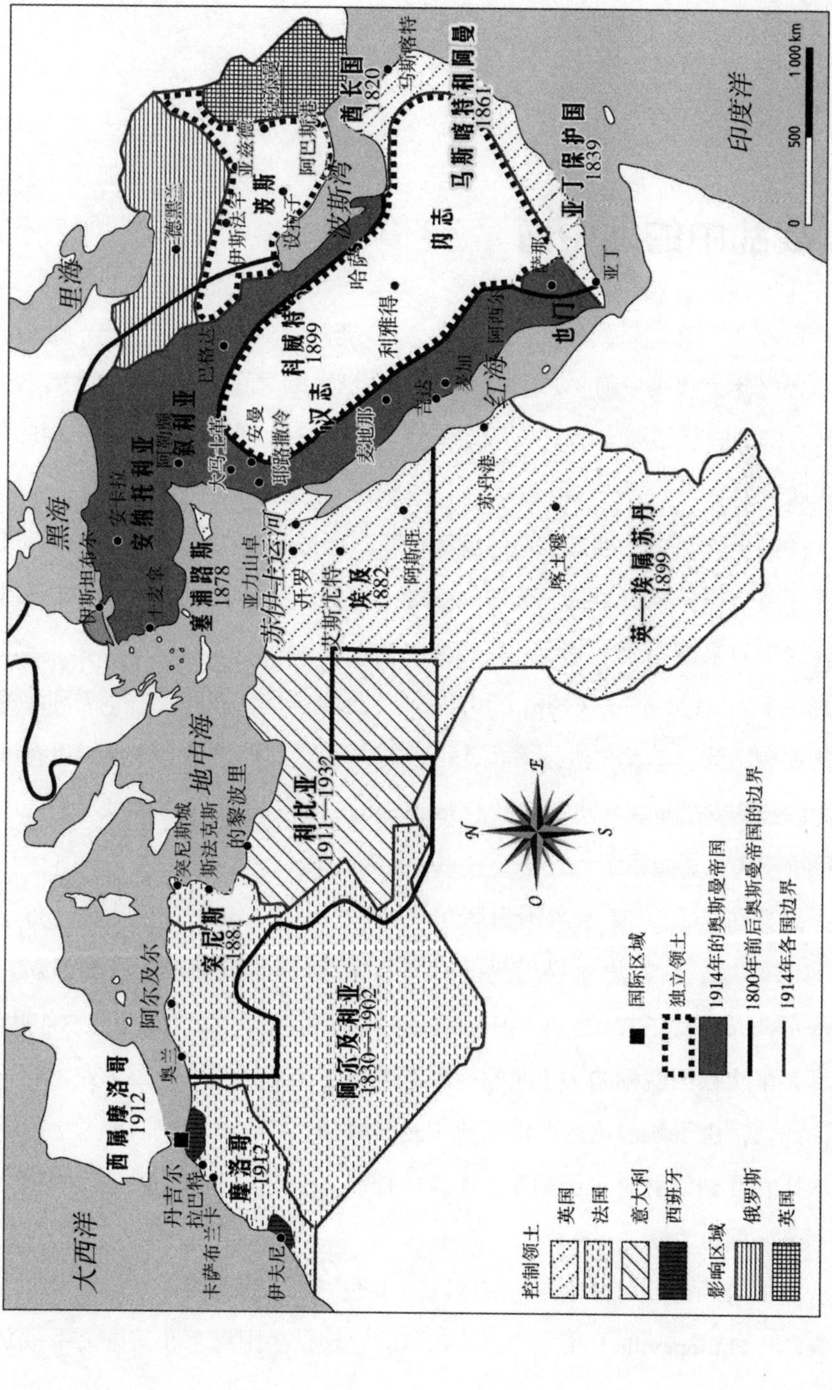

大西洋
地中海
黑海
里海
波斯湾
红海
印度洋
苏伊士运河
西属摩洛哥
1912
摩洛哥
1912
阿尔及利亚
1830—1902
突尼斯
1881
利比亚
1911—1932
埃及
1882
英—埃属苏丹
1899
塞浦路斯
1878
安纳托利亚
叙利亚
汉志
科威特
1899
内志
马斯喀特和阿曼
1861
亚丁保护国
1839
也门
波斯
西长国
1820
伊斯坦布尔
士麦拿
安卡拉
阿勒颇
大马士革
耶路撒冷
安曼
巴格达
亚历山卓
开罗
艾斯尤特
阿斯旺
苏丹港
喀土穆
麦地那
吉达
麦加
阿西尔
利雅得
哈萨
萨那
亚丁
马斯喀特
阿巴斯港
设拉子
伊斯法罕
亚兹德
德黑兰
阿尔及尔
奥兰
丹吉尔
拉巴特
卡萨布兰卡
伊夫尼
突尼斯城
斯法克斯
的黎波里
控制领土
英国
法国
意大利
西班牙
影响区域
俄罗斯
英国
国际区域
独立领土
1914年的奥斯曼帝国
1800年前后奥斯曼帝国的边界
1914年各国边界
0
500
1000 km

欧洲殖民扩张

2. 战乱中的地中海

1914年大战爆发前夕，地中海承载了欧洲大国之间剑拔弩张的情绪[5]。虽然各国的舰队规模大小不一，但直到1915年意大利参战后，全面对抗才正式展开。

协约国阵营中，拥有该地区规模最大、历史最悠久的舰队的法国，其首要任务是保护补给船队。英国舰队规模位居次席，数艘军舰被派往马耳他，这里后来成为澳大利亚、新西兰陆军部队的基地（ANZAC，Australia and New Zealand Army Corps）和地中海地区重要的海军医院。意大利海军虽然规模不大，但其先进技术也使得他国不敢对其掉以轻心，他们最有威慑力的装备就是鱼雷快艇（MAS, Motoscafo armato silurante）和战斗蛙人潜水助推器（人力鱼雷）。

同盟国方面，奥匈帝国海军虽然规模中等，出海口仅限于一条不长的海岸线［从的里雅斯特至黑山，但得到了德国潜艇（U型潜艇，Unterseeboot）］的支援。东地中海最强的奥斯曼帝国海军境况也大致如此，土耳其军队甚至谎称购买了两艘德国军舰用于轰炸俄国的克里米亚港口。无论如何，由于其对达达尼尔海峡（爱琴海和黑海之间的交通要道）以及安纳托利亚和叙利亚－巴勒斯坦海岸的控制，土耳其海军仍是地中海中一股不可小觑的力量。

地中海西部的对抗则相对有限。除了德国海军轰炸阿尔及利亚的菲利普维尔（Philippeville）和安纳巴（1914）之外，法国海军和英国海军成功保障了所有航行和补给线路的安全（特别是埃及）。意大利和奥匈帝国仅在亚得里亚海范围内发生交火，双方都力争对意大利、克孚岛和阿尔巴尼亚之间的奥特朗托海峡实施封锁。不过，在地中海实施的最大规模行动，是法英联军为向俄军提供补给对奥斯曼帝国[4]发起的袭击。1915年的达达尼尔战役（或称加里波利之战）中，海上和陆上的交锋最后都演变成了一场灾难，协约国在1916年撤离海滩任由土耳其人封锁黑海，后勤物资的匮乏是导致1917年3月沙皇政权倒台的原因之一。

3. 地中海新的地缘政治

1918年1月第一次世界大战结束时，美国总统伍德罗·威尔逊（Woodrow Wilson）（1913—1921）提出了十四条确保世界安全和民主胜利的方法，并强调了人民应掌握自己的权利。曾作为18世纪末政治革命驱动力的卢梭主义思想在1848年“民族之春”时转变为起义的热情，而那些新生的国家又迫不及待地加入殖民的浪潮中。威尔逊认为国家的多民族属性是民族自决的绊脚石，他要求奥匈帝国的非德意志民族和奥斯曼帝国的非土耳其民族自治。按照1918—1919年签署的条约，地中海北部沿海地区分别归属五个势力不等的国家（西班牙，法国，意大利，南斯拉夫和希腊）和两个见证过奥斯曼帝国辉煌历史的实体（阿尔巴尼亚和土耳其的欧洲部分）。虽然美国总统的计划的受益者是欧洲人民甚至基督徒，但它所传递出的信息却也警醒了地中海沿岸居住的阿拉伯或非阿拉伯穆斯林，预示着他们即将迈向漫长的独立之路。

阿拉伯的统一——转瞬即逝的梦想（1919—1932）

1914	英国强迫埃及成为其保护国。
1916	《赛克斯－皮科协定》（*Sykes–Picot Agreement*）将奥斯曼帝国的阿拉伯行省瓜分为英国势力范围和法国势力范围。英国与麦加谢里夫侯赛因（Hussein）签署协议。
1917	英国支持犹太复国主义运动。
1916—1918	侯赛因发动反抗奥斯曼帝国的阿拉伯大起义，自任汉志（Hejaz）国王。其子费萨尔（Faisal）煽动叙利亚－巴勒斯坦起义。
1920	费萨尔在大马士革被拥立为王，获得国际联盟“委任统治权”的法国将其驱逐并建立了三个区域：大黎巴嫩、阿勒颇和大马士革。在其他阿拉伯国家，人们对英国人充满怨恨。
1921	英国在其委任统治地区成立外约旦酋长国和伊拉克王国，将谢里夫侯赛因的两子分别立为两国国王。
1925	法国重新划分政区：叙利亚、黎巴嫩和阿拉维邦（État alaouite）。
1927	民族主义者起义反抗法国人。伊本·沙特（Ibn Saoud）驱逐哈希姆家族，并自立为汉志国王。
1929	英国创建伊拉克石油公司。
1932	英国允许伊拉克独立。伊本·沙特建立沙特阿拉伯王国。
1936	《维埃诺条约》（*Accords Viénot*）确定了叙利亚的独立。
1939	伊本·沙特将石油开采权让与美国人。

1914 年 12 月，英国人为对付奥斯曼帝国强迫埃及成为其保护国，并废黜了时任赫迪夫（埃及总督之称号），扶持其叔父成为埃及苏丹。次年，法国、英国在俄国和意大利的支持下暗中计划在冲突结束后瓜分中东，各方签署了《赛克斯－皮科协定》（1916 年 5 月）。按照协定，小亚美尼亚／奇里

乞亚[1]被重塑，法国的直属统治区覆盖黎巴嫩至苏尔（推罗）之间的地区以及原奥斯曼安纳托利亚，其势力范围扩展至叙利亚以北和摩苏尔地区。英国直接统治现在的科威特和美索不达米亚地区（除摩苏尔以外的伊拉克），控制了海法港和阿卡，其势力范围覆盖叙利亚南部、约旦地区和巴勒斯坦。另外，地中海和约旦之间的圣地，以及加沙、耶路撒冷与黎巴嫩之间的地区由国际政府共同管理。

与此同时，英国人与麦加的谢里夫侯赛因·伊本·阿里[2]（Husayn ibn Ali）合作，向他承诺支持阿拉伯独立事业（1916），但他们对犹太复国主义运动采取了相同的做法（1917），承诺帮助犹太人在巴勒斯坦建立“犹太人家园”，但前提是不损害“目前巴勒斯坦境内非犹太人的公民权利和宗教权利”[3]。此外，英国的主要代表阿拉伯的劳伦斯（Lawrence of Arabia）[4]表示英国的目的是将阿拉伯世界世俗化以帮助其完成现代化，“努力让荒芜的土地重新焕发生机，让民族主义在这个宗教至上、压抑希望、毒叶遍地的国度生根发芽”[7]。

侯赛因发动阿拉伯起义（1916—1918）对抗奥斯曼帝国，并自任汉志的哈希姆王国的国王（1916）[5]。在叙利亚－巴勒斯坦地区，阿拉伯人在其子费萨尔[6]的领导下发动大规模起义，旨在将居住在亚洲的阿拉伯人团结成一个民族。然而在土耳其人被逐出阿拉伯半岛，第一次世界大战结束后，

1　在地中海形成了一个三角形区域，北部是锡瓦斯（Sivas），东部是迪亚巴克尔（Diyarbakir）。

2　侯赛因·伊本·阿里（Husayn ibn Ali，1853—1931）于1908年被苏丹任命为麦加埃米尔。出于对奥斯曼帝国承诺的不信任，他转而与英国人合作。

3　《贝尔福宣言》（1917年11月），是英国外交大臣致英国犹太复国主义者联盟副主席莱昂内尔·罗思柴尔德（Lionel Rothschild）的一封公开信。

4　托马斯·爱德华·劳伦斯（Thomas Edward Lawrence），也被称为“阿拉伯的劳伦斯”（1888—1935）。

5　形成了一条广阔的阿拉伯半岛沿海地带，从亚喀巴湾至也门边境，包括两座伊斯兰教的圣城：麦地那和麦加。

6　费萨尔·伊本·侯赛因·阿尔－哈希姆（Faisal Ibin Hussein al-Hashemi，1885—1933）。

英国人却无法兑现这一矛盾的承诺。

事实上，在费萨尔将大马士革从奥斯曼帝国手中夺回，并在 1920 年被宣布成为叙利亚阿拉伯王国国王的同时，法国人在圣雷莫（San Remo）会议（1920）上正式获得了叙利亚、巴勒斯坦和外约旦的委任统治权，并以此为据将费萨尔逐出叙利亚。面对严重的种族分裂，法国人在 1920 年决定通过分而治之的方法帮助亲法的马龙派实施统治：三个统治区大黎巴嫩、阿勒颇和大马士革就这样被建立。阿勒颇和大马士革两区的建立虽然大大削弱了阿拉伯人的实力，但在 1925 年仍被并入叙利亚。在地中海的沿海地区，从南至北建立了黎巴嫩共和国、拉塔基亚港周边的阿拉维邦[1]和以土耳其语族为主的亚历山大勒塔（Alexandretta）[2]。自 1927 年开始，法国人不得不面对一系列以统一叙利亚全境为目的而爆发的民族主义起义。1936 年，人民阵线开始与民族主义者谈判并签署了一项条约（《维埃诺条约》），条约承认叙利亚独立，然而突如其来的战争让谈判不得不终止。

根据《色佛尔条约》（1920）获得美索不达米亚委任统治权的英国人不得不面对来自阿拉伯世界的愤怒，而犹太复国主义者也要求获得黎巴嫩的部分土地以及约旦河西岸巴勒斯坦的领土。为了避免类似叙利亚的情况发生，英国人随后将这些托管地交与侯赛因的两位幼子掌管（1921）。统治外约旦巴勒斯坦的阿卜杜拉（Abdallah）[3]成为当地的埃米尔，而美索不达米亚则交给已成为伊拉克国王的费萨尔，只要英国托管国的地位不变，上述阿拉伯国家的一举一动都会在它的监管之下[4]。实际上，英国人这么做的

1 一个宗教种族，被奥斯曼帝国列为有经者（穆斯林、基督徒和犹太人）之下。信奉崇拜三位一体，认为穆罕默德只是第二人，但《古兰经》仍然是他们的圣书。他们的仪式是逊尼派、什叶派和基督教的诸说混合。对于大多数逊尼派教徒来说，阿拉维派是异教徒。

2 1938 年更名为哈塔伊（Hatay）共和国，亚历山大勒塔（Alexandrette）的土耳其名称。另一主要城市是安塔基亚。

3 阿卜杜拉·伊本·侯赛因（Abdallah ibn Husayn，1882—1951）。

4 这种托管在外约旦从 1921 年持续到 1946 年，伊拉克是从 1921 年到 1932 年。

目的在于控制油井。入侵波斯的行动自1909年（英国波斯石油公司）起就开始了，但在奥斯曼帝国，英国人遇到了抱有相同野心的德国人。为避免竞争演变为冲突，土耳其在1912年成立了自己的石油公司，意在开采伊拉克的资源[1]。战争结束后，从法国人手中接过该地区（不包括摩苏尔省）委任统治权的伦敦当局决定组织谈判，提出以本国军队撤退为筹码换取库尔德地区25%的石油开采权。1929年，土耳其石油公司正式更名为伊拉克石油公司[2]。在伊拉克独立谈判（1932）期间，英国人始终关注着如何保护他们在该国的石油利益。

而在阿拉伯半岛，奥斯曼式的哈里发制度被废除（1924），随后侯赛因虽自封哈里发，但不久他便去世了。汉志王国的王位传到了其长子阿里（Ali）[3]处，但没过多久他就被英国人的另一位代理人——内志埃米尔伊本·沙特[4]驱逐出境（1925）。就这样，伊本·沙特在1927登基成为汉志国王，他统一了周边地区并建立了沙特阿拉伯王国（1932）。彼时，该国的收入的主要来源只有畜牧业、绿洲农业和麦加朝圣，但1938年石油的发现改变了沙特人的命运，随后美国人获得了石油的开采权。

摆脱了奥斯曼帝国四个世纪的统治之后，阿拉伯世界虽然重获自由，但却已四分五裂。阿拉伯世界从政治上和宗教上可划分成两大阵营，一方是控制阿拉伯半岛的瓦哈比沙特阿拉伯王朝，另一方则是统治近东诸国的

1　土耳其国家银行（英资占大多数）持股50%，德意志银行持股24%，荷兰皇家壳牌公司持股24%，剩余部分由中间人亚美尼亚裔石油商人卡洛斯特·古本江（Calouste Gulbenkian）持有。

2　它一半属于英国，法国占25%，美国占25%。

3　阿里·伊本·侯赛因（Ali ibn Husayn，1879—1935）。

4　阿卜杜拉·阿齐兹·伊本·阿卜杜拉-拉赫曼·沙特（Abd al-Aziz ibn Abdal-Rahman al-Saoud，1875—1953），被称为伊本·沙特（Ibn Saoud），是在瓦哈比教派穆斯林帮助下统治阿拉伯半岛中部的沙特家族的成员，1927年被英国承认为汉志和内志的埃米尔。成功控制了整个阿拉伯半岛，规定瓦哈比教派为伊斯兰的唯一正统，于1932年自封为沙特阿拉伯王国的国王。

逊尼派哈希姆王朝。而在经济上，丰富的石油资源都掌握在英国人和美国人手中，法国人也从这里分走了一小杯羹。哈希姆家族梦想的亚洲泛阿拉伯主义行动胎死腹中。

土耳其民族主义爆发（1920—1937）

1920	签订《色佛尔条约》，条约内容对奥斯曼帝国非常不利。
1922	废除苏丹国制度。
1923	在国家独立战争胜利（1919—1923）后，穆斯塔法·凯末尔成功签署了明显更宽松的新条约（《洛桑条约》）。建立共和国。
1924	苏丹国被废除，土耳其世俗化的道路被打开。

在国家独立战争胜利后（1919—1923），穆斯塔法·凯末尔成功签署了明显更宽松的新条约（《洛桑条约》）。建立共和国。

苏丹国被废除，土耳其世俗化的道路被打开。

1920年8月的《色佛尔条约》决定了奥斯曼帝国的命运，但土耳其国内也存在巨大的政治分歧——一方是指望获得战胜国宽恕的新任苏丹穆罕默德六世（Mehmed Ⅵ，1918—1922），另一方是穆斯塔法·凯末尔·阿塔图尔克（Mustafa Kemal Atatürk，1881—1938）领导的拒绝接受丧权辱国条款的国民军。条约的唯一目的其实就是将奥斯曼帝国的疆土限制在那些以土耳其人为主的地区。就这样，东色雷斯、埃迪尔内（阿德里安堡）、伊奥尼亚和伊兹密尔（士麦拿）被割让给希腊；土耳其东部的凡湖、埃尔祖鲁姆（Erzurum）和特拉布宗（特雷比松）附近的区域组成新亚美尼亚，而迪亚巴克尔（Diyarbakir）东南部区域成为库尔德斯坦的雏形。法国控制了安纳托利亚（Anatolie）的大部分地区（阿达纳、西瓦斯、迪亚巴克尔），而布尔萨（Bursa）、科尼亚

（Konya）和安塔利亚（Antalya）之间的地区则归属意大利。除了伊斯坦布尔及其近郊，苏丹失去了所有位于欧洲的领土；而在亚洲，其掌控的区域也仅限于马尔马拉海（Marmara）沿岸［从恰纳卡莱（Çanakkale）至博斯普鲁斯海峡］和黑海南部沿岸，即博斯普鲁斯海峡至奥尔杜（Ordu）以及安卡拉（Ankara）周边的内陆地区。马尔马拉海两岸成为中立地区并置于国际共管下，而原属奥斯曼的阿拉伯领土则由英、法两国接管。奥斯曼国内的舆论群情激奋，穆斯塔法・凯末尔不仅得到了逊尼派穆斯林和阿列维派[1]的支持，在土耳其人、库尔德人[2]和拉兹人[3]中的声望也是如日中天。于是内战爆发，穆斯塔法・凯末尔与宗教领袖、英国人的傀儡苏丹[4]之间的争斗开始。凯末尔召集大国民议会，一举打响了土耳其民族独立战争（1919—1923）。1922年9月，苏丹制被正式废除。穆罕默德六世（Mehmed Ⅵ）流亡海外，议会推选其堂弟阿卜杜默西德二世（Abdülmecid Ⅱ）继位哈里发：宗教权力与政治权力首次被分开。随后土耳其人逐步收复失地，在大胜希腊军队后，穆斯塔法・凯末尔在洛桑（Lausanne）签署了一项新的条约（1923）。安卡拉政府被认为是唯一的合法政府。土耳其人虽然没能夺回塞浦路斯、十二群岛以及阿拉伯地区领土，但他们还是成功阻止了亚美尼亚和库尔德斯坦的独立。此外，整个安纳托利亚以及包括埃迪尔内在内的东色雷斯（马里查河以东）回归土耳其：希腊也不再对夺取爱琴海地区更多领土抱有幻想。为避免重回紧张局势，当局决定以宗

1　源于伊斯兰教什叶派，阿列维派认为上帝拥有激励和超越现实的最高力量。守卫（Bektaçi）主要为有经者群体中三种宗教的一神论者且是皈依阿列维派的市民。他们信奉一种开放和宽容的宗教思想，这让他们接纳了法国大革命思想，并在后来加入进步主义政治运动和共济会。

2　印欧人，主要是穆斯林，也有其他一神教（犹太教、基督教）或非一神教（雅兹迪教、琐罗亚斯德教）的信徒。

3　高加索人，格鲁吉亚裔基督徒或穆斯林，居住在土耳其东北部和格鲁吉亚西南部。

4　为了阻止穆斯塔法・凯末尔和安卡拉议会的胜利，穆罕默德六世（Mehmed Ⅵ）提议将整个奥斯曼帝国置于英国的保护之下。

教为标准强制执行人口交换[1]：希腊境内的所有穆斯林被迁往土耳其，在大屠杀或难民营中幸存的基督徒则被送往各自的国家（希腊、保加利亚、罗马尼亚）。最后，《洛桑条约》终止了所有可能妨碍民族独立的做法（规定基督教徒或外侨权利的协定、协约国对财政和军队的控制、海峡非军事化）。1923年10月29日，大国民议会宣布成立土耳其共和国，穆斯塔法·凯末尔当选总统。1924年，哈里发制被废除，奥斯曼王朝的所有王室成员都被驱逐出土耳其。土耳其在1926年颁布的民法和刑法已删除了所有与宗教相关的条文，并对所有的习俗实施世俗化政策，一系列措施导致土耳其在1937年正式成为一个世俗化的国家。土耳其用了十三年的时间走出了奥斯曼帝国的阴影，并战胜了几个世纪以来一直希望将其瓜分的欧洲人，随后政府重新聚焦土耳其民族、世俗化和西方化等方面问题。对于开化的穆斯林来说，土耳其也是一个很好的学习榜样。

然而，这种势在必行的现代化改革带有深深的法国印记，它规定宗教行为不得超过个人范畴。新土耳其（以及伊斯兰世界中的改革派）面临的最大挑战是指引伊斯兰教朝着正确的方向发展，就像启蒙运动以来基督教在西方世界所经历的那样[8]。为了实现这一点，民族认同感就必须强于宗教认同，因为宗教常常利用政治上的失败来壮大自身。哈里发这个唯一能让伊斯兰世界统一的标志消亡后，有人希望将伊斯兰教限定在新的国家疆域内，让它成为一种民族的宗教信仰。然而，对于那些不是为了建立新国家，而是为了实现阿拉伯甚至伊斯兰统一这个缥缈理想的人来说，哈里发的空缺简直是天赐良机。

1 50万土耳其人和150万希腊人被迁移。事实上，这个只是一个宗教层面上的标准，因为说土耳其语的东正教徒和讲希腊语的穆斯林也被迫迁居。

北非的伊斯兰世界

闪米特人（科普特人或柏柏尔人）遍布整个地中海非洲，这些或多或少阿拉伯化的人群大多信仰伊斯兰教，讲阿拉伯方言，并在殖民者统治之下：英国人驻扎在埃及，昔兰尼加和的黎波里塔尼亚由意大利人控制，突尼斯、阿尔及利亚和摩洛哥的殖民者则是法国人。

1914年12月在埃及发生了一件大事，自1882年来一直控制该国的英国人废黜了赫迪夫，扶持其亲英的叔父成为苏丹（1914—1917）[1]，并强迫埃及成为自己的保护国。然而，在奥斯曼帝国夺回埃及的企图失败（1915）后，各教派的穆斯林和基督徒在1918年联合起来，组建瓦夫德（Wafd）党[2]，争取埃及的完全独立。巴黎和会期间，党内领导人也希望参加《凡尔赛条约》的谈判，但英国高级专员将代表团成员逮捕并流放至马耳他。这随即引发了埃及人民的暴乱，面对英国人的暴力镇压，暴乱非但没能被制止，反而在西方承认英国保护国地位后愈演愈烈。1920年，伦敦当局开始与瓦夫德党的领导人举行谈判，但埃及人民并未停止施压，最终英国在1922年放弃埃及的保护国地位，自1917年来担任苏丹的福阿德帕夏成了国王福阿德一世（Fouad I，1917—1936）。虽然1923年的宪法赋予了他行政权，但英国仍控制了埃及的国防和交通要道，并保障外国人和少数民族在当地的利益。瓦夫德党是一个世俗自由的党派，它的死对头埃及王室无法阻止其成员在选举和议会中独占鳌头。1928—1936年，福阿德一世为了更好地控制政党，加强王室的权力，在英国人的默许下终止了宪法的效力，但随后发生的一系列事件：意大利占领埃塞俄比亚（1925），国王驾崩（1936），年轻

1　为了证明他与伊斯坦布尔保持距离，他接受了苏丹的头衔。

2　“瓦夫德”（Wafd）一词意为“代表团”。党派领袖们认为自己受到人民的委托。党旗用了绿色的伊斯兰教颜色，上面印有奥斯曼帝国的标志，但新月树枝之间的星星被希腊式十字架取代。

的法鲁克（Farouk）继位（16岁），使得瓦夫德党压制英国当局获得了埃及的独立[1]，并成功在1937年成为国际联盟成员国。然而这位年轻的君主继承其父亲的路线着手加强王权。为了更好地对抗瓦夫德党，他不断强调君主制的宗教特征，在这个未完全世俗化的伊斯兰国家获得了不少民众的支持。事实上，早在1928年穆斯林兄弟会就在开罗北部成立，用其创始人[2]的话来说，该组织就是为了"反对西方世俗统治和对欧洲模式的盲从"，并将"被亵渎的土地"改造为"伊斯兰的土地"。凯末尔主义的局限性业已显现。

1911—1912年意土战争后不久就确定了的黎波里的归属，但意大利人却无法完成对这片土地的并吞。第一次世界大战结束后，麦加的谢里夫侯赛因·本·阿里（Hussein ben Ali）倡导的泛阿拉伯主义（将阿拉伯人和阿拉伯化的人群联合起来）在的黎波里激起了深刻的反响。1918年11月，的黎波里塔尼亚共和国宣布脱离意大利独立。罗马虽承认这是穆斯林世界的第一个共和国，但仍保留对政府职能（军队、司法、外交）的严格管制。随后意大利人不得不在1920年承认塞努西教团首领伊德里斯（Idris）昔兰尼加埃米尔的头衔。然而两个独立后的自治政体与意大利一样拒绝执行已签署的协议，罗马便于1921年开始着手进行对殖民地的再征服，1922年墨索里尼的上位加快了这一进程。1922年，伊德里斯·塞努西（Idris al-Sanussi）被迫流亡，的黎波里共和国和昔兰尼加酋长国也在次年解散，与费赞（Fezzan）一起并入意属新利比亚。由于意大利武力征服下形成的"巨大的不协调整体"只是表面上被整合，实际上这片土地只是"地中海中心的一个令人头疼的空洞，非洲胸甲上的一个醒目的瑕疵"[9]。

在突尼斯，对法国保护权的反抗早在1907年就随着倡导泛伊斯兰主义的青年突尼斯党兴起的改革运动一起展开了，这场带有宗教性质的民族主

1　然而英国军队成功控制苏伊士运河地区二十年，并获准在发生冲突时使用机场和交通要道。

2　哈桑·班纳（Hassan al-Banna，1906—1949）。穆斯林兄弟会对社会的见解与瓦哈比派相同，区别在于他们为获取权力而使用的是现代手段（政党、工会、协会、选举）。

义运动旨在统一那些人口以穆斯林为主的地区，其发生的时期早于哈希姆的泛阿拉伯主义。为了保护那些为摆脱殖民统治奋勇斗争的"当地人"，并同时继续接收西方人带来的现代元素，他们希望创造一种观念，让大家相信本国在文化和思想上与其他伊斯兰国家别无二致。但当局于1912年开始下令逮捕他们，1914年由于世界大战的爆发全国进入紧张状态，青年突尼斯党的动员能力也随之削弱。等到战争结束，埃及、的黎波里塔尼亚和昔兰尼加等事件平息之后，1920年由原青年突尼斯人、众多新成员和宗教界精英组建的宪政党（Destour）重新提出了当年反对保护国的思想。这一新的政党呼吁在突尼斯实施民主、代议制和议会制，要求突尼斯人与欧洲人享有平等的权利。1920—1921年采取的行动虽然表面上未取得任何成效，但他们在法国报刊上激起的反响却让法国政府改变了态度。宪政党成功让突尼斯贝伊[1]意识到机构改革以及人人平等的必要性。但1922年，一场危机使得贝伊和他的儿子们产生了对立。宪政党最终被武力镇压，危机随之解除，但法国实施的改革也将党内最激进的元素逐渐抹去。1924年，宪政党改变策略，通过创建突尼斯工人总工会（CGTT）、组织工会运动将斗争转移到社会层面。1932年，曾接受法国学校教育的资产阶级成了新一代民族主义者，一股新民族主义思潮兴起，哈比卜·布尔吉巴（Habib Bourguiba）领导的《突尼斯行动报》则成为这股势力的发声筒。宪政党的两代人理念产生分歧，导致1934年该党派分裂。支持采用强硬手段逼迫法国让步的年轻人创立了新宪政党（Neo-Destour）。在两派之间激烈对抗之际，坐收渔翁之利的法国直至第二次世界大战爆发前夕一直采取了镇压政策对付反保护国运动。

第一次世界大战之后在阿尔及利亚也出现了要求平等甚至独立的声音。第一次运动是由北非之星（ENA）发起，该组织是由一名法国共产党成员

1　穆罕默德·纳西尔（Muhammad al-Nasir Bay，1855—1922），于1906—1922年任贝伊。

于1926年在法国创立的[1]，最初成员皆为北非劳工。1927年，北非之星的一位年轻成员梅萨利・哈吉（Messali Hadj，1898—1974）宣布阿尔及利亚摆脱殖民统治独立，并彻底阿拉伯化。但1928年后他的思想也发生了变化，由于法国共产党听命于莫斯科，阿尔及利亚人遂做出了与之决裂的决定。1937年，人民阵线解散了北非之星，梅萨利・哈吉创建了阿尔及利亚人民党（PPA），诉求也仅限于阿尔及利亚在法兰西共和国内部自治[2]。在阿尔及利亚爆发的这场抵抗殖民统治的运动也得到了一些欧洲组织的支持[10]，其中最积极的是1920年创立的阿尔及利亚共产党（PCA），它也是法国共产党在当地的分支。由于梅萨利・哈吉刻意与阿尔及利亚共产党保持距离，后者于1936年开始接纳当地成员的加入。在阿尔及利亚的两大群体中都存在反抗殖民化的意愿，但与埃及、利比亚或突尼斯这些受西方思想影响、采用西方政治体系的国家不同，阿尔及利亚的反殖民斗争者信奉的是马克思列宁主义。唯一要求恢复阿尔及利亚政治和宗教权力的组织是创建于1931年的阿尔及利亚穆斯林乌理玛协会（Association des oul é mas musulmans alg é riens）。该组织的首要目的是通过团结说阿拉伯语和柏柏尔语的当地穆斯林，恢复伊斯兰教的纯洁性，让大家信奉纯粹的伊斯兰教，打压本地宗教势力，消灭物神崇拜活动以及其他宗教团体和修士宣扬的崇拜习俗。作为阿尔及利亚的阿拉伯-伊斯兰主流，它希望将这个国家融入泛阿拉伯主义潮流，拒绝被西方同化："阿尔及利亚不是法国，它不可能成为法国，也不想成为法国。即使它接受同化也不可能成为法国。"[11]尽管各国之间存在巨大的差异，但在第一次世界大战之后都出现了反殖民主义浪潮，但参与的人群主要还是社会精英、知识分子、政治人物和教徒群体。事实上，旧的奥斯曼世界到处涌动着相互矛盾的民族主义或泛阿拉伯主义、世俗或泛

1　实际上，共产国际命令法国共产党在移民工人中开展运动。

2　就在这一日确定了阿尔及利亚国旗图案，采用了北非之星的绿白红色旗帜，但加上了哈里发的月牙和五角星。

伊斯兰主义思潮。此时殖民者的势力仍过于强大，自由独立的诉求无法实现。第二次世界大战使得宗主国不可避免地遭到了削弱，也进一步促进了民族解放运动。

第二十二章

Le temps des nationalismes et de la décolonisation

民族主义时代和去殖民化时代

“一战”给欧洲留下的印记是无法磨灭的。这片大陆不再是那个称霸世界的强大实体：老牌殖民国家不得不求助于曾经的殖民地——美国的帮助。战争对欧洲造成的创伤无需冗言：战败国（德国、奥匈帝国、奥斯曼帝国和保加利亚）被羞辱，领土被削减；而部分战胜国也没有获得预期的利益。此外，由于这场战争旷日持久（各国参战时间不同，一般为3—4年）、惨烈异常，其主要的参与者——20—40岁的男性认为自己有权指责政府并提出索赔。退伍军人的“背叛”[1]，加上随之而来的经济危机，让议会民主政府的正常决议受到曲解，反政府情绪高涨，民族主义也偏离轨道发展成了民粹主义。1920年以后，欧洲不断涌现出独裁政权。在这个“疯子的时代”（古斯塔夫·勒庞），歧视外国人和种族主义的标语随处可见，而殖民地居民成了头号打击对象。民族主义者煽风点火的言论也引发了新的动乱。与“一战”不同，“二战”不仅仅是一场军事交锋，而更像是一场民主和独裁这两种理念之间的较量。那些没有参战的（葡萄牙、西班牙）和那些为盟军胜利做出巨大贡献的国家（斯大林领导的苏联）在战后没有得到赔偿。地中海世界也没能在这场双线争斗中幸免：军事冲突在不断扩大，思想上的碰撞也在共产主义的影响下发生了转变。

1. 军事冲突

对于“一战”来说，地中海并不是战争的中心，激烈的冲突只发生在两处海峡的争夺上。但“二战”却完全不同。虽然伊比利亚半岛和巴尔干半岛名义上保持中立，葡萄牙的萨拉查、西班牙的弗朗哥、南斯拉夫的保罗亲王、希腊的梅塔克萨斯将军和保加利亚的鲍里斯三世都无一例外地表现出偏向轴心国的意愿，而同样声称保持中立的土耳其则被法国收买，经英国同意将亚历山大勒塔让给了土耳其。法国在 1940 年 6 月败北撤走之后，维希政权上位并宣布统治下的领土保持中立：包括摩洛哥、阿尔及利亚、突尼斯和叙利亚。首先将地中海变成军事行动舞台的是野心膨胀的意大利人。

1939 年，意大利占领阿尔巴尼亚，维托里奥·埃马努埃莱三世（Victor Emmanuel Ⅲ）自封为这个新占领国的国王。但这只是计划的第一步，1940 年 10 月，意大利入侵希腊，但在遭遇当地武装顽强抵抗后不得不撤退。德国当局明白，墨索里尼的军队无法独自完成任何行动，第三帝国与盟友保加利亚在 1941 年 3—4 月不宣而战入侵了南斯拉夫[1]和希腊[2]，随后占领了克

1　摄政保罗同意与德国人谈判，而将军们在英国人的帮助和群众运动的支持下推翻了保罗，年仅十七岁的彼得二世上位。德国人占领了斯洛文尼亚北部、塞尔维亚和克罗地亚，意大利人占领了黑山、斯洛文尼亚南部、达尔玛提亚和科索沃，保加利亚占领马其顿，匈牙利占领了邻国的一些土地。

2　希腊被分割成三个占领区：意大利人占领基克拉迪群岛（十二群岛已属意大利），以及东克里特和雅典以外的希腊本土，德国人占领马其顿、东色雷斯和西克里特，保加利亚人占领西色雷斯。

里特（1941 年 6 月）。到了 1941 年，地中海欧洲的海岸线（西班牙至土耳其之间的）全部被纳粹德国及其附属国占领。

而在南地中海，意大利军于 1940 年 6 月尝试占领马耳他，虽然他们清楚当地人倾向加入意大利，但还是错误地对该岛进行了轰炸，让岛上舆论迅速转向了支持英国。1940 年 9 月，想要占领地中海沿岸和阿比西尼亚，重塑罗马帝国荣光的意大利人开始进攻埃及，非但没能成功，反而让英国人夺取了利比亚。德国人不得不再一次援救自己的盟友，隆美尔率领的德意志非洲军（Deutsches Afrika Korps）在战场上让盟军陷入困境，但他也告诉希特勒“没有马耳他，轴心国将失去对北非的控制”[2]。此时的英国已将地中海舰队派往了亚力山卓，并决定将马耳他变成一艘永不沉没的航母[1]，行动前还确认了法国舰队的中立地位，害怕它成为自己的敌人[2]。然而这项战略决定改变了地中海战争的性质：虽然海上的交锋从未间断，但海战的重要地位已经被空战取代。于是在 1941—1943 年，纳粹德国空军对马耳他进行了狂轰滥炸，企图消灭岛上的英国部队[3]。

1941 年是一个非常重要的转折点。《苏德互不侵犯条约》被撕毁之后，战场迅速扩大，各种机械化装备也大批投入到战斗中。所有战争的参与者都明白，只有为坦克、车辆、战机和军舰这些机械化设备提供充足的补给才能保障战争的胜利。战争的重心从最初迅速占领土地转变为对油田的争夺。非洲的撒哈拉以南地区和中东的战略地位不言而喻。

地中海争斗双方的势力极不平衡。面对强大的轴心国尤其是纳粹德国的攻势，只有英国和自由法国的少数舰队在苦苦支撑。占领着直布罗陀、

1 他们远道而来，并且只有十几架格斗士战斗机（其中还有一些待装配）和几架飓风战斗机。

2 投石机行动（1940 年 7 月）旨在占领普利茅斯和直布罗陀的法军工事，与亚力山卓的法国舰队达成协议，对凯比尔、达喀尔和瓜德罗普采取进攻。

3 在对马耳他的闪电战（1940 年 6—9 月）中投放的炸弹数量比在英国（1940 年 7 月—1941 年 5 月）还多。

马耳他和塞浦路斯的英国明白埃及可以作为本国军事行动的基地，并相信哈希姆家族可以提供帮助。但1941年4月风云突变，民族主义者拉希德·阿里－盖拉尼（Rashid Ali al-Gaylani，1892—1965）颠覆了亲英的哈希姆王朝成为伊拉克王国首相，他亲善德国并向轴心国供应石油。由于秉持对近东建立犹太家园[1]一事的反对态度，伊拉克早在1935年就成了巴勒斯坦阿拉伯民族主义者的庇护所。英国立即采取军事行动，双方激战了两个月（1941年4—5月）后，巴士拉港被英军占领，巴格达也重回哈希姆家族之手[2]。在这次的行动中外约旦提供了强有力的支持，阿拉伯志愿军团让英军实力大增，如此一来，伊拉克的局势迅速被扭转。阿拉伯军在与维希政权的部队进行了一场激烈的交火之后，便开始与自由法国（FEL）和英军并肩作战。

虽然近东的封锁已经完成，但利比亚的形势更加严峻。1941年3月，隆美尔将英军击退到埃及边界，并意图进攻开罗，控制苏伊士运河并继续从巴士拉获取石油。然而面对顽强作战的英军，德国人无奈只能退守至的黎波里和昔兰尼加边界。自1940年起，流亡埃及的埃米尔伊德里斯与英国人结盟，以提供一支利比亚阿拉伯军队为筹码换取英国对今后利比亚独立的承诺。隆美尔在1942年发起的新一轮攻势被自由法国军队在比尔哈凯姆（Bir Hakeim）挫败（1942年6月）了，随后，英军又在阿拉曼战役（1942年11月）中取得大胜，按丘吉尔的话说，这“可能是战争结束时期的开始”。

与此同时，二战同盟国（美国、英国、自由法国）军队在法属北非（摩洛哥、阿尔及利亚）登陆。事实上，火炬行动的目的是在西方开辟新的战

1　耶路撒冷大穆夫提哈吉·阿明·阿尔－胡赛尼（Hadj Amin al-Husseini，1895—1974），民族主义者，曾分别在叙利亚（1920）和巴勒斯坦（1936—1939）抗击法国人和英国人，随后在1939年逃到伊拉克。在德国收买之下煽动巴勒斯坦起义，支持阿尔－盖拉尼（Al-Gillani）并宣扬对英国人发动圣战。1941年，他逃到纳粹德国并参加了反对他们共同的敌人——犹太人的宣传活动。

2　拉希德·阿里·阿尔－盖拉尼（Rashid Ali al-Gaylani）逃到柏林，希特勒承认他为伊拉克流亡政府首脑。

场，阻止被困斯大林格勒的德军夺取巴库（Bakou）油田的计划。作为回击，德国人一方面占领了自由法国地区（法国人在土伦自沉战舰以防纳粹将其占为己用），另一方面试图占领突尼斯。然而1942年即位的穆斯夫贝伊[1]（Moncef Bey）却是一位民族主义的支持者。德国人排挤维希政府官员，并释放了所有被法国关押的新宪政党成员，穆斯夫趁此机会宣布突尼斯的中立态度，成立政府并反对由当地法国居民建立的法律制度。英美联军在1943年对突尼斯城的占领（5月7日）和德意军队的投降（5月13日）标志着穆斯夫政治生涯的结束，阿尔及利亚的法国政府将他赶下了台并扶持了他的表兄阿明贝伊[2]（Ami Bey）。到了1943年，从黎巴嫩到丹吉尔的整条地中海海岸都处于盟军的掌控之中。

下一步就是解放欧洲的地中海沿岸地区。盟军于7月登陆西西里，他们被当作救星而受到当地民众的热烈欢迎；随着维托里奥·埃马努埃莱三世和法西斯议会的倒台，墨索里尼也被囚禁。同年8—9月，意大利与盟军签订停战协定，盟军控制亚平宁半岛的大部分地区，而科西嘉岛也在起义后脱离了意大利。在巴尔干的共产党抵抗势力也在为最后的起义做准备，等待夺取政权的那一天。老迈的丘吉尔苦于长期独自对抗轴心国，于1944年10月9日前往莫斯科会见斯大林。此次出访的目的，除了争取将希腊保留在英国的势力范围之内，还有讨论战争结束后巴尔干地区的瓜分问题，丘吉尔与罗斯福和斯大林一道签署了多项协定[3]。1945年2—3月签订的《雅尔塔协定》和《波茨坦协定》并没有涉及巴尔干的瓜分问题，因为强势的苏联想要将整个半岛占为己有。

---

1 穆罕默德·阿尔－穆斯夫（Muhammad al-Munsaf，1881—1948）于1942年6月至1943年5月担任贝伊。

2 穆罕默德·阿尔－阿明（Muhammad al-Amin，1881—1962）在1943—1957年担任贝伊。

3 罗马尼亚：90%的领土被苏联占领，10%归其他同盟国；希腊：90%被英国占领，10%归苏联；南斯拉夫和匈牙利：苏联和其他同盟国各占领50%；保加利亚：75%的领土被苏联占领，25%归其他同盟国。

2.“二战”后地中海的政治形势

虽然第一次世界大战极大地削弱了欧洲的实力，但欧洲殖民强国的光环并没有消失。但第二次世界大战却让列强在被殖民者心中的信誉大打折扣。最大的受害者毫无疑问是法国，它甚至没能组织起像样的防守就在短短几天之内沦陷了，此后大部分领土都处于德国掌控的傀儡政府的统治下；在解放过程中，维希政府发表了许多对自由法国不利的言论，而对殖民地、保护国甚至本土同胞，该政府都做出了许多不光彩的事。英国没有受到如此的蔑视，但它的顽强抵抗也不能改变苏联和美国才是最大赢家的事实。战后美国迫不及待地在包括自己的西方盟友殖民地在内的势力范围中扩大影响；而苏联则将本国的扩张描绘成阶级斗争和对受压迫人们的解放。在地中海周围，民族主义在共产主义和国际主义的滋养下不断增长。

莫斯科和《雅尔塔协定》充斥着苏联在欧洲地中海沿岸的扩张企图。在南斯拉夫，虽然铁托领导的共产党获得了统治权[1]，但巴尔干地区处于盎格鲁-撒克逊的势力影响范围的事实让这位领导人也与莫斯科保持着距离。而在阿尔巴尼亚和希腊，奉行斯大林政治路线的抵抗势力和美国支持下的英国势力之间的争斗最终导致内战爆发。1948年以前苏联一直支持南斯拉夫统一，但在苏南决裂之后，恩维尔·霍查（Enver Hoxha，1908—1985）趁机在1946年成立了阿尔巴尼亚人民共和国，他大权独揽，即使1949年在

1　他获得了英国人的帮助。

铁托战略支持下英法组织的行动（颠覆计划）也没能撼动他的地位。此时希腊的共产党抵抗势力在东正教神父们的支持与世俗的社会和民主人士的怀疑声中，无视所有与英、俄签订的协定，于1944—1945年向乔治二世的军队发起进攻。这场内战在苏联强制要求遵守雅尔塔协定后告一段落，但1946年冷战爆发后，残酷的希腊内战也被重启。不过在1948年铁托停止了援助后，希腊共产党不得不在次年（1949）承认失败。全世界都陷入了持续四十年的地缘政治困境——冷战中，欧洲也未能幸免。

发生了三件事让阿拉伯伊斯兰世界发生了剧变：以色列建国、反殖民和大量的石油资源。

阿拉伯世界最敏感的问题就是巴勒斯坦。1936—1939年，反对建立“犹太人家园”的巴勒斯坦人民起义在巴勒斯坦的阿拉伯地区爆发，英国人被迫限制犹太移民，但他们采取的措施被犹太复国主义组织修改后导致阿拉伯民族主义的出现，而这个敌视英国和犹太人的群体在“二战”期间对相应区域的影响微乎其微。到了1947年11月29日，联合国撤销了英国对巴勒斯坦的委托统治权，并将此地区一分为二，成立一个阿拉伯国家和一个犹太人国家，而耶路撒冷被国际化，由联合国管理。此方案一出，立即引发了巴勒斯坦内战，阿拉伯和犹太民族主义者互不相让。1948年5月14日，在英国宣布放弃委托统治权的前一天，戴维·本·古里安[1]（David Ben Gurion）宣布以色列独立。周边国家迅速做出回应，外约旦、埃及、

1 戴维·格林（David Grün，1886—1973），俄罗斯-波兰裔犹太人，1906年移民到巴勒斯坦并于1910年改名本·古里安（小狮子）。第一次世界大战后，他积极参加犹太复国主义和马克思主义运动，随后致力于创立一个具有犹太复国主义和民族主义的社会主义制度（驱逐非犹太劳工）。1935年他担任犹太事务局主席，反对英国人为了平息阿拉伯民族主义者的怒火而减少犹太移民的配额。但到了1942年，他决定将工作重点转向对抗纳粹武装，到了1944年后，他重新开始对抗英国人，并同时组织非法移民（尤其是纳粹集中营的生还者）。那段悲惨的时期改变了世界舆论的态度，英国决定放弃对事实上已失控的巴勒斯坦的委托管理权。

叙利亚和伊拉克都向这个新成立的国家宣战。在第一次阿以冲突（1948—1949）中，以色列在军事上的节节胜利让其国土面积大幅增加[1]，本·古里安一方面施展手腕让联合国置身事外[2]，另一方面让居住在以色列的阿拉伯人感到被排斥而不得不离开[3]。

“一战”后出现的阿拉伯民族主义在以色列建国后变得更加激进，它也成为其他伊斯兰国家反殖民的怒火的发泄口。就在这个时期（至少在口头上）出现了不分种族的阿拉伯主义，因为虽然在此问题上传统的阿拉伯人和地中海的穆斯林有着相同的敌人，但他们依然保留着对埃及或马格里布阿拉伯化柏柏尔人的优越感。而在北非，情况则相反，阿拉伯主义成了相关人士和西方人共同信奉的思想。各国之间这种无基础的融合促使阿拉伯国家建立联盟。

在英国人的支持下，阿拉伯国家联盟于1945年成立，首批成员有埃及（发起国）、沙特阿拉伯、外约旦、伊拉克、黎巴嫩、叙利亚和北也门。联盟的目的是在维护各国独立的前提下，让阿拉伯民族形成外交合力。联盟内部最初有两股主要势力：一股由埃及为代表，支持阿拉伯国家独立；另一股以约旦－伊拉克的哈希姆家族为主，他们看重英国曾经的保护国和委托人身份并倾向于与之合作。1948年发生了两件大事：以色列建国和冷战开始，英国也在此时从中东和近东脱身。联盟内部也分成了两派：一派是亲苏的民族主义者，他们的主要诉求是去殖民化（埃及、叙利亚）；另

1　1947年，以色列国土面积为英管辖下的巴勒斯坦的53%，而到了1949年这个数字上升到73%。

2　1948年9月17日，担任联合国调解员的瑞典国王古斯塔夫五世的侄子福克·伯纳多特伯爵（Folke Bernadotte）被三位犹太军事组织成员暗杀，为联合国在定义耶路撒冷的地位和边界的划分上造成了困难。

3　90万阿拉伯人生活在这个新成立的国家里，他们是此地的主要民族。1948—1949年，本·古里安鼓励军队采取一切措施让阿拉伯人离开以色列，其中75万人被迫离开。这场大迁徙让90万生活在阿拉伯国家的犹太人离开，其中三分之二来到以色列定居。

一派则奉行保守政策的君主派，它比较亲近另一个超级大国美国（沙特阿拉伯）。随着1949年政变的发生，叙利亚的议会民主制度被推翻[1]，埃及贾迈勒·阿卜杜·纳赛尔[2]（Gamal Abdel Nasser）于1952年罢免了国王并随后夺取了政权（1954），这两件事发生以后，亲苏派占了上风。对联盟有着很大的影响的纳赛尔主义，即泛阿拉伯的社会主义为马格里布的独立运动提供了支撑。纳赛尔的成功和苏伊士运河的国有化[3]（1956年7月）让以色列、英国和法国难以坐视不理，三国为了维护公共的利益和红海与地中海之间的自由航行组成了秘密联盟（色佛尔协议）。埃及军队在短时间内就遭遇了惨败，由于不想打破冷战建立的新平衡，美国和苏联向英法施压，联军不得不撤退。

从那时起，地中海这部分地区的形势发生了变化。从19世纪中叶开始，地中海就被视为英国的内湖。“二战”以后，英国除了已占领的地盘之外，还控制了埃及、巴勒斯坦，甚至希腊也是在英国人的支持下才能正常运转，美国外交官甚至将地中海视为“英国的宝贝”[3]。1950年以后，英、法这两个殖民大国的影响力被美、俄这两个超级大国收割殆尽。就像大革命之前的法国一样，苏联一直寻求在意识形态上对自己的卫星国施加影响。在中东和近东，它资助那些以民族斗争名义推翻君主制度或殖民时期建立起

1 1949年3月，叙利亚军方领导胡斯尼·阿尔－扎伊姆（Housni al-Zaim，1897—1949），前亲德维希政府支持者，在美国的支持下上位。他采取的世俗化政策招来了宗教人士的不满，他对美国的开放政策也激怒了一些阿拉伯民族主义人士。1949年7月，胡斯尼遭遇政变（幕后主使可能是英国），被处死。

2 贾迈勒·阿卜杜·纳赛尔（Gamal Abdel Nasser，1918—1970）毕业于埃及军事学院。由于其骁勇善战，他在1948—1949年的战争中是以色列军中为数不多的埃及军官。他意识到君主制不再适应国家的现状，便发起了自由军官运动。1952年，在英国和美国的战略许可下，他推翻了法鲁克国王，并在1953年建立共和国（他自己成为第一位总统）和唯一政党。1954年，大权独揽的纳赛尔成了阿拉伯世界毫无争议的领袖。

3 纳赛尔知道自己的生命受到法国和英国特工机构的威胁，他将苏伊士运河国有化，此前国家经济的44%都被英法夺去。

的独裁共和国。1949年叙利亚政变的最终结果，是该国与纳赛尔统治下的埃及在1958年组成阿拉伯联合共和国（1958—1961）。在苏伊士危机以后，纳赛尔逐渐与苏联亲近，于是伊拉克政府联合英国人试图与约旦一道建立一个联邦国家[1]。但纳赛尔主义却在伊拉克军队中深深扎根，1958年6月，伊拉克国王费萨尔二世、其首相和部分哈希姆家族成员在军事政变中被害身亡，而伊拉克也开始倾向加入阿拉伯联合共和国。从社会的世俗化和女性解放这两方面可以看出阿拉伯进步主义几乎取得了全面的成功。在一部分人看来，实施支持宗教激进主义的泛阿拉伯主义是对抗社会化、世俗化泛阿拉伯主义的唯一有效手段。沙特与美国之间自1945年就建立起的经济联系演变成两国为对抗邻国纳赛尔主义而组成的政治联盟，沙特认为纳赛尔太激进，美国则认为他与苏联走得太近。自1930年来，在经济上捉襟见肘的沙特王室就开始亲善美国，将油井转让给了加利福尼亚标准石油公司。在沙特发现储量巨大的石油让两国在1945年2月签署《昆西协定》（*Pact of Quincy*），美国以向沙特提供军事保护换取当地石油的优先开采权。

逊尼派穆斯林分成了两派：一派是以沙特为首的保守亲美派，另一派是提倡阿拉伯社会主义、民族主义和反殖民的亲苏派。前者仍利用宗教巩固自己的合法身份并削弱自己的对手，后者则完全放弃了宗教身份，这在历史上还是头一次。政治和宗教渗透基本是通过政教合一来完成，最早联合发生在18世纪信奉罕百里教法学派[2]（承认伊斯兰教法权威来自《古兰经》和圣训）的瓦哈比主义者和美国支持的沙特王室之间。但是在北非，自1928年起就出现了一场复兴伊斯兰，反对伊斯兰领土欧洲化、西方化和

1　1958年2月，就在叙利亚和埃及建立阿拉伯联合共和国之际，伊拉克的费萨尔二世和约旦的侯赛因一世共同建立了伊约联邦，但这个短命的国家没有能够抵挡巴格达革命的浪潮，仅过了五个月就土崩瓦解。

2　虽然瓦哈比流派与沙特家族的联盟在18世纪40年代才开始（穆罕默德·伊本·阿布多·瓦哈比 Muhammad ibn abd-al Wahhab，1703—1792），公元9世纪出现的罕百里派（艾哈迈德·伊本·罕百里 Ahmad ibn Hanbal，780—855）主张反对希腊哲学污染伊斯兰教。

社会的世俗化的运动，主导团体就是穆斯林兄弟会。瓦哈比派和穆兄会虽然在理想上大同小异（敌视西方、反对以色列、宗教和政治极端主义、视《古兰经》为唯一的法律和主要的核心价值、极端大男子主义），但两者的区别在于后者接受通过政治现代化（选举、党派、共和、联合运动）手段合法获取权力，愿意采用民主国家以数量为参考标准的法律。且瓦哈比派的目标是取得正面的胜利，而穆兄会是采用“传教”渗透的手段来扩大伊斯兰区域。20世纪50年代，美国人觉得这些群体对世俗阿拉伯国家（尤其是埃及）的暴力反抗行为[1]在对抗纳赛尔和共产主义在伊斯兰世界扩张中可以扮演重要角色，遂与之结盟[2]。1930—1950年在科威特、伊拉克和阿联酋发现了储量惊人的石油，于是地中海的命运在20世纪60年代迎来了转折。

首先迎来的是去殖民化运动。法国在1956年、1962年分别承认突尼斯和阿尔及利亚摆脱殖民地地位；英国人也在1960年、1964年承认了塞浦路斯和马耳他的独立。随后世俗化的泛阿拉伯主义迎来了巨大的成功。民主并不依靠已制定的法律制度，而是取决于支持该法律的人口数量的多寡。这些新近摆脱殖民统治的国家常常由于缺乏政治经验或担心与殖民时期的行政制度完全脱节，最终走向了独裁，虽然统治者的初衷并非如此。1956年后，纳赛尔领导下的埃及成了一党执政的国家。其在突尼斯和阿尔及尔这两个曾经的摄政区很快就采取了与最初的殖民者奥斯曼帝国相同的政治手段：秉持法国自由思想的哈比卜·布尔吉巴（Habib Bourguiba）也在1963年强制推行一党制，他自己也最终在1975年上位，这导致腐败和政治收买活动猖獗，与贝伊王朝时期的情况相似。在阿尔及利亚，民族解放阵线（National Liberation Front）很快就成了全国唯一的政党，其角色相当于迪伊时代的近卫军，所有的经济利益都被该党派的政治领袖和军方要人瓜分。这些政党的言论显然受到民族主义的影响，在经历了法国人近百

1　埃及总理在1948年被杀，1954年密谋暗杀纳赛尔。

2　艾森豪威尔总统在1953年接待了穆兄会使团。

年的殖民之后，在土耳其三百年统治期间遗留下来的习惯还是重新迸发出来，唯一与当年不同的是，现在手握统治权的“强盗”是本国人。

在 1963 年和 1973 年，阿拉伯复兴社会党[1]分别在叙利亚和伊拉克掌权。而在 1969 年，穆阿迈尔·卡扎菲[2]（Mouammar Kadhafi）推翻了昔兰尼加的埃米尔政权，废黜了 1951 年上位且奉行亲西方政策的新利比亚[3]国王伊德里斯一世。世俗泛阿拉伯主义的成功却在六日战争（1967 年 6 月 5—10 日）的惨败后被完全抹杀了，此后以色列将自己的国土面积扩大了三倍并占领了耶路撒冷老城。1967 年 9 月，阿拉伯国家在喀土穆通过了关于以色列问题的“三不决议”：不和、不谈、不承认。此前约旦人控制的外约旦和阿拉伯联合共和国统治下的加沙地带都落入了以色列人的手中，巴勒斯坦难民和以色列境内的巴勒斯坦人带来了越来越多的问题。各国之间在军事上剑拔弩张，巴勒斯坦解放组织[4]（OLP）游击队除了对以色列虎视眈眈，还想在叙利亚的帮助下占领约旦。到了 20 世纪 70 年代，纳赛尔主义已经消失，约旦国王侯赛因[5]（Hussein）也被亚西尔·阿拉法特领导的[6]（Yasser Arafat）巴勒斯坦解放组织废黜（黑色九月）。虽然伊拉克小心谨

1　复兴主义的名字源于阿拉伯复兴社会党。在奥斯曼帝国覆灭后建立的复兴党致力于重塑阿拉伯民族主义，推崇自由、现代、世俗和泛阿拉伯主义。

2　穆阿迈尔·穆罕默德·阿布·明亚尔·卡扎菲（约 1942—2011），生于费赞的一个部落，成长在的黎波里塔尼亚，是纳赛尔的崇拜者。

3　这里是奥斯曼帝国在非洲的最后一块土地，先是被意大利殖民，在 1946 年后被盟军占领，1951 年独立。英国人将 1946 年曾经担任昔兰尼加埃米尔的塞努西教团首领送上统治者王位。由于利比亚是由的黎波里塔尼亚、昔兰尼加和费赞组成的，一个来自昔兰尼加的统治者肯定得不到数百年来长期掌权的黎波里人的支持。

4　1964 年在开罗建立，这个政治和准军事化组织成功集结了多个巴勒斯坦抵抗势力。

5　侯赛因·宾·塔拉勒（Hussein ibn Talal，1935—1999），1951 年他爷爷阿卜杜拉一世被暗杀，1952 年在其父因身体原因退位后继承王位。

6　亚西尔·阿拉法特（1929—2004），年轻时与穆斯林兄弟会走得很近，1958 年创立巴勒斯坦民族解放运动。在想要将巴勒斯坦的斗争转化为民族解放战争的苏联人及其卫星国的帮助下，他成了巴勒斯坦民族解放运动的主席，并成为精神领袖似的人物。

慎地采取中立态度，约旦、黎巴嫩、穆罕默德・安瓦尔・萨达特[1]（Anouar el-Sadate）领导的埃及和哈菲兹・阿萨德[2]（Hafez el-Assad）领导的叙利亚在沙特阿拉伯、科威特、莫洛克、阿尔及利亚、突尼斯、利比亚和其他友邦的支持下，发动了赎罪日战争（1973 年 10 月 9—24 日），但最后的结果却是灾难性的。在苏联和美国的干预下，双方达成了停火，并随后进行了和谈，这也是第一次阿拉伯和以色列的领导人在平等的基础上面对面谈判。这场地区争端最终在国际范围内产生了重大影响：为了对以色列及其盟友美国的行动做出反应，阿拉伯石油输出国组织（OPAEC[3]）在 1973 年颁布法令，对西方实施石油禁运。

虽然这次反击与第一次石油危机并无太大关系，但它对那场 1971 年爆发的多层次危机[4]起到了加剧的作用。地中海周边国家和中东的石油出产国既是这场世界性危机的制造者，也从 1973 年开始逐渐终结了经济快速发展的黄金三十年。这些国家的影响力早已超越地区范畴，扩散到全世界。从那时候起，一场小规模的危机都会引发所有国家的关注，每个国家会根据自己权限的不同而采取不同的应对措施。地中海世界又变成了一个支离破碎的脆弱地区，两个超级大国为了在冷战中占得先机不断在这片区域实施干预政策。1974 年，美国人将自己此前为了对付共产势力在 1967 年扶持的上校政权赶下了台，但由于希腊军政府的荒唐决策，土耳其人占领了塞浦

---

1 穆罕默德・安瓦尔・萨达特（Anouar el-Sadate）自 1970 年起任埃及共和国总统，1981 年被暗杀。

2 哈菲兹・阿萨德（Hafez el-Assad）来自少数群体阿拉维派。他与 1961 年阿拉伯联合共和国解散后夺取政权的复兴党有联系，1966 年，他帮助亲俄的复兴党完成独裁统治。在六日战争后，他在 1971 年发动政变赶走了已经失去民众信任的复兴党人。

3 这个总部位于科威特的组织成立的目的是为了协调阿拉伯国家的能源政策。

4 危机始于 1971 年，当时美国石油产量开始减少，美元兑换黄金也停止，导致固定汇率的时代终结，浮动汇率的时代开始。这个国际货币系统的终结导致了 1973 年危机的爆发，阿拉伯石油输出国组织做出决定后美元大幅度贬值。在欧洲，采用蛇形浮动（SME）这种治标不治本的方法最终还是失败了，人们开始思考是否有必要使用统一货币。

路斯的部分领土。1978年，在美国的斡旋下，埃及总统萨达特和以色列总理梅纳赫姆·贝京[1]（Menahem Begin）签署了戴维营协议，随后又在1979年签署了第一份《埃以和约》。另外，黎巴嫩的紧张局势最终导致了漫长的内战（1975—1990）。作为一个“一战”后被“制造”的多宗教国家，黎巴嫩不得不接受大量包括巴勒斯坦解放组织成员在内的巴勒斯坦人，而这些人正遭到约旦人的通缉。社会和政治的分歧加深了宗教上的分歧：东正教徒是最富有的，中产阶级大多是马龙派信徒，而穆斯林的地位最低，其中以什叶派穆斯林最为贫困；基督教徒大多为保守派，穆斯林则都是阿拉伯进步人士。巴勒斯坦势力将黎巴嫩当作攻打以色列的基地[2]，而以色列的反击常常会造成黎巴嫩居民的死伤。1975年4月以后，基督教长枪党和巴勒斯坦突击队队员之间的对峙开启。1976年，叙利亚军队进入该地区为阿拉伯进步派势力提供保护。而到了1978年，南部的以色列军队也出于保护本方势力的目的向此地发兵。黎巴嫩最初由于基督教与伊斯兰教的冲突而国力衰退，而在叙利亚和以色列介入后爆发的阿以冲突（1981—1982）让这个国家濒临崩溃。1982年，一纸美国协定迫使巴勒斯坦解放组织成员离开黎巴嫩，在法国海军的帮助下他们被运往突尼斯。这件事看上去可能将势态引向和平，但事实上却适得其反：随后发生的基督教首领被刺杀和巴勒斯坦难民营的屠杀事件让这个国家变成一片废墟，经济崩溃。自1982年起，国际上各方势力开始介入：美国和法国支持基督徒，苏联则为德鲁兹派穆斯林提供帮助，叙利亚打压进步的阿拉伯人，经历了伊斯兰革命的伊朗人支持近乎被遗忘的为数不多的什叶派。黎巴嫩不再是乱党们的角斗场，而是成了西方势力和苏联、伊朗和叙利亚、以色列和巴勒斯坦之间国

1　梅纳赫姆·沃尔福维奇·贝京，原名米奇斯拉夫·贝京（Mieczyslaw Biegun，1913—1992），1977—1983年担任以色列总理。

2　事实上，黎巴嫩政府和巴勒斯坦人在纳赛尔的保护下，于1969年签署了秘密协议，承认巴勒斯坦军队的法外治权。

际交锋的前沿阵地，阿拉维派、逊尼派和什叶派也参与其中[1]。黎巴嫩内战开启了地中海历史的新篇章，除了19世纪、20世纪出现的民族主义外，奥斯曼和哈里发时代产生的宗教仇恨也再次抬头。一系列令人惋惜的事件让黎巴嫩丧失了大部分的优势产业，经济复苏也停滞了，但这只是地中海地区衰退的序幕。

1 叙利亚在海湾战争中支持美国，作为回报，美国默许其对黎巴嫩的影响，这样局部危机不会结束。

第二十三章

L’ère postcommuniste

共产主义的影响

1. 阿拉伯革命后继无人

为工人阶级解放提供理论基础的马克思主义大潮在 19 世纪中叶出现，随后在 20 世纪初与列宁主义一道成为无产阶级夺取政权的象征。在斯大林主义的影响下，马克思主义变成俄罗斯民族的共产主义，其通过国际工人协会来实现殖民地人民的解放，进而使得一个巨大、有国际影响力且为莫斯科所用的外交网络形成。这次风潮在法国并未取得像苏联那样的成功。殖民地国家及其居民并没有天真地相信这次为争取自由提供的援助是无偿的，这些年轻的国家虽然接受了莫斯科的支持和援助，但它们非但拒绝成为苏联的臣国，反而奉行一种不妥协的民族主义政策。各国的广泛共识是，苏联模式无法适应欧洲国家，必须让理论与当地的实际情况相适应。毛泽东思想的成功也激励了一部分领导人朝着这个方向前进。阿拉伯的社会主义已经证明，政教合一的特殊模式无法融入国际主义。20 世纪 60 年代末期开始，非洲和其他第三世界国家在不放弃自由理念的情况下，刻意收敛了对其他国家影响的排斥情绪。在 1973 年麦加召开的不结盟运动峰会迎来了非洲（包括纳尔逊·曼德拉）、亚洲和美洲的独立运动领导人，倡导“继承革命的合法性但又绝对忠于国家统治的多疑民族主义”[1] 的阿尔及利亚总

1 穆罕默德·本·布拉希姆·布哈鲁巴（Mohamed ben Brahim Boukharouba），人称胡阿里·布迈丁（Houari Boumediene，1932—1978），1959—1962 年任阿尔及利亚民族解放军总参谋长，1963—1968 年任第一副总理，随后他发动了一场不流血的军事政变，随后在阿尔及利亚实行专制统治。

统胡阿里·布迈丁（Houari Boumediene）在此次活动中崭露头角。革命理想逐渐沉寂，而拥有信仰的公知们组成了国家的中产阶级，这种情况也最终导致20世纪90年代初苏联体制的崩溃。地中海沿岸地区尤其是阿尔及利亚也受到了影响，在这之后，强权将个人崇拜与强大武装联合起来建立起干部职务名称表制度，但这种军政权激起了群众的不满。那些无论由于什么原因被剥夺了身份的人不得不离开自己的国家，那些近东的巴勒斯坦人、西德的土耳其人或居住在法国、比利时、西班牙的土耳其人无不如此。在《家庭团聚法案》的作用下，曾被视为暂时现象的移民成了目的国的公民。作为阿尔及利亚民族主义分子的布迈丁早已预感到这项政策会带来怎样的人道主义后果。欧洲国家对廉价劳动力的需求缓解了新兴国家经济的压力，但最终会导致一些敏感问题的产生："我们无法改变这样的局面，即使是四年、五年甚至十年后我们可能仍无法做到！我们不应将阿尔及利亚人移民至欧洲视为一个普通的问题，而应将它看作是国家的问题，这一点非常重要。我个人认为，移民至欧洲的同胞们如果能在本国获得良好的工作，那么他们将会逐渐回来。"[3]

在富有的产油国与其他伊斯兰国家的差距扩大之际，关于阿拉伯化的言论站不住脚。最有说服力的还是关于民族身份的言论，虽然出于道德的原因移民们并没有与原籍国斩断联系，但本国的同胞却将他们视作出于追求更好生活而忘本的叛徒。两种人之间唯一的联系就是伊斯兰教。

2. 极端主义者的机遇

伊斯兰教的少数派分支萨拉菲主义利用当时的混乱慢慢浸入人们的思想，找寻自己的一席之地。19世纪在埃及萌芽的萨拉菲主义是逊尼派的一个分支，其成员希望伊斯兰教回归最初先知时期的纯洁，对各教徒群体实施道德上的再教育。到了20世纪20年代，萨拉菲主义演化成了瓦哈比教派，并促成了穆斯林兄弟会的诞生。在成了一股真正的穆斯林流派之后，萨拉菲主义抛弃了理性主义，宣扬宗教激进主义和对《古兰经》字面上的解读。到了70年代，沙特阿拉伯对这种宗教热忱秉持支持的态度，目的是对抗泛阿拉伯现代思想——纳赛尔主义和埃及、叙利亚、伊拉克倡导的复兴主义。在这些崇尚现代化国家的打压下，穆斯林兄弟会不得不逃到沙特寻求庇护。为了不玷污伊斯兰教的纯洁性，萨拉菲主义者在此之前将自己的活动限制在宗教领域，但随后他们受到了穆兄会政治文化的影响。80年代以后，西方国家发动的战争（无论发起者是苏联还是自由派[1]）都被视为主动对穆斯林发起的罪恶攻击，这让奉行极端萨拉菲主义的“圣战者”[4]出现了，而这群人宣扬的是被沙特禁止的（90年代）传统萨菲主义政策。按照伊斯兰理论学家、基地组织的共同创始人（另一位是本·拉登[2]）阿卜杜拉·优素

1 阿富汗战争（1979—1989），第一次海外战争（1990）。

2 奥萨马·本·穆罕默德·本·阿瓦德·本·拉登（Mohammed bin Awad bin Laden，1957—2011），基地恐怖组织头领。

福·阿扎姆[1]（Abdallah Azzam）的说法，“圣战”是每位虔诚的穆斯林必须完成的使命，必须让那些温和派、偶像崇拜派[2]和非穆斯林改宗，如果遭到拒绝就应该将他们击倒并杀死。从支持者数量和传播范围来看，这种极端的宗教思想本应只被中亚少数穆斯林所信仰，但地中海地区发生的战争促进了它的滋长，“圣战者”的行为被视为与十字军类似。

前南战争（1991—2001）

1980年，铁托[3]的去世让南斯拉夫联邦共和国的势力大打折扣，这个共和政权在取代了1918年建立的塞尔维亚卡拉乔杰维奇王朝后维持了四十五年。铁托死后，孱弱的中央政府无法控制各民族的内部逐渐抬头的民族主义。1990年，自柏林墙倒后，在波斯尼亚黑塞哥维那、马其顿、塞尔维亚、斯洛文尼亚和克罗地亚举行了自由、多元的选举。除了塞尔维亚共产党保住了统治地位，在其他前南国家当选的都是支持独立的领导人。在波斯尼亚和黑塞哥维那，这一胜利也由于国内克罗地亚、塞尔维亚和波斯尼亚三个民族的种族主义的迸发而变得复杂化。1991年，克罗地亚和斯洛文尼亚宣布独立，冲突随后在贝尔格莱德被引发。虽然斯洛文尼亚战争只维持了十天（1991年6月26日至7月7日），但克罗地亚战争却持续了四年（1991—1995），在纳粹消亡了半个世纪之后，欧洲的这场令人发指的冲突在联合国的干预下才结束。接下来最糟糕的是波斯尼亚和黑塞哥维那的种族冲突

1　阿卜杜拉·优素福·阿扎姆（Abdallah Azzam，约1941—1989）被世界上的“激进分子”视为伊玛目。

2　与区别对待基督徒的《古兰经》相反，倡导萨拉菲主义的“圣战者”将三位一体与多神论合二为一。

3　约瑟普·布罗兹·铁托（1892—1980）。1941年遭受入侵的南斯拉夫四分五裂，轴心国在这里建立了德国、意大利、匈牙利和罗马尼亚统治区以及克罗地亚、塞尔维亚这两个第三帝国的盟国，铁托高举共产主义大旗，将这些国家统一成南斯拉夫。

（1992—1995），三族（塞尔维亚、克罗地亚和波斯尼亚）的民兵都实施了无差别的种族屠杀。但是这场战争的影响仅限于当地。虽然最初波斯尼亚没有组成独立的种族实体，但随着14世纪克罗地亚和塞尔维亚人的到来，当地民族观念开始形成，他们共同建立王国并创造了独有的语言（斯拉夫语系）。在15世纪被奥斯曼人占领之后，不少人很快就皈依了伊斯兰教，从宗教层面来看，这群人就与斯拉夫东正教徒（塞尔维亚人、黑山人、马其顿人）和基督徒（克罗地亚人、斯洛文尼亚人）划清了界限。他们想要被当作国民承认的愿望在1974年前一直被铁托拒绝，为了消除波斯尼亚的民族主义，他决定定义一个“穆斯林”国籍，而不是波斯尼亚国籍。在阿富汗战争和第一次海湾战争的背景下，波斯尼亚战争被萨拉菲圣战主义者视为一场基督徒袭击穆斯林的战争：来自北非、近东和中东的圣战者与雇佣兵大量拥向冲突地点，组成了第七穆斯林旅[1]。恐怖主义就这样在地中海的欧洲沿岸扎下了根。

海湾战争（1990—1991、2003—2011）

苏联的解体和东西对抗的结束让两极格局结束，美国成为唯一的超级大国，世界以和平和民主为主旋律。萨达姆·侯赛因决定在1990年8月入侵科威特，一方面是为了强迫后者遵守国际石油产出配额，另一方面也是为了占领科威特境内的双方争议领土。美国协同三十四个西方国家在联合国安理会的支持下迅速做出回击，为了让叙利亚保持沉默，美国对哈菲兹·阿萨德插手黎巴嫩事务视而不见，而煽动伊拉克的什叶派和库尔德人起义反抗萨达姆更是打开了潘多拉的盒子。1991年2月，在沙特和科威特的反击中，

1 本·拉登率领的第七穆斯林旅得到了西方组织的支持以及阿拉伯盟友和伊朗的帮助。

遭遇“末世”[1]毁灭的伊拉克不得不撤军回国内。

在得到部分穆斯林国家的支持和其他国家的默许之后，美国入侵了伊拉克，萨达姆也成了西方政治的牺牲品。“9·11”恐袭后不久美国发动第二次伊拉克战争，但这次的战争的情况有所不同。凭借着在今天看来漏洞百出的证据文件[2]，美国不顾多位盟友和大多数西方国家的反对，向伊拉克宣战。美军在战场上摧枯拉朽的军事胜利并不能为这个国家带来民主和统一，相反，伊拉克在宗教分裂和伊斯兰恐怖分子崛起下遭受了严重的政治混乱。2006 年，基地组织伊拉克分支和其他五个圣战组织一道成立了协商委员会，随后宣布成立“伊斯兰国”。2012 年，“伊斯兰国”的势力扩张到叙利亚，并改称“伊拉克和大叙利亚伊斯兰国”［英文简称 ISIS，阿拉伯语简称为达伊沙（Daech）］。2014 年，该组织重塑哈里发制度，并“有意无意地将穆斯林和欧洲的思想曲解并融合在一起[5]”。这一举措吸引了不少圣战者和组织，这些排斥现代伊斯兰教的个人或群体支持“用暴力的手段实施统治”，鼓励穆斯林放弃民众、世俗、民族主义并回归宗教[3]。

1　哈维尔·佩雷斯·德奎利亚尔（Javier Pérez de Cuéllar）向安理会提交的关于海湾战争后伊拉克人道主义需求的第 S/22366 号报告。

2　声称基地组织和萨达姆政权之间有联系，制造大规模杀伤性武器等。

3　阿布·穆罕默德·阿德纳尼（1977—2016），叙利亚圣战者，“伊斯兰国”新闻发言人和境外行动负责人。

3. 地中海，对抗的镜子

旅游天堂

地中海沿岸国家黄金三十年间形成的政治理想随着独裁政权的产生、内斗和战争的到来化为泡影，与此同时，欧洲国家在经济上取得了巨大的成就，人民生活水平也日渐提高。生活条件的改善体现在娱乐活动的进步上。“二战”之前，意大利、德国、苏联、法国、比利时这些性质完全不同的政府都曾想实施带薪假期政策，全世界都能因此受益。这么做的目的一方面是为了让劳动者暂时远离工业城市，另一方面也让他们能够更好地了解自己的国家。虽然出国旅行仍然是精英、贵族和富人们的专利，但自 19 世纪起，海滨已经成了中产阶级度假的乐园；在 20 世纪 20 年代，海滨还只是知识分子和波希米亚人的聚集地，随后海滨在中产阶级眼中就变成度假的代名词。战后，新的生活方式也随着西欧经济的复兴而应运而生：体育活动、强身健体甚至对“阳光”疯狂迷恋。于是度假的潮流出现了，这是一场名副其实的从北欧向地中海沿岸挺进的季节性大迁徙。地中海沿岸国家低廉的物价和充足的阳光吸引了越来越多的北欧人前来度假。20 世纪 60 年代诞生了一个新的产业，人们赋予它一个华丽的名字——“旅游”，虽然大部分度假者完全没有探索当地文化的好奇心。

与工业经济体相比，发展相对滞后的地中海地区找到了旅游产业这个维持生计的手段。最先受益的是西班牙[1]、希腊、南斯拉夫，紧接着突尼斯和土耳其也成了热门旅游目的地。但这种上天的恩赐加剧了各国内部发展的不平衡，据统计，各国75%—90%的新建经济基础设施位于海边[2]。这种经济发展的二分模式造成了西化的沿海地区（当地人自由的生活习惯也反映在游客身上）和内陆地区的文化分裂，相对开化的内陆地区采取无视的态度，但最保守的区域会指责沿海地区的生活方式既腐化又有违传统价值观。1971年，地中海沿岸的21个国家共接纳9000万游客，1980年这个数字上升到了1.5亿，而1990年和2000年，游客数量分别为2亿和3亿，全球30%的游客都集中在地中海，其带来的利润占世界旅游收入的40%：大量的游客成了那些国内旅游消费有限，但同时具有丰富旅游资源的地中海国家的金主，但这种现象会造成工业模式单一、环境破坏等威胁，对景点和当地居民带来不利影响。此外，旅游的季节性也导致当地工作稳定性差。游客们悠闲的生活方式也激励着一部分年轻人移民去西方寻找理想中的乐土，但也有些人认为这是一种腐化堕落，怨恨导致的暴力和恐怖主义也不断滋生。自2012年以来，相关的各国内部情况（革命、纷争、恐怖主义）确实对旅游业有所影响，但依靠非凡的游轮产业，这里仍是世界游客的首选之地。

1　西班牙在1963年出台了国家旅游计划，1964年决定建造高档旅店等基础设施。内战前这里每年接待游客数量约300万，1948年这个数字降到了不足50万。而到了1960年，该国接待旅客数量已达到700万，1970年、1973年该项数据分别达到了2100万和3500万。经历了相对的停滞期（20世纪80年代数量维持在5000万上下），2000年后游客数量又开始增加，现已超过5000万。

2　希腊的情况也类似，这里曾是绝佳的文化旅游目的地，但90%的旅游设施都位于岛上或海边。

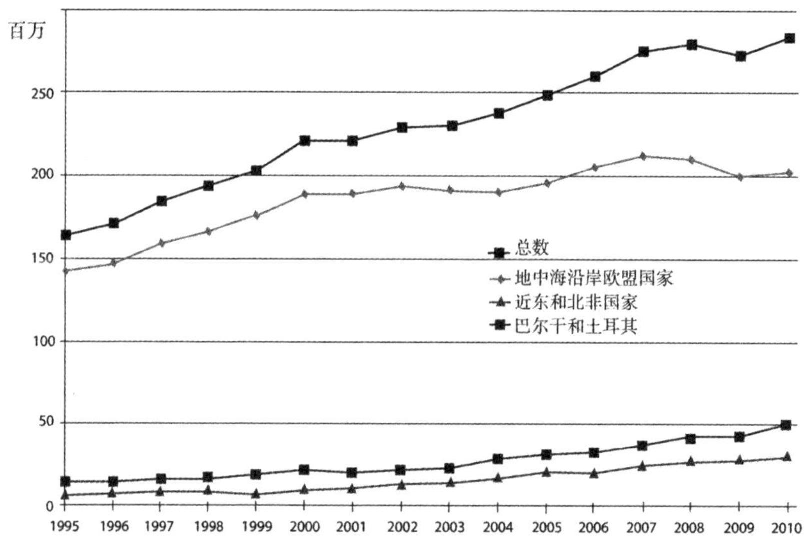

游客数量增长情况（1995—2010）；单位：百万

喧嚣的政治和气候的威胁

由希望改变世界贸易的石油国家在1973年危机初期提出的“全球化为人类服务”[1]的第三世界主义思想在海湾战争后已不复存在。美国及其盟友的胜利巩固了世界经济自由全球化的理念。市场规律的自由发展造成了人类的分化，对穷人们造成了灾难性的影响。为了解释这一现象，有人重拾塞缪尔·亨廷顿[6]（Samuel Hutington）的地缘政治分析理论，即国际政治的核心政治角力是在不同文明之间而非意识形态之间。因此，有些人坚定地认为地中海不再像16世纪那样是“基督教世界的边界”，而是崇尚自由现代主义国家和因社会和宗教文化原因更倾向传统政策国家之间的竞技场。虽然这种观点遭到了广泛质疑，但还是得到了那些指责伊斯兰愚民政策的

1　见弗朗索瓦·佩鲁（François Perroux，1903—1987）的文章。

西方人的支持；相反，那些斥责现代化是背弃传统的罪魁祸首的穆斯林显然不会对此观点加以认同。

在2010年“阿拉伯之春”[7]爆发时，许多事件似乎应归咎于恶化的政治。地中海穆斯林国家的这次觉醒运动的主要诉求[1]是让独裁者“退位”[2]，实行民主和财富分配。虽然突尼斯和埃及的领导人最终离开，政治稳固的两国进入了民主过渡期，但在其他地方这场运动却演变成为一场看不到未来的热血闹剧，最后政权不是重新回到独裁者手中，就是被反动分子和圣战分子通过玩弄民主手段所窃取。“阿拉伯之春”结束后，独裁者或“伊斯兰之冬”紧随其后[8]。在利比亚和叙利亚，各党派之间的内战造成大量无辜贫民流离失所，许多人不得不逃往国外。他们中的大部分都尝试跨越地中海，在欧洲找到工作和容身之所。欧洲和美国对利比亚、叙利亚和伊拉克的干预再一次加深了当地穆斯林对西方国家的仇恨。萨拉菲主义者希望通过曲解伊斯兰教，煽动一场虔诚信徒与“异教徒”之间的大规模战争。

与此同时，气候变化也让非洲的沙漠化问题加剧，迫使东、西撒哈拉以南地区的受灾居民流亡他乡。过去几十年，利比亚收留了许多移民，当时的统治者卡扎菲通过开放和关闭移民通道来向欧洲国家施压。卡扎菲的死让利比亚陷入无政府状态，蛇头和奴隶贩子[3]在这里兴风作浪。面对这场“让欧洲陷入混乱的浪潮”[4]，地中海沿岸国家，尤其是意大利、希腊和马耳他，迎来了一场真正的“难民危机”，没有一个欧洲国家能够幸免[9]。

1　阿尔及尔2010年8月；摩洛哥同年11月；突尼斯12月；埃及2011年1月；利比亚同年2月；叙利亚3月，此外受影响的国家还有巴林和也门。

2　Arhal，阿拉伯语，意为“离开”。

3　国际移民组织2017年4月11日发布的关于费赞地区奴隶市场的报告，移民被强迫从事无偿劳动或卖淫。

4　雅克·勒让德（Jacques Legendre）和盖坦·歌思（Gaëtan Gorce）议员在2016年7月13日发表的第795号消息报告《来自移民的挑战：采取行动吧！》。

结束语
Conclusion

几千年来，来自四方的船只往来于这片海域，大部分船只出于商业目的，但也有少部分被军队和殖民者驾驭。现如今，地中海已成为贫富世界的分水岭，西方的游轮也在这里游走，将一批又一批的游客带到沿岸的景点和海滩。除了在电视上，这些热衷日光浴的游客拒绝看到像几个世纪前的欧洲人一样流离失所的可怜人——他们被宗教思想和贫困所禁锢。不少难民葬身海底[1]，西方舆论却出于安全的担忧试图通过“将处理难民与对抗恐怖主义挂钩”[1]来为自己辩护。虽然现在的形势与安德烈·齐格弗里德（André Siegfried）生活的年代已大不相同，但他却在地中海这个问题上为人们提供了新的视角：“在现有格局的结构中有一些已成形的东西，其线条之和谐、比例之优美与人体神似。在这里，一切过度或巨大的事物都无法存留。这片蕴含美妙传统的海域散发出无与伦比的古老气息，似永恒般厚重。这里有太多的回忆，如此美好；面对一成不变而又几乎无法撼动的辉煌，努力满足人们的虚荣心，让时间凝固，而内心深处的荣耀常常笼罩在悲伤之中。”[2]

1　2006年，即“9·11”恐袭发生后的第5年，葬身地中海的移民数量已达到世贸中心恐袭丧生人数的1.5倍。

曾经，地中海在长达数百年中被视为一个整体，各个宗教、文明和国家都试图在这里追根溯源，找寻属于自己的东西，而如今的世界早已摒弃了这种观点。1987 年，普雷德拉格·马特维耶为奇（Predrag Matvejevic）在他的著作《地中海指南》[3] 中写道："地中海不仅仅是一个地理概念。它的边界无法在空间和时间中加以定义。"几年后，他又补充道："这片原始的海洋已演变成一条海峡，它的分分合合、共同点和差异等各方面都已尽述。我们很早以前就知道它既不是一个整体也非恒定不变：这片海域是由多个实体组成的，它们对统一的思想的态度也充满了蔑视和反对。一些历史或政治概念取代了社会或文化概念，但它们既无法相互吻合，也无法相互协调。通过对文明进行分类或对南北发展模式进行总结都无法找出共同点。"

最后只能轮到地理学家来寻求这个不解之谜的答案："地中海毫无疑问背负着历史的重担，而各地区不同的神话传说也让这片海域形成分裂之势。从来没有一个对称的地理概念（以四面被陆地包围的一大片水域为中心）能在人们的脑海中拥有如此重要的地位，以至于在很长一段时间里地中海地区被认为拥有统一的文化，就像一个被各大洲环绕的中央帝国一般。但无论拥有多么大胆的想象力，也很难在论据不足的情况下轻易相信地中海能够启发完整的生命哲学体系。"[4]

虽然地中海在历史上既扮演过十字路口也扮演过鸿沟的角色，但事实上，西欧世界只想保留对"我们的海"这一美丽的理想主义篇章的记忆，篇章的主人公，就是叱咤风云的古罗马和随后的基督教罗马。演讲、史书和教育相互补充塑造了这样的理念：这个文化大熔炉自己孕育了欧洲文明，那些诸如希腊人的崛起，埃及人向巴勒斯坦迁徙、东方人被吸引来到近东、柏柏尔人的兴起之类的百年运动只是周边发生的骚动，扰乱了地中海范围内的宁静。对罗马共和国和帝国的赞美首先将罗马帝国晚期以及拜占庭帝国降到了第二等：晚期的罗马帝国正是造成如今地中海东西政治分裂的原因，而拜占庭则直接导致了与罗马同级的东正教会的建立。随后伊斯兰教的兴起确实成了修复地中海南北分裂这个不可逆转的趋势的一种手段。基督教的欧洲、启蒙时代的欧洲和现代西方都试图在地中海扮演警察的角色，将自己的意志强加给这片土地。人们曾经谴责十字军精神和殖民思想，但按照布雷·德·拉·默尔特[1]的说法，这些行为与其说是犯罪不如说是错误，因为这些活动的参与者误认为他们能够依靠一种幻想的精神和文化优势阻挡人类历史潮流。数十年来，那些曾经来自异乡随后反客为主、占领并长久生活在欧洲大陆上的居民，一直想要阻止那些因信仰、饥饿、贫困等原因想要前往地中海温带富有地区的人潮。然而，他们犯下了与罗马人同样的致命错误，放弃了将文化和身份融合到自身价值观这样了不起的政策，造成了公民身份泛滥和利益分配不可控的混乱局面。最终各国为了自己的利益，在国与国、人与人之间筑起高墙，然而却没有任何隔离政策能够长久维持。

历史在地中海世界留下的痕迹让这片海域陷入了困境，对于许多事件，人们都无法找到解决方法。当然，尽管希腊人、罗马人和基督徒都没能成功让所有人接受天下大同的思想，他们的遗产却被继承，由此在 1919 年创立了国际联盟和后来的联合国（1945）。但另一层面，虽然统一未能完成，地中海世界的三大势力——天主教世界、东正教世界和伊斯兰世界一直在这条路上尝试着。从查理曼大帝、神圣罗马帝国到拿破仑一世，西欧人不断找寻新的统一，如果说过去的尝试都是围绕个人展开，到了 1957 年后，统一行动则围绕着一个共同的思想[5]来进行。在拜占庭世界，1453 年东罗马帝国灭亡后围绕着东正教建立了一种统一，希腊人、巴尔干斯拉夫人、

1　虽然安托万·布雷·德·拉·默尔特（Antoine Claude Joseph Boulay de la Meurthe，1761—1840）是一位波拿巴主义者，但在他下令处决昂基安公爵（duc d' Enghien）时还是说出了这句话。夏多布里昂认为是约瑟夫·富歇（Joseph Fouché）的问题，而萨特认为是德塔列朗（Talleyrand），这两位让第一执政官酿成无法挽回的大错。

乌克兰人和俄国人在宗教中找到了共性：从叶卡捷琳娜二世到斯大林，都怀有联合黑海和东地中海（是否有必要？），与西欧和伊斯兰世界形成鼎足之势的思想。伊斯兰教信徒在统一大业中遭遇过最多挫折，但现如今他们仍孜孜不倦地梦想出现一位哈里发重建穆斯林世界的秩序：在大马士革、巴格达、开罗、伊斯坦布尔的哈里发统治之后，穆斯林世界又经历了世俗化（纳赛尔）、宗教化（什叶派的霍梅尼和逊尼派的“伊斯兰国”）和政教合一的尝试（埃尔多安）。在历史上从未实现统一的地中海只不过是各个彼此敌对的势力共有的地盘。

关于这片支离破碎的空间[6]，今天的一些人会毫不犹豫对19世纪以来鲜有变化的格局提出质疑，并将其视为我们严重的错误观念的根源：“如果费尔南·布劳岱尔（也包括之后的爱丽舍·雷克吕斯、于勒·希翁和安德烈·齐格弗里德）用他迷人的文学作品，使我们在一个已消逝的文明中充分认识自己……如果这位伟大历史学家通过在媒体上宣传一个统一的地中海形象，使我们忘记了它长期分裂的特征，……又会怎么样？如果他的信念能在某些方面对决策者群体产生影响，当他们因对局势的误判而犯下严重的政治错误时，他们会提出异议吗？[7]……”

尾注
Notes

序言

[1] Voir *Fabula, la recherche en littérature*, Bérenger Boulay, « L'histoire au risque du hors-temps. Braudel et la Méditerranée », séance du 4 juin 2007 du séminaire *Sortir du temps : la littérature au risque du hors-temps organisé* par Henri Garric et Sophie Rabau.

[2] Georges Moustaki, *En Méditerranée*, 1969.

[3] Robert *Escallier, Cahiers de la Méditerranée*, 73, 2006, p. 79-105.

第一章　从普通的海洋到特殊的地中海

[1] Genèse, 1, 10.

[2] Psaume 114, 3-7 : « La mer le vit et s'enfuit et le Jourdain retourna en arrière […] Qu'as-tu, mer, pour t'enfuir, Jourdain, pour retourner en arrière ? […] Tremble devant le Seigneur, ô Terre […]. »

第二章　第一批移民

[1] Georgia Kourtessi-Philippakis, *Le Paléolithique de la Grèce continentale. État de la question et perspectives de recherche*, Paris, Publications de la Sor-bonne, 1986, p. 214.

[2] Catherine Perlès, « Quand "diffusion" ne veut pas dire "interaction" »,

in Congrés Internacional Xarxes al Neolitic - Neolithic Networks *Rubricatum, Revista del Museu de Gavà*, 5, 2012, p. 585-589.

[3] Ibid., p. 586.

[4] Jacques Jaubert et Michel Barbaza (dir.), *Territoires, déplacements, mobilité, échanges durant la Préhistoire. Terres et hommes du Sud*, Paris, éd. du CTHS, 2005.

[5] Ce passage fut progressif comme semble l'indiquer la fouille de Gobekli Tepe (Turquie). Voir Klaus Schmidt, *Le Premier Temple : G öbekli Tepe, Paris*, CNRS éditions, 2015.

[6] Jean-Denis Vigne et Thomas Cucchi, 《Premieres navigations au Proche-Orient : les informations indirectes de Chypre》, in *Paléorient*, 2005, vol. 31, n° 1, p. 186-194. Ces auteurs citent l'introduction du mouton domestique, de la chèvre, du daim, du sanglier et du boeuf.

[7] Jean Guilaine, *De la vague à la tombe. La conquête néolithique de la Méditerranée*, Paris, Seuil, 2003.

[8] Jacques Cauvin, *Naissance des divinités, naissance de l'agriculture. La Révolution des symboles au Néolithique*, Paris, CNRS, 1994.

[9] Florence Liard, « Le cuivre chypriote et la Crète. Les régions d'importation des lingots peau-de-bœuf , *Revue archéologique,* 2010/1, n° 49, p. 47-65.

[10] Albert Camus, *La Chute*, Paris, Gallimard, 1956.

[11] Voir Florence Liard, art. cité.

[12] Jean-Pierre Brun, *Archéologie du vin et de l'huile. De la préhistoire à l'époque hellénistique*, Paris, Errance, 2004.

[13] *Odyssée*, IX, 22-23.

[14] Brandon Lee Drake, "The Influence of Climatic Change on the Late

Bronze Age Collapse and the Greek Dark Ages", *Journal of Archæological Science*, XXX, 2012, p. 1-9.

第三章 海民

[1] Voir Robert Drews, *The End of the Bronze Age : Changes in Warfare and the Catastrophe ca*. 1200 B.C., Princeton, 1993.

[2] *Pelēshēt.*

[3] *Pelishtīm.*

[4] Voir Claire Lalouette, *Textes sacrés et textes profanes de l'ancienne Égypte : t. 2 Mythes, contes et poésie*, Paris, Gallimard, 1987, p. 240-248.

[5] Lothar Sperber, « Crises dans l'approvisionnement du métal d'Europe de l'Ouest à l'âge du bronze : passage du bronze au fer », in L'Europe au temps d'Ulysse : Dieux et héros à l'âge du bronze, Paris, RMN, 1999, p. 48.

[6] Ibid.

第四章 地中海殖民开始：从铁器时代到腓尼基时代

[1] Jean-Pierre Mohen, « Deux inventions savantes et prestigieuses : la métallurgie et l'orfèvrerie », ibid., p. 33.

[2] Voir Sabatino Moscati (dir.), *Les Phéniciens*, Paris, Stock, 1997 (1st ed. 1988).

[3] Peregrine Horden et Nicholas Purcell, *The Corrupting Sea. A Study of Mediterranean History*, Oxford, Blackwell Publishers, 2000.

[4] Joseph Lam, « The Origin and Development of the Alphabet », in Christopher Woods (dir.), *Visible Language : Inventions of Writing in the Ancient Middle East and Beyond*, The Oriental Institute of the University of Chicago, p. 189-195 ; Pierre Bordreuil, « L'alphabet phénicien : legs, héritages,

adaptation, diffusion, transmission », in Élisabeth Fontan et Hélène Le Meaux (dir.), *La Méditerranée des Phéniciens : de Tyr à Carthage*, Paris, Somogy et Institut du monde arabe, 2007, p. 73-81.

[5] Voir Véronique Krings (éd.), *La Civilisation phénicienne et punique. Manuel de recherche*, Leiden, New York, Koln, E. J. Brill, 1995, plus Claude Baurain et Anne Destrooper-Georgiades, p. 597-631.

[6] Voir Sergio Ribichini, « Mythes et rites des Phéniciens et des Cartha¬ginois », in Gregorio del Olmo Lete (dir.), *Mythologie et religion des Sémites occidentaux*, t. II, Leuven-Paris, Peeters, 2008, p. 265-372.

第五章　地中海，地缘政治的焦点

[1] Nota Kourou, « Les Phéniciens en mer Égée », in Élisabeth Fontan et Hélène Le Meaux (dir.), *La Méditerranée des Phéniciens*, op. cit, p. 137-139.

[2] David Louyot, « Le rôle historique des sites fortifiés géométriques dans les Cyclades », *Revue archéologique,* 2, n° 46, p. 227-263.

[3] Voir Paula Botteri, « Stasis : le mot grec, la chose romaine », *Metis. Anthropologie des mondes grecs anciens*, 1984/4, n° 1, p. 87-100.

[4] Voir Bernard Moinier et Olivier Weller, *Le Sel dans l'Antiquité ou les cristaux d'Aphrodite*, Paris, Les Belles Lettres, 2015.

[5] Bruno d'Agostino, « L'expérience coloniale dans l'imaginaire mythique des Grecs », in Giovanni Pugliese Carratelli (dir.), *Les Grecs en Occident, Bom- piani, Milan*, 1996, p. 209-214.

[6] Voir Jean Cuisenier, Le Périple d'Ulysse, Paris, Fayard, 2003.

[7] Caroline Sauvage, « Marine et navigation phénicienne », in Élisa-beth Fontan et Hélène Le Meaux (dir.), *La Méditerranée des Phéniciens, op. cit., p.* 92-102.

[8] Voir Bernard Moinier et Olivier Weller, op. cit., p. 137.

[9] *Nouvelle traduction de l'Abrégé historique de Justin*, Paris, Le Mercier, 1737, t. I, livre XI, chap. II, p. 223.

第六章 强大的罗马

[1] Voir Guido Clemente, « Basi sociali e assetti istituzionali nell'età della conquista », in Arnaldo Momigliano et Aldo Schiavone, *Storia di Roma*, II/1, Torino, Einaudi, 1990. Appius Claudius Caecus, censeur en 312, fut deux fois consul en 307 et 296.

[2] Voir Dominique Briquet et Giovanni Brizzi, « Pyrrhus : la rencontre de Rome et de l'hellénisme », in François Hinard (dir.), *Histoire romaine*, t. I, *Des origines à Auguste*, Paris, Fayard, 2000, p. 296-306.

[3]Voir Marcel Le Glay, *Rome : I. Grandeur et déclin de la république,* Paris, Perrin, 2005, p. 75.

[4] Voir Yann Le Bohec, *L'Histoire militaire des guerres puniques*, éditions du Rocher, 2003.

[5] Fabien Limonier, « Rome et la destruction de Carthage : un crime gratuit ? », *Revue des études anciennes,* 101/3, 1999, p. 405-411.

[6] François Decret, *Carthage ou l'empire de la mer*, Paris, Seuil, 1977 ou Serge Lancel, *Carthage*, Paris, Fayard, 1992.

[7] Ben Kiernan, « Le premier génocide : Carthage 146 A.C. », *Diogène*, 2003/3, 203, p. 32-48.

[8] Johann Chapoulot, *Le Nazisme et l'Antiquité*, Paris, PUF, 2008.

[9] Jean-Paul Brisson, *Rome ou Carthage* ? Paris, Fayard, 1973.

[10] Yann Le Bohec, op. cit.

第七章　我们的海

[1] Voir Mathieu Engerbeaud, *Rome devant la défaite (753-264 avant J.-C.)*, Paris, Les Belles Lettres, 2017.

[2] Voir pour les premiers siecles de Rome,Jean-François Chemain, *L'Economie romaine en Italie à l'époque républicaine*, Paris, Picard, 2016.

第八章　地中海，从政治分裂到宗教统一

[1] Folker Siegert, « Les juda ï smes au i^er siècle », *in Aux origines du christianisme*, Paris, Gallimard/Le Monde de la Bible, 2000, p. 11 : « Le juda ï smen'est pas tant une religion [...] [qu]'un peuple dont la particularité s'exprime par des pratiques et des symboles. »

[2] Simon Claude Mimouni et Pierre Maraval, *Le Christianisme des origines à Constantin*, Paris, PUF, « Nouvelle Clio », 2007, p. 33.

[3] Il employa cette expression dans son essai *D'une jeunesse européenne,* dans le volume collectif (André Chamson, Andre Malraux, Jean Grenier, Henri Petit et Pierre-Jean Jouve), *Écrits, dans Les Cahiers Verts, Paris*, Grasset, 1927, p. 135.

[4] Jean-Paul Brisson, *compte rendu de l'ouvrage de Claude Lepelley, L'Empire romain et le christianisme*, Paris, Flammarion, 1969, in *Archives de sociologie des religions*, 1972, 34/1, p. 220.

第九章　大动乱

[1] Robert Kerr, « Ist der Qur 'â n in Mekka oder Medina entstanden ? », in Markus Gro ß et Karl-Heinz Ohlig (dir.), *Die Entstehung einer Weltreligion III, Inârah-Sammelband* 7, Berlin-Tübingen, Schiler Verlag, 2014, p. 39-45.

[2] Voir Tom Holland, *Àl'ombre de l'épée. Naissance de l'islam et*

grandeur de l'Empire arabe, Paris, Saint-Simon, 2017.

[3] Voir Frédéric Imbert, « *L'Islam des pierres : l'expression de la foi dans les graffitis arabes des premiers siècles*», *Revue des mondes musulmans et de la Méditerranée*, 129, juillet 2011.

[4] Sourate 33, verset 40.

[5] Coran, sourate 26, verset 195.

[6] Yehuda D. Nevo, Judith Koren, *Crossroads to Islam, The Origins of the Arab Religion and the Arab State*, Amherst, New York, Prometheus Books, 2003.

[7] Voir Hela Ouardi, *Les Derniers Jours de Muhammad,* Paris, Albin Michel, 2016。

[8] Hichem Djaït, *La Grande Discorde. Religion et politique dans l'islam des origines*, Paris, Gallimard, 2007.

[9] Coran, L'immunité, IX, 29.

[10] Voir Yves Gleize et al., *Early Medieval Muslim Graves in France : First Archaeological, Anthropological and Palaeogenomic Evidence*, PLOS ONE, online 24 février 2016.

第十章　地中海新秩序的诞生

[1] Mohamed Benrabah, *Langues et pouvoir en Algérie, histoire d'un traumatisme linguistique*, Paris, Séguier, 1999.

[2] Voir Oleg Grabar, *La Formation de l'art islamique*, Paris, Flammarion, 2000.

[3] Voir Denis Genequand, *Les Etablissements des élites omeyyades en Palmyrène et au Proche-Orient, avant-propos par Marc Griesheimer,* Beyrouth, Institut français du Proche-Orient, 2012.

[4] Robert Mantran, *L'Expansion musulmane VIIe-XIe siècle*, Paris, PUF, 2001.

[5] Voir Alfred-Louis de Prémare, « Le Coran ou la fabrication de l'incréé», *Medium*, n° 3, 2005/2, 3-30.

[6] Ana Echeverria, « Al-Andalûs », in Dionigi Albera, Maryline Crivello et Mohamed Tozy, *Dictionnaire de la Méditerranée*, Arles, Actes Sud, 2016. p. 48.

[7] Voir Mustafa Anwar Taher, « Kitâb akriyat al-sufun wa'l-nizâ' bayna ahlihâ », Cahiers de Tunisie, 31, 1983, p. 5-54.

[8] Pascal Buresi, *Mehdi Ghouirgate, Histoire du Maghreb médiéval XIe-XVe siècle*, Paris, Armand Colin, 2013.

第十一章　千禧年，西方的觉醒

[1] Voir Georges Duby, *Guerriers et paysans*, Paris, Gallimard 1973, p. 42-52 : « En même temps que se restreignait l'étendue des terres en exploitation directe, se multipliait le nombre des tenanciers. [...] Se met alors en branle une lente mutation de l'esclavage qui le rapproche peu àpeu de la condition des tenanciers libres. C'est un des événements majeurs de l'Histoire du Travail et qui fut certainement un facteur décisif du développement économique. »

[2] Voir Régis Boyer, *Les Vikings : histoire et civilisation*, Paris, Perrin, 2002.

[3] Voir Michel Balard, « Les acteurs des transferts culturels entre Orient et Occident. Quelques exemples italiens », in Rania Abdellatif et al. (dir.), *Acteurs des transferts culturels en Méditerranée médiévale*, Oldenburg Verlag München, 2012, p. 48 et sq.

[4] Voir Philippe Braunstein et Robert Delort, *Venise. Portrait historique*

d'une cité, Paris, Seuil, 1971.

第十二章 基督徒的反击和穆斯林的抵抗

[1] *Description of Syria, Including Palestine*. New York, AMS Press, 1971, p. 34-37.

[2] Voir Alphonse Dupront, *Le Mythe de la croisade*, 4 vol., Paris, Galli¬mard, 1977.

[3] Voir Warren Treadgold, *A History of the Byzantine State and Society,* Stanford University Press, 1997.

[4] Voir Jacques Heers, *Libérer Jérusalem. La première croisade*, Paris, Perrin, 1995.

[5] Voir Beugnot (comte Auguste-Arthur), *Assises de Jérusalem ou recueil des ouvrages de jurisprudence composés pendant le XII*[e] *siècle dans les Royaumes de Jérusalem et de Chypre. Assises de la Haute Cour, Recueils des Historiens des croisades*, Lois, 2 vol., Paris, 1841-1843.

[6] Sibt Ibn al-Jawzi, Mir'at al-Zaman f î tariḥ al-a'yan [Le miroir du temps].

[7] Abu al-Hasan Ali'izz al-Din al-Athîr(1160-1233),Al-kâmil fi l-tâ'rih. Voir Françoise Micheau, « Le kitâb Al-kâmil fî l-tâ'rîh d'Ibn al-Athîr. Entre chronique et histoire », *Studia islamica*, 104/105, 2007, p. 81-101.

[8] Ibrâhîm Amîn Ghâlî, *Mosaïques et arabesques. Récits d'histoire méditer-ranéens*, Istituto italiano di cultura per la R.A.E., s.d., p. 201.

[9] Saint Bernard, *De laude novae militiae*, cité par Jean Richard, in *L'Esprit de croisade*, Paris, Cerf, 1969.

[10] Voir Michel Balard, Jean-Philippe Genêt et Michel Rouche, *Des Barbares à la Renaissance*, Paris, Hachette, 1973, p. 180.

[11] Gustave Le Bon, *Psychologie des foules*, Paris, Alcan, 1895 (rééd. Paris, PUF, 2013).

[12] Ibid.

[13] Myriam Greilsammer, *Le Livre au Roi, Paris, Académie des ins¬criptions et belles-lettres*, 1995.

[14] Jean-Jacques Gaffiot, *La France aux portes de l'Orient : Chypre XIIe-XVe siècle*, Paris, Centre culturel du Panthéon, 1991.

[15] Alain Blondy, *Histoire de Chypre*, Paris, PUF, « Que sais-je ? », no 1009, 1998.

第十三章　商人们的凯旋

[1] *Der Vierte Kreuzzug im Rahmen der Beziehungen des Abendlandes zu Byzanz*, P. Stankiewicz, Berlin, 1898 (rééd. EHV-History, 2013 et Vero- Verlag, 2014).

[2] Geoffroy de Villehardouin (v. 1150-décennie 1210), *La Conquête de Constantinople*, Paris, Flammarion, 2004.

[3] Voir Jean Richard, « Le royaume de Chypre face aux projets de croi¬sade », *Comptes rendus des séances de l'Académie des inscriptions et belles-lettres*, 153/2, 2009, p. 857-863.

[4] Voir Julia Bastin et Edmond Faral, *Onze poèmes de Rutebeuf concernant la croisade*, Paris, Geuthner, 1946.

[5] Voir Frédéric Mercey, « La République d'Amalfi », *Revue des Deux Mondes*, t. I, 1840, p. 352.

[6] Voir Élisabeth Crouzet-Pavan, *Venise, une invention de la ville (XIIIe-XVe siècle)*, Seyssel, Champ Vallon, 1997.

[7] Voir Philippe Ménard, *Marco Polo : À la découverte du monde*, Paris,

Glénat, 2007.

[8] Fernand Braudel, « La mer », in Fernand Braudel (dir.), La *Méditerranée. L'espace et l'histoire. Les hommes et l'héritage*, Paris, France Loisirs, 2002, p. 66.

第十四章　欧洲的胜利

[1] Voir Salvatore Tramontana, « La Spagna catalana nel Mediterraneo e in Sicilia », *Nuova Rivista Storica*, 1966, L/V-VI, p. 545-579.

[2] Voir Charles-Emmanuel Dufourcq, « L'Espagne catalane et le Maghrib aux XIIIe et XIVe siècles », Bibliothèque de l'EHESS, XXXVII, 1966, p. 121.

[3] *Ibid.*, p. 98.

[4] Voir Kenneth M. Setton, *Catalan domination of Athens, 1311-1388, Cambridge (MA)*, The Medieval Academy of America, 1948.

[5] Voir Sylvie Denoix, « Mamelouks », in Dionigi Albera, Maryline Crivello et Mohamed Tozy, *Dictionnaire de la Méditerranée*, op. cit., p. 826-835.

[6] Voir Wilhelm Heyd, *Histoire du commerce du Levant au Moyen Age,* Leipzig, Harassowitz, 1885-1886.

[7] Voir José Trenchs Odena, « *De Alexandinis*, el comercio prohibido con los musulmanes y el papado de Avi ñ ôn durante la primera metad del siglo XIV», *Annuario de estudios medievales*, 10, 1980, p. 237-320, et « Les Alexandrini ou la désobéissance aux embargos conciliaires ou pontificaux contre les Musulmans », *Cahiers de Fanjeaux*, n° 18, *Islam et chrétiens du Midi, XIIIe et XIVe siècles*, 2000, p. 169-193.

[8] Damien Coulon, *Barcelone et le grand commerce d'Orient au Moyen Age. Un siècle de relations avec l'Égypte et la Syrie-Palestine (ca.1330-*

ca.1430), Casa de Velâzquez, Institut Europeu de la Mediterrània, 2004, p. 29.

[9] Voir Jean-Bernard de Vaivre et Laurent Vissière, *Tous les deables d'enfer. Relation du siège de Rhodes par les Ottomans en 1480*, Genève, Droz, 2014.

第十五章　新的对决

[1] Voir Mohamed Tahar Mansouri (dir.), « Le Maghreb et la mer à travers l'histoire », *Mésogeios*, 7, Paris, éd. Hêrodotos, 2000.

[2] Voir Alan Ryder, A*lfonso the Magnanimous, King of Aragon, Naples and Sicily*, 1396-1458, Oxford, Clarendon Press, 1990.

[3] Voir Fernand Braudel, *Les Espagnols et l'Afrique du Nord de 1492 à 1577*, Paris, Fallois, 1928 (*réédition in Autour de la Méditerranée. Les écrits de Fernand Braudel,* t. I, 1996).

[4] Voir Anne Brogini et Maria Ghazali, « Un enjeu espagnol en Méditerranée : les présides de Tripoli et de La Goulette au XVIe siècle», *Cahiers de la Méditerranée, 70, 2005, Crises, conflits et guerres en Méditerranée*, t. I, p. 9-43.

[5] Voir Nicolas Vatin, « L'ascension des Ottomans (1451-1512) », in *Histoire de l'Empire ottoman*, Paris, Fayard, 1989, p. 113.

[6] Ibrâhîm Amîn Ghâlî, « Une ambassade de la République de Venise auprès d'un sultan mamelouk en 1512 », in *Mosaïques et arabesques. Récits d'histoire méditerranéens, op. cit.*, p. 269-296.

[7] Voir Virginia H. Aksan et Daniel Goffman, *The Early Modem Ottomans : remapping the Empire*, Cambridge University Press, 2007.

[8] Voir Dominique Sourdel, « Khalifa », in *Encyclopédie de l'islam,* Paris, Maisonneuve et Larose, 1978, p. 978.

[9] Voir Nicolas Vatin, *L'Ordre de Saint-Jean-de-Jérusalem, l'Empire ottoman et la Méditerranée orientale entre les deux sièges de Rhodes (1480-1522)*, Louvain-Paris, Peeters, 1994.

[10] Hugo Hantsch, art. cité.

[11] Voir Ettore Rossi, *Il dominio degli Spagnoli e dei Cavalieri di Malta a Tripoli*, Airoldi edit., anno XV E.F. (1937).

[12] Hugo Hantsch, « Le problème de la lutte contre l'invasion turque dans l'idée politique générale de Charles V », in *Charles Quint et son temps*, Paris, CNRS, 1959, p. 51-60.

[13] Voir son Histoire de l'Empire ottoman, Paris, Fayard, 1989.

[14] Voir le manuscrit de Jean de la Vega, *Le voyage du Baron de Sainct Blancard en Turquie l'an 1537 et aussi* Pierre Grillon, «La croisiere du baron de Saint-Blancard 1537-1538 », *Revue d'histoire moderne et contemporaine*, t. 15, vol. 4, 1968, p. 624-661.

[15] Voir Édith Garnier, *L'Alliance impie. François Ier et Soliman le Magnifique contre Charles* V, Paris, Éditions du Félin, 2008.

[16] Jacques Heers, *Les Barbaresques*, Paris, Perrin, 2001, p. 106.

[17] Anne Brogini, *Malte frontière de chrétienté (1530-1670)*, École française de Rome, 2005.

[18] Voir Jean-Claude Zeltner, *Tripoli, carrefour de l'Europe et des pays du Tchad,* 1500-1795, Paris, L'Harmattan, 1992.

[19] Voir Anne Brogini, *Malte dans la tourmente. Le « Grand Siège » de l'île par les Turcs,* Paris, Bouchène, 2011.

[20] Voir Symphorien Champier, *Les Gestes, ensemble la vie du preulx chevalier Bayard*, Imprimerie nationale, 2005 (1re éd. 1992).

[21] Voir Anne Brogini, *Une noblesse méditerranéenne. Le couvent des*

Hospitaliers dans la première modernité, Presses universitaires de Provence, 2017.

[22] Voir Bruno Simon, « Contribution à l'étude du commerce vénitien dans l'Empire ottoman au milieu du XVIe siècle (1558-1560) », *Mélanges de l'Ecole française de Rome,* 1984, 96/2, p. 973-1020.

[23] Voir Edmond Jurien de la Gravière, *La Guerre de Chypre et la Bataille de Lépante*, Paris, Plon, 1888 ; Henri Pigaillem, *La bataille de Lépante (1571)*, Paris, Economica, 2013.

[24] Henry Laurens, *John Tolan et Gilles Veinstein, L'Europe et l'islam, quinze siècles d'histoire*, Paris, Odile Jacob, 2009, p. 221.

[25] Bartolomé Benassar, « La Méditerranée du premier rang aux seconds rôles (XVIe-XVIIIe siècles) », in Jean Carpentier et François Lebrun, *Histoire de la Méditerranée*, Paris, Seuil, 2001, p. 220-221.

[26] Bruno Simon, art. cité.

[27] Fernand Braudel, « Venise », in Georges Duby, Fernand Braudel (dir.), *La Méditerranée. L'espace et l'histoire. Les hommes et l'héritage*, Paris, Flamma¬rion, rééd. 2002, p. 317.

[28] Pierre Milza, *Histoire de l'Italie*, Paris, Fayard, 2005.

[29] Voir Lucia Rostagno, « Mi faccio Turco. Esperienze ed immagini dell'islam nell'Italia moderna », *Oriente moderne*, 31, sup. 1, Roma, Istituto per l'Oriente, 1983.

[30] Voir Anita Gonzalez-Raymond, La Croix et le Croissant. *Les inquisiteurs des îles face à l'islam 1550-1700*, Paris, CNRS éditions, 1992.

[31] Pierre Dan, *Histoire de Barbarie et de ses corsaires*, Paris, 1637, p. 365-366.

[32] « Il dispaccio delle prede è il vero fomite del corso », Gio-Battista

Salvago, *Africa overo Barbaria. Relazione al doge di Venezia sulle reggenze di Algeri e di Tunisi dal dragomano Gio-Batta Salvago, 1625*, Padova, 1937, p. 81.

[33] Voir Luigi Monga, *Galères toscanes et corsaires barbaresques. Le journal d'Aurelio Scetti, galérien florentin (1565-1577)*, Paris, Bouchène, 2008.

第十六章　法国人在地中海的统治

[1] Voir Édith Garnier, *L'Age d'or des galères en France*, Paris, Éditions du Félin, 2006.

[2] Voir Henry Joly, *La Corse française au XVIe siècle. La première occupation*, 1553-1559, Lyon, Lardanchet, 1942.

[3] Voir Jean Bérenger, Histoire de l'empire des Habsbourg, 1273-1918, Paris, Fayard, 1990.

[4] Voir Alain Blondy, *Hugues Loubens de Verdalle*, 1531-1582-1595, *cardinal et grand maître de l'ordre de Malte*, Paris, Bouchène, 2005.

[5] Voir Michel Vergé-Franceschi, « Les Lenche de Morsiglia et la Magnifique Compagnie du corail à Marseille, XVIe et XVIIe siècles », in Michel Vergé- Franceschi et Antoine-Marie Graziani (éd.), *Le Corail en Méditerranée, Ajaccio, A. Piazzola*, 2004, p. 65-94.

[6] Louis André (éd.), *Testament politique du cardinal de Richelieu*, Paris, Laffont, VIe section, chap. IX.

[7] *Ibid.*, p. 424.

[8] Voir Philippe Desan, « Les nouvelles théories économiques et le commerce de la France avec le Levant au XVIIe siècle », in Giovanni Dotoli (éd.), *Les Méditerranées du XVIIe siècle, Biblio 17-137*, Tübingen, Gunter Narr Verlag, 2002, p. 233-242.

[9] Voir Michel Vergé-Franceschi (dir.), *Dictionnaire d'histoire maritime,* Paris, Robert Laffont, 2002.

[10] Voir Bartolomé et Lucile Bennassar, *Les Chrétiens d'Allah. L'histoire extraordinaire des renégats, XVIe-XVIIe siècles*, Paris, Perrin, 1989.

[11] Voir Jean Pignon, « Osta Moratto, turco-genovese, dey de Tunis (1637-1640) », *Cahiers de Tunisie, n° 11*, 1955, p. 331-362.

[12] Voir Gérard Van Krieken, *Corsaires et marchands. Les relations entre Alger et les Pays-Bas*, 1604-1830, Paris, Bouchène, 2002.

[13] Voir Lemnouar Merouche, *Recherches sur l'Algérie à l'époque ottomane, II : La course, mythes et réalités*, Paris, Bouchène, 2007.

[14] Voir Dominique Carnoy, *Représentations de l'islam dans la France du XVIIe siècle, Paris,* L'Harmattan, 1998。

[15] Voir Ö zkan Bardakçi et François Pugnière (éd.), *La Dernière Croisade. Les Français et la Guerre de Candie 1669*, Rennes, Presses universitaires de Rennes, 2008, mais aussi Robert Sauzet, Au *Grand Siècle des âmes : guerre sainte et paix chrétienne en France au XVIIe siècle*, Paris, Perrin, 2007.

[16] Simone Giogalli, cité par Sergio Anselmi, *Venezia, Ragusa, Ancona tra Cinque e Seicento*, Deputazione di Storia Patria per le Marche, Atti e Memorie, VIII/VI, 1969.

[17] Voir Karen Ordahl Kupperman, *The Jamestown Project*, Harvard University Press, 2007.

[18] Voir Gigliola Pagano De Divitiis, *English Merchants in the 17th Italy*, Cambridge, Cambridge University Press, 1997.

[19] Voir Gilbert Buti et Olivier Raveux, « Échelles du Levant », in Dionigi Albera, Maryline Crivello et Mohamed Tozy, *Dictionnaire de la Méditerranée*, op. cit., p. 432-439.

[20] Voir Mongi Smida, Aux origines du commerce français en Tunisie. Les traités capitulaires, Tunis, Sud Éditions, 2001.

[21] Jean Mathiex, « Sur la marine marchande barbaresque au XVIIIe siècle», *Annales Économies, Sociétés, Civilisation*, 1958, 13/1, p. 89.

第十七章　充斥着欲望的时代

[1] Voir Jacques Lamas, *Portraits de cour et regalia, signes et significations politiques : l'exemple de certaines principautés méditerranéennes*, thèse de doctorat, université Paris-IV-CELSA, 2014.

[2] Mohamed Seghir ben Youssef (1691-1771), *Târîḥ al-mashra al-milkî fî salṭanat awlâd Alî Turkî* (Chronique du règne des fils d'Alî Turkî), 1763.

[3] Jean Lethielleux, « Le Fezzân. Le pays et son histoire », *Institut des Belles-Lettres arabes (IBLA)*, 34, 1946, p. 183-229 ; 36, 1946, p. 371-402.

[4] Voir Anne-Charles Froment de Champlagarde, *Histoire abrégée de Tripoly de Barbarie*, Paris, Bouchène, 2001.

[5] Voir Annie Berthier, « Tripoli de Barbarie à la fin du XVIIe siècle d'après un mémoire inédit de François Pétis de Lacroix », *Anatolia moderna, Yeni Anadolu*, VI, Paris, Maisonneuve, 1996.

[6] Voir Dan H. Andersen et Pierrick Pourchasse, « La navigation des flottes de l'Europe du Nord vers la Méditerranée (xvII^{e}-XVIIIe siècle) », in Jean-Pierre Poussou, *La Méditerranée dans les circulations atlantiques au XVIIIe siècle, Revue d'histoire maritime, n*° 13, 2011, p. 21-44.

[7] Voir Leos Müller, « Commerce et navigation suédois à l'époque moderne 1650-1815 », in Jean-Pierre Poussou, op. cit., p. 45-70.

[8] Voir Leos Müller, *Consuls, Corsairs and Commerce. The Swedish Consu- lar Service and Long-distance Shipping, 1720-1815*, Uppsala, Studia

Historica Upsaliensa 213, 2004 ; « Commerce et navigation suédois en Méditerranée à l'époque moderne, 1650-1815 », in *Revue d'histoire maritime*, n° 13, 2011, op. cit., p. 45-70.

[9] Voir Dan H. Andersen, *The Danish Flag in the Mediterranean : Shipping and Trade, 1747-1807*, PhD Thesis, Kobenhavns Universitet, Det Humanis- tiske Fakultet, 2000.

[10] Voir Niels Moss, *Un Norvégien à Alger, 1769-1772*, Frede- rikstad, Moklegaards Trykkeri, 2007.

[11] Voir Michel Fontenay, « Les derniers feux du corso chrétien à Malte (1679-1798) », in Christiane Villain-Gandossi, *Actes du Colloque Méditerranée mer ouverte, Marseille*, 1995, 1.1, p. 209-226.

[12] Michel Fontenay, « Corsaires de la foi ou rentiers du sol ? Les chevaliers de Malte dans le corso méditerranéen au XVIIe siècle », *Revue d'histoire moderne et contemporaine,* t. 35, 1988, p. 361-384.

[13] Voir Stanley Fiorini, "*Status animarum* : a unique source for 17th and 18th century Maltese demography", *Melita Historica*, VIII/4, 1983, p. 325-344.

[14] Voir Alain Blondy, *Chrétiens et Ottomans de Malte et d'ailleurs*, « Un réformateur d'avant-garde : le chevalier Charles-Sébastien de Choiseul (1684-1734) », Paris, Presses de l'université Paris-Sorbonne, 2013, p. 213-242.

[15] Jacques Godechot, « La France et Malte au XVIIIe siècle », Revue historique, juillet-septembre1951, p. 74.

[16] Voir Charles Carrière, *Maurice Courdurié et Ferréol Rebuffat, Marseille, ville morte : la peste de 1720*, Marseille, éd. J-M. Garçon, 1988.

[17] Voir Edgar Faure, *La Banqueroute de Law, 17 juillet 1720*, Paris, Gallimard, 1977.

[18] Voir Alain Blondy, *Chrétiens et Ottomans de Malte et d'ailleurs,*

«L'Ordre de Saint-Jean et l'essor économique de Malte », op. cit., p. 157-172.

[19] Voir Frederik Dhondt, « La culture juridique pratique au Congrès de Cambrai (1722-1725) », *Revue d'histoire diplomatique*, CXXVII/3, 2013, p. 271-292.

[20] Voir Dominic Scerri, "Aspects of Anglo-Maltese relations under the late Stuarts", *Storija* 78, 1978, p. 2-8.

[21] Alain Blondy et Jean Bérenger, Documents consulaires. *Lettres reçues par le chargé d'affaires du Roi à Malte au XVIII*e *siècle*, 5 t., La Valette, Fondation de Malte, 2014.

[22] François Pouqueville, *Histoire de la régénération de la Grèce*, Paris, Firmin Didot, 1825, t. I, p. 52.

[23]Alain Blondy et Jean Bérenger, *Documents consulaires. Lettres reçues par le chargé d'affaires du Roi à Malte au XVIII*e *siècle*, La Valette, Fondation de Malte, 2014, vol. II, Smyrne, lettre 64.

[24] Voir Yves Ternon, L'*Empire ottoman : le déclin, la chute, l'effacement,* Paris, Kiron, 2002.

[25] Voir abbé Giovanni Mariti, *Voyages dans l'isle de Chypre, la Syrie et la Palestine avec Histoire générale du Levant*, Paris, Belin, 1791.

[26] Claude-Étienne Savary, *Lettres sur l'Égypte*, Paris, Bleuet, 1798, t. II, p. 241.

第十八章　喧嚣的年代

[1] Voir Alain Blondy, *Les Journaux de campagne de Jean-François de Villages, chevalier de Malte, 1765-1773*, Paris, Bouchène, 2010, p. 181-232.

[2] Voir Salvatore Francesco Romano, « Dans la Sicile du XVIIIe siècle : pauvreté et disette », *Annales Économies, Sociétés, Civilisations*, 1958, 13/2, p.

265-276.

[3] Alain Blondy et Jean Bérenger, Documents consulaires. *Lettres reçues par le chargé d'affaires du Roi à Malte au XVIIIe siècle*, La Valette, Fondation de Malte, 2014, vol. XXIX, Marseille, lettre 13.

[4] Voir Ernst Bruckmüller, *Histoire sociale de l'Autriche*, Paris, Maison des Sciences de l'homme, 2003.

[5] Irene Jacchia, Triest unter *Karl VI,* Wien, 1913, p. 180. Voir Philippe Braunstein, « A propos de l'Adriatique entre le XVIe et le XVIIIe siècle »,, *Annales économies, Sociétés, Civilisations*, 1971, 26/6, p. 1270-1278.

[6] Voir Paul Masson, *Histoire du commerce français dans le Levant au XVIIIe siècle*, Paris, Hachette, 1896.

[7] Voir Michel Vergé-Franceschi et Anna Vladimirovna Gnedina-Moretti [éd.], *La Corse, la Médi¬terranée et la Russie, Ajaccio*, Alain Piazzola, 2015, p. 29-48.

[8] Voir Alain Blondy et Jean Bérenger, Documents consulaires. *Lettres reçues par le chargé d'affaires du Roi à Malte au XVIIIe siècle*, La Valette, Fondation de Malte, 2014, vol. I, Constantinople, lettre 130.

[9] Voir Ali Ismet Touati, Le Commerce du blé entre la Régence d'Alger et la France au XVIIIe siècle, these de doctorat, universite Paris-IV-Sorbonne, 2009.

[10] Sadek Neaimi, *L'Islam au siècle des Lumières. Image de la civilisation islamique chez les philosophes français du XVIIIe siècle*, Paris, L'Harmattan, 2003.

[11] *Mémoire concernant le système de paix et de guerre que les Puissances euro¬péennes pratiquent à l'égard des Régences barbaresques*, Paris, Bouchène, 2009.

第十九章　新时代的旋涡

[1] Voir Pierre Géraudel, *Armand-Gaston Camus (1740-1804)*, thèse de l'École des chartes, 1942.

[2] Voir Apostolos Dascalakis, Rhigas Vélestinlis : *La Révolution française et les préludes de l'Indépendance hellénique*, Paris, Sorbonne, 1937.

[3] Voir Sir Hannibal Scicluna, *Actes et documents relatifs à l'histoire de l'occupation française de Malte (1798-1800) et à la fête du 14 juillet 1798 à Malte*, Malta, Interprint Ltd., 1979.

[4] Voir Jacques Godechot, *La Grande Nation*, Paris, Aubier, 1956 ; Jean-Louis Harouel, *Les Républiques sœurs,* Paris, PUF, « Que sais-je ? », 1998.

[5] Voir Thierry Lentz, *Joseph Bonaparte*, Paris, Perrin, 2016.

[6] Voir Charles Auriol, *La France, l'Angleterre et Naples de 1803 à 1806,* Paris, Plon, 1905-1906, 2 vol.

[7] Voir Lucette Valensi, Le Maghreb avant la prise d'Alger (1790-1830), Paris, Flammarion, 1969.

[8] Voir Stephen Cleveland Blyth, *Histoire de la guerre entre les États-Unis et Tripoli et autres puissances barbaresques*, Paris, Bouchène, 2009.

[9] Voir Miss Tully, *Letters written during a ten years' residence at the court of Tripoli ; published from the originals in the possession of the family of the late Richard Tully, esq., the British consul : comprising authentic memoirs and anecdotes of the reigning Bashaw, his family, and other persons of distinction ; also an account of the domestic manners of the Moors, Arabs, and Turks,* Londres, Colburn, 1819.

[10] Voir Elizabeth Broughton, *Six ans de résidence à Alger par Mrs Broughton* (1806-1812), Paris, Bouchène, 2011.

[11] Joëlle Redouane, « La présence anglaise en Algérie de 1830 à 1930 », Revue de l'Occident musulman et de la Méditerranée, 1984, 38, p. 15.

[12] Voir Frederick C. Leiner, *The End of Barbary Terror. America's 1815 War against the Pirates of North Africa*, Oxford University Press, 2006.

[13] Voir Apostolos Dascalakis, op. cit. ; Rhigas Vélestinlis, *Œuvres révolu¬tionnaires : Proclamation révolutionnaire ; Les Droits de l'homme ; La Constitution ; Thourios, Chant de Guerre*, Athènes, Société scientifique des études sur Phères-Vélestino-Rhigas, 2002.

[14] Voir Eugène Delacroix, L*es Massacres de Scio (1824), La Grèce sur les ruines de Missolonghi* (1826).

[15] Voir Dimitri Nicolaïdis, *D'une Grèce à l'autre. Représentation des Grecs modernes par la France révolutionnaire,* Paris, Les Belles Lettres, 1992.

[16] François-René de Chateaubriand, Essai historique, *politique et moral sur les révolutions anciennes et modernes considérées dans leurs rapports avec la Révolution française,* Londres, 1797.

[17] Felice Antonio Christophoro d'Avalos, *Tableau historique et politique de Malte et de ses habitants*, Londres, Schulze & Dean, 1818, p. 245-246 ; *deuxième édition française de ses Memorias Historico-Politico-Militares de Malta*, Lisboa, Simão Thaddeo Ferreira, 1803.

[18] Voir Michel Laran, « La politique russe et l'intervention française à Alger, 1829-1830 », *Mélanges Pierre Pascal, Revue des études slaves*, 1961, 38/1, p. 119-128.

[19] Voir Lucette Valensi, *Fellahs tunisiens : l'économie rurale et la vie des campagnes aux XVIII*e *et XIX*e *siècles*, Paris, Mouton, 1977.

[20] Voir Lucette Valensi, « Islam et capitalisme : production et commerce des chéchias en Tunisie et en France aux XVIIIe et XIXe siècles », *Revue*

d'histoire moderne et contemporaine, XVI, 1969/3, p. 376-400.

[21] Voir Pierre Boyer, « Le problème kouloughli dans la Régence d'Alger », Revue de l'Occident musulman et de la Méditerranée, 1970, 8/1, p. 79-94.

第二十章 现代经济体的统治

[1] Voir Joel Mokyr, *A Culture of Growth : The Origins of the Modern Economy*, Princeton University Press, 2016.

[2] *The History of the Decline and Fall of the Roman Empire*, Londres, Strahan & Cadell, 6 vol. (1776-1788). Plusieurs fois traduite en francais, notamment par Guizot (1812-1819), on a parfois prêté à Louis XVI sa premiere traduction de 1776.

[3] Voir Bruno Étienne, *Abd el-Kader et la franc-maçonnerie*, Paris, Dervy, 2008。

[4] Voir Jean Serres, *La Politique turque en Afrique du Nord sous la monarchie de Juillet*, Paris, Paul Geuthner, 1925.

[5] Reçat Kaynar, *Mustafa Reçit Paça ve Tanzimât*, Ankara, TTK, 1954, p. 100.

[6] Voir Anne-Laure Dupont, « Nahda, la Renaissance arabe », in *Manière de voir. Le Monde diplomatique, L'émancipation dans l'histoire*, 106/3, 2009.

[7] Voir Rachid Benzine, *Les Nouveaux Penseurs de l'islam*, Paris, Albin Michel, 2004.

[8] Voir Henri Laurens, « Élites et réformes dans l'Égypte du XIXe siècle », in Alain Roussillon (dir.), *Entre réforme sociale et mouvement national*, Le Caire, CEDEJ Égypte-Soudan, 1995, p. 91-102.

第二十一章　殖民与地中海时代

[1] Voir Gérard-Georges Lemaire, *L'Univers des orientalistes*, Paris, Place des Victoires éd., 2016 et Edward W. Said, Orientalism, 2e éd., Pantheon Books, 2014.

[2] Voir Henri de Montety, « Les Italiens en Tunisie », *Politique étrangère*, 1937, 2/5, p. 409-425.

[3] Voir « La Grande Guerre en Méditerranée », *Cahiers de la Méditerranée n°* 81, 2010.

[4] Voir Jean-Jacques Becker, « La Grande Guerre en Méditerranée. L'Empire ottoman dans la guerre », *Cahiers de la Méditerranée,* 81, 2010, p. 17-23.

[5] T. E. Lawrence, *Seven Pillars of Wisdom : A Triumph*, 1926.

[6] Voir Hédia Khadhar, *Les Lumières et l'islam, quelle altérité pour demain ?* Paris, L'Harmattan, 2018.

[7] Jean-Jacques Berreby, « La Libye à l'heure du pétrole », *Politique étrangère*, 1959, 24/6, p. 636-644.

[8] Voir Riadh ben Khalifa (dir.), *Étrangers au Maghreb. Maghrébins à l'étranger（XVIIe-XXIe siècle),* Paris, IRMC-Karthala, 2017.

[9] Le cheikh Abdelhamid ben Badis (1899-1940) en 1936. Cité par Charles-André Julien, *L'Afrique du Nord en marche, op. cit*., p. 104.

第二十二章　民族主义时代和去殖民化时代

[1] Robert Wohl, *The Generation of 1914*, Harvard University Press, 1979, p. 170-173.

[2] Alan John Percival Taylor, *History of World War II,* Octopus Books, 1974.

[3] Voir Robert Holland, *Blue-Water Empire, The British in the Mediterranean since 1800*, Penguin Books Ltd, 2012 : « Les Britanniques laissèrent leur empreinte sur la Méditerranée mais de son côté la Méditerranée laissa assurément une empreinte sur l'histoire de la Grande-Bretagne».

第二十三章　共产主义的影响

[1] Cherif Ouazani, « Que reste-t-il de Boumediene ? », *Jeune Afrique*, 18 décembre 2008.

[2] Cherif Ouazani, nouvelle version du même article, J*eune Afrique*, 16 janvier 2011.

[3] Paul Balta, Claudine Rulleau, *La Stratégie de Boumediene*, Paris, Sindbad, 1978, p. 144-145.

[4] Qintan Wiktorowicz, "Anatomy of the Salafi Movement", *Studies of Conflicts and Terrorism,* 29, 2006, p. 207-239.

[5] Nabil Mouline, *Le Califat. Histoire politique de l'islam*, Paris, Flamma-rion, 2016.

[6] Voir Samuel Huntington, *Le Choc des civilisations,* Paris, Odile Jacob, 1997.

[7] Voir Pierre Vermeuren, *Le Choc des décolonisations. De la guerre d'Algérie aux printemps arabes*, Paris, Odile Jacob, 2015.

[8] Voir Hamadi Redissi, *L'Islam incertain. Révolutions et islam post¬autoritaire,* Tunis, Cérès, 2017.

[9] Voir Olivier Clochard, *Atlas des migrants en Europe. Approches critiques des politiques migratoires,* Paris, Armand Colin, 2017.

结束语

[1] Ali Bensaâd et al., « Richesse et pauvreté, quelles valeurs pour demain ? », in Thierry Fabre (dir.), *De la richesse et de la pauvreté entre Europe et Méditerranée, Rencontres Averroès, 12, Marseille*, 2006, p. 100.

[2] André Siegfried, *Vue générale de la Méditerranée,* Paris, Gallimard, 1943,p. 61.

[3] Pedrag Matvejevic, *Bréviaire méditerranéen*, Paris, Fayard, 1992.

[4] Denise Pumain, Thérèse Saint-Julien, Robert Ferras (éd.), *France et Europe du Sud*, Paris, Belin-Reclus, 1999, p. 232.

[5] Voir Sylvain Kahn, *Histoire de la construction de l'Europe depuis 1945,* Paris, PUF, 2011.

[6] Voir Le rapport d'information du Sénat n° 108 (2013-2014) de Mme Josette Durrieu et M. Christian Cambon : « Sur le sud de la Méditerranée, une zone de prospérité à construire ».

[7] Bernard Kayser, « Géopolitique de la Méditerranée », *L'Information géographique*, 65, 2001/4, p. 289.

图书在版编目（CIP）数据

地中海世界一万五千年 / (法) 阿兰·布隆迪著；周恒涛译. -- 成都：四川文艺出版社, 2021.10

ISBN 978-7-5411-6052-3

Ⅰ. ①地… Ⅱ. ①阿… ②周… Ⅲ. ①地中海区－历史 Ⅳ. ①K10

中国版本图书馆 CIP 数据核字（2021）第 113991 号

DIZHONGHAI SHIJIE YIWANWUQIANNIAN

地中海世界一万五千年

[法] 阿兰·布隆迪 著　周恒涛 译

出品人　张庆宁
策划出品　磨铁图书
责任编辑　王思鈜　谢雯婷
特约监制　魏　玲　潘　良　顾行军
装帧设计　UNLOOK·@广岛 Alvin
责任校对　汪　平

出版发行　四川文艺出版社（成都市槐树街 2 号）
网　　址　www.scwys.com
电　　话　010-82068999（发行部）　028-86259303（编辑部）
传　　真　028-86259306

印　　刷　嘉业印刷（天津）有限公司
成品尺寸　160mm × 235mm　开　本　16 开
印　　张　29　字　数　443 千
版　　次　2021 年 10 月第一版　印　次　2021 年 10 月第一次印刷
书　　号　ISBN 978-7-5411-6052-3
定　　价　98.00 元